本書獲陝西師範大學優秀學術著作出版基金資助

説文部首段注疏義

（下册）

主　編　胡安順

編　者　（按姓氏音序排列）

胡安順　劉　琨　邵　英

申紅義　王俊英　薛永剛

中華書局

卷八上

人 尒 ²⁸⁷ rén 甲文ㄔ、ㄟ、ㄟ 金文ㄟ、ㄟ、ㄟ 如鄰切 日真開三平 日真（161/159；365/369）

天地之性冣"冣"大徐本作"最"**貴者也**^[一]**。此籀文**^[二]**，象臂脛之形**^[三]**。凡人之屬皆从人。**

【譯文】

天地間生物中最高貴的動物。這是籀文字形，象人的胳膊和腿。凡是和"人"義有關的字都以"人"爲構件。

【段注】

[一]"冣"本作"最"。"性"古文以爲"生"字。《左傳》"正德、利用、厚生"，《國語》作"厚性"是也①。許偁古語不改其字。《禮運》曰："人者，其天地之德，陰陽之交，鬼神之會，五行之秀氣也。"又曰："人者，天地之心也，五行之端也。食味、別聲、被色而生者也。"②按：禽獸、艸木皆天地所生，而不得爲天地之心。惟人爲天地之心，故天地之生，此爲極貴。天地之心謂之人，能與天地合德。果實之心亦謂之人，能復生艸木而成果實，皆至微而具全體也。果人之字，自宋元以前《本艸》、方書、詩歌、紀載，無不作"人"字。自明成化重刊《本艸》乃盡改爲"仁"字③，於理不通，學者所當知也。○仁者，人之德也。不可謂人曰"仁"，其可謂果人曰"果仁"哉？金泰和閒所刊《本艸》皆作"人"④，藏袁廷檮（chóu）所⑤。　[二]此對"儿"爲古文奇字"人"言之，如"大"之有古文、籀文之別也⑥。字多从籀文者，故先籀而後古文。　[三]人以從生，貴於橫生⑦，故象其上臂下脛。如鄰切。十二部（耕）。

【疏義】

①《左傳·文公七年》："正德、利用、厚生,謂之三事。"《國語·周語上》："先王之於民也,茂正其德而厚其性,阜其財求而利其器用。"②引文見《禮記·禮運》　③成化:明憲宗朱見深的年號,1465—1487年。　④泰和:金章宗的年號,1201—1208年。　⑤袁廷檮:清人,小學家、藏書家,所藏書多爲宋元舊版及傳抄秘本。　⑥《説文》儿部:"儿,仁人也。古文奇字人也。象形。孔子曰:'在人下,故詰屈。'"大部:"大,天大,地大,人亦大,故大象人形。古文大也。"　⑦從:"縱"的古字。《逸周書·文傳解》："故諸横生盡以養從,從生盡以養一丈夫。"晉孔晁注:"横生,萬物也;從生,人也。一丈夫,天子也。"

【集解】

徐鍇《説文繫傳》:"字象人立形。"

黄天樹《部首與甲骨文》(續一):"甲骨文作⟨图⟩,象側面站立的人形。"

董蓮池《部首新證》:"字見甲骨文,寫作⟨图⟩、⟨图⟩諸形(《甲骨文編》339頁),爲人的側視形,西周金文寫作⟨图⟩(盂鼎)、⟨图⟩(曶簋),春秋戰國寫作⟨图⟩(石鼓文)、⟨图⟩(曾姬無恤壺),形體一脈相承。"

【同部字舉例】

保⟨图⟩ bǎo　養也。从人,从采省。采,古文孚。⟨图⟩,古文保。⟨图⟩,古文保不省。博袌切。○甲文⟨图⟩　金文⟨图⟩、⟨图⟩、⟨图⟩、⟨图⟩、⟨图⟩、⟨图⟩　幫晧上　幫幽

仁⟨图⟩ rén　親也。从人从二。⟨图⟩,古文仁,从千、心。⟨图⟩,古文仁,或从尸。如鄰切。○金文⟨图⟩　日真平　日真

企⟨图⟩ qǐ　舉踵也。从人,止聲。⟨图⟩,古文企,从足。去智切。○甲文⟨图⟩、⟨图⟩　溪紙上　溪支

仞⟨图⟩ rèn　伸臂一尋八尺。从人,刃聲。而震切。○日震去　日文

仕⟨图⟩ shì　學也。从人从士。鉏里切。○金文⟨图⟩　崇止上　崇之

佩⟨图⟩ pèi　大帶佩也。从人从凡从巾。佩必有巾,巾謂之飾。蒲妹切。○金文⟨图⟩、⟨图⟩、⟨图⟩　並隊去　並之

儒⟨图⟩ rú　柔也,術士之偁。从人,需聲。人朱切。○日虞平　日侯

俊⟨图⟩ jùn　材千人也。从人,夋聲。子峻切。○精稕去　精文

傑 jié　傲也。从人，桀聲。渠列切。○羣薛入　羣月

伯 bó　長也。从人，白聲。博陌切。○甲文 Θ　金文 Θ　幫陌入　幫鐸

仲 zhòng　中也。从人从中，中亦聲。直衆切。○甲文 中　金文 中　澄送去　定冬

伊 yī　殷聖人阿衡，尹治天下者。从人从尹。㦰，古文伊，从古文死。於脂切。○甲文、、　金文、、　影脂平　影脂

佳 jiā　善也。从人，圭聲。古膎切。○見佳平　見支

偉 wěi　奇也。从人，韋聲。于鬼切。○雲尾上　匣微

仿 fǎng　相似也。从人，方聲。，籀文仿，从丙。妃罔切。○滂養上　滂陽

何 hè　儋也。从人，可聲。胡歌切。○甲文、、　金文、、　匣哿上　匣歌

儋 dān　何也。从人，詹聲。都甘切。○端談平　端談

備 bèi　慎也。从人，葡聲。，古文備。平祕切。○甲文、　金文、、　並至去　並之

倫 lún　輩也。从人，侖聲。一曰道也。田屯切。○來諄平　來文

付 fù　與也。从寸持物對人。方遇切。○金文、、、、　幫遇去　幫侯

仰 yǎng　舉也。从人从卬。魚兩切。○疑養上　疑陽

作 zuò　起也。从人从乍。則洛切。○甲文、　金文、、、　精鐸入　精鐸

侵 qīn　漸進也。从人、又，持帚若埽之進。又，手也。七林切。○甲文、　金文　清侵平　清侵

代 dài　更也。从人，弋聲。徒耐切。○定代去　定之

儀 yí　度也。从人，義聲。魚羈切。○金文　疑支平　疑歌

儉 jiǎn　約也。从人，僉聲。巨險切。○羣琰上　羣談

俗 sú　習也。从人，谷聲。似足切。○金文、、　邪

燭入　邪屋

使 shǐ　伶也。从人,吏聲。疏士切。○甲文   、   金文   、
  山止上　山之

伶 líng　弄也。从人,令聲。益州有建伶縣。郎丁切。○來青
平　來耕

价 jiè　善也。从人,介聲。《詩》曰:"价人惟藩。"古拜切。○
見怪去　見祭

仔 zī　克也。从人,子聲。子之切。○精止平　精之

偏 piān　頗也。从人,扁聲。芳連切。○滂仙平　滂真

伏 fú　司也。从人从犬。房六切。○金文   並屋入　並職

例 lì　比也。从人,列聲。力制切。○來祭去　來祭

伐 fá　擊也。从人,持戈。一曰:敗也。房越切。○甲文   、
  、   金文   、   並月入　並月

俘 fú　軍所獲也。从人,孚聲。《春秋傳》曰:"以爲俘馘。"芳
無切。○甲文   、   金文   滂虞平　滂幽

偶 ǒu　桐人也。从人,禺聲。五口切。○疑厚上　疑侯

件 jiàn　分也。从人从牛。牛大物,故可分。其輦切。○羣獮
上　羣元

匕   288　huà　呼跨切　曉禡合二去　曉歌（168/166；384/388）

變也[一]**,从到(倒)人**[二]**。凡匕之屬皆从匕。**

【譯文】

變化。字象倒立的"人"形。凡是和"匕"義有關的字都以"匕"爲
構件。

【段注】

[一]變者,更也。凡變匕當作"匕",教化當作"化",許氏之字指
也。今變匕字盡作"化","化"行而"匕"廢矣。《大宗伯》:"以禮樂合
天地之化,百物之産。"注曰:"能生非類曰化,生其種曰産。"[①]按:虞、
荀注《易》分別天變、地化、陽變、陰化,析言之也[②]。許以"匕"釋變者,

渾言之也。　[二]"到"者,今之"倒"字,人而倒,變匕之意也。呼跨
切。十七部(歌)。

【疏義】

①引文見《周禮·春官宗伯·大宗伯》及鄭玄注。　②虞:虞翻,
字仲翔,三國吳會稽餘姚(今浙江餘姚)人,曾注《周易》,已佚,清人孫
堂有輯本《虞翻周易注》十卷。荀:荀爽,字慈明,東漢潁陰(今河南許
昌市)人,撰有《易傳》《詩傳》等書,已佚,清人馬國翰輯有《周易荀氏
注》三卷(《玉函山房輯佚書》),孫堂輯有荀爽《周易注》一卷(《漢魏
二十一家易注》)。

【集解】

桂馥《説文義證》:"本書'老'從此……經典通作'化'……《禮·中
庸》:'動則變,變則化。'"

董蓮池《部首新證》:"字見甲骨文,寫作 𠂤 (《漢語古文字字形表》
'化'所從,324頁),戰國寫作 匕 (中子化盤'化'所從),篆作 𠤎 。采用
改變'人'字的正倒方向,使正變倒表示變化義,與'化'當爲一字。"

【同部字舉例】

真 𩰫 zhēn　僊人變形而登天也。从匕从目从乚(yǐn)。八,所乘載
也。𠤕,古文真。側鄰切。○金文 𩰫 、𩰫 、𩰫 、𩰫 　章真平　章真

化 𠤎 huà　教行也。从匕从人,匕亦聲。呼跨切。○甲文 𠤏 　金
文 𠤏 　曉禡去　曉歌

匕 𠤎 289 bǐ　甲文 𠂤 、𠂤 　金文 𠂤 、𠂤 　卑履切　幫旨開三上
幫脂(168/166;384/388)

**相與比敘也[一]。从反人[二]。匕,亦所以用比取
飯[三],一名柶(sì)[四]。凡匕之屬皆从匕。**

【譯文】

相互比較而排序。以"人"的反寫爲構件。匕,也是用來舀飯的餐
具,另一個名字叫"柶"。凡是和"匕"義有關的字都以"匕"爲構件。

【段注】

[一]比者,密也。敘者,次弟也。以妣籀作𡛷、祂或作礼、秕或作

秜等求之,則"比"亦可作爪也,此製字之本義,今則取飯器之義行而本義廢矣。　［二］相與比敘之意也。卑履切。十五部(脂、微、物部)。［三］以者,用也,"用"字衍。"比"當作"匕"。漢人曰"匕黍稷、匕牲體"[①],凡用匕,曰"匕也",匕即今之飯匙也,《少牢饋食禮》注所謂"飯㮥"(qiāo)也[②]。《少牢饋食禮》:"廩人摡甑、甗、匕與敦。"注曰:"匕,所以匕黍稷者也。"[③]此亦當即飯匙。按:《禮經》匕有二:"匕飯、匕黍稷"之匕蓋小,經不多見;其"所以別出牲體"之匕,十七篇中屢見[④],喪用桑爲之,祭用棘爲之[⑤]。又有名"疏"、名"挑"之別[⑥],蓋大於飯匙,其形製略如飯匙,故亦名"匕",鄭所云"有淺斗、狀如飯㮥"者也。以之別出牲體謂之"匕載"[⑦],猶取黍稷謂之"匕黍稷"也。匕牲之"匕",《易》《詩》亦皆作"匕"。《大東》傳、震卦王注皆云"匕,所以載鼎實"是也[⑧]。《禮記・雜記》乃作"枇",本亦作"朼"。鄭注《特牲》引之,而曰"朼、畢同材"、曰"朼載"[⑨]。蓋古經作"匕",漢人或作"朼",非器名作"匕",匕載作"朼",以此分別也。若《士喪》《士虞》《特牲》《有司》篇"匕載"字皆作"朼"[⑩],乃是淺人竄改所爲,鄭注《易》亦云"匕牲體、薦鬯",未嘗作"朼牲體"也[⑪]。注中容有木旁之"朼",經中必無。劉昌宗分別[⑫],非是。　［四］木部曰:"禮有柶[⑬]。柶,匕也。"所以取飯。

【疏義】

①《儀禮・少牢饋食禮》:"廩人摡(gài)甑(zèng)、甗(yǎn)、匕與敦(duì)於廩爨。"鄭玄注:"匕,所以匕黍稷者也。"摡:同"溉",洗滌。甑、甗:蒸煮用的炊具。敦:古代三足盛器。廩爨:廚房。唐李鼎祚《周易集解》震卦:"震驚百里,不喪匕鬯。鄭玄曰:'雷發聲,聞於百里,古者諸侯之象。諸侯出教令,能警戒其國,内則守其宗廟社稷,爲之祭主,不亡匕與鬯也。人君於祭之禮,匕牲體、薦鬯而已,其餘不親也。'"　②《儀禮・有司徹》:"二手執桃匕枋以挹湆(qì),注於疏匕。若是者三。"鄭玄注:"此二匕者皆有淺升,狀如飯㮥。"桃匕:長柄勺子。疏匕:刻有花紋的勺子。枋:柄。挹:舀取。湆:肉湯。　③見注①。　④《禮經》:指《儀禮》。《儀禮・士昏禮》:"舉鼎入,陳于阼階南,西面,北上。匕俎從設。"鄭玄注:"執匕者、執俎者從鼎而入,設之

匕，所以別出牲體也。"別出牲體：從鼎中取肉。十七篇：指《儀禮》。
《儀禮》包括文章十七篇，如《士冠禮》《士昏禮》等。　⑤"喪用"二句：
喪禮用桑木製匕，祭禮用棘木製匕。　⑥見注②。　⑦《儀禮·特牲
饋食禮》："宗人執畢先入，當阼階，南面。"鄭玄注："匕載，備失脫也。"
畢：取牲肉器，狀如叉。匕載：以匕載之。　⑧《詩經·小雅·大東》：
"有捄(jiù)棘匕。"毛傳："捄，長貌。匕，所以載鼎實。"《周易》震卦：
"震驚百里，不喪匕鬯。"王弼注："匕，所以載鼎實。鬯，香酒。"　⑨
《禮記·雜記上》："枇以桑，長三尺，或曰五尺。"《經典釋文》："'枇'
音'匕'，本又作'朼'。"《儀禮·特牲饋食禮》："執畢先入。"鄭玄注：
"《雜記》曰：'枇用桑，長三尺。'畢用桑，長三尺，刊其本與末，枇畢同
材，明矣。"　⑩《儀禮·士喪禮》："乃朼載，載兩髀於兩端。"鄭玄注：
"古文'朼'爲'匕'，'髀'爲'脾'。"《儀禮·士虞禮》："卒朼者逆退，復
位。"卒朼：用匕取出牲肉。《儀禮·特牲饋食禮》："贊者錯俎，加匕，
乃朼。"《儀禮·有司徹》："司馬朼羊。"朼羊：用匕從鼎中取羊肉。
⑪見注①。　⑫劉昌宗：東晉學者，曾注《三禮》。《儀禮·士昏禮》：
"匕者逆退。"《經典釋文》："'匕'一作'朼'，必履反。劉云：'匕，器
名。朼者，朼載也。'"　⑬朼：禮器，狀如匙，用來舀取食物。

【集解】

王筠《説文句讀》："比敘者，比較而次敘之也。"

邵瑛《羣經正字》："據《説文》，'朼載'亦只作'匕'字……許君崇
尚古文，故只存'匕'字也。"

董蓮池《部首新證》："字甲骨文寫作ᒥ、ᒤ諸形(《甲骨文編》349
頁)，飯匙的象形。"

【同部字舉例】

匙 𪓐 chí　匕也。从匕，是聲。是支切。○禪支平　禪支

頃 𩕢 qīng　頭不正也。从匕从頁。去營切。○溪清平　溪耕

卬 𩠐 áng　望，欲有所庶及也。从匕从卪。《詩》曰："高山卬
止。"伍岡切。○疑唐平　疑陽

卓 zhuō　高也。早匕爲卓，匕卪爲卬，皆同義。，古文卓。竹角切。○甲文、　金文、辛　知覺人　端藥

艮 gèn　很也。从匕、目。匕目，猶目相匕，不相下也。《易》曰：“艮其限。”匕目爲艮、匕目爲眞也。古恨切。○見恨去　見文

从 290 cóng　甲文、　金文、、、　疾容切　從鐘合

三平　從東（169/166；386/390）

相聽也[一]。**从二人**[二]。**凡从之屬皆从从。**

【譯文】

相聽從。由兩個人字構成。凡是和“从”義有關的字都以“从”爲構件。

【段注】

[一]聽者，聆也。引申爲相許之偶。言部曰：“許，聽也。”按：从者，今之從字，“從”行而“从”廢矣。《周禮·司儀》：“客，拜辱於朝。”陸德明本如此[①]。許書凡云“从某”，大徐作“从”小徐作“從”。江氏聲曰：“作从者是也，以類相與曰从。”　[二]疾容切。九部（東、冬）。以今音言之，“从”亦可去聲。

【疏義】

①《周禮·秋官司寇·司儀》：“客从，拜辱於朝。”陸德明釋文：“客从，本又作‘從’，同才用反。”

【集解】

黃天樹《部首與甲骨文》（續一）：“甲骨文作，表示一個人跟從另一人（編按：卜辭有用其本義者。《花》290：‘辛卯卜貞，婦母又［有］言，子从畫，不从子臣？’）。”

董蓮池《部首新證》：“字見甲骨文，寫作、諸形（《甲骨文編》350 頁），以後人跟從前人而會隨從、跟從意。”

【同部字舉例】

從 cóng　隨行也。从辵、从，从亦聲。慈用切。○從鍾平　從東

并 bìng　相從也。从从，幵聲。一曰：从持二爲并。府盈切。○幫勁去　幫耕

比 ⅢⅢ 291 bǐ　甲文 ⅢⅢ、ⅢⅢ　金文 ⅢⅢ、ⅢⅢ　毗二切　幫旨開三上
幫脂(169/166；386/390)

密也[一]。二人爲从，反从爲比[二]。凡比之屬皆从比。𣅀，古文比[三]。

【譯文】

親密。兩個"人"相隨是"从"字，把"从"字反過來是"比"字。凡是和"比"義有關的字都以"比"爲構件。𣅀，是古文比字。

【段注】

[一]今韻平、上、去、入四聲皆録此字，要密義足以括之。其本義謂相親密也，餘義備也、及也、次也、校也、例也、類也、頻也、擇善而從之也、阿黨也，皆其所引申。許書無"篦"字，古祇作"比"，見《蒼頡篇》《釋名》《漢書‧匈奴傳》①。《周禮》或叚"比"爲"庀"②。　[二]猶反"人"爲"匕"也。毗二切。按：四聲俱收，其義本一，其音强分耳。唐人詩多讀入聲者。十五部(脂、微、物、月)。　[三]按：蓋从二"大"也。二大者，二人也。

【疏義】

①《史記‧匈奴列傳》："比余一。"司馬貞索隱："《蒼頡篇》云：'靡者爲比，籭(粗)者爲梳。'"比余：古人髮辮上的飾物，又叫"櫛"。靡：細密。《釋名‧釋首飾》："梳言其齒疏也。數言比，比於疏其齒差數也。比言細相比也。"《漢書‧匈奴傳》："比疏一。"顏師古注："辮髮之飾也，以金爲之。"　②《周禮‧春官宗伯‧世婦》："比其具。"鄭玄注："鄭司農'比'讀爲'庀'(pǐ)，庀，具也。"庀：準備，辦理。

【集解】

黃天樹《部首與甲骨文》(續一)："早期古文字的'比'跟'从'字很相似，但所从的人形有區別，字形可能表示二人'聯合'、'比同'意思。篆文人形方向與'从'相反。"

董蓮池《部首新證》："字見甲骨文，寫作ⅢⅢ、ⅢⅢ、ⅢⅢ諸形(《甲骨文編》350頁'从'字條)，从二'匕'，並非从反'从'('从'字甲骨文反正無別，均與'比'無關)。西周金文寫作ⅢⅢ(班簋)、ⅢⅢ(比簋)，戰國寫

作（包山楚簡），均从二‘匕’，至篆譌爲反‘从’形。”

【同部字舉例】

毖 bì　慎也。从比，必聲。《周書》曰：“無毖于卹。”兵媚切。

○幫至去　幫脂

北

292 běi　甲骨文、　金文、、　博墨切　幫德
開一入　幫職（169/166；386/390）

菲（乖）也[一]。从二人相背[二]。凡北之屬皆
从北。

【譯文】

背離。由兩個相背的人構成。凡是和“北”義有關的字都以“北”
爲構件。

【段注】

[一]乖者，戾也。此於其形得其義也。軍奔曰北，其引申之義也，
謂背而走也。韋昭注《國語》曰：“北者，古之背字。”① 又引申之爲北
方。《尚書大傳》《白虎通》《漢·律曆志》皆言：北方，伏方也②。陽氣
在下，萬物伏藏，亦乖之義也。　[二]博墨切。一部（之、職）。

【疏義】

①《國語·吳語》：“吳師大北。”韋昭注：“軍敗奔走曰北。北，古
之‘背’字。”　②《尚書大傳》：對《尚書》作解釋的著作，作者和成書時
間無定說，舊題漢濟南伏勝撰，鄭玄注，或説伏生撰。已佚，清人皮錫
瑞等有輯本。《尚書大傳》：“北方者何？伏方也。伏方者，萬物之方
伏也。”《白虎通義·五行》：“北方者，伏方也，萬物伏藏也。”《漢書·
律曆志》：“太陰者北方，北，伏也。陽氣伏於下，於時爲冬。”

【集解】

徐灝《説文注箋》：“古者宮室皆南向，因以所背爲‘北’。久而昧
其本義。”

黃天樹《部首與甲骨文》（續一）：“甲骨文作，字形象兩個人背
對背，是‘背’的初文，北方是背陰的一方，方位詞‘北’是由‘背’派生
出來的。後來‘北’主要用來表示方位，另在‘北’上加注‘肉’旁分化

出‘背’字來表示本義。”

董蓮池《部首新證》：“字見甲骨文，寫作 ⺊⺊、⺊⺊ 諸形（《甲骨文編》351頁），以‘二人相背’會意，爲乖背之‘背’的初文。假借爲南北之‘北’。”

【同部字舉例】

冀 𡨄 jì 北方州也。从北，異聲。几利切。○金文 𡨄、𡨄 見至去 見脂

丘 ⺊ 293 qiū 甲文 ⺊、⺊ 金文 ⺊、⺊、⺊ 去鳩切 溪尤開三平 溪之（169/166;386/390）

土之高也[一]，非人所爲也[二]。从北从一[三]。一，地也[四]。人尻“尻”大徐本作“居” 在北（即“丘”）南，故从北[五]。中邦（中國）之尻在昆侖“昆侖”大徐本作“崐崘” 東南[六]。一曰：四方高、中央下爲丘“丘”大徐本作“北”[七]。象形[八]。凡北之屬皆从北。坖，古文从土[九]。

【譯文】

高土山，不是人工堆成的。由“北、一”構成。一，代表地。人住在山丘的南面，故以“北”作爲構件。中國所居的地方，位於昆侖山的東南面。一種説法認爲：周圍高中間低的地形叫“丘”。象形。凡是和“丘”義有關的字都以“丘”爲構件。坖，古文“丘”以“土”爲構件。

【段注】

[一]《大司徒》注曰：“土高曰丘。”① [二]《釋丘》曰：“非人爲之丘。”②謂非人力所爲也。 [三]會意。去鳩切。古音在一部（之、職），讀如“欺”。漢時讀入今之尤韻，故《禮記》“嫌名”注曰“宇與禹、丘與區”之類③。漢時“區”亦去鳩切也。 [四]釋从“一”之意。[五]釋从“北”之意。 [六]“昆侖”下當有“丘”字。嫌人居不必在丘南，故言倉頡造字之初取意於此。 [七]《淮南·墬形訓》注曰：“四方而高曰丘。”④ [八]與上會意別。 [九]从“土”猶从“一”。

【疏義】

①《周禮·地官司徒·大司徒》：“辨其山、林、川、澤、丘、陵、墳、衍、原、隰之名物。”鄭玄注：“瀆曰川，水鍾曰澤，土高曰丘，大阜曰陵，

水崖曰墳,下平曰衍,高平曰原,下濕曰隰。”　②《爾雅・釋丘》:“絕
高爲之京,非人爲之丘。”　③《禮記・曲禮上》:“禮不諱嫌名。”鄭玄
注:“嫌名,謂音聲相近,若‘禹與雨、丘與區’也。”不諱嫌名:不避諱同
音字。嫌名,与人姓名字音相同或相近的字。　④《淮南子・墜形
訓》:“和丘在其東北陬。”高誘注:“四方而高曰丘。”

【集解】

　　黄天樹《部首與甲骨文》(續一):“甲骨文作ㅂ、ㅂ,象比山低小的
丘陵,與《説文》所描繪的形狀正同。”

　　董蓮池《部首新證》:“字見甲骨文,寫作ㅂ、ㅂ、ㅂ諸形(《甲骨文
編》352 頁),象土丘高起,獨體象形,並非从‘北’。春秋以後形體割裂
變作ㅂ(子禾子釜)、ㅂ(齊刀背文),遂譌作ㅂ(商丘叔匜),爲篆
所本。”

【同部字舉例】

　　虛 㿞 xū　　大丘也。崐崘丘謂之崐崘虛。古者九夫爲井,四井爲
邑,四邑爲丘,丘謂之虛。从丘,虍聲。丘如切,又朽居切。○曉魚平
曉魚

　　㐀 㐀 ní　　反頂受水丘。从丘,泥省聲。奴低切。○泥齊平　　泥脂

㐺 𢁓　294　yín　甲文𡗉、𡗉　金文作𡗉　魚音切　疑侵開三平
　　　　　　疑侵(169/167;387/391)

衆立也[一]。从三人[二]。凡㐺之屬皆从㐺,讀若
欽崟(yín,山高貌)[三]。

【譯文】

　　衆人一齊站着。由三個“人”構成。凡是和“㐺”義有關的字都以
“㐺”爲構件。讀作“欽崟”的“崟”。

【段注】

　　[一]《玉篇》作“衆也”①。　　[二]會意。《國語》曰:“人三爲
衆。”②　　[三]山部曰:“崟,山之岑(cén)崟也。”“欽崟”蓋即“岑崟”。
《公羊傳》及《上林賦》又皆有“嶔(qīn)巖”字。“㐺”讀如“崟”③,魚音
切。七部(侵、緝)。

【疏義】

①《玉篇》似部："似，牛林切，又丘林切。眾也。"　②《國語·周語上》："夫獸三爲羣，人三爲眾，女三爲粲。"韋昭注："自三以上爲羣。粲，美貌也。"　③《春秋公羊傳·僖公三十三年》："爾即死，必於殽之嶔巖。"司馬相如《上林賦》："嶔巖倚傾。"李善注："郭璞曰：'嶔巖，欹(qī)貌也。'"欹：傾斜。

【集解】

饒炯《説文部首訂》："'似'當爲古文'羣'字，謂眾多也。"

黃天樹《部首與甲骨文》(續一)："甲骨文作彳彳，象眾人並立之形。"

董蓮池《部首通釋》："字見甲骨文𢎏(眾)所從(《甲骨文編》352頁'似'字頭下收一彳彳字，乃自組習刻，習刻者原所刻爲彳，師父於彳後刻一彳以正之。故此形體當删除)，獨立成字者見金文𩎿似鼎，寫作川川川(《金文編》580頁)，當即'眾'字異體，義當同'眾'。"

【同部字舉例】

眾 𭥉 zhòng　多也。从似、目，眾意。之仲切。○甲文 𥃩、𥃳、𥃳 金文 𭥉、𭥉、𭥉、𭥉　章送去　章冬

聚 𭥉 jù　會也。从似，取聲。邑落云聚。才句切。○從遇去　從侯

壬 𡈼 ²⁹⁵ tǐng　甲骨文 𛀁、𛀂　他鼎切　透迥開四上　透耕(169/167；387/391)

善也。从人、士[一]。士[二]，事也[三]。一曰：象物出地挺生也[四]。凡壬之屬皆从壬。

【譯文】

美好。由"人、士"構成。士，做事。一種説法認爲：字象植物出土挺立的樣子。凡是和"壬"義有關的字都以"壬"爲構件。

【段注】

[一]會意。他鼎切。十一部(耕)。　[二]逗。　[三]説从"士"之意。人各事其事，是善也。　[四]壬、挺疊韻。此説象形，與前説別。上象挺出形，下當是"土"字也。古"土"與"士"不甚可分如此。

【集解】

章炳麟《文始》："挺生爲本義，上象其題，下象土。聲、義與端、屮

皆相近。”

黄天樹《部首與甲骨文》(續一):“甲骨文作🔲,从人从土。象一個人站立在土堆上。‘人’和‘土’合起來就成了‘壬’。跟壬癸的‘壬’不是一個字。”

董蓮池《部首新證》:“字見甲骨文,寫作🔲、🔲諸形(《甲骨文編》354頁),象人挺立地上,即‘挺’字初文。‘善也’非本義。字本象形,不从‘人’、‘土’。後由🔲變作🔲(望簋‘望’字所从),中部加點飾,點飾後來發展常變作‘一’,故至篆寫作🔲。”

【同部字舉例】

徵🔲 zhēng　召也。从微省,壬爲徵,行於微而文達者即徵之。🔲,古文徵。陟陵切。○金文🔲　　知蒸平　端蒸

朢🔲 wàng　月滿與日相朢,以朝君也。从月从臣从壬。壬,朝廷也。🔲,古文朢省。無放切。○甲文🔲、🔲、🔲　金文🔲、🔲、🔲　明漾去　明陽

重 🔲 296 zhòng 金文 🔲、🔲　柱用切　澄腫合三上　定東
(169/167;388/392)

厚也[一]。**从壬**(tǐng),**東聲**[二]。**凡重之屬皆从重。**

【譯文】

厚重。“壬”爲意符,“東”爲聲符。凡是和“重”義有關的字都以“重”爲構件。

【段注】

[一]厚者,昌也[①]。厚斯重矣,引申之爲鄭重、重疊。古秖平聲,無去聲。　[二]柱用切。九部(東、冬)。

【疏義】

①《説文》昌部:“昌,厚也,从反亯。”《段注》:“今字厚行而昌廢矣。凡經典昌薄字皆作厚。”

【集解】

黄天樹《部首與甲骨文》(續一):“古文字作🔲和🔲,柯昌濟提出🔲即🔲(重)字的見解。前者从‘人’从‘東’(口袋,參見第207部

‘東’字），象一個人背着沉甸甸的口袋。後者把兩個偏旁重疊之而合
成一體。𣎵之與𣎳，是豎筆的合用重合。它們分別爲早晚字。”

董蓮池《部首新證》：“字見金文，寫作𤔔（爵文），𣎵（鼎文），所從
𢆶象橐形，字以人背負囊橐會沉重意。”

【同部字舉例】

量𨤲 liáng　稱輕重也。从重省，曏（xiàng）省聲。𨤲，古文量。
呂張切。○金文𨤲、𨤲、𨤲　陽來平　來陽。

臥 臥 [297]　wò　吾貨切　疑過合一去　疑歌（169/167；388/392）

伏也大徐本作“休也”[一]。**从人、臣，取其伏也**[二]。
凡臥之屬皆从臥。

【譯文】

面向下臥着。由“人、臣”構成，取“臣”的屈服之意。凡是和“臥”
義有關的字都以“臥”爲構件。

【段注】

[一]“伏”大徐作“休”，誤。“臥”與“寢”異，寢於牀，《論語》“寢
不尸”是也①。臥於几，《孟子》“隱几而臥”是也②。臥於几，故曰
“伏”。“尸”篆下曰“象臥之形”是也③。此析言之耳，統言之則不別，
故宀部曰：“寢者，臥也。”《曲禮》云：“寢毋伏。”④則謂寢於牀者毋得俯
伏也。引申爲凡休息之偁。　　[二]“臣”下曰：“象屈服之形。”⑤故以
人、臣會意。吾貨切。十七部（歌）。

【疏義】

①《論語·鄉黨》：“寢不尸。”魏何晏集解：“包曰：‘偃臥四體，布
展手足，似死人。’”　②《孟子·公孫丑下》：“孟子去齊，宿於晝。有欲
爲王留行者，坐而言，不應，隱几而臥。”隱：倚靠。　③《説文》尸部：
“尸，陳也。象臥之形。”　④《禮記·曲禮上》：“立毋跛，坐毋箕，寢毋
伏。”　⑤《説文》臣部：“臣，牽也，事君也。象屈服之形。”

【集解】

徐灝《説文注箋》：“臥既引申爲凡休息之稱，則臥訓休，其義自通。”

饒炯《説文部首訂》：“臥者，或屈伏於牀，或屈伏於几，皆休息其形骸，故从人、臣而其義曰休也。”

黃天樹《部首與甲骨文》（續一）：“甲骨文偏旁作（參看《屯》779、2581‘監’字），象一人彎下腰來。後來，變爲，跟變爲（以）如出一轍。”

董蓮池《部首新證》：“本部‘監’、‘臨’二字金文所从之‘臥’本作（孟鼎‘臨’所从）、（頌鼎‘監’所从）形，象人伏身下視，所从（臣）乃豎目象形，和人臣之‘臣’無關。字當取其伏身以表臥意。”

【同部字舉例】

監 jiān　臨下也。从臥，䘓省聲。，古文監，从言。古衝切。○甲文　金文、、　見衝平　見談

臨 lín　監臨也。从臥，品聲。力尋切。○金文、　來侵平來侵

身　²⁹⁸　shēn　甲文、　金文、、、、　失人切　書真　開三平　書真（170/167；388/392）

躳（躬）也^[一]。从人，申省聲“从人”二句大徐本作“象人之身。从人，厂（yì）聲”^[二]。凡身之屬皆从身。

【譯文】

身體。“人”爲意符，“申”的省體爲聲符。凡是和“身”義有關的字都以“身”爲構件。

【段注】

[一]吕部曰：“躳，身也。”二字爲互訓。“躳”必入吕部者，“躳”謂身之偏（yǔ）^①，主於脊骨也。　　[二]大徐作“象人之身。从人，厂聲”。按：此語先後失倫。“厂”古音在十六部（支、錫），非聲也。今依《韻會》所據小徐本正^②。《韻會》“从人”之上有“象人身”三字，亦非也。申，籀作，故从其省爲聲。失人切。十二部（真）。

【疏義】

①偏：曲背。　②《韻會舉要》真韻：“身，《説文》：‘身，躳也。象人身。从人，申省聲。’”小徐本：指徐鍇《説文繫傳》。今本《説文繫傳》身部：“身，躳也。象人之身。從人，厂聲。”

【集解】

王筠《説文釋例》：“躬者，脊也，而經典又以躬與身皆爲全體之名，故於説字形中附見之。抑此説謂爲象形字，下説謂爲形聲字，非騎牆也，此乃象形之別種，以形聲爲象形者也。”

黄天樹《部首與甲骨文》（續一）：“甲骨文作 ，从‘人’而隆其腹，象人的身軀。”

董蓮池《部首新證》：“字見甲骨文，寫作 、 、 諸形（《甲骨文合集》6477 正、376 正、13713 正），構形是在 （人形）的基礎上畫出其腹部，以與‘人’字相區別，表示身軀之‘身’，象形字。”

【同部字舉例】

軀 軀 qū　　體也。从身，區聲。豈俱切。〇溪虞平　　溪侯

月 月²⁹⁹　yī　於機切　影微開三平　影微（170/167；388/392）

歸也^[一]。从反身^[二]。凡月之屬皆从月。

【譯文】

回歸。字由“身”字的反體表示。凡是和“月”義有關的字都以“月”爲構件。

【段注】

［一］疊韻爲訓。　　［二］此如反“人”爲“匕”^①、反“从”爲“比”^②。於機切。十五部（脂、微、物、月）。

【疏義】

①《説文》匕部：“匕，相與比敘也。从反人。”　　②《説文》比部：“比，密也。二人爲从，反从爲比。”

【集解】

朱駿聲《説文定聲》：“月，歸也。从反身。指事。按：釋氏書有皈依字，‘皈’字疑當从反身作‘躬’，即‘月’之俗也。”

黄天樹《部首與甲骨文》（續一）：“甲骨文‘身’字作 也作 ，反正互見，許氏別月於身以及殷从月之説，不攻自破（參見《釋林·釋殷》）。”

董蓮池《部首新證》：“此即‘身’字異體。古文字形體反正無別，

‘身’作 🖊 又作 🖊 可證(《金文編》583 頁)。”

【同部字舉例】

殷 殷 yīn　作樂之盛稱殷。从月从殳。《易》曰：“殷薦之上帝。”於身切。○金文 🖊 、🖊 、🖊 　影欣平　影文

衣 衣 300　yī　甲文 🖊 、🖊 　金文 🖊 、🖊 　於稀切　影未開三平
影微　（170/167；388/392）

依也[一]。上曰衣，下曰常 “常”大徐本作“裳”[二]。象覆二人之形[三]。凡衣之屬皆从衣。

【譯文】

依賴。穿在上身的叫“衣”，穿在下身的叫“常”。字象覆蓋着兩個人之形。凡是和“衣”義有關的字都以“衣”爲構件。

【段注】

[一]疊韻爲訓①。依者，倚也。衣者，人所倚以蔽體者也。[二]常，下帬(裙)也。　[三]孫氏星衍曰：“當作二乚。”乚，古文肱也。玉裁謂：自人部至此部及下文老部、尸部字皆从人，“衣”篆非從人則無由次此，故楚金《疑義》篇作“命”，云《説文》字體與小篆有異②。今人小篆作 🖊 乃是變體求工耳。下文“表、襲、裒、裔”四古文皆从命，則知古文从二人也。今人作“卒”字亦从二人。何以云“覆二人”也？云“覆二人”則貴賤皆覆，上下有服而覆同也。於稀切。十五部(脂、微、物、月)。

【疏義】

①“衣、依”同屬微韻。　②楚金：徐鍇字楚金。《説文繫傳·疑義》：“🖊 🖊 ……右皆《説文》字體與小篆有小異者……許慎所解，解其義也，點畫多少，皆案程式。李斯小篆，隨筆增減，所謂秦文，或字體或與小篆爲異，其中亦多云此篆文、此古文是也，如‘衣’之類，本以覆二人爲義……而小篆引筆乃有小異。”

【集解】

徐灝《説文注箋》：“此象形文，明白無可疑者，許君蓋偶未審耳。段謂‘覆二人則貴賤皆覆’，穿鑿無當。”

黄天樹《部首與甲骨文》(續一)：“甲骨文作𠆢，象一件有領有袖有前襟的衣服形。”

董蓮池《部首新證》：“字見甲骨文，寫作𠆢(《甲骨文編》355頁)，西周金文寫作𠆢(利𣪘)，戰國寫作𠆢(江陵楚簡)、𠆢(睡虎地秦簡)，是上衣的象形字。”

【同部字舉例】

裁 𧚫 cái　制衣也。从衣，𢦏聲。昨哉切。○從咍平　從之

表(表) 𧘇 biǎo　上衣也。从衣从毛。古者衣裘，以毛爲表。𧝓，古文表，从麃。陂矯切。○幫小上　幫宵

裏 𧝛 lǐ　衣内也。从衣，里聲。良止切。○金文𩏇、𩏇、𩏇　來止上　來之

襲 𧝜 xí　左衽袍。从衣，龖省聲。𧝜，籀文襲，不省。似入切。○金文𧝜、𧝜　邪緝入　邪緝

袤 𧝏 mào　衣帶以上。从衣，矛聲。一曰：南北曰袤，東西曰廣。𧝏，籀文袤，从楙。莫候切。○明候去　明幽

袂 𧝗 mèi　袖也。从衣，夬聲。彌弊切。○明祭去　明祭

裔 𧝏 yì　衣裾也。从衣，冏聲。𡗜，古文裔。余制切。○金文𧝛　以祭去　定祭

袁 𧝏 yuán　長衣皃。从衣，叀省聲。羽元切。○雲元平　匣元

被 𧝗 bèi　寢衣，長一身有半。从衣，皮聲。平義切。○並紙上　並歌

衾 𧝗 qīn　大被。从衣，今聲。去音切。○溪侵平　溪侵

衷 𧝡 zhōng　裏褻衣。从衣，中聲。《春秋傳》曰：“皆衷其衵服。”陟弓切。○知東平　端冬

襍 𧝤 zá　五彩相會。从衣，集聲。徂合切。○從合入　從緝

裂 𧝥 liè　繒餘也。从衣，列聲。良薛切。○來薛入　來月

裝 𧝦 zhuāng　裹也。从衣，壯聲。側羊切。○莊陽平　莊陽

裹 𧝡 guǒ　纏也。从衣，果聲。古火切。○見果上　見歌

衰 𧝡 shuāi　艸雨衣。秦謂之萆。从衣，象形。𡘋，古文衰。穌禾切。○山脂平　山微

卒 𠣜 zú　隸人給事者衣爲卒。卒，衣有題識者。臧没切。○金文𠣜　精没入　精物

製 黎 zhì　裁也。从衣从制。征例切。○章祭去　章祭

裘 裘

301 qiú　甲文𠚕　金文作𠤏、𠤏、𠤏、𠤏　巨鳩切　羣尤開三平　羣之（173/171；398/402）

皮衣也。从衣，象形"象形"句大徐本作"求聲，一曰象形"[一]，**與衰同意**[二]。**凡裘之屬皆从裘。𠤏，古文裘**"古文"句大徐本作"古文省衣"[三]。

【譯文】
　皮衣。以"衣"爲構件，象形，構意與"衰"相同。凡是和"裘"義有關的字都以"裘"爲構件。𠤏，古文"裘"字。

【段注】
　[一]各本作"从衣，求聲，一曰象形"，淺人妄增之也。裘之制毛在外，故象毛文。　　[二]皆从衣而象其形也。巨鳩切。古音在一部（之、職）。　　[三]此本古文"裘"字，後加"衣"爲"裘"，而"求"專爲干請之用。亦猶加"艸"爲"蓑"，而"衰"爲等差之用也①。"求"之加"衣"，蓋不待小篆矣。

【疏義】
　①《説文》衣部："衰，艸雨衣。秦謂之萆。从衣，象形。"《段注》："衰俗从艸作蓑，而衰遂專爲等衰、衰絰字。"

【集解】
　黄天樹《部首與甲骨文》（續一）："甲骨文作𠚕，象有毛的一面朝外的裘衣之形。初文是象形字，後來加注音符'求'，再後來象皮衣的形符又換成了'衣'旁。"

　董蓮池《部首新證》："考字見甲骨文，寫作𠤏（《甲骨文編》356頁），象毛朝外的皮裘之形，爲象形字。西周金文加注'又'聲，寫作𠤏（次尊），成爲形聲字。隨後將由象形文擔當的形符改換爲義符'衣'，寫作𠤏（豧伯簋），又將'又'聲改換爲'求'聲，寫作𠤏（衞盉），成爲'从衣求聲'的形聲字，爲篆所本。"

老 ❀ 302 lǎo　甲文 ❀、❀、❀　金文 ❀、❀、❀、❀、❀　廬晧切　來晧開一上　來幽(173/171;398/402)

考也[一]。**七十曰老**[二]。**从人、毛、匕(huà)**[三]，**言須髮變白也**[四]。**凡老之屬皆从老。**

【譯文】

老年人。七十歲稱"老"。由"人、毛、匕"構成，是説人的鬍鬚頭髮都變白了。凡是和"老"義有關的字都以"老"爲構件。

【段注】

[一]《序》曰："五曰轉注。建類一首，同意相受，考老是也。"①學者多不解。戴先生曰："老下云'考也'，考下云'老也'，此許氏之恉，爲異字同義舉例也。一其義類，所謂'建類一首'也；互其訓詁，所謂'同意相受也'。"②"考、老"適於許書同部，凡許書異部而彼此二篆互相釋者視此。如"窸(sè)，窒也""窒，窸也"③"但，裼也""裼，但也"之類④。老、考以疊韻爲訓。　　[二]《曲禮》文⑤。　　[三]音化。按：此篆蓋本从"毛、匕"，長毛之末筆，非中有人字也。《韻會》無人字⑥。[四]説會意之恉。廬晧切。古音在三部(幽、覺)。

【疏義】

①引文見許慎《説文解字·後敘》。　　②戴先生：指戴震，段玉裁的老師。戴震之説見《答江慎修先生論小學書》(收入《聲韻考》)。③《説文》珡部："窸，窒也。"穴部："窒，塞也。""塞也"《段注》改作"窸也"。窸：同"塞"。　　④《説文》人部："但，裼也。"衣部："裼，袒也。""袒也"《段注》改爲"但也"。但："袒"的古字。　　⑤《禮記·曲禮上》："七十曰老，八十、九十曰耄。"　　⑥《韻會舉要》皓韻："老，《説文》：'老，考也。七十曰老。从毛、匕。匕，化也，髮變白也。'"

【集解】

黃天樹《部首與甲骨文》(續一)："甲骨文作 ❀，象一個披着長頭髮、拄着拐杖的老人。後來，字形發生譌變，老人的手和所拄拐杖譌變爲'匕'形。"

董蓮池《部首新證》："字見甲骨文，寫作 ❀、❀ 等形(《甲骨文編》

357頁），象長髮老人傴僂其背手中扶杖，西周時，老人之形變作𠤎（仍是獨體象形，上爲長髮，下傴僂其背，手有所欲拄），杖變作𠤎、𠤋，而有了𠥓形（史季良父壺）'老'字。'𠤎'是'杖'之變，和變七（化）之'𠤎'無關。"

【同部字舉例】

耋𦼔 dié　年八十曰耋。从老省，从至。徒結切。〇甲文 𦰩　定屑入　定質

耆𦼒 qí　老也。从老省，旨聲。渠脂切。〇金文 𦱷　羣脂平　羣脂

耇𦼕 gǒu　老人面凍黎若垢。从老省，句聲。古厚切。〇金文 𦰩、𦱷、𦰩　見厚上　見侯

壽𦼔 shòu　久也。从老省，𦈚聲。殖酉切。〇金文 𦰩、𦱷、𦰩、𦰩　禪有去　禪幽

考𦰩 kǎo　老也。从老省，丂聲。苦浩切。〇甲文 𦰩、𦰩　金文 𦱷、𦰩、𦰩　溪晧上　溪幽

孝𦼒 xiào　善事父母者。从老省，从子。子承老也。呼教切。〇金文 𦰩、𦰩、𦰩　曉效去　曉宵

毛 𣕚　303 máo　金文 𣕚、𣕚、𣕚　莫袍切　明豪開一平　明宵
（173/171；398/402）

眉髮之屬及獸毛也[一]**。象形**[二]**。凡毛之屬皆从毛。**

【譯文】

眉毛頭髮之類以及禽獸的毛。象形。凡是和"毛"義有關的字都以"毛"爲構件。

【段注】

[一]眉者，目上毛也。髮者，首上毛也。而者，須也。須者，而也，臣(yí)下之毛也[①]。𩑞(rán)者，頰須也。𣬠(zī)[②]，口上須也。"及獸毛"者，貴人賤畜也。　[二]莫袍切。古音二部（宵、藥）。

【疏義】

①臣："頤"的古字，面頰和下巴的統稱。　②𣬠：嘴脣上邊的

鬍子。

【集解】

徐灝《説文注箋》：“人、獸曰毛，鳥曰羽，混言通曰毛。”

饒炯《説文部首訂》：“象形……析言胎生者曰毛，卵生者曰羽，統言則羽亦毛也。”

董蓮池《部首新證》：“西周金文寫作 𣥂（毛公旅鼎）、𣥂（召伯毛鬲），篆與之同，象毛形。”

【同部字舉例】

氈 氈 zhān　撚（niǎn）毛也，从毛，亶聲。諸延切。〇章仙平　章元

毳 毳　304 cuì　金文 𣥂、𣥂　此芮切　清祭合三去　清祭（174/171;399/403）

獸細毛也[一]。从三毛[二]。凡毳之屬皆从毳。

【譯文】

獸類身上的細毛。由三個“毛”構成。凡是和“毳”義有關的字都以“毳”爲構件。

【段注】

[一]《掌皮》注曰：“毳毛，毛細縟者。”① 　[二]毛細則叢密，故从三“毛”，衆意也。此芮切。十五部（脂、微、物、月）。

【疏義】

①《周禮·天官冢宰·掌皮》：“共其毳毛爲氈，以待邦事。”鄭玄注：“毳毛，毛細縟者。”縟：繁多。

【集解】

董蓮池《部首新證》：“西周金文寫作 𣥂（守宫盤）、𣥂（毳簋），从三‘毛’，篆與之同。”

【同部字舉例】

毳 毳 fēi　毛紛紛也。从毳，非聲。甫微切。〇滂微平　滂微

尸 尸　305 shī　甲文 𣥂　金文 𣥂、𣥂、𣥂、𣥂　式脂切　書脂開三平　書脂（174/171;399/403）

陳也[一]。象臥之形[二]。凡尸之屬皆从尸。

【譯文】

陳列展示。字形象人倒臥的樣子。凡是和"尸"義有關的字都以"尸"爲構件。

【段注】

[一]"陳"當作"敶"（chén）。攴部曰："敶，列也。"①《小雅・祈父》傳曰："尸，陳也。"②按：凡祭祀之尸訓"主"。《郊特牲》曰："尸，陳也。"注曰："此尸神象，當從主訓之，言陳非也。"③玉裁謂：祭祀之尸本象神而陳之，而祭者因主之，二義實相因而生也。故許但言"陳"。至於在牀曰"屍"，其字從"尸"從"死"，別爲一字，而經籍多借"尸"爲之。[二]"臥"下曰："伏也。"此字象首俯而曲背之形。式脂切。十五部（脂、微、物、月）。

【疏義】

①《説文》攴部："敶，列也。"《段注》："後人假借'陳'爲之，'陳'行而'敶'爲廢矣。亦本軍敶字。"　②《詩經・小雅・祈父》："胡轉予于恤，有母之尸饔。"毛傳："尸，陳也。熟食曰饔。"鄭玄箋："己從軍，而母爲父陳饌飲食之具，自傷不得供養也。"　③《禮記・郊特牲》："尸，陳也。"鄭玄注："'尸'或詁爲'主'，此尸神象，當從主訓之，言'陳'非也。"

【集解】

徐灝《説文注箋》："尸，本人臥之稱，因人死而臥不起亦謂之'尸'。久之引申義行而本義廢。"

孔廣居《説文疑疑》："'尸'是古文，'屍'是漢季俗書。"

黃天樹《部首與甲骨文》（續一）："甲骨文作𠂔（《合》19941），象人蹲踞之形，即足底着地，聳膝下臀，即爲蹲踞（古作'居'）。這種'無禮儀'的坐姿是東夷的一種習慣，古人叫做夷踞，與中原人坐時以膝着地，臀壓在足上的坐法不同。'尸'與'夷'古音相近。"

董蓮池《部首新證》："考字見甲骨文，寫作𠂉、𠂆、𠂔諸形（《甲骨文編》357、358頁），象人蹲踞，當是夷人之'夷'的本字。夷人有蹲踞之習，故用蹲踞之形的𠂔以表之。西周金文寫作𠂌（無㠱簋）、𠂉（盂鼎），仍爲蹲踞形。後來用音近的'夷'字代替'尸'，而把'尸'借給尸主（古祭祀時代死者受祭之人)之'尸'。"

【同部字舉例】

居 <u>居</u> jū　蹲也。从尸,古者,居从古(《段注》作"从尸,古聲")。
踞,俗居从足。九魚切。○金文 <u>居</u>、<u>居</u>　見魚平　見魚

展 <u>展</u> zhǎn　轉也。从尸,襄省聲。知衍切。○知獮上　端元

屆 <u>屆</u> jiè　行不便也。一曰:極也。从尸,凷聲。古拜切。○見怪
去　見脂

尻 <u>尻</u> kāo　脾(同"臀")也。从尸,九聲。苦刀切。○溪豪平
溪幽

尼 <u>尼</u> ní　從後近之。从尸,匕聲。女夷切。○泥脂平　泥脂

屍 <u>屍</u> shī　終主。从尸从死。式脂切。○書脂平　書脂

屠 <u>屠</u> tú　刳也。从尸,者聲。同都切。○定模平　定魚

屋 <u>屋</u> wū　居也。从尸。尸,所主也。一曰:尸象屋形。从至。
至,所至止。室、屋皆从至。<u>屋</u>,籀文屋,从厂。 <u>屋</u>,古文屋。烏谷
切。○影屋入　影屋

層 <u>層</u> céng　重屋也。从尸,曾聲。昨稜切。○從登平　從蒸

卷八下

尺 尺 ³⁰⁶ chǐ 金文 𝖄 昌石切 昌昔開三入 昌鐸（175/
173；401/406）

**十寸也[一]。人手卻十分動脈爲寸口[二]。十寸
爲尺[三]。尺[四]，所以指尺規榘（矩）事也[五]。从
尸[六]从乙[七]。乙[八]，所識（zhì）也[九]。周制：寸、尺、
咫、尋、常、仞諸度量，皆以人之體爲法[十]。凡尺之
屬皆从尺。**

【譯文】

十寸。人腕端後退十分的動脈處爲寸口。十寸是一尺。尺，是用
來稱量事物方圓的長度單位。由“尸、乙”構成。乙，是用來做標記的
符號。周代的制度：寸、尺、咫、尋、常、仞等長度單位，都是以人肢體的
長度爲標準。凡是和“尺”義有關的字都以“尺”爲構件。

【段注】

[一]寸，十分也。禾部曰：“十髮爲程，一程爲分，十分爲寸。”① 又
曰：“律數十二，十二禾秒而當一分，十分而寸。”②《漢志》曰：“九十分，
黃鐘之長。一爲一分，十分爲寸，十寸爲尺，十尺爲丈，十丈爲引，而五
度審矣。”③ [二]寸部下亦曰：“人手卻一寸動䖤謂之寸口。”鄭注《周
禮》曰：“脈之大候，要在陽明、寸口。”疏云：“陽明在大拇指本骨之高
處與弟二指間。寸口者，大拇指本高骨後一寸是也。”④ 按：大拇指本
高骨後一寸，許所謂“人手卻十分”也。卻者，庠（chǐ）也；庠者，拓也。
人手竟，又開拓十分得動脈之處，是曰“寸口”。凡寸之度取象於此。
[三]十其長，是爲尺。 [四]逗。 [五]“指尺”當作“指庠”，聲之

誤也。"指斥"猶標目也。用規榘之事，非尺不足以爲程度⑤。尺居中，下可晐(gāi)寸、分，上可包丈、引也。《漢志》曰："寸者，忖也。尺者，蒦(huò)也。"⑥尺、庐、蒦三字同韻。　[六]主也。　[七]會意。昌石切。古音在五部(魚、鐸)，古書亦借"赤"爲之。毛晃曰："宋時案牘如此。"　[八]逗。　[九]漢武帝讀東方朔上書未盡，輒乙其處，題識之意也。以榘尺記識所度，故從乙⑦。　[十]寸，法人寸口，尺起於寸。咫，法中婦人手。尋，八尺也，法人兩臂之長。常倍尋。或曰："常"當作"丈"。周制八寸爲尺，十尺爲丈。人長八尺，故曰"丈夫"。人部曰："仞，伸臂一尋也。"是仞、尋無二。而此尋、仞並舉，疑許主"七尺曰仞"之說。人部之解出後人改竄，非許原文，說詳人部⑧。

【疏義】

①《説文》禾部："秒，禾芒也。""程，品也。十髮爲程，十程爲分。""十程"《段注》作"一程"："一，俗本作'十'，誤……十髮爲程，度起於此。十髮當禾秒十二，故字从禾。"按：一髮之長約等於一秒之長，故"程"字从禾。　②《説文》禾部："稱，銓也。从禾，爯聲。春分而禾生，日夏至晷(guǐ)景可度。禾有秒，秋分而秒定。律數十二秒而當一分，十分而寸。其以爲重：十二粟爲一分，十二分爲一銖，故諸程品皆从禾。"晷：日晷。景："影"的古字。秒：禾芒。"律數"句《段注》改爲"律數十二，十二秒而當一分"。　③引文見《漢書·律曆志》，上文接"一黍之廣，度之"。黃鐘：古樂律十二律中的第一律，屬於基本的標準音。五度：指分、寸、尺、丈、引五種長度單位。　④《周禮·天官冢宰·疾醫》："兩之以九竅之變。"鄭玄注："脈之大候，要在陽明、寸口。"賈公彥疏："陽明者，在大拇指本骨之高處與第二指間。寸口者，大拇指本高骨後一寸是也。"　⑤《説文》工部："巨，規巨也。从工，象手持之。榘，巨或从木、矢。矢者，其中正也。"元戴侗《六書故·人二》(卷九)："規，方曰矩，圜曰規。"　⑥晐：本義爲日光兼覆，引申爲賅備，包括。《漢書·律曆志》："寸者，忖也。尺者，蒦也。"《説文》心部："忖，度也。"隹部："蒦，規蒦，商也。"　⑦《史記·滑稽列傳·東方朔傳》："朔初入長安，至公車上書……人主從上方讀之，止，輒乙其處，讀之二月乃盡。"乙：讀書時在書上所打的停頓標記。　⑧《説文》尺

部："咫,中婦人手長八寸謂之咫。周尺也。"寸部："尋,度人之兩臂爲尋。八尺也。"《儀禮‧鄉射禮》："杠長三仞。"鄭玄注："七尺曰仞。"《説文》人部："仞,伸臂一尋八尺。"《段注》："此解疑非許之舊,恐後人竄改爲之⋯⋯許書於'尺'下既'尋、仞'兼舉。尋者,八尺也,見寸部,則'仞'下必當云'七尺'。今本乃淺人所竄易耳。"

【集解】

　　張文虎《舒藝室隨筆》："疑古尺如今之規。兩股可開合,尺乃象形,今木工營造尺亦縱橫兩股,但不能開合耳。"

　　董蓮池《部首新證》："戰國所見'尺'字寫作〻(中山王兆域圖)。不從'尸'⋯⋯由此見'尺'、'乇'二詞在戰國中期字形是相同的。考'尺'古音鐸部昌紐,'乇'鐸部端紐,同部準雙聲,古音極近;'乇'商代甲骨文已有見,而'尺'則見用於戰國,二字共形,無疑是'尺'循音借了'乇'字。這種借來的'尺'字形體後來由〻、尺譌變作尺(睡虎地秦簡),篆本之而作尺。"

【同部字舉例】

　　咫𠈄 zhǐ　中婦人手長八寸謂之咫。周尺也。从尺,只聲。諸氏切。○章紙上　章支

尾 尾 307　wěi　甲文🕊　無斐切　明尾合三上　明微(175/173;402/406)

微也[一]。从到(倒)毛,在尸後[二]。古人或飾系尾[三],西南夷皆"皆"大徐本作"亦"然[四]。凡尾之屬皆从尾。

【譯文】

　　微末。以倒寫的"毛"字爲構件,加在"尸"字的後面。古人或將尾巴繫在服飾上,西南少數民族都是這樣。凡是和"尾"義有關的字都以"尾"爲構件。

【段注】

　　[一]"微"當作"散"。散,細也。此以疊韻爲訓,如"門,捫也""户,護也"之例[1]。《方言》曰："尾,盡也。尾,梢也。"[2]引申訓爲"後",如《晉語》:"歲之二七,其靡有微兮。"[3]古亦叚"微"爲"尾"。　　[二]"到"者,

今之“倒”字。無斐切。十五部（脂、微、物、月）。今隸變作“尾”。
[三]未聞。鄭説“韍”(fú)曰：“古者佃漁而食之。衣其皮，先知蔽前，後知蔽後。後王易之以布帛，而獨存其蔽前者，不忘本也。”④按：蔽後即或飾系尾之説也。　　[四]《後漢書・西南夷列傳》曰：“槃瓠之後，好五色衣服，製裁皆有尾形。”⑤按：尾爲禽獸之尾，此甚易解耳，而許必以尾系之人者，以其字從“尸”，人可言“尸”，禽獸不得言“尸”也。凡全書内嚴人物之辨每如此。人飾系尾，而禽獸似之，許意如是。

【疏義】

①《説文》門部：“門，聞也。从二户。象形。”户部：“户，護也。半門曰户。象形。”　②《方言》第十二：“尾、梢，盡也。尾，梢也。”
③引文見《國語・晉語三》。韋昭注：“二七，十四歲後也。靡，無也。”
④《詩經・小雅・采菽》：“赤芾在股。”鄭玄箋：“芾，大古蔽膝之象也。冕服謂之芾，其他服謂之韠。”孔穎達正義：“《易乾鑿度》注云：‘古者田漁而食，因衣其皮，先知蔽前，後知蔽後，後王易之以布帛，而猶存其蔽前者，重古道，不忘本。’”注：指鄭玄注。　　⑤《後漢書・西南夷列傳・南蠻傳》：“盤瓠死後，因自相夫妻，織績木皮，染以草實，好五色衣服，製裁皆有尾形。”盤瓠：古神話人物。

【集解】

黃天樹《部首與甲骨文》(續一)：“甲骨文作𡳞，象人身後有尾飾，這大概是古人的一種服飾。後來，人形變爲‘尸’，尾飾變爲‘毛’。”

董蓮池《部首新證》：“字見甲骨文，寫作𡳞（《甲骨文編》358頁），戰國寫作𡱝（楚屈叔沱戈‘屈’所從）、𡱟（《曾侯乙墓》35號簡），均象後有尾形，篆與之同。”

【同部字舉例】

屬　屬　zhǔ　連也。从尾，蜀聲。之欲切。○章燭入　章屋

屈　屈　qū　無尾也。从尾，出聲。九勿切。○金文𡱝、𡱟　溪物入溪物

履(履) 履　308　lǚ　甲文𡳞　金文𡳞　力几切　來旨開三上
來脂(175/173；402/407)

足所依也[一]。**从尸，服履者也。从彳、夊**(suī)[二]，

从舟，象履形“从尸”五句大徐本作“从尸从彳从夊，舟象履形”[三]。一曰：尸聲[四]。凡履之屬皆从履。𩕍，古文履，从頁从足[五]。

【譯文】

　　足所依托的用具。以“尸”爲構件，“尸”表示穿鞋的人。以“彳、夊、舟”爲構件，“舟”象鞋子的形狀。一種説法認爲：“尸”是聲符。凡是和“履”義有關的字都以“履”爲構件。𩕍，古文“履”字，由“頁、足”構成。

【段注】

　　[一]履（履）、依疊韻。古曰“屨”（jù），今曰“履”。古曰“履”，今曰“鞵（xié）”。名之隨時不同者也。引申之訓“踐”，如“君子所履”是也①。又引申之訓“禄”，《詩》“福履綏之”，毛傳曰：“履，禄也。”②又引申之訓“禮”，《序卦》傳、《詩·長發》傳是也③。履、禮爲疊韻，履、禄爲雙聲。　[二]夊，楚危切。彳、夊皆行也。　[三]合四字會意。良止切。按：“良止”誤也，當依《篇》《韻》力几切④。十五部（脂、微、物、月）。　[四]别一説也。　[五]履重首，故从頁。

【疏義】

　　①《詩經·小雅·大東》：“君子所履。”鄭玄箋：“此言古者天子之恩厚也，君子皆法效而履行之。”　②《詩經·周南·樛木》：“福履綏之。”毛傳：“履，禄。綏，安也。”　③《周易·序卦》：“履者，禮也。”《詩經·商頌·長發》：“率履不越。”毛傳：“履，禮也。”鄭玄箋：“使其民循禮不得踰越。”　④《篇》《韻》：指《玉篇》和《廣韻》。《玉篇》履部：“履，力几切。皮曰履。又踐也，禄也。《詩》曰：‘福履將之。’”《廣韻》旨韻：“履，踐也，禄也，幸也，福也。力几切。”

【集解】

　　黄天樹《部首與甲骨文》（續一）：“甲骨文作𦥑，人的脚下畫有一横，代表‘履’或所踐踏之處。”

　　董蓮池《部首新證》：“西周金文寫作𦥑（五祀衛鼎），𦥑爲人形，𠃊爲舟形，人下有舟，表示人乘舟而行，九年衛鼎又增‘水’旁作𣲛，以突顯其義,故'履'之本義應爲行、踐。"

【同部字舉例】

　　屨屨 jù　履也。从履省,婁聲。一曰:鞮(dī,革履,即皮鞋)也。九遇切。○見遇去　見侯

　　屐屐 jī　屩(jué,草鞋)也。从履省,支聲。奇逆切。○羣陌入　羣錫

舟 月

309 zhōu　甲文 ⩗、⟍、⟋　金文 ⊐⊏、⼞、⟨、⟩　職流切
章尤開三平　章幽(176/173;403/407)

　　船也[一]。古者共皷(同"鼓")、貨狄刳(kū)木爲舟,剡(yǎn)木爲楫,以濟不通[二]。象形[三]。凡舟之屬皆从舟。

【譯文】

　　船。古時共鼓、貨狄二人鑿木爲舟船,削木爲船槳,藉以渡過不通的河流達到彼岸。象形。凡是和"舟"義有關的字都以"舟"爲構件。

【段注】

　　[一]《邶風》"方之舟之",傳曰:"舟,船也。"①古人言"舟",漢人言"船",毛以今語釋古,故云"舟"即今之"船"也。不傳於《柏舟》而傳於此者,以見"方"之爲泭而非船也②。　　[二]郭注《山海經》曰:"《世本》云:'共鼓、貨狄作舟。'"③《易·繫辭》曰:"刳木爲舟,剡木爲楫,舟楫之利,以濟不通,致遠以利天下。蓋取諸《渙》。"④共鼓、貨狄,黄帝、堯、舜間人。貨狄疑即化益,化益即伯益也。《考工記》:"故書'舟'作'周'。"⑤　　[三]職流切。三部(幽、覺)。

【疏義】

　　①《詩經·邶風·谷風》:"就其深矣,方之舟之。"毛傳:"舟,船也。"鄭玄箋:"方,泭(fū)也。"泭:竹筏,木筏。　　②《詩經·邶風·柏舟》:"泛彼柏舟,亦泛其流。"毛傳:"泛,泛流貌。柏木所以宜爲舟也。"鄭玄箋:"舟,載渡物者"　　③《山海經·海内經》:"帝俊生禺號,禺號生淫梁,淫梁生番禺,是始爲舟。"郭璞注:"《世本》云:'共鼓、貨狄作舟。'"④引文見《周易·繫辭下》。刳:剖空。剡:削。　　⑤《周禮·冬官考工記》總敘:"作車以行陸,作舟以行水。"鄭玄注:"故書'舟'作'周'。鄭司

農云:"'周'當爲'舟'。"鄭司農:東漢經學家鄭衆,曾官大司農。

【集解】

揚雄《方言》:"自關而西謂之船,自關而東謂之舟。"

黃天樹《部首與甲骨文》(續一):"甲骨文作🜄,象簡單的木船。"

董蓮池《部首新證》:"字見甲骨文,寫作🜄、🜄諸形(《甲骨文編》358頁),象舟形。西周金文寫作月(舟簋)、🜄(舟父丁卣),春秋寫作彡(石鼓文),爲篆所本。"

【同部字舉例】

俞 兪 yú 空中木爲舟也。从亼从舟从巜。巜,水也。羊朱切。○金文𦩍、𦩅、𦩈、𦩇 以虞平 定侯

船 𦩗 chuán 舟也。从舟,鉛省聲。食川切。○金文𦩗 船仙平 船元

艫 艫 lú 舳艫也。一曰:船頭。从舟,盧聲。洛乎切。○來模平 來魚

朕(𦩲) 朕 zhèn 我也。闕。直禁切。○甲文𦩲、𦩲 金文𦩲、𦩲、𦩲、𦩲 澄軫上 定侵

舫 舫 fǎng 船師也。《明堂月令》曰"舫人"。習水者。从舟,方聲。甫妄切。○幫漾去 幫陽

般 𦨞 bān 辟也。象舟之旋。从舟从殳。殳,所以旋也。𦨞,古文般,从支。北潘切。○甲文𦨞、𦨞、𦨞 金文𦨞、𦨞、𦨞 幫桓平 幫元

服(𦩕) 𦩕 fú 用也。一曰:車右騑,所以舟旋。从舟,𠬝聲。𦩕,古文服,从人。房六切。○甲文作𦩕 金文𦩕、𦩕、𦩕 並屋入 並職

方 彡 310 fāng 甲文𠂤、𠂤 金文𠂤、方、𠂤、𠂤 府良切 幫陽 合三平 幫陽(176/174;404/408)

併船也[一]。**象兩舟省總頭形**[二]。**凡方之屬皆从方。** 🜄**,方或从水。**

【譯文】

相並的兩條船。字形象兩條船並行船頭省而爲一的樣子。凡是

和“方”義有關的字都以“方”爲構件。 ，“方”字或以“水”爲構件。

【段注】

[一]《周南》：“不可方思。”《邶風》：“方之舟之。”《釋言》及毛傳皆曰：“方，泭（fū）也。”今《爾雅》改“方”爲“舫”①，非其義矣。“併船”者，並兩船爲一。《釋水》曰：“大夫方舟。”②謂併兩船也。泭者，編木以爲渡，與併船異事，何以毛公釋“方”不曰“併船”而曰“泭也”？曰：併船、編木，其用略同，故俱得名“方”。方舟爲大夫之禮，《詩》所言不必大夫，則釋以“泭”可矣。若許説字，則見下从舟省而上有並頭之象，故知“併船”爲本義，“編木”爲引申之義。又引申之爲比方，“子貢方人”是也③。《秦風》：“百夫之防。”毛曰：“防，比也。”④謂“防”即“方”之假借也。又引申之爲方圓、爲方正、爲方向。又假借爲“旁”。丄部曰：“旁，溥也。”凡《今文尚書》作“旁”者，《古文尚書》作“方”，爲大也。《生民》：“實方實苞。”毛曰：“方，極畝也。”極畝，大之意也。又假借爲“甫”，《召南》：“維鳩方之。”毛曰：“方之，方有之也。”⑤“方有之”猶“甫有之”也。　　[二]“兩”當作“㒳”。下象兩舟併爲一，上象兩船頭總於一處也。府良切。十部（陽）。《通俗文》：“連舟曰舫。”與許説字不同，蓋“方”正字，俗用“舫”。

【疏義】

①《爾雅・釋言》：“舫，泭也。”《經典釋文》：“舫，謝音‘方’，《詩》亦作‘方’。”謝：謝沈，東晉山陰（今浙江紹興）人，博學多識，撰有《尚書注》《毛詩注》《後漢書》等書，已佚，清人有輯本。　②《爾雅・釋水》：“大夫方舟。”郭璞注：“並兩船。”　③《論語・憲問》：“子貢方人。”《經典釋文》：“‘方’如字。孔云：‘比方人也。’鄭本作‘謗’，謂言人之過惡。”孔：指孔安國。鄭本：指鄭玄注本。　④《詩經・秦風・黃鳥》：“維此仲行，百夫之防。”毛傳：“防，比也。”鄭玄箋：“防猶當也，言此一人當百夫。”清馬瑞辰《毛詩傳箋通釋》：“此讀‘防’如比方之‘方’。”　⑤《詩經・召南・鵲巢》：“維鵲有巢，維鳩方之。”毛傳：“方，有之也。”馬瑞辰《毛詩傳箋通釋》：“《廣雅》：‘方，有也。’……足證古義皆訓‘方’爲‘有’。”

【集解】

董蓮池《部首新證》："字見甲骨文，寫作方、方諸形（《甲骨文編》361 頁），西周金文寫作方（禹鼎）、方（不𡢁簋）等形，與甲骨文形體相承。春秋石鼓文寫作方、戰國中山王𩁹鼎寫作方，篆只是將上部横畫左端上翹。依字形而論，絶無'併船'之象，許慎説解不可從。'方'之形體取象，徐中舒認爲象耒形，即'一臿土謂之坺'的'坺'字初文（《甲骨文字詁林》3147 頁），説可從。"

【同部字舉例】

斻 斻 háng　方舟也。从方，亢聲。《禮》：天子造舟，諸侯維舟，大夫方舟，士特舟。胡郎切。○匣唐平　匣陽

儿 儿311　rén　如鄰切　日真開三平　日真（176/174；404/409）

大徐本有"仁人也"三字 **古文奇字儿**"儿"大徐本作"人" **也**[一]。**象形。孔子曰："儿在下** 此句大徐本作"在人下"，**故詰詘**（jiéqū）"詘"大徐本作"屈"。**"**[二] **凡儿之屬皆从儿。**

【譯文】

古文中的奇字人。象形。孔子説："'儿'在字的下方，所以呈彎曲狀。"凡是和"儿"義有關的字都以"儿"爲構件。

【段注】

[一]此蒙人部而言："儿者，天地之性最貴者也。此籀文，象臂脛之形。"①其作儿者，則古文奇字之儿也。如大下曰："天大，地大，人亦大，故大象人形。古文亣也。"②亣下曰："籀文大。"則例正同。亣與儿之義已見於大與儿之下，故皆不必更言其義。今俗本"古文奇字"之上妄添"仁人也"三字，是爲蛇足。同字而必異部者，異其从之之字也③。[二]"儿在"各本作"在人"，今依《玉篇》④。"詘"各本作"屈"，誤，今正，舉孔子説證象形也。籀文兼象臂脛，古文奇字則惟象股腳⑤。"詰詘"猶今云"屈曲"也。如鄰切。十二部（真）。

【疏義】

①引文見《説文》人部。　②引文見《説文》大部。"故大"二句大

徐本作:"故大象人形。古文大也。"《段注》作:"象人形。古文**巾**也。"
③"同字"二句:("儿"與"人")本爲同一字而《説文》分成兩個部首的
原因,是爲了將它們各自統屬的字分開。　④《玉篇》儿部:"儿,仁人
也。孔子曰:'人在下,故詰屈。'《説文》曰:'古文奇字人也。象形。'"
⑤籒文兼象臂脛:指尺(人)。古文奇字則惟象股腳:指几(儿)。

【集解】

饒炯《説文部首訂》:"象形……此篆云'古文奇字',許蓋從古文
奇字中得來。"

王筠《説文釋例》:"蓋采自古器偏旁,本非獨立成字也。"

黄天樹《部首與甲骨文》(續一):"從古文字看,'儿'即'人'字,
寫法完全相同。《説文》爲了創立部首的需要,把原爲一字的'儿'和
'人'分爲兩部。把人形在下的字歸入'儿'部,如'兀'、'兒'、'允'
等;把人形在右邊的字歸入'人'部,如'保'、'仕'、'伯'等。現在'兒
童'的'兒'簡化爲'儿',跟《説文》部首'儿'成爲同形字。"

董蓮池《部首新證》:"此即在一些字的構形中居其他偏旁下部的
'人'旁。胡小石云:'所謂"在人下,故詰屈"者,即云凡從儿之字,皆
上體有字,而儿在其下,因需合於漢字方整之排列,乃以儿作詰屈狀,
以合其律。此小篆始行之,卜辭金文則從儿之字仍作平直之態,若𦣻,
卜辭作𠂔、𠂤,金文寫作𠂤(師兑敦)。'(《胡小石論文集三編》300頁)其
説甚是。"

【同部字舉例】

兀𠑯 wù　高而上平也。从一在人上。讀若夐(xuàn)。茂陵有
兀桑里。五忽切。○金文作𠂤、𠂔　疑没入　疑物

兒𦥑 ér　孺子也。从儿,象小兒頭囟未合。汝移切。○甲文𠑹、𠑽
金文𠑹、𠑽、𠑹　日支平　日支

允𡵂 yǔn　信也。从儿,㠯聲。樂(《段注》作"余")準切。○甲
文𠑹、𠑽　金文𠑹、𠑽、𠑹　以準上　定文

兑𠑹 duì　説也。从儿,㕣聲。大外切。○甲文𠑹、𠑽　金文𠑹、
𠑽、𠑹　定泰去　定祭

充 𠑒 chōng　長也。高也。从儿，育省聲。昌終切。○昌東平

昌東

兄 兄　312 xiōng　甲文 𠇒、𠑛、𠑚　金文 𠑛、𠑤、𠑥　許榮切　曉

庚合三平　曉陽（177/174；405/410）

長也[一]。从儿从口[二]。凡兄之屬皆从兄。

【譯文】

年長。由"儿、口"構成。凡是和"兄"義有關的字都以"兄"爲構件。

【段注】

[一]古"長"不分平、上，其音義一也。長短、滋長、長幼皆無二義，"兄"之爲"長"，以疊韻爲訓也。《小雅》："兄也永歎。"傳曰："兄，兹也。"①《大雅》："倉兄填兮。"傳曰："兄，滋也。"②"職兄斯引、職兄斯弘"，傳曰："兄，兹也。"③又《小雅》："僕夫兄瘁。"箋云："兄，兹也。"④又《大雅》："亂兄斯削。"箋云："而亂兹甚。"⑤"兹"與"滋"義同。兹者，草木多益也；滋者，益也。凡此等《毛詩》本皆作"兄"，俗人乃改作从"水"之"況"，又譌作"况"。陸氏《音義》不能諟（shì）正畫一，正偽錯出，且於《常棣》云作"兄"者非⑥，由未知"兹益"乃"兄"之本義故耳。"兄"之本義訓"益"，許所謂"長"也。許不云"兹"者，許意言"長"則可晐（gāi）長幼之義也。矢部"弞"（shěn）下曰："兄詞也。"⑦謂加益之詞，此滋長之義也。《無逸》"無皇曰"，今文《尚書》作"毋兄曰"。王肅本"皇"作"况"，注曰："况，滋。"⑧韋昭注《國語》云："况，益也。"⑨皆"兄"訓"益"之證。引申之，則《爾雅》曰："男子先生爲兄，後生爲弟。"⑩先生之年自多於後生者，故以"兄"名之，猶"弟"本義爲韋束之次弟，以之名男子後生者也⑪。莫重於君父，故有正字。"兄、弟"之字，則依聲託事⑫。古"兄長"與"兄益"無二音也。淺人謂"兄"之本義爲男子先生，則主從倒置，豈"弟"之本義爲男子後生乎？世之言小學者，知此而後可與言《説文》，可與言經義。顧希馮《玉篇》不知此，則直云"男子先生爲兄""男子後生爲弟"而已⑬。以"兄、弟"二部次於男部、女部間，觀其列部之次第，可以知其不識字義。　[二]口之言無盡也，故以"儿、口"爲滋長之意。今音許榮切。古音在十部（陽），讀

如"荒",轉爲去聲,許訪切。今人評兄爲"況老",乃古語也。用"況"者,於古爲假借。"貺、况"皆俗字。"貺"以意製,《左》《國》多用之⑭,"况"乃"況"之變,最爲後出。

【疏義】

①《詩經·小雅·棠棣》:"每有良朋,況也永歎。"毛傳:"況,兹。永,長也。"《經典釋文》:"'況'或作'兄',非也。"　②《詩經·大雅·桑柔》:"倉兄填兮。"毛傳:"倉,喪也。兄,滋也。填,久也。"《經典釋文》:"'兄'音'況',注同,本亦作'況'。"　③《詩經·大雅·召旻》:"胡不自替? 職兄斯引。"毛傳:"替,廢。況,兹也。引,長也。"今按:"況"字阮元校以爲當做"兄"。《經典釋文》:"'兄'音'況',下同。"《召旻》:"溥斯害矣,職兄斯弘。"按:"溥斯"二句無毛傳語,鄭箋、孔疏中亦未見"兄,兹也"之釋,《段注》疑誤。　④《詩經·小雅·出車》:"憂心悄悄,僕夫況瘁。"鄭玄箋:"況,兹。將率既受命,行而憂,臨事而懼也。御夫則兹益憔悴,憂其馬之不正。"　⑤《詩經·大雅·桑柔》:"爲謀爲毖,亂況斯削。"毛傳:"毖,慎也。"鄭玄箋:"女爲軍旅之謀爲重,慎兵事也,而亂滋甚於此,日見侵削。"　⑥諟:訂正,使正。參見注①。　⑦《説文》矢部:"䇲,況也,詞也。从矢,引省聲。"《段注》改作"䇲,況詞也",注:"'況'當作'兄'。"　⑧《尚書·無逸》:"無皇曰……"漢石經作"毋兄曰"。宋黄伯思《東觀餘論·記石經與今文不同》謂漢石經作"母兄曰"。《無逸》:"則皇自敬德。"孔穎達正義:"王肅本'皇'作'況',況滋益用敬德也。"　⑨《國語·晉語二》:"今子曰中立,況固其謀。"韋昭注:"況,益也。"　⑩引文見《爾雅·釋親》。　⑪《説文》弟部:"弟,韋束之次弟也。"《段注》:"束之不一則有次弟也。引申之爲凡次弟之弟,爲兄弟之弟,爲豈弟之弟。"　⑫依聲託事:指假借同音字來記録詞。　⑬顧希馮:即顧野王,字希馮。《玉篇》兄部:"兄,《爾雅》曰:'男子先生爲兄。'"弟部:"弟,《爾雅》曰:'男子後生爲弟。'"　⑭貺:賜予,賞賜。《左傳·昭公三年》:"豈唯寡君,舉羣臣實受其貺。"杜預注:"'貺'音'況'。"《國語·魯語下》:"君之所以貺使臣,臣敢不拜貺。"韋昭注:"貺,賜也。"

【集解】

徐鍇《説文繫傳·通論》:"兄者,況也。能以言況其弟也。事有隱避,不可正言,則譬況之而已矣。故於文'口、儿'爲'兄'。儿者,人在下者也,以口教其下也。"

黄天樹《部首與甲骨文》(續一):"甲骨文作𝌆,象一個張口直立之人。可能因爲古代宗法社會裡,兄長有督率諸弟的責任,經常發號施令,所以這樣造字。"

董蓮池《部首新證》:"字見甲骨文,寫作𝌆、𝌆、𝌆諸形(《甲骨文編》364、365 頁),爲𝌆上著凵的人形。"

【同部字舉例】

兢𝌆 jīng　競也。从二兄。二兄,競意。从丰聲。讀若矜。一曰:兢,敬也。居陵切。○金文𝌆　見蒸平　見蒸

先 𝌆 313 zān(舊讀 zēn)　側琴切　精覃開一平　精侵(177/174;405/410)

首笄也[一]。从儿"儿"大徐本作人,匕象大徐本有"簪"形[二]。凡先(同"簪")之屬皆从先。𝌆,俗先[三],从竹从替[四]。

【譯文】

頭上用的簪子。"儿"爲構件,"匕"象簪形。凡是和"先"義有關的字都以"先"爲構件。𝌆,俗體"先"字,以"竹、替"爲構件。

【段注】

[一]竹部曰:"笄,簪也。"二字爲轉注。古言"笄",漢言"先",此謂今之先即古之笄也。古經無"簪"字,惟《易·豫·九四》"朋盍簪",鄭云:"速也。"實"寁"(zǎn)之假借字①。張揖《古今字詁》"疌"(jié)作"撍"(zǎn)。《埤蒼》云:"撍,疾也。"②寁、疌、撍同字,京作"撍"。經文之"簪",古無釋爲"笄"者。又《士喪禮》:"復者一人,以爵弁服,簪衣于裳。"③注云:"簪,連也。"然則此實"鐕"之假借字。金部曰:"鐕,可以衣箸物者。"凡經典此二"簪"字外,無言"簪"者。　[二]此非"相與比敘"之"匕",乃象先之形也。先必有岐,故又曰"叉",俗作

“釵”。《釋名》曰：“叉枝也，因形名之也。”④篆右象其叉，左象其所抵以固弁者。側琴切。七部（侵、緝）。　　[三]今俗行而正廢矣。

[四]晉聲。

【疏義】

①《周易·豫·九四》：“勿疑朋盍簪。”《經典釋文》：“簪，鄭云：‘速也。’……京作‘撍’。”疌：速。鄭：指鄭玄。京：指京房，西漢今文《易》學京氏學的創始人，有《京氏易傳》三卷傳世。　②《周易·豫·九四》：“勿疑朋盍簪。”元董真卿《周易會通》：“張揖《古今字詁》‘疌’作‘撍’。《埤蒼》云：‘撍，疾也。’”《古今字詁》《埤蒼》：皆字書，三國魏張揖撰，已佚，清人有輯本。　③引文見《儀禮·士喪禮》。“簪衣于裳”《士喪禮》作“簪裳于衣”，《段注》疑誤。鄭玄注：“復者，有司招魂復魄也……簪，連也。”“復者”三句：招魂者一人，拿着死者生前的爵弁服，將下衣和上衣聯在一起。復者：招魂者。爵弁服：與爵弁相配的衣服。爵弁，一種赤而微黑的禮冠。　④“叉枝”《釋名》作“又枝”。《釋名·釋首飾》：“簪，兂(jīn)也。以兂連冠於髮也。又枝也，因形名之也。”

【集解】

朱駿聲《説文定聲》：“按：簪所以持冠，一名叉，俗爲釵。《荀子·箴賦》：‘簪以爲父，管以爲母。’注：‘簪形似箴而大。’”

皃　314 mào　莫教切　明效開二去　明宵（177/174；406/410）

頌儀也[一]。从儿“儿”大徐本作“人”，白象面形此句大徐本作“白象人面形”[二]。凡皃之屬皆从皃。䫉，皃或从頁(xié)，豹省聲[三]。　貌，籀文皃，从豸此句大徐本作“从豹省”[四]。

【譯文】

容貌。“儿”爲構件，白象面形。凡是和皃義有關的字都以“皃”爲構件。䫉，“皃”或以“頁”爲構件，“豹”的省體爲聲符。貌，是籀文“皃”字，以“豸”爲構件。

【段注】

[一]頁部曰："頌，皃也。"此曰"皃，頌儀也"，是爲轉注。頌者，今之"容"字。必言"儀"者，謂頌之儀度可皃象也。凡"容"言其內，"皃"言其外，引申之，凡得其狀曰"皃"，析言則"容、皃"各有當。如叔向曰"貌不道容"是也①。絫言則曰"容貌"，如"動容貌，斯遠暴慢"是也②。[二]上非"黑白"字，乃象人面也。莫教切。二部(宵、藥)。　[三]按：此蓋易籀文之"皃"爲"頁"。　[四]大徐本作"从豹省"，今字皆用籀文。

【疏義】

①《左傳·昭公十一年》："貌不道容而言不昭矣。不道不共，不昭不從。"杜預注："貌正曰共，言順曰從。"　②《論語·泰伯》："君子所貴乎道者三：動容貌，斯遠暴慢矣；正顏色，斯近信矣；出辭氣，斯遠鄙倍矣。"鄙：粗俗鄙陋。倍：通"背"，背謬。

【集解】

徐灝《説文注箋》："貌从豸，當屬獸言，蓋凡獸亦各有貌也。"

黃天樹《部首與甲骨文》(續一)："甲骨文有𠙹字(《合》21881、26838)，即《説文》'皃'字。'皃'是'貌'的古字。《説文》小篆字形是从'人'从'白'，'白'不是'黑白'的'白'，是象人的一張臉。本義是容貌。"

【同部字舉例】

覍𧠷 biàn　冕也。周曰覍，殷曰吁，夏曰收。从皃，象形。𦥯，籀文覍，从廾，上象形。𣌭，或覍字。皮變切。○並線去　並元

兂 𠘧 315　gǔ　公户切　見姥合一上　見魚(177/174；406/411)

麤蔽也[一]。从儿"儿"大徐本作"人"，象左右皆蔽形[二]。凡兂之屬皆从兂。讀若瞽[三]。

【譯文】

遮蔽。以"儿"爲構件，字象左右兩邊都被遮蔽的樣子。凡是和"兂"義有關的字都以"兂"爲構件。讀音同"瞽"。

【段注】

[一]“麠”當作“邕”①,俗作“雝”。此字經傳罕見,音與“蠱”同,則亦蠱惑之意也。《晉語》曰:“在列者獻詩,使勿兂。”疑“兂”或當爲“兂”。韋曰:“兂,惑也。”②　　[二]“左右”當作“ナ又”,謂“冂”也。[三]公戶切。五部(魚、鐸)。

【疏義】

①《説文》川部:“邕,四方有水,自邕城池者。”《段注》改作:“邑四方有水,自邕成池者是也。”　　②《國語·晉語六》:“在列者獻詩,使勿兂。”韋昭注:“列,位也。兂,惑也。”

【集解】

朱駿聲《説文定聲》:“蠱惑字經傳皆以‘蠱’爲之,本字當如此。”

饒炯《説文部首訂》:“象左右皆有所蔽,指其事,則麠蔽之形義見矣。”

黃天樹《部首與甲骨文》(續一):“《説文》:‘兂,麠(雝)蔽也。从人,象左右皆蔽形……讀若瞽。’這個讀若‘瞽’的‘兂’字,《説文》説爲‘象左右皆蔽形’,頗爲難信,其實就是‘瞽’的表意初文兂的省變,人形上端兩旁的曲綫則是由兂的人形上端象上眼眶的綫條變來的。”

董蓮池《部首新證》:“今考‘晚’、‘冕’等字所从‘免’寫作兂,依朱(本書按:指朱駿聲)説則此篆形應作兂。從郭店楚簡‘兂’之作兂(李家浩釋。見李家浩《讀〈郭店楚墓竹簡〉瑣議》。《郭店楚簡研究》339頁)看,朱説可從。郭店楚簡兂形所从之兂(冃)甚大,構形用意當是用以表示遮蓋住人的耳目。許慎所録篆形確不可信。惟釋其形義可從。”

【同部字舉例】

兜兂 dōu　兜鍪,首鎧也。从兂,从皃省。皃象人頭也。當侯切。○端侯平　端侯

先 兂³¹⁶ xiān　甲文兂、兂　金文兂、兂、兂　穌前切　心先開四平　心文(177/174;406/411)

前進也[一]。从儿、大徐本有“从”之[二]。凡先之屬皆从先。

【譯文】

向前行。由“儿、之”構成。凡是和“先”義有關的字都以“先”爲構件。

【段注】

[一]“前”當作“歬”,不行而進曰“歬”①。凡言“歬”者緩詞,凡言“先”者急詞也。其爲進一也。 [二]之者,出也,引申爲往也。穌前切。古音在十三部(文)。讀若先聲之“詵”(shēn)②。

【疏義】

①《説文》刀部:“歬,齊斷也。”歬隸作“前”,俗作“剪”。又《説文》止部:“歬,不行而進謂之歬。从止在舟上。”《段注》:“後人以齊斷之‘前’爲歬後字。” ②《説文》言部:“詵,致言也。从言从先,先亦聲。”

【集解】

徐灝《説文注箋》:“前進曰先,故从人从止。止,往也。”

黃天樹《部首與甲骨文》(續一):“甲骨文作𠂤、𠂤,象人的前面有一隻腳,本義是走在前面。表示先行。”

董蓮池《部首新證》:“字見甲骨文,寫作𠂤、𠂤、𠂤諸形(《甲骨文編》366 頁),从‘之’在‘人’上,或从‘止’在‘人’上,‘之’、‘止’均表行走義,在‘人’上即表行進在人之前面,許慎釋義合於構形之恉,構形分析亦是。西周金文寫作𠂤(卯簋),春秋寫作𠂤(秦公鐘),戰國寫作𠂤(中山王𡐷鼎)、𠂤(詛楚文),篆承之作𠂤。”

【同部字舉例】

兟兟 shēn　進也。从二先。贊从此。闕。所臻切。○山臻平　山真

秃 秃 ³¹⁷　tū　他谷切　透屋合一入　透屋(177/175;407/411)

無髮也[一]。从儿“儿”大徐本作“人”,上象禾粟之形,取其聲[二]。凡秃之屬皆从秃。王育説[三]。倉頡出見秃人伏禾中,因以制字,未知其審[四]。

【譯文】

没有頭髮。以"儿"爲構件,上部象禾穀揚花的樣子,同時取"秀"作聲符。凡是和"秃"義有關的字都以"秃"爲構件。這是王育的説法。倉頡出門時看見一個秃頭人伏在禾苗中,據此造出"秃"字,不知這種解釋是否有根據。

【段注】

[一]《喪服四制》曰:"秃者不髽(zhuā)。"①《明堂位》注曰:"齊人謂無髮爲秃楬(jié)。"②《周禮·醫師》注曰:"疕(pǐ),頭瘍,亦謂秃也。"③引申之,凡不鋭者曰"秃"。《釋名》曰:"沐、秃皆無上兒之稱"。④沐者,《管子》云"沐涂樹之枝",謂刊落之也⑤。 [二]按:"粟"當作"秀",以避諱改之也。"采"下云:"禾成秀也。"然則秀、采爲轉注⑥。"象禾秀之形"者,謂禾秀之穎屈曲下垂,莖屈處圓轉光潤如折釵股⑦。秃者全無髮,首光潤似之,故曰"象禾秀之形"。"秀"與"秃"古音皆在三部(幽、覺),故云"秃"取"秀"之聲爲聲也。許書兩言"取其聲","世"下曰:"从卅而曳長之,亦取其聲。"謂取"曳"聲也⑧。此云"象禾秀之形,取其聲",謂取"秀"聲也。皆會意兼形聲也。其實"秀"與"秃"古無二字,殆小篆始分之。今人秃頂亦曰"秀頂",是古遺語。凡物老而椎鈍皆曰"秀"⑨,如鐵生衣曰銹。他谷切。 [三]謂以上爲王育説也。 [四]因一時之偶見,遂定千古之書契,秃人不必皆伏禾中,此説殆未然矣。《廣韻》"秃"下曰:"《説文》云:'無髮也。从儿。上象禾粟之形。'《文字音義》云:'倉頡出見秃人伏於禾中,因以制字。'"⑩《廣韻》不以倉頡云云爲《説文》語,則知古本無"倉頡"以下十七字,而"王育説"三字爲結上之辭,全書例固如此。《文字音義》者,《唐書·藝文志》有玄宗《開元文字音義》三十卷是也⑪。

【疏義】

①《禮記·喪服四制》:"秃者不髽,傴者不袒,跛者不踊。"髽:古代婦女的喪服,以麻束髮。傴:佝僂。 ②《禮記·明堂位》:"夏后氏以楬豆,殷玉豆,周獻豆。"鄭玄注:"楬,無異物之飾也。獻,疏刻之。齊人謂無髮爲秃楬。" ③《周禮·天官冢宰·醫師》:"凡邦之有疾病者、疕瘍者造焉,則使醫分而治之。"鄭玄注:"疕,頭瘍,亦謂秃也。"

造：到。　④《釋名·釋姿容》：“沐，禿也。沐者，髮下垂。禿者，無髮。皆無上貌之稱也。”　⑤《管子·輕重》：“桓公問管子曰：‘民飢而無食，寒而無衣，應聲之正無以給上，室屋漏而不居，牆垣壞而不築，爲之奈何？’管子對曰：‘沐涂樹之枝也。’”沐：刪除。　⑥采：同“穗”。《說文》禾部：“秀，上諱。”“采，禾成秀也，人所以收。從爪、禾。采或從禾，惠聲。”上：指劉秀。　⑦折釵股：草書筆法，轉角筆劃圓潤而力均，如釵之屈折。　⑧《說文》卅部：“世，三十年爲一世。從卅而曳長之，亦取其聲也。”　⑨椎鈍：樸鈍，愚鈍。　⑩《文字音義》：訓詁書，唐李隆基撰。金韓道昭《五音集韻》屋韻：“禿，他穀切。《說文》云：‘無髮也。從人，上象禾粟之形。’《文字音義》云：‘蒼頡出見禿人伏於禾中，因以制字。’”　⑪《唐書》：指《新唐書》。《開元文字音義》在《新唐書》卷五十七。

【集解】

　　朱駿聲《說文定聲》：“禾割穗則禿也，轉注爲無髮。今蘇俗老而禿頂曰‘秀頂’。”

　　徐灝《說文注箋》：“‘秀’讀曰‘透’，聲轉爲‘禿’，實本一字。”

【同部字舉例】

　　穨　𥝆 tuí　禿皃。從禿，貴聲。杜回切。○定灰平　定微

見　見　318 jiàn　甲文 𧠐、𧠗、𧠖　金文 𧠐、𧠗、𧠑、𧠒　古甸切
　　　　　見霰開四去　見元(177/175；407/412)

視也[一]。從目、儿此句大徐本作“從儿從目”[二]。凡見之屬皆從見。

【譯文】

　　看見。由“目、儿”構成。凡是和“見”義有關的字都以“見”爲構件。

【段注】

　　[一]析言之有“視而不見”者、“聽而不聞”者。渾言之則“視”與“見、聞”與“聽”一也。耳部曰：“聽，聆也。”“聞，知聲也。”此析言之。

　　[二]用目之人也①。會意。古甸切。十四部(元)。

【疏義】

①儿:"人"的古字。"用目"句:舉目觀看的人。

【集解】

饒炯《説文部首訂》:"對文則用目及物曰'視',物來遇目曰'見'。"

黄天樹《部首與甲骨文》(續一):"殷墟甲骨文中既有🐚字,又有🐚字,前者'目'下人形是跪坐的,後者'目'下人形是直立的,通常把二者都釋作'見'字。裘錫圭先生根據新出荊門郭店楚墓竹簡《老子》中'🐚(視)之不足🐚(見)'(《郭店楚墓竹簡》9頁),'視'作🐚,'見'作🐚,認爲上引甲骨文前者是'見'字。"

董蓮池《部首新證》:"字見甲骨文,寫作🐚(《甲骨文編》367頁),以跪踞之'人'上著一大🔲(目)表示見視意。西周金文寫作🐚(匜侯鼎),戰國寫作🐚(鄂君啓車節)、又作🐚(秦陶文),爲篆所本。"

【同部字舉例】

視 視 shì　瞻也。从見、示。眂,古文視。眎,亦古文視。神至切。○甲文🐚　金文🐚　禪旨上　禪脂

觀 觀 guān　諦視也。从見,雚聲。🐚,古文觀,从囧。古玩切。○甲文🐚　金文🐚　見桓平　見元

覽 覽 lǎn　觀也。从見、監,監亦聲。盧敢切。○來敢上　來談

覺 覺 jué　寤也。从見,學省聲。一曰:發也。古岳切。○見效去　見幽

親 親 qīn　至也。从見,亲聲。七人切。○金文🐚、🐚　清真平　清真

覲 覲 jìn　諸侯秋朝曰覲,勞王事。从見,堇聲。渠吝切。○金文🐚　堇震去　堇文

覞 覞 319　yào　弋笑切　以笑開三去　定宵(178/176;410/414)

並視也[一]。从二見[二]。凡覞之屬皆从覞。

【譯文】

同時看見(或兩人互視)。由兩個"見"字構成。凡是和"覞"義有

關的字都以"覙"爲構件。

【段注】

　　[一]《廣韻》曰:"普視。"①此今義也。　　[二]弋笑切。按:《祭義》:"見以蕭光,見閒以俠甒。"注云:"'見'及'見閒'皆當爲'覵'(jiàn),字之誤也。"②"覵"不見於許書,蓋即"覙"字,謂蕭光與燔燎並見,俠甒與肝、肺、首、心並見也。見者,視也。覙,應古莧切。十四部(元)。

【疏義】

　　①《廣韻》笑韻:"覙,普視。《説文》曰:'並視也。'"　　②《禮記·祭義》:"見以蕭光……見閒以俠甒,加以鬱鬯。"鄭玄注:"'見'及'見閒'皆當爲'覵'字之誤也。"蕭光:祭祀時燃艾蒿所生之香氣。俠甒:兩罐醴酒。俠,通"夾"。甒,盛酒陶器。鬱鬯:用鬱金香草汁釀製的米酒。

【集解】

　　饒炯《説文部首訂》:"'並視'非二人同視一物,謂二人相對爲視也。"

欠　灵 320 qiàn　甲文 𣢂、𣢂　去劍切　溪梵合三去　溪談(179/176;410/414)

　　張口气悟也[一]。**象气从儿**"儿"大徐本作"人"**上出之形**[二]。**凡欠之屬皆从欠。**

【譯文】

　　張口將氣呼出。字形象氣流從人上部呼出的樣子。凡是和"欠"義有關的字都以"欠"爲構件。

【段注】

　　[一]悟,覺也,引申爲解散之意。口部"嚏"下曰:"悟解气也。"①鄭注《周易》"草木皆甲宅"曰:"'皆'讀如人倦解之'解'。"②人倦解,所謂"張口气悟也"謂之"欠",亦謂之"嚏"。《曲禮》:"君子欠伸。"正義云:"志疲則欠,體疲則伸。"③《通俗文》曰:"張口運氣謂之欠欫(qù)。"④按:《詩》:"願言則嚔。"傳曰:"嚔,劫也。"孫毓同⑤。崔靈恩《集注》云⑥:"毛訓'嚔'爲'欬',今俗人云'欠欠欬欬'是也,不作'劫'

字。人體倦則伸,志倦則欤。"玉裁謂:許説多宗毛。許釋"嚏"爲"悟
解气",蓋用毛説也。"欤"音邱據切。"欠欤"古有此語,今俗曰"呵
欠"。又欠者,气不足也。故引申爲欠少字。　[二]彡與彡同。李陽
冰改篆作彡,乃是古文"先"耳。云"上象人開口,下象气出",非也⑦。
去劍切。八部(談)。

【疏義】

　　①《説文》口部:"嚏,悟解氣也。从口,疐聲。《詩》曰:'願言則
嚏。'"《段注》:"'悟解氣'者,'欠'下云'張口氣悟'是也。"　②宋王
應麟《周易鄭注》解卦:"百果草木皆甲宅。木實曰'果'。'皆'讀如人
倦之'解',解謂坼。呼皮曰甲,根曰宅。宅,居也。"　③《禮記·曲禮
上》:"侍坐於君子。君子欠伸,撰杖屨,視日蚤莫,侍坐者請出矣。"鄭
玄注:"以君子有倦意也。撰猶持也。"孔穎達正義:"此一節明卑者事
君子之禮。君子欠伸者,君子志疲則欠,體疲則伸。"蚤莫:早暮。蚤,
通"早"。莫,"暮"的古字。　④《韻會舉要》御韻:"欤,張口貌。《通
俗文》:'張口運氣謂之欠欤。'"　⑤《詩經·邶風·終風》:"願言則
嚏。"毛傳:"嚏,跲(jiá)也。"《經典釋文》:"疐,本又作'嚏',又作
'疌'……鄭作'嚏'……本又作'跲',音同。又渠業反,孫毓同崔,云:
'毛訓疌爲欤,今俗人云欠欠欤欤是也,不作劫字。人體倦則伸,志倦
則欤。'"鄭:指鄭玄。孫毓:魏末晉初兖州泰山(今山東泰安東北)人,
官至汝南太守,有《文集》六卷。崔:指崔靈恩,詳注⑥。　⑥崔靈恩:
南朝清河郡東武城(今河北清河)人,撰有《毛詩注》《周禮集注》《三禮
義宗》《左氏經傳義》《左氏條例》《公羊穀梁文句義》等書。　⑦《説文
繫傳·袪妄》:"彡,《説文》云:'張口氣語也。象氣從人上出之形。'陽
冰云:'上象人開口,下象氣昨,從人,所謂欠去。許氏擅改作彡,無所
據也。'……陽冰在許慎之後,所見雖博,猶應不及於慎,今之所説,無
乃偏執之論乎?"

【集解】

　　饒炯《説文部首訂》:"氣之不足即是'欠'之最初古文……'儿'於
下者,其例又似位置指事。"

　　　　　說文部首段注疏義

黄天樹《部首與甲骨文》(續一):"甲骨文作𣢧,象人張口出氣。"

董蓮池《部首新證》:"考字見甲骨文,寫作𣢧、𣢧諸形(《甲骨文編》368 頁),金文寫作𣢧、𣢧諸形(《金文編》621 頁),正象張着大口舒氣。"

【同部字舉例】

吹 𠶷 chuī　出气也。从欠从口。昌垂切。○金文𠱛、𠲵、𠲵　昌支平　昌歌

歟 𣢧 yú　安气也。从欠,與聲。以諸切。○以魚平　定魚

歇 𣣠 xiē　息也。一曰:气越泄。从欠,曷聲。許謁切。○曉月入　曉月

歡 𣤁 huān　喜樂也。从欠,藿聲。呼官切。○曉桓平　曉元

欣 𣢦 xīn　笑喜也。从欠,斤聲。許斤切。○曉欣平　曉文

欲 𣢏 yù　貪欲也。从欠,谷聲。余蜀切。○以燭入　定屋

歌 𣤝 gē　詠也。从欠,哥聲。𧦝,謌或从言。古俄切。○金文𧦝　見歌平　見歌

歎 𣤄 tàn　吟也。从欠,𪅂省聲。𣤄,籒文歎,不省。池案切。○透翰去　透元

歐 𣣢 ōu　吐也。从欠,區聲。烏后切。○影侯平　影侯

欷 𣢪 xī　歔也。从欠,稀省聲。香衣切。○曉微平　曉微

次 𣢩 cì　不前,不精也。从欠,二聲。𣢩,古文次。七四切。○甲文𣢩　金文𣢩、𣢩　清至去　清脂

欺 𣢦 qī　詐欺也。从欠,其聲。去其切。○溪之平　溪之

歆 𣤁 xīn　神食气也。从欠,音聲。許今切。○曉侵平　曉侵

歙 𣤝
321 yǐn　甲文𣢧、𣢧　金文𣤝、𣤍、𣤍、𣤍、𣤍、𩠐　於錦切　影寑開三上　影侵(180/178;414/418)

歠(chuò)也[一]。从欠,㐭(yǐn)聲[二]。凡歙之屬皆从歙。𣤍,古文歙,从今、水[三]。𣤝,古文歙,从今、食[四]。

【譯文】

喝。"欠"爲意符,"㐭"爲聲符。凡是和"歙"義有關的字都以"歙"爲構件。𣤍,是古文歙,由"今、水"構成。𣤝,古文歙,由"今、食"構成。

【段注】

　　［一］《易》蒙卦虞注曰：“水流入口爲飲。”①引申之，可飲之物謂之飲，如《周禮》“四飲”是也②。與人飲之謂之“飲”，俗讀去聲。如《左傳》“飲之酒”是也③。又消納無迹謂之“飲”，《漢書·朱家傳》“飲其德”，猶“隱其德”也④。　　［二］“酓”從酉，今聲，見酉部⑤。於錦切。七部（侵、緝）。隸作“飲”。　　［三］從水，今聲也。　　［四］從食，今聲也。隸用此。

【疏義】

　　①虞：指虞翻，字仲翔，三國吳會稽餘姚（今浙江餘姚）人，曾注《周易》《老子》《論語》等書。按：虞注實見於需卦。唐李鼎祚《周易集解》需卦：“君子以飲食宴樂。虞翻曰：‘水流入口爲飲。’”　　②《周禮·天官冢宰·酒正》：“辨四飲之物：一曰清，二曰醫，三曰漿，四曰酏（yí）。”清：指濾去糟滓的酒。醫：粥加曲糵釀成的甜酒。漿：味酸的飲料。酏：薄粥。　　③《左傳·僖公二十七年》：“子文飲之酒。”《莊公十二年》：“陳人使婦人飲之酒。而以犀革裹之。”《昭公二十一年》：“飲之酒，而使告司馬。”　　④《漢書·游俠傳·朱家傳》：“所藏活豪士以百數，其餘庸人不可勝言。然終不伐其能，飲其德。”臧：“藏”的古字。伐：誇耀。　　⑤“酓”字大徐本《説文》缺，《段注》補之：“酓，酒味苦也。從酉，今聲。”注曰：“《廣韻》、《玉篇》、《集韻》、小徐本皆同，汲古閣所據宋本奪此篆此解。”

【集解】

　　徐灝《説文注箋》：“隸作‘飲’，合小篆古文而變。”

　　黄天樹《部首與甲骨文》（續一）：“甲骨文作㿝，象人俯首張口吐舌飲酒尊裹的酒。古文字倒寫的‘舌’字作㿹，‘今’字作㿻，字形相近。由於‘今’、‘歠（飲）’音近，古人有意把‘舌’字改爲形近的‘今’字，使它成爲形聲字。後來，又被改爲從‘食’從‘欠’的會意字。”

　　董蓮池《部首新證》：“‘歙’字見甲骨文，寫作㿝、㿹諸形（《甲骨文編》369頁），象人俯身伸舌飲之形。西周金文追加‘今’聲寫作㿻（善夫山鼎）、㿹（㝬㿻壺），爲篆所本。”

【同部字舉例】

歠𣣡 chuò　歓也。从歓省，叕聲。嚽，歠或从口从夬。昌説切。
○昌薛入　昌月

次 㳄 322 xián　敘連切　邪仙開三平　邪元（180/178；414/418）

慕欲口液也[一]。从欠、水[二]。凡次屬皆从次。㳄，次或从侃[三]。灪，籀文次[四]。

【譯文】

因羨慕想要得到而流口水。由"欠、水"構成。凡是和"次"義有關的字都以"次"爲構件。㳄，"次"或以"侃"爲聲符。灪，籀文"次"字。

【段注】

[一]有所慕欲而口生液也，故其字从欠、水。　[二]會意。敘連切。十四部（元）。俗作"涎"。郭注《爾雅》作"唌"①。　[三]侃聲也。　[四]如㳠（同"流"）、㵦（同"涉"）皆籀文②。

【疏義】

①《爾雅·釋言》："嚌（chí），盈也。"郭璞注："瀝瀝出涎沫。"《經典釋文》引作"唌"。注曰："字當作'㳠'，又作'涎'。"　②《説文》㳠部："㳠，水行也。从㳠、㐬（liú）。㐬，突忽也。灪，篆文，从水。"《段注》："'流'爲小篆，則'㳠'爲古文、籀文可知。"㳠部："㵦，徒行屬水也。从㳠从步。㵦，篆文，从水。"

【集解】

饒炯《説文部首訂》："（㳠）會意……凡人心有不足則慕欲其足，而不覺口液之出，非惟慕欲飲食爲然。"

黃天樹《部首與甲骨文》（續一）："次，甲骨文作𦥔，象人'垂涎三尺'的樣子。而'涎'則是後起的形聲字。心有所慕慾，口中生津液。本義是'出口水'。"

董蓮池《部首新證》："字見甲骨文，寫作𦥑、𦥒、𦥓諸形（《甲骨文合集》30715、28053、19945，第3748、3459、2593頁），或象口液外流，或象口液滋生於口内,或象用手拂口液形。西周寫作（史次鼎）,仍以點表示口液,稍後便易之以二‘水’,寫作（籀文）、（秦公鎛‘盜’所从）,篆則減去一‘水’,寫作。”

【同部字舉例】

羨 xiàn　貪欲也。从次,从羑省。羑呼之羑,文王所拘羑里。似面切。〇邪線去　邪元

盜 dào　私利物也。从次,次欲皿者。徒到切。〇定号去　定宵

旡

323　jì　甲文　居未切　見未開三去　見微(181/178;414/419)

歙食屰(同“逆”)**气**“屰气”大徐本作“气屰”**不得息曰旡**“旡”大徐本作旡,下同[一]。**从反欠**[二]。**凡旡之屬皆从旡。，古文旡**[三]。

【譯文】

吃飯時打嗝不能順利吞咽叫“旡”。以反寫的“欠”爲構件。凡是和“旡”義有關的字都以“旡”爲構件。,古文“旡”字。

【段注】

[一]“屰气”各本作“气屰”,今依《篇》《韻》正①。不得息者,咽中息不利。毛傳於《王》《鄭》皆曰“嚘(yōu)不得息”是也②。屰气,故从反“欠”。“旡”之字,經、傳無徵。《大雅·桑柔》曰:“如彼遡(sù)風,亦恐之僾(ài)。”傳曰:“僾,唈(yì)也。”《釋言》同。箋云:“使人唈然,如鄉疾風不能息也。”③今觀許書,則知“旡”乃正字,“僾”乃假借字。凡云“不得息”者,如“欭”(wā)字、“欭”(yì)字、“嚘”字、“噎”(yē)字、“唈”字皆雙聲像意④。然則“旡”必讀“於未切”也。“僾”之訓“仿佛見也”,毛、鄭何從知其訓“唈然不能息”?則以有“旡”字在也。“僾”从“㤅”聲,“㤅”从“㤅”(同“愛”)聲⑤,“㤅”从“旡”聲,可得其同音假借之理矣。凡古文字之可考者如此。或問《釋言》《毛詩傳》“唈”字當作何字?曰:此即“旡”字也。“於唈”古多作“邑”,如《史記·商君傳》《漢書·杜鄴師丹傳》可證⑥。古音七(侵、緝)、八部(談)與十五部(脂、微、物、月)關通相假之理也。毛謂“僾,旡也”,此即“壺,瓠

也”之例⑦,謂“壺”即“瓠”之假借也。　　［二］居未切。十五部。按:
“居未”當作“於未”。　　［三］觀此則知小徐“欠”作旡⑧,與此爲一正
一反,正是古文“欠”也。蓋今本“欠”有小篆,而失古文矣。𣢬,从小
篆者也。𣢦者,从古文者也。今隸旡作“旡”,从古文而小誤也。

【疏義】

　　①《玉篇》旡部:“旡,飲食逆气不得息也。”《廣韻》未韻:“旡,食逆
氣不得息也。”　　②《王》《鄭》:指《詩經》中的《王風》和《鄭風》。《王
風·黍離》:“行邁靡靡,中心如噎。”毛傳:“噎,憂不能息也。”《鄭
風·狡童》:“使我不能息兮。”毛傳:“憂不能息也。”　　③《詩經·大
雅·桑柔》:“如彼遡風,亦孔之僾。”毛傳:“遡,鄉。僾,唈。”鄭玄箋:
“今王之爲政,見之使人唈然,如鄉疾風不能息也。”遡:逆。唈:悲哀氣
塞。鄉:“嚮”的古字。《爾雅·釋言》:“僾,唈也。”郭璞注:“嗚唈,短
氣。皆見《詩》。”　　④《説文》欠部:“歊,咽中息不利也。”“欥,嚘也。”
口部:“噎,飯窒也。”　　⑤《説文》人部:“僾,仿佛也。从人,愛聲。《詩》
曰:‘僾而不見。’”心部:“悳,惠也。”　　⑥《史記·商君列傳》:“安能邑邑
待數十百年以成帝王乎?”《漢書·杜鄴傳》:“由後視前,忿邑非之。”顔
師古注:“邑,於邑也。”《漢書·師丹傳》:“王氏僭盛,常内邑邑。”邑邑:
鬱結貌。　　⑦《詩經·豳風·七月》:“七月食瓜,八月斷壺。”毛傳:“壺,
瓠也。”　　⑧“欠”字《説文繫傳》正文小篆作“欠”。《袪妄》篇小篆作旡,
鍇注以爲旡形是李陽冰後改的,蓋屬古文中的異體。

【集解】

　　饒炯《説文部首訂》:“氣逆不得息曰‘旡’,其義相反,故‘旡’亦从
反‘欠’,指事。”

　　黃天樹《部首與甲骨文》(續一):“甲骨文作旡,人形上端的竪
‘口’轉向身後。《説文》認爲此字从反‘欠’,與甲骨文字形不合。”

　　董蓮池《部首新證》:“字見甲骨文,寫作旡(《甲骨文編》369 頁
‘㱃’所从),象一人跽坐張大嘴巴之形,爲驚愕之狀。”

【同部字舉例】

　　㱦𣢨 huò　厸惡驚詞也。从旡,咼聲。讀若楚人名多夥(huò)。
乎果切。○匣果上　匣歌

卷九上

頁 𩑋 324 xié 甲文𩒠、𩑋、𩑋 金文𩑋 胡結切 匣屑開四入 匣質 （181/179；415/420）

頭也。从𦣻（shǒu）从儿"儿"大徐本作"几"。**古文𩠐**（qǐ，稽）**首如此**[一]。**凡頁之屬皆从頁**此處大徐本有"𦣻者，𩠐首字也"一句[二]。

【譯文】
　　頭。由"𦣻"和"儿"構成。古文稽首的"首"這樣寫。凡是和"頁"義有關的字都以"頁"爲構件。

【段注】
　　[一]按：此十二字蓋後人所改竄，非許氏原文。原文當云："𩑋，古文𩠐首字如此①。从𦣻从儿。"共十一字。"𩠐"字見下文𦣻部②。"𩠐"者，小篆，依常例當於"𩠐"下出"頁"，解云"古文𩠐"。而以如是立文，則从"頁"之九十三文無所附，故別出"頁"爲部首。正如"儿"即古文奇字"人"，"𠆬（亣）"即籀文"大"，而皆必別出之爲部首，云"儿，古文奇字人也"③，云"𠆬，籀文大，改古文也"④，皆不必再釋"儿"字、"𠆬"字、"頁"字之義。後人乃於"儿"下贅之云"仁人也"，"頁"下贅之云"頭也"，而倒亂其文，皆由不知許氏立言之變例故爾。頁部不廁首部後而列於前者，蒙《八篇》从儿之字爲次也。小篆"𦣻"，古文作"首"⑤。小篆"𩠐"，古文作"頁"。今隸則"𦣻"用古文，"𩠐"用"稽"字，而"𦣻、頁、𩠐"皆不行矣。从"𦣻、儿"爲頁首字⑥，如从"气、儿"爲"欠"⑦、从"目、儿"爲"見"會意⑧。字本與"𩠐"同音，康禮切，十五部（脂、微、物、月）。今音轉爲胡結切。　　[二]大徐本此下有"𦣻者，𩠐首字也"。小徐本"𦣻"作"頁"。此

古注謂"頁"即"𦣻"字也。要非許語，今删。

【疏義】

①"𦣻古"二句大意：頁，古文稽首之"稽"這樣寫。　②《說文》首部："𦣻，下首也。""下首"《段注》改爲"𦣻首"。　③《說文》儿部："儿，仁人也。古文奇字人也。象形。"　④《說文》大部："𠕒，籀文大，改古文。亦象人形。"　⑤《說文》百部："百，頭也。象形。"首部："首，𦣻同，古文百也。"蒙：承接。《八篇》：指《說文》第八篇下。次：編排。按：在第八篇下中，儿部排在前面，从儿的部首排在後面。部首"頁、首"的排法同此。　⑥頁首字：即稽首的"稽"的本字"頁"。　⑦"欠"的篆文作𣢓。《說文》欠部："𣢓，張口气悟也。象气从人上出之形。"⑧《說文》見部："見，視也。从儿从目。"

【集解】

徐灝《說文注箋》："段以'頁'爲'𦣻'字，誤會許意。許云'古文𦣻首如此'者，意謂'頁'從'儿'，屈曲象人跪拜形，故頁首用之耳。""頁與首、百本一字，因各有所屬，分而爲三。"

林義光《文源》："古𦣻首字彝器屢見，皆作'首'，不作'頁'。頁，偏旁所用。"

王筠《說文釋例》："'頁'爲'首'之古文也。"

黃天樹《部首與甲骨文》（續一）："甲骨文作𦣻和𦣻，象人頭。跟'首'、'百'本來是一字異體，只比'百（首）'多畫出了人身，就成了'頁'字"。

董蓮池《部首新證》："字見甲骨文，寫作𦣻、𦣻諸形（《甲骨文編》371頁），爲表示人頭連帶畫出了人身。西周金文寫作𦣻（卯簋）、𦣻（頌鼎'頌'所从），春秋或作𦣻（蔡侯鼎'頭'所从），也連帶畫出了人身。字當直接以象形爲釋，不應作'从百，从儿'分析。"

【同部字舉例】

頭𩑡 tóu　首也，从頁，豆聲。度侯切。○金文𩑡　定侯平　定侯

顏𩑋 yán　眉目之閒也。从頁，彥聲。𩑋，籀文。五姦切。○金文𩑋、𩑋　疑删平　疑元

頌𩖁 sòng　皃也。从頁，公聲。𩖁，籀文。余封切，又似用切。

○金文 等形　邪用去　邪東

顛 diān　頂也。从頁，真聲。都年切。○端先平　端真

題 tí　額也。从頁，是聲。杜兮切。○定齊平　定支

頰 jiá　面旁也。从頁，夾聲。 ，籀文頰。古叶切。○見帖入
見葉

頸 jǐng　頭莖也。从頁，巠聲。居郢切。○見靜上　見耕

領 lǐng　項也。从頁，令聲。良郢切。○來靜上　來耕

項 xiàng　頭後也。从頁，工聲。胡講切。○匣講上　匣東

碩 shuò　頭大也。从頁，石聲。常隻切。○金文 、 、
禪昔入　禪鐸

頑 wán　楜(hún)頭也。从頁，元聲。五還切。○疑刪平
疑元

顆 kē　小頭也。从頁，果聲。苦惰切。○溪果上　溪歌

頷 hàn　面黃也。从頁，含聲。胡感切。○金文 　匣感上
匣侵

顧 gù　還視也。从頁，雇聲。古慕切。○金文 　見暮去　見魚

順 shùn　理也。从頁从巛。食閏切。○金文 、 　船稕去
船文

頗 pō　頭偏也。从頁，皮聲。滂禾切。○滂戈平　滂歌

顫 zhàn　頭不正也。从頁，亶聲。之繕切。○章線去　章元

煩 fán　熱頭痛也。从頁从火。一曰：焚省聲。附袁切。○並
元平　並元

百 325 shǒu　甲文 、 、 　金文 、 、 　書九切　書
有開三上　書幽(184/181;422/426)

頭也[一]。象形[二]。凡百之屬皆从百。

【譯文】

頭。象形。凡是和"百"義有關的字都以"百"爲構件。

【段注】

[一]"頭"下曰："百也。"與此爲轉注。自古文"首"行而"百"廢

矣。《白虎通》、何注《公羊》、王注《楚辭》皆曰:"首,頭也。"①引申之
義爲始也,本也。《儀禮》古文假借"手"爲"首"②。　[二]象人頭之
側面也。左象前,右象後。書九切。三部(幽、覺)。

【疏義】

①《白虎通義·姓名》:"必稽首何? 敬之至也,頭至地。何以言首?
謂頭也。"《春秋公羊傳·宣公六年》:"趙盾逡巡北面,再拜稽首。"何休
注:"頭至地曰稽首,頭至手曰拜手。"《楚辭·九章·涉江》:"接輿髡首
兮,桑扈臝行。"王逸注:"髡,剔也。首,頭也。"　②《儀禮·士喪禮》:
"載魚左首,進鬐(qí)三列。"大意:把魚放在俎上,使魚頭朝左,魚脊朝
前,(九條魚)排成三列。鬐:魚脊鰭。鄭玄注:"古文首爲手,鬐爲耆。"

【集解】

徐灝《説文注箋》:"首乃最初之古文,百其省體耳。"

黄天樹《部首與甲骨文》(續一):"甲骨文作🙂,象没有畫出頭髮
的人頭之形,與'首'是一字異體。"

董蓮池《部首新證》:"字見甲骨文,寫作🙂(《甲骨文編》371 頁),
戰國所見寫作👤(《曾侯乙墓》9 號簡),與'頁'、'首'實爲一字。"

【同部字舉例】

脜⿰百柔 róu　面和也。从百从肉。讀若柔。耳由切。○日尤平
日幽

面 ⬜ 326 miàn　甲文🐟、👁、🙂　彌箭切　明線開三去　明元
（184/181;422/427）

顏前也[一]。从百,象人面形[二]。凡面之屬皆从面。

【譯文】

臉部。以"百"爲構件,字象人的面部。凡是和"面"義有關的字都
以"面"爲構件。

【段注】

[一]顏者,兩眉之中閒也。顏前者,謂自此而前,則爲目,爲鼻、爲
目下,爲頰之閒,乃正鄉人者①,故與"背"爲反對之偁,引申之爲相鄉

之偁，又引申之爲相背之偁，《易》"窮則變，變則通"也[②]。凡言"面縛"者[③]，謂反背而縛之。"偭"（miǎn）从"面"[④]。　　［二］謂囗也，左象面。彌箭切。十四部（元）。

【疏義】

　　①鄉："嚮"的古字，面嚮。　　②《周易·繫辭上》："易，窮則變，變則通，通則久。"　　③《左傳·僖公六年》："許男面縛，銜璧，大夫衰絰。"杜預注："縛手於後，唯見其面。以璧爲質，手縛，故銜之。"楊伯峻《春秋左傳注》："面縛或如殷墟出土人俑，女俑兩手縛於前，男俑兩手鞻於後。"　　④《說文》人部："偭，鄉也。"《段注》："鄉，今人所用之'向'字也……'偭'訓'鄉'，亦訓'背'……許言'鄉'不言'背'者，述其本義也。"

【集解】

　　饒炯《說文部首訂》："指事……指其側面形也。"

　　黃天樹《部首與甲骨文》（續一）："甲骨文作◹，本指人頭前部的表面，所以字形在人頭形前面加上曲綫以示意。"

　　董蓮池《部首新證》："'面'字甲骨文寫作◹（《殷墟花園莊東地甲骨》195·2，姚萱釋），從◯（百），以丿爲指事符號，表示顏面之所在，爲指事字。"

【同部字舉例】

　　靦◲　tiǎn　　面見也。从面、見，見亦聲。《詩》曰："有靦面目。"◲，或从旦。他典切。○透銑上　透元

丏 丏 　327　miǎn　彌兗切　明銑開三上　明真　（184/181；423/427）

不見也。象雝大徐本作"壅"**蔽之形**[一]**。凡丏之屬皆从丏。**

【譯文】

　　看不見。字形象被遮蔽的樣子。凡是和"丏"義有關的字都以"丏"爲構件。

【段注】

　　[一]"雝"各本作"壅"，今正。其實許書當作"邕也"[①]。《禮經》：

“乏參侯道,居侯黨之一,西五步。”鄭曰:“容謂之乏,所以爲獲者御矢也。”②《周禮》鄭司農注云:“容者,乏也。待獲者所蔽。”③按:“乏”與“丏”篆文相似,義取蔽矢,豈《禮經》本作“丏”與? 彌兖切。古音在十二部(真),以“宾、賓”字知之④。

【疏義】

①《說文》川部:“邕,四方有水,自邕城池者……,籒文邕。”　②引文見《儀禮·鄉射禮》。鄭玄注:“容謂之乏,所以爲獲者御矢也。”乏:又名容,古代行射禮時報靶人防箭的護身物,用皮革製成。參侯道:指侯道的三分之一。侯道,箭靶與射者間的距離。黨:旁邊。獲:報靶。“乏參”三句:乏與侯(箭靶)的距離爲箭靶與射者間距離的三分之一,乏的位置在箭靶旁的一方,向西五步。　③《周禮·夏官司馬·射人》:“一獲一容,樂以《采蘩》。”鄭玄注:“鄭司農云:‘容者,乏也。待獲者所蔽也。’”　④《說文》貝部:“賓,所敬也。从貝,宾聲。”宀部:“宾,冥合也。从宀,丏聲。”

【集解】

饒炯《說文部首訂》:“‘丏’篆次於‘面’下,當是象面壅蔽之形,以示不見之義。”

董蓮池《部首新證》:“字甲骨文寫作(《甲骨文編》278頁‘賓’所从),西周金文寫作、諸形(保卣、史頌簋‘賓’所从),春秋戰國寫作(曾伯陭壺‘賓’所从)、(單端叙戈,假作數詞‘萬’),象(人)有一遮蔽。”

首　328　shǒu　甲文、、、　金文、、、　書九切　書有開三上　書幽(184/182;423/427)

大徐本有“百同”二字**古文百也**[一]。**巛象髮**[二]。**髮**大徐本無“髮”**謂之鬊**(shùn)[三]。**鬊即巛也**[四]。**凡首之屬皆从首**。

【譯文】

“首”是“百”的古文。“巛”象頭髮。頭髮稱“鬊”。“鬊”就是“巛”。凡是和“首”義有關的字都以“首”爲構件。

【段注】

　　[一]各本"古文"上有"百同"二字，妄人所增也。許書絕無此例。惟"麻"下云"與枺(pài)同"①，亦妄人所增也。今删。正義已見上矣，故祇言"古文百"。如"儿"下曰"古文奇字人"②，"夼"下曰"籀文大"③，"頁"下曰"古文𦣻"④，皆此例也。不見"首"於"百"篆之次者，以有从"首"之篆，不得不出之爲部首也。今字則古文行而小篆廢矣。[二]説"百"上有巛之意，象髮形也。小篆則但取頭形。　[三]髮字舊奪，今補。　[四]當作"巛即鬌也"⑤，與"𠫓(tū)即《易》突字也"例同⑥。"鬌"之訓髮隋(duò)也⑦，渾言之則爲髮。偏此八字，蓋別一説。上文謂象形，此謂"巛"即山川字，古音同"春"，故可假爲"鬌"字。會意。

【疏義】

　　①《説文》麻部："麻，與枺同。人所治，在屋下。从广从枺。"《段注》改爲："麻，枲(xǐ)也。从枺从广。枺，人所治也，在屋下。"枲：麻類植物。枺部："枺，葩之總名也。枺之爲言微也，微纖爲功。象形。"葩：花。　②《説文》儿部："儿，仁人也。古文奇字人也。象形。"　③《説文》大部："夼，籀文大，改古文。亦象人形。"　④《説文》頁部："頁，頭也。从百从儿。古文𦣻(qǐ)首如此。"　⑤《説文》彡部："鬌，鬢髮也。"　⑥《説文》𠫓部："𠫓，不順忽出也。从到(倒)子。《易》曰：'突如其來如。'不孝子突出，不容於内也。"《説文繫傳》𠫓部："𠫓，即《易》突字也。"　⑦鬌：亂髮。

【集解】

　　黄天樹《部首與甲骨文》(續一)："首，甲骨文作🝡(花東 H3：906，編按：即《花》304)和🝡，象畫出頭髮的人頭之形。前者是正面頭形，畫出頭髮、眼睛、嘴巴、耳朵，十分逼真。"

　　董蓮池《部首通釋》："據其説解，是把'首'當做了'百'的古文，然不合事實。從秦漢金石篆文看，'首'字都帶髮，而考周之金文，'首'及从'首'之字也有不帶髮者，'首'、'百'、'頁'實爲一字之異體，無篆古之别。其形作🝡(《甲骨文編》371 頁)、🝡(井侯簋)、🝡(侯馬盟書)、🝡(三體石經古文'𦣻'所从)等，象首形。"

【同部字舉例】

　　𦣻𦣻 qǐ　下首也。从首，旨聲。康禮切。○金文 𧼨、𧼦、𧼧、𧼨

溪薺上　溪脂

県県 329　jiāo　古堯切　見蕭開四平　見宵（184/182；423/428）

　　到（倒）首也[一]**，賈侍中説**[二]**，此斷首到縣県字**[三]**。凡県之屬皆从県。**

【譯文】

　　倒懸的首級。賈侍中説，這是斷首倒懸的本字。凡是和“県”義有關的字都以“県”爲構件。

【段注】

　　[一]“到”者，今之“倒”字，此亦以形爲義之例。　[二]偁官不偁名者，尊其師也。　[三]《廣韻》引《漢書》曰：“三族令先黥劓，斬左右趾，県首，菹其骨。”按：今《漢書·刑法志》作“梟”①，蓋非孫愐所見之舊矣②。県首字當用此，用“梟”於義無當③。不言“从到首”者，形見於義，如“玨”（jué）下不言“从二玉”也④。古堯切。二部（宵、藥）。

【疏義】

　　①《廣韻》蕭韻：“県，到懸首。《漢書》曰，三族令：先黥、劓，斬左右趾，県首，菹其骨。謂之具五刑。”《漢書·刑法志》：“然其大辟，尚有夷三族之令。令曰：‘當三族者，皆先黥、劓，斬左右止，笞殺之，梟其首，菹其骨肉於市。其誹謗詈詛者，又先斷舌。’故謂之具五刑。”
　　②孫愐：唐代音韻學家，修訂《切韻》，易名《唐韻》。　③《説文》木部：“梟，不孝鳥也。日至，捕梟磔之。从鳥頭在木上。”　④《説文》玨部：“玨，二玉相合爲一玨。”《段注》：“不言从二玉者，義在於形，形見於義也。”

【集解】

　　徐灝《説文注箋》：“竊謂縣字从旦，乃直之省。巛即川字。直系爲縣，用川爲聲也。県者，縣之省。”

【同部字舉例】

縣 𦄼 xuán　　繫也。从系持𥄂。胡涓切。○金文𥄂、𥄂、𦆫　匝先平　匝元

須 𩑾 330 xū　甲文𩠹　金文𩠹、𩠹、𩠹、𩠹　相俞切　心虞合三平　心侯(184/182;424/428)

頤下毛也 此句大徐本作"面毛也"[一]。**从頁**、大徐本有"从"彡[二]。**凡須之屬皆从須。**

【譯文】

鬍鬚。由"頁、彡"構成。凡是和"須"義有關的字都以"須"爲構件。

【段注】

[一]各本譌作"面毛也"三字,今正。《禮記·禮運》正義曰:"案:《說文》云:耏者,鬚也。鬚謂頤下之毛,象形字也。"[①]今本"而"篆下云"頰毛也"[②],"須"篆下云"面毛也",語皆不通。"毛"篆下云"眉髮之屬",故"眉"解"目上毛"[③],"須"解"頤下毛"。須在頰者謂之"䫇"(rán,同"髯")[④],不謂之"而",釋"須"爲"面毛"則尤無理。須在頤下,頾(zī)在口上[⑤],䫇在頰,其名分別有定。《釋名》亦曰:"口上曰頾,口下曰承漿,頤下曰鬚,在頰、耳旁曰髯。"[⑥]與許說合。《易·賁·六二》:"賁其須。"侯果曰:"自三至上有頤之象。二在頤下,須之象也。"[⑦]引申爲凡下垂之偁。凡《上林賦》之"鶡蘇"、《吳都賦》之"流蘇",今俗云"蘇頭",皆即"須"字也[⑧]。俗假"須"爲"需",別製"鬚、鬚"字。　[二]彡者,毛飾畫之文。須與頾每成三綹,形似之也。相俞切。古音在四部(侯、屋),讀如捜(同"搜")。《釋名》曰:"鬚,秀也。"[⑨]

【疏義】

①《禮記·禮運》:"故聖人耏以天下爲一家,以中國爲一人者,非意之也,必知其情。"鄭玄注:"耏,古能字。傳書世異,古字時有存者,則亦有今誤矣。意,心所無慮也。"孔穎達正義:"案:《說文》云:耏者,鬚也。鬚謂頤下之毛,象形字也。"　②《說文》而部:"而,頰毛也。象

毛之形。《周禮》曰：‘作其鱗之而。’”《段注》改爲“而，須也。象形”。
③《説文》毛部：“毛，眉髮之屬及獸毛也。象形。”眉部：“眉，目上毛
也。从目，象眉之形，上象額理也。”　④《説文》須部：“頾，頰須也。
从須从冄，冄亦聲。”　⑤《説文》須部：“䰅，口上鬚也。从須，此聲。”
⑥《釋名·釋形體》：“口上曰髭，髭，姿也，爲姿容之美也。口下曰承
漿，承水漿也。頤下曰鬚，鬚，秀也，物成乃秀，人成而鬚生也……在頰
旁曰髯，隨口動搖冄冄然也。”　⑦《周易·賁·六二》：“賁其須。”李
鼎祚《周易集解》：“侯果曰：‘自三至上有頤之象也。二在頤下，鬚之
象也。’”侯果：即唐代學者侯行果，上谷（在今河北省）人，精通《易》
學，歷任國子司業、侍皇太子讀等職。　⑧司馬相如《上林賦》：“蒙鶡
蘇。”李善注：“孟康曰：‘鶡，鶡尾也。蘇，析羽也。’”左思《吳都賦》：
“張組幃，構流蘇。”李善注：“劉曰：‘流蘇謂翦繒彩垂於彫文之樓
也。’”孟康：三國曹魏時著名學者，精通地理、天文、小學，主要著作爲
《漢書音義》。劉：指劉淵林，南北朝時期注釋家，曾注《三都賦》《抱朴
子》《齊民要術》等書。　⑨詳注⑥。

【集解】

　　徐灝《説文注箋》：“許云‘面毛’，統言之也。段改作‘頤下毛’，
非是。”

　　董蓮池《部首新證》：“字見西周金文，寫作 𩑭（易叔盨）、𩑣（伯
多父盨）諸形，象面上長胡鬚形，爲獨體象形字。篆作𩓣，胡鬚形與表
示人首的‘百’分離。實則秦漢時所見‘須’字‘彡’與‘百’仍爲一體，
極少分離，故不應據篆之譌分析爲‘从頁从彡’。”

【同部字舉例】

　　頾 𩔰 zī　口上須也，从須，此聲。即移切。○精支平　精支
　　頻 𩓾 rán　頰須也。从須从冄，冄亦聲。汝鹽切。○日鹽平　日談

彡 彡　331 shān　所銜切　山銜開二平　山侵（184/182；424/
　　　　　　　　　428）

毛飾畫文也[一]。**象形**[二]。**凡彡之屬皆从彡。**

【譯文】

　　用毛筆刷畫出的紋飾。象形。凡是和“彡”義有關的字都以“彡”

爲構件。

【段注】

　　[一]巾部曰："飾者，㕞（同'刷'）也。"①飾畫者，㕞而畫之。毛者，聿也，亦謂之"不律"，亦謂之"弗"，亦謂之"筆"，所以畫者也②，其文則爲彡。手之列多略不過三③，故以"彡"象之也。毛所飾畫之文成"彡"，鬚、髮皆毛屬也，故皆以爲彡之屬而从彡。　　[二]所銜切。七部（侵、緝）。

【疏義】

　　①《説文》又部："㕞，拭也。从又持巾，在尸下。"　　②《説文》聿部："聿，所以書也。楚謂之聿，吳謂之不律，燕謂之弗。"　　③《説文》又部："又，手也。象形。三指者，手之列多略不過三也。"

【集解】

　　饒炯《説文部首訂》："象毛畫之形，本謂毛飾爲文曰彡，畫飾爲文亦曰彡，故從彡之字或從毛取義，或從畫取義不一。三之者，毛畫文飾之數無窮，因舉三以見其意。"

　　徐灝《説文注箋》："毛飾畫文者，謂凡毛及飾畫之文。毛如須、髟，飾畫如彣、彰、彫、修是也。段云毛所飾畫之文，失之。"

【同部字舉例】

　　形 𢒈 xíng　　象形也，从彡，幵聲。戶經切。○匣青平　　匣耕

　　修 𰚏 xiū　　飾也。从彡，攸聲。息流切。○心尤平　　心幽

　　彰 彰 zhāng　　文彰也，从彡从章，章亦聲。諸良切。○章陽平

章陽

　　彫 彫 diāo　　琢文也。从彡，周聲。都僚切。○端蕭平　　端幽

　　弱 𨏻 ruò　　橈也。上象橈曲，彡象毛氂橈弱也。弱物并，故从二

𢎘。而勺切。○日藥入　　日藥

彣 彤　332　wén　　無分切　　明文合三平　　明文（185/182；425/429）

　　馘(yù)也[一]。从彡、大徐本有"从"文[二]。凡彣之屬皆从彣。

【譯文】

有文彩。由“彡、文”構成。凡是和“彣”義有關的字都以“彣”爲構件。

【段注】

[一]有部曰：“馘，有彣彰也。”①是則有彣彰謂之“彣”，“彣”與“文”義別②。凡言“文章”皆當作“彣彰”，作“文章”者，省也。“文”訓道(cuò)畫，與“彣”義別。　[二]以毛飾畫而成彣彰。會意，文亦聲。無分切。十三部(文)。

【疏義】

①《説文》有部：“馘，有文章也。”“文章”《段注》改爲“彣彰”。
②《説文》文部：“文，錯畫也。”《段注》：“‘錯’當作‘道’。道畫者，迻道之畫也。”迻道(jiāocuò)：即“交錯”。

【集解】

饒炯《説文部首訂》：“以彣之形迹言曰文，文之觀飾言曰彣。”

徐承庆《段注匡謬》：“凡言文章作‘文’，經典相承，古今慣用，乃正字，非省便也。”

【同部字舉例】

彦彥 yàn　美士有文，人所言也。从彣，厂(hǎn)聲。魚變切。
〇疑線去　疑元

文 文 333 wén　甲文 𣃘、𣃘、𣃘　金文 𣃘、𣃘、𣃘、𣃘　無分切
明文合三平　明文(185/182；425/429)

錯畫也[一]。象交文[二]。凡文之屬皆从文。

【譯文】

交錯的花紋。字形象交叉的花紋。凡是和“文”義有關的字都以“文”爲構件。

【段注】

[一]“錯”當作“道”(cuò)。道畫者，迻(jiāo)道之畫也①。《考工記》曰：“青與赤謂之文。”②道畫之一崙也。道畫者，“文”之本義；彣彰者，“彣”之本義，義不同也。黃帝之史倉頡見鳥獸蹏迒(háng)之迹，知分理之可相別異也，初造書契，依類象形，故謂之文③。　[二]像兩

紋交互也。紋者，“文”之俗字。無分切。十三部（文）。

【疏義】

　　①迶：即“交錯”。　②《周禮·冬官考工記·畫繢》：“青與赤謂之文，赤與白謂之章。”　③引文見《説文解字·後敘》。

【集解】

　　徐灝《説文注箋》：“‘文’象分理交錯之形。”

　　黃天樹《部首與甲骨文》（續一）：“甲骨文作𡪡，象人身上刺有花紋。‘文’的本義就是文身的文。文字的文是由身上刺花紋的文引申而來的，後又引申爲文章的文。”

　　董蓮池《部首新證》：“字見甲骨文，寫作𡪡、𡪡、𡪡諸形，簡化而成𡪡（均見《甲骨文編》372、373 頁），西周金文寫作𡪡（令簋）、𡪡（保卣）、𡪡（旂鼎），簡化而作𡪡（此簋），春秋戰國一律行其簡體，寫作𡪡（秦公鐘）、𡪡（中山王䥼壺），爲篆所本。所从𡪡象人正立之形，所从∪、𡪡、𡪡、乂、𡪡、∨象紋飾。朱芳圃認爲‘文’本爲文身之‘文’，嚴一萍亦云‘文’之本形蓋文身之象形（朱、嚴二説見于省吾主編《甲骨文字詁林》3264—3266 頁引），其説均可信。”

【同部字舉例】

　　斐 𡪡 fěi　分別文也。从文，非聲。《易》曰：“君子豹變，其文斐也。”敷尾切。○滂尾上　滂微

　　辬 𡪡 bān　駁文也。从文，辡聲。布還切。○幫刪平　幫元

髟 𡪡 334 biāo　甲文𡪡、𡪡　金文𡪡、𡪡　必凋切　幫幽開四平　幫幽（185/183；425/430）

長髮猋猋（biāo）也[一]**。从長、**大徐本有“从”**彡**[二]**。一曰：白黑髮雜而髟**“一曰”二句大徐本無[三]**。凡髟之屬皆从髟。**

【譯文】

　　長髮飄逸的樣子。由“長、彡”構成。另一種説法：白髮黑髮相間叫做“髟”。凡是和髟義有關的字都以“髟”爲構件。

【段注】

[一]“猋”與“髟”疊韻。“猋猋”當依《玉篇》作“髟髟”①。《通俗文》曰：“髮垂曰髟。”潘岳《秋興賦》：“斑鬢髟以承弁。”②按：馬融《長笛賦》：“特麚(jiā)昏髟。”注：“髟，長髦。”③《廣成頌》曰：“羽旄紛其髟鼬(yòu)。”④“旚(piāo)繇”之假借字也⑤。　　[二]彡猶毛也，會意。《五經文字》必由反⑥，在古音三部(幽、覺)。黍部“髤”(xiū 赤黑漆)從此爲聲，可得此字之正音矣。音轉乃爲必凋切、匹妙切。其云“所銜切”者，大謬，誤認爲彡聲也⑦。　　[三]依李善《秋興賦》注補此八字，“而”似當作“曰”。

【疏義】

①《玉篇》髟部：“髟，長髮髟髟也。”　　②《秋興賦》：“斑鬢髟以承弁兮。”李善《文選注》：“服虔《通俗文》曰：‘髮垂而髟。’……《説文》曰：‘白黑髮雜而髟。’《字林》亦同。”　　③馬融《長笛賦》(見《文選》)：“寒熊振頷，特麚昏髟。”李善注：“振，動也。《方言》曰：‘頷，頤也。’……昏，視。髟，長髦也。言或顧視，或振髦。”特麚：公鹿。頷：下巴。　　④《後漢書·馬融傳·廣成頌》：“羽毛紛其髟鼬，揚金鍐(zōng)而拖玉瓖(xiāng)。”李賢注：“髟鼬，羽旄飛揚貌也……蔡邕《獨斷》曰：‘金鍐者，馬冠也，高廣各四寸，在馬髦前。’……瓖，馬帶以玉飾之，音襄。”　　⑤《説文》放部：“旚，旌旗旚繇也。”《段注》：“‘繇’今之‘搖’字……‘旚’今字作‘飄’，‘飄搖’行而‘旚繇’廢矣。”　　⑥《五經文字》髟部：“髟，必由反。長髮猋猋，從長從彡。”　　⑦大徐本《説文》：“髟，必凋切，又所銜切。”

【集解】

饒炯《説文部首訂》：“髟髟者，惟長髮爲然，故又從長。”

黃天樹《部首與甲骨文》(續一)：“甲骨文作 𠂤，西周金文作 𠂤，象人(手部有分叉的手指……)有飄飄長髮之形。”

董蓮池《部首新證》：“‘髟’字之較爲象形的寫法見於髟莫父乙瓿，寫作 𠂤，象人披着長髮之形。不從‘長’與‘彡’。甲骨文綫條化寫作 𠂤、𠂤 諸形(《甲骨文編》803頁)，西周金文寫作 𠂤(太保罍蓋)、

（髟生鼎），睡虎地秦簡則寫作（‘髭’字所从。見張世超、張玉春《睡虎地秦簡文字編》）。”

【同部字舉例】

　　髮 fà　根也。从髟，犮聲。　髲，髮或从首。　頌，古文。方伐切。○金文　、　、　、　　幫月入　幫月

　　鬢 bìn　頰髮也。从髟，賓聲。必刃切。○幫震去　幫真

　　髦 máo　髮也。从髟从毛。莫袍切。○明豪平　明宵

　　鬣 liè　髮鬣鬣也。从髟，巤聲。　，鬣或从毛。　，或从豕。良涉切。○來葉入　來葉

　　髽 zhuā　喪結。《禮》:女子髽衰，弔則不髽。魯臧武仲與齊戰于狐鮐，魯人迎喪者始髽。从髟，坐聲。莊華切。○莊麻平　莊歌

后　后　335 hòu　金文 后、后　胡口切　匣厚開一上　匣侯

（186/184；429/434）

繼體君（主君）**也**[一]。**象人之形**[二]，**从口**[三]。**《易》曰:“后以施令告四方。”**“从口”三句大徐本作“施令以告四方，故厂之。从一、口，發號者君后也”[四]**凡后之屬皆从后。**

【譯文】

　　繼承主君的人。┌象人形，“口”爲構件。《周易》説:“國君通過發布命令來告喻四方。”凡是和“后”義有關的字都以“后”爲構件。

【段注】

　　[一]《釋詁》、毛傳皆曰:“后，君也。”許知爲“繼體君”者，“后”之言“後”也。開刱（同“創”）之君在先[1]，繼體之君在後也。析言之如是，渾言之則不別矣。《易》象下傳曰:“后以施命誥四方。”虞云:“后，繼體之君也。”[2]此許説也，蓋同用孟《易》[3]。經傳多假“后”爲“後”，《大射》注引《孝經》説曰:“后者，後也。”[4]此謂“后”即“後”之假借。[二]謂上體尸也。尸蓋八字橫寫。不曰“从八”，而曰“象人形”者，以非立人也。下文“卮”解亦曰“象人”[5]。　　[三]胡口切。四部（侯、屋）。　　[四]此用《渙》象傳説从“口”之意[6]。傳曰:“天下有風，渙，后以施命誥四方。”鄭作“誥”，許作“告”[7]。按:此條各本作“象人之

形,施令以告四方,故‘厂’(yì)之,从‘一、口’。發號者,君后也”。淺
人所竄,不成文理。上體既象人,又何得云从余制切之“厂”,且从
“一”乎? 今以下“卮”字解文法更定⑧。則宜有“《易》曰”審矣。

【疏義】

①《爾雅·釋詁》:“林、烝、天、帝、皇、王、后、辟、公、侯,君也。”
《詩經·大雅·文王有聲》:“王后烝哉。”毛傳:“后,君也。”《説文》井
部:“刱,造法刱業也。从井,丮聲。讀若創。” ②《周易》姤卦:“女
壯,勿用取女。”象傳:“天下有風,姤。后以施命誥四方。”李鼎祚《周
易集解》姤卦:“后以施命誥四方。虞翻曰:‘后,繼體之君。’”虞翻:三
國吳人,曾注《周易》。 ③孟《易》:指西漢學者孟喜所撰的《孟氏章
句》,已佚。清馬國翰有輯本《周易孟氏章句》(見《玉函山房輯佚書》)。
④《儀禮·鄉射禮》:“乃射。上射既發,挾弓矢,而后下射射。拾發,
以將乘矢。”鄭玄注:“古文‘而后’作‘後’,非也。《孝經説》‘然后曰
后’者,後也當從后。”今按:“然后”句《説文定聲》引作“然後曰后”。
注曰:“按:鄭此注箸明六書假借之法,謂寫當從后,解當從後也。”《孝
經説》:書名,西漢博士江公撰。 ⑤《説文》:“卮,圜器也。一名觛
(dàn),所以節飲食。象人,卩在其下也。《易》曰:‘君子節飲食。’”
《段注》:“(象人)謂上體似人字橫寫也。”觛:圓形小酒器。 ⑥遘:通
“姤”,六十四卦之一。《説文》辵部:“遘,遇也。”《段注》:“《易》姤卦,
《釋文》曰:‘薛云古文作遘,鄭同。’按:《雜卦》傳:‘遘,遇也。柔遇剛
也。’可以證全經皆當作遘矣。” ⑦引文見注②。鄭:指鄭玄。許:指
許慎。《經典釋文》:“(誥)鄭作‘詰’。” ⑧“卮”字之解見注⑤。

【集解】

徐灝《説文注箋》:“凡繼體從政有君人之道者皆曰后。”

孔廣居《説文疑疑》:“‘后’字蓋从人、口,以會人君發號施令之意
也。乃下文又云‘故厂之,从一、口’,將一橫人字坼開,此許氏騎牆之
見也。”

董蓮池《部首新證》:“今考此篆其實是由甲骨文‘毓’字的異體 （字形）
(《甲骨文合集》14125,2003 頁)漸譌而成,厂是人身形 （字形） 之譌,曰是
人身之後倒‘子’ （字形） 之譌。用爲‘繼體君’之‘后’的專字。”

【同部字舉例】

哊哊 hǒu　厚怒聲。从口、后，后亦聲。呼后切。○曉厚上

曉侯

司 司　336　sī　甲文 **⺌**、**⺆**　金文 **⺆**、**⺅**、**⺅**、**⺅**　息茲切　心之開

三平　心之(186/184；429/434)

臣司事於外者[一]**。从反后**[二]**。凡司之屬皆**

从司。

【譯文】

在外朝掌事的官員。由反寫的"后"作爲構件。凡是和"司"義有

關的字都以"司"爲構件。

【段注】

[一]"外"對君而言，君在內也。臣宣力四方在外，故从反后。

《鄭風》："邦之司直。"[①]傳曰："司，主也。"凡主其事必伺察恐後，故古

別無"伺"字，"司"即"伺"字。見部曰："瞷(wéi)，司也。""覛(shī)，

司人也。"人部曰："伏，司也。""候，司望也。"頁部曰："䫏(qì)，司人

也。"狀部曰："獄(sī)，司(本書按：大徐本有"空")也。""豸"下曰："欲

有所司殺。"[②]皆即今之"伺"字。《周禮·師氏、媒氏、禁殺戮》之注皆

云："司猶察也。"[③]俗又作"覗"(sì)。凡司其事者皆得曰"有司"。

[二]惟反后乃鄉后矣[④]。息茲切。一部(之、職)。

【疏義】

①《詩經·鄭風·羔裘》："彼其之子，邦之司直。"　②《說文》豸

部："豸，獸長脊，行豸豸然，欲有所司殺形。"　③《周禮·地官司徒·

師氏》："居虎門之左，司王朝。"鄭玄注："司猶察也。察王之視朝，若

有善道可行者，則當前以詔王。"《周禮·地官司徒·媒氏》："司男女

之無夫家者而會之。"鄭玄注："司猶察也。無夫家謂男女之鰥寡者。"

《周禮·秋官司寇·禁殺戮》："禁殺戮掌司斬殺戮者。"鄭玄注："司猶

察也。"　④鄉："嚮"的古字。

【集解】

黃天樹《部首與甲骨文》(續一)："古文字正反往往無別，唐蘭認

爲'司'、'后'二字古本同用一形，可從(唐說見《考古》1977 年 5 期

346 頁）。”

　　董蓮池《部首新證》：“字見甲骨文,寫作⿰、⿰諸形（《甲骨文編》373 頁）,用爲祠字,構形之意不明,不从反‘后’。”

【同部字舉例】

　　詞 䛐 cí　意内而言外也。从司从言。似兹切。○邪之平　邪之

卮 巵 337　zhī　章移切　　章支開三平　　章支（186/184；430/434）

　　圓器也[一]**。一名觛**（dàn）[二]**,所以節歙**大徐本作“飲”,下同**食**[三]**。象人**[四]**,卪**（jié）**在其下也**[五]**。《易》曰：“君子節歙食。”**[六]**凡卮**大徐本作“巵”,下同**之屬皆从卮。**

【譯文】

　　圓形器具。又叫“觛”,用來節制飲食。⺄象人形,下部爲“卪”字。《周易》説：“君子節制飲食。”凡是和“卮”義有關的字都以“卮”爲構件。

【段注】

　　[一]《内則》注曰①：“卮、匜（yí）,酒漿器。”　　[二]角部曰：“觛者,小卮也。”②《急就篇》亦“卮、觛”並舉③。此渾言析言之異也。《項羽本紀》：“項王曰：‘賜之卮酒！’則與斗卮酒。”斗卮者,卮之大者也。與下文巵肩言“生”意同④。　　[三]飲食在是,節飲食亦在是也,故从卪。　　[四]謂上體似人字橫寫也。　　[五]“卮”从人、卪,與“后”从人、口同意。章移切。十六部（支、錫）。　　[六]《頤》象傳文⑤。倆此説从卪之意。古多假“節”爲“卪”⑥。

【疏義】

　　①《内則》：《禮記》中的第十二篇。　　②《説文》角部：“觛,小觶也。”《段注》改爲“觛,卮也”,注曰：“各本作‘小觶也’,《廣韻》同。《玉篇》作‘小卮也’,《御覽》引《説文》亦作‘小卮也’。”　　③《急就篇》卷三：“蠡升參升半卮觛。”　　④《史記·項羽本紀》：“項王曰：‘壯士,

賜之卮酒。’則與斗卮酒。噲拜謝，起，立而飲之。項王曰：‘賜之彘
肩。’則與一生彘肩。”　　⑤頤：六十四卦之一。《周易》頤卦：“觀頤，自
求口實。”象曰：“山下有雷，頤。君子以慎言語，節飲食。”　　⑥《説文》竹
部：“節，竹約也。”《段注》：“約，纏束也。竹節如纏束之狀……引申爲節
省、節制、節義字。又假借爲符卩字。”《説文》卩部：“卩，瑞信也。”

【集解】

　　饒炯《説文部首訂》：“篆當从卩、匕會意……蓋謂人以卮注酒，器
有限量，多則餘，少則歉。卮蓋卩、匕所挹以爲度也。”

　　王筠《説文釋例》：“卮字會意可疑，它器皿字，非象形即形聲，恐
此字義失傳，許君姑以爲説耳。”

　　章炳麟《文始》：“象刀，巴在其下也，合體象形字也。”

卩　𠃌　338　jié　甲文 𛰮、𛰮　子結切　精屑開四入　精質（186/
　　　　　　　　184;430/435）

　　瑞信也[一]。**守邦國者用玉卩，守都鄙者用角
卩**[二]，**使山邦者用虎卩，土邦者用人卩，澤邦者用龍
卩**[三]，**門關者用符卩，貨賄用璽卩，道路用旌卩**[四]。
象相合之形[五]。**凡卩之屬皆从卩。**

【譯文】

　　作爲憑證的物件。守衛邦國的諸侯用玉製的節，守衛國都和邊疆
的官員用獸角製的節，出使多山國家的使者用虎形的節，出使城邦國
家的使者用人形的節，出使多水國家的使者用龍形的節，把守城門或
關口的官員用符節，掌管貨幣財賄的官員用印章，掌管道路交通的官
員用旌節。字形象兩物相合的樣子。凡是和“卩”義有關的字都以
“卩”爲構件。

【段注】

　　[一]瑞者，以玉爲信也。《周禮·典瑞》注曰：“瑞，節信也。典瑞
若今符璽郎。”①《掌節》注曰②：“節猶信也，行者所執之信。”“邦節者，
珍圭、牙璋、穀圭、琬圭、琰圭也。”③按：是五玉者皆王使之瑞卩，引申
之，凡使所執以爲信，而非用玉者皆曰“卩”，下文是也。　　[二]鄭云：

"謂諸侯於其國中,公、卿、大夫、王子弟於其采邑,有所使亦自有節也。"④　　[三]鄭云:"謂使卿大夫聘於天子諸侯行道所執之信也。"是三卩者皆以金爲之,鑄虎、人、龍象焉。"必自以其國所多者,於以相別爲信"⑤。　　[四]鄭云:"門關,司門、司關也。貨賄者,主通貨賄之官,謂司市也。道路者,主治五涂之官,謂鄉遂大夫也。凡民遠出至於邦國,邦國之民若來,入由門者司門爲之節,由關者司關爲之節。其商則司市爲之節。其以徵令及家徙,則鄉遂大夫爲之節……符節者,如今宮中諸官詔符也。璽節者,今之印章也。旌節,今使者所擁節是也。"⑥已上八句皆《周禮・掌節》職文。此三句許意蓋與鄭注不同。云"門關者"者,蒙上文"使"字而言,謂"使於門關者"也。　　[五]若"卯"篆則兩合矣⑦。子結切。十二部(真)。

【疏義】

①《周禮・春官宗伯・典瑞》:"典瑞,中士二人,府二人,史二人,胥一人,徒十人。"鄭玄注:"瑞,節信也。典瑞若今符璽郎。"符璽郎:掌管國家各種符節憑證的官員。　　②《掌節》:《周禮・地官司徒》的一節。"掌節"本身爲官名,司徒的屬員,掌管各種符節。　　③《周禮・地官司徒・掌節》:"掌守邦節而辨其用,以輔王命。"鄭玄注:"邦節者,珍圭、牙璋、榖圭、琬圭、琰圭也。王有命則別其節之用,以授使者,輔王命者執以行爲信。"珍圭、牙璋、榖圭、琬圭、琰圭:皆爲玉製的符節。　　④《周禮・地官司徒・掌節》:"守邦國者用玉節,守都鄙者用角節。"鄭玄注:"謂諸侯於其國中,公卿、大夫、王子弟於其采邑,有命者亦自有節以輔之。"　　⑤《周禮・地官司徒・掌節》:"凡邦國之使節,山國用虎節,土國用人節,澤國用龍節,皆金也。"鄭玄注:"使節,使卿大夫聘於天子諸侯行道所執之信也。土,平地也。山多虎,平地多人,澤多龍。以金爲節,鑄象焉,必自以其國所多者,於以相別爲信明也。今漢有銅虎符。"⑥引文見《周禮・地官司徒・掌節》鄭玄注。涂:道路。　　⑦《説文》卯部:"卯(《段注》作'卯'),事之制也。从卩、卪(《段注》作'从卩、卪')。"《段注》:"卩、卪,今人讀'節奏',合乎節奏乃爲能制事者也。"

【集解】

饒炯《説文部首訂》:"節爲'瑞信',本一物而作爲兩段,執一留一,各取爲信以制事者。篆象卩相合一面之形。"

黄天樹《部首與甲骨文》(續一):"甲骨文作𝕊,象古代中國人席地而坐的樣子,坐時以膝着地,臀部壓在足上……《説文》認爲'卩'是'符節'之'節',不是本義,而是假借義。"

董蓮池《部首新證》:"字見甲骨文,寫作𝕊、𝕊諸形(《甲骨文編》374頁),象人跽坐。西周金文寫作𝓟(宅簋'令'所从)、𝓟(史頌簋'令'所从)諸形,亦象跽坐。篆作𝓟,與其同。"

【同部字舉例】

令　令　lìng　發號也。从亼、卩。力正切。○甲文𝕊　金文𝓟、𝓟、𝓟、𝓟　來勁去　來耕

卲　𝕊　shào　高也。从卩,召聲。寔照切。○金文𝓟、𝓟、𝓟　襌笑去　襌宵

厄　𝕊　è　科厄,木節也。从卩,厂聲。賈侍中説以爲厄,裹也。一曰:厄,蓋也。五果切。○影麥入　影錫

郤　𝕊　xī　脛頭卩也。从卩,桼聲。息七切。○心質入　心質

卻　𝕊　què　節欲也。从卩,谷聲。去約切。○溪藥入　溪鐸

印　𝕊　339　yìn　甲文𝕊、𝕊　金文𝓟、𝓟　於刃切　影震開三去　影真　(187/184;431/436)

執政所持信也[一]。从爪、大徐本有"从"**卩[二]。凡印之屬皆从印。**

【譯文】

執政者所用的印信。由"爪、卩"構成。凡是和"印"義有關的字都以"印"爲構件。

【段注】

[一]凡有官守者皆曰"執政",其所持之卩信曰"印"。古上下通曰"璽",《周禮》"璽節"注曰:"今之印章。"①按:《周禮》:"守邦國者用玉節,守都鄙者用角節。"謂諸侯於其國中,公、卿、大夫於其采邑用之。是即用印之始也。季武子於《周禮》爲守都鄙者,而以璽書達於魯君②,是古有印明矣。蓋以簡册書之,而寓書於遠必用布帛檢之,以璽

泥归之③。至用縑(jiān)素爲書④,而印之用更廣。《漢官儀》⑤:"諸侯王黄金橐駝鈕,文曰璽;列侯黄金龜鈕,文曰章;御史大夫金印紫綬,文曰章;中二千石銀印龜鈕,文曰章;千石至四百石皆銅印,文曰印。"[二]會意,手所持之卪也。《左傳》:"司馬握節以死。"⑥於刃切。十三部(文)。

【疏義】

　　①《周禮·地官司徒·掌節》:"貨賄用璽節。"鄭玄注:"璽節者,今之印章也。"　②《左傳·襄公二十九年》:"公還,及方城。季武子取卞,使公冶問(指問候襄公),璽書追而與之,曰:'聞守卞者將叛,臣帥徒以討之。既得之矣,敢告。'公冶致使而退,及舍,而後聞取卞。公曰:'欲之而言叛,祇見疏也。'"杜預注:"璽,印也。"卞:春秋魯地,在今山東泗水縣東。公冶:人名,季武子的屬大夫。　③"蓋以"三句:大概用簡册書寫指令,送到遠方須用布帛包裹,並且要用印泥封口。④縑素:可供書畫用的細絹。　⑤《漢官儀》:記載漢代官制的書,東漢末應劭撰,宋以後大部亡佚,有輯本。　⑥《左傳·文公八年》:"司馬握節以死。"杜預注:"節,國之符信也。握之以死,示不廢命。"

【集解】

　　林義光《文源》:"印、抑雙聲,對轉,當即抑之古文,象爪在人上。"

　　黄天樹《部首與甲骨文》(續一):"甲骨文作𢑌,象用手摁住一個人,表示'按抑'、'壓抑'的意思。印是'抑'字的古體,古本一字。"

　　董蓮池《部首新證》:"此與本部所隸'归'同字異體,均即按抑之'抑'的初文。其字見甲骨文,寫作𢑌、𢑌諸形(《甲骨文編》377頁),西周金文寫作𢑌(毛公鼎)。从𢑌、𢑌、𢑌(爪),从𢑌、𢑌、𢑌(卪,跪踞人形),象以手爪按抑使之跪踞。"

【同部字舉例】

　　归(抑)𢑌 yì　按也。从反印。𢯽,俗从手。於棘切。○影職入
影職

色　色 ³⁴⁰　sè　所力切　山職開三入　山職(187/185;431/436)

顏气也^[一]。从人、大徐本有"从"卪^[二]。凡色之屬

皆从色。𢒼，古文。

【譯文】

臉色。由“人、卪”構成。凡是和“色”義有關的字都以“色”爲構件。𢒼，“色”的古文。

【段注】

［一］顏者，兩眉之閒也。心達於气，气達於眉閒是之謂“色”。顏气與心若合符卪，故其字从人、卪。《記》曰：“孝子之有深愛者，必有和气，有和气者必有愉色，有愉色者必有婉容。”[①]又曰：“戎容……盛氣闐實陽休，玉色。”[②]《孟子》曰：“仁、義、理、智根於心，其生色也，睟（suì）然見於面。”[③]此皆从人、卪之理也。主色而後見於面，所謂“陽氣浸淫，幾滿大宅”[④]，許曰“面，顏前也”是也。《魯頌》：“載色載笑。”傳曰：“色，色溫潤也。”[⑤]《大雅》：“令儀令色。”箋云：“善威儀，善顏色也。”[⑥]《內則》曰：“柔色以温之。”[⑦]《玉藻》曰：“色容莊……色容顛顛……色容厲肅。”[⑧]《論語》曰“色難、色思温、色勃如也、正顏色”[⑨]。引申之爲凡有形可見之偁。　［二］此部不與从“人”爲伍而與从“卪”爲伍者，重卪也。所力切。一部（之、職）。

【疏義】

①引文見《禮記・祭義》。　②《禮記・玉藻》：“戎容暨暨，言容詻詻，色容厲肅，視容清明。立容辨，卑毋讇，頭頸必中，山立，時行，盛氣顛實揚休，玉色。”鄭玄注：“（暨暨）果毅貌也……‘顛’讀爲闐，‘揚’讀爲陽，聲之誤也。盛聲中之氣，使之闐滿，其息若陽氣之休物也。玉色，色不變也。”戎容：在軍中的儀容。讇：同“諂”。　③《孟子・盡心上》：“仁、義、禮、智根於心，其生色也，睟然見於面，盎於背，施於四體。”趙岐注：“睟然，潤澤之貌也……其背盎盎然。”　④枚乘《七發》：“太子曰：‘僕病未能也。然陽氣見於眉宇之間，侵淫而上，幾滿大宅。’”李善注：“《周書》曰：‘民有五氣，喜氣內蓄，雖欲隱之，陽氣必見。大宅未詳。”劉良注：“陽氣，喜色也。眉宇，眉額漸進貌。幾，近也。大宅謂面也。”　⑤《詩經・魯頌・泮水》：“載色載笑，匪怒伊

　　　　　説文部首段注疏義

教。"毛傳:"色温潤也。"鄭玄箋:"僖公之至泮宫,和顔色而笑語,非有所怒,於是有所教化也。" ⑥《詩經·大雅·烝民》:"令儀令色,小心翼翼。"鄭玄箋:"令,善也。善威儀,善顔色,容貌翼翼然。" ⑦《禮記·内則》:"問所欲而敬進之,柔色以温之。"鄭玄注:"温,藉也。承尊者必和顔色。"藉:承接。 ⑧《禮記·玉藻》:"色容莊……色容顛顛……色容厲肅。"鄭玄注:"(莊)勃如戰色……(顛顛)憂思貌也……(厲肅)儀形貌也。" ⑨《論語·爲政》:"子夏問孝。子曰:'色難。'"朱熹《論語集注》:"色難謂事親之際,惟色爲難也。"《論語·季氏》:"子曰:'君子有九思:視思明,聽思聰,色思温,貌思恭,言思忠,事思敬,疑思問,忿思難,見得思義。"《論語·鄉黨》:"君召使擯,色勃如也,足躩如也。"擯:接待外賓。勃如:矜持莊重。躩(jué):疾行貌。《論語·泰伯》:"正顔色,斯近信矣。"

【集解】

徐灝《説文注箋》:"色之本義爲人之顔氣,故从人,'卪'當爲聲符……段説近穿鑿。引申爲凡色之稱。"

饒炯《説文部首訂》:"色者,心之符,爲人之所有事。故'色'从人、卪會意。"

林義光《文源》:"'卪'亦'人'字,象二人,與'比'字、'尼'字同意。美色,所比所尼之物也。"

董蓮池《部首新證》:"戰國所見寫作(瓢鐘)、(信陽楚簡。見《信陽楚墓》1−11),左从'爪','卪'在右,構形之恉不明,或説會以手示顔氣意。"

【同部字舉例】

魩髯 bó　色魩如也。从色,弗聲。《論語》曰:"色魩如也。"蒲没切。○並没入　並物

卪(卩卪) 〰〰 341 qīng 甲文、 去京切 溪庚開三平 溪陽(187/185;432/436)

事之制也。从卪、曰大徐本作"从卩、卩"[一]。**凡卪**"卪"大徐本作"卪",下同**之屬皆从卪。闕**[二]。

【譯文】

辦事制度。由"卪、卪"構成。凡是和"卯"義有關的字都以"卯"爲構件。讀音闕如。

【段注】

［一］卪、卪，今人讀"節奏"，合乎節奏乃爲能制事者也。

［二］此闕謂闕其音也。其義其形既憭（liǎo）矣，而讀若某則未聞也。今《說文》去京切，《玉篇》《廣韻》皆云"《說文》音卿"①，此蓋淺人肊以"卿"讀讀之。卿用"卯"爲義形，不爲聲形也。《玉篇》子兮切，取"卪"字平聲讀之。《廣韻》子禮切，取"卪"上聲讀之，蓋其音必有所受之矣。

【疏義】

①《玉篇》卯部："卯，子兮切。事之制也。《說文》音卿。"《廣韻》薺韻："卯，事之制也。《說文》音卿。"

【集解】

饒炯《說文部首訂》："象卪、卪相合之行。"

董蓮池《部首新證》："許慎把'卪'、'卪'看做符節的'節'字，認爲'卯'形是符節相驗合之象。古代符節一分爲二，雙方各持其一，相合以爲驗證，作爲行某事的根據，此爲古時一種辦事制度，故許訓'卯'爲'事之制也'。考字見甲骨文，寫作𝕝、𝕝、𝕝諸形（見《甲骨文編》378頁'卿'所從），本象二人相向之形，爲向背之'向'的本字。許訓其義不可從。"

【同部字舉例】

卿 𝕝 qīng　章也。六卿：天官冢宰，地官司徒，春官宗伯，夏官司馬，秋官司寇，冬官司空。从卯，皀（bī）聲。去京切。○甲文𝕝、𝕝　金文𝕝、𝕝、𝕝　溪庚平　溪陽

辟 辟　342 bì　甲文𝕝　金文𝕝　必益切　幫昔開三入　幫錫
（187/185；432/437）

法也［一］。**从卪、辛**此句大徐本作"从卪从辛"，**節制其辠也**［二］。**从口**［三］，**用法者也**［四］。**凡辟之屬皆从辟。**

【譯文】

法度。由"卩、辛"構成，表示約束人們犯罪。以"口"爲構件，"口"代表執法者。凡是和"辟"義有關的字都以"辟"爲構件。

【段注】

[一]"法"當作"灋"。《小雅》："辟言不信。"《大雅》："無自立辟。"傳皆曰："辟，法也。"① 又《文王有聲》箋、《抑》箋、《周禮·鄉師》注、《戎右》注、《小司寇》注、《曲禮下》注皆同②。引申之爲罪也，見《釋詁》③，謂犯法者則執法以罪之也。又引申之爲辟除，如《周禮·閽人》"爲之辟"④、《孟子》"行辟人"以及"辟寒、辟惡"之類是也⑤。又引申之爲盤辟，如《禮經》之"辟"，鄭注"逡遁"是也⑥。又引申爲一邊之義，如《左傳》曰"闕西辟"是也⑦。或借爲"僻"，或借爲"避"，或借爲"譬"，或借爲"闢"，或借爲"壁"，或借爲"襞"（bì）⑧。 [二]"節"當作"卩"，俗所改也。以卩制說"卩"，以辠說"辛"。"辛"從"辛"，辛（qiān），辠也⑨，故"辛"亦訓"辠"。 [三]句。 [四]"用法"上當再出"口"字，以"用法"說"從口"。"辟"合三字會意。必益切。十六部（支、錫）。

【疏義】

①《詩經·小雅·雨無正》："如何昊天，辟言不信。"《詩經·大雅·板》："民之多辟，無自立辟。"毛傳皆曰："辟，法也。" ②《詩經·大雅·文王有聲》："皇王維辟。"鄭玄箋："辟，君也。"《經典釋文》："（辟）音'璧'，君也。注及下皆同。又音婢亦反，法也。"《詩經·大雅·抑》："辟爾爲德。"鄭玄箋："辟，法也。"《周禮·地官司徒·鄉師》："以考司空之辟。"鄭玄注："鄭司農云：'辟，法也。'"《周禮·夏官司馬·戎右》："盟，則以玉敦辟盟。"鄭玄注："鄭司農云：'敦，器名也。辟，法也。'"《周禮·秋官司寇·小司寇》："以八辟麗邦灋，附刑罰。"鄭玄注："辟，灋也。玄謂麗，附也……（附）猶著也。"《禮記·曲禮下》："父曰皇考，母曰皇妣，夫曰皇辟。"鄭玄注："辟，法也，妻所取法也。" ③《爾雅·釋詁》："辜、辟、戾，辠也。"郭璞注："皆刑罪。"
④《周禮·天官冢宰·閽人》："凡外內命夫命婦出入，則爲之闢。"鄭玄注："辟行人，使無干也。"《經典釋文》："'闢'本又作'辟'，婢亦反，

避也。注同。”　⑤《孟子·離婁下》：“君子平其政，行辟人可也，焉得人人而濟之?”朱熹《孟子集注》：“辟，辟除也，如《周禮》閽人‘爲之辟’之辟。言能平其政，則出行之際辟除行人，使之避己，亦不爲過。”⑥盤辟：盤旋進退，行禮時的動作狀態。《儀禮·士昏禮》：“賓以几辟，北面設于坐，左之，西階上答拜。”鄭玄注：“辟，逡遁。”逡遁：卻行退讓以示恭順。　⑦《左傳·莊公二十一年》：“鄭伯享王于闕西辟。”楊伯峻《春秋左傳注》：“辟同僻，偏也。”　⑧襞：衣服上的褶皺。⑨《説文》辛部：“辛，辠也。”

【集解】

饒炯《説文部首訂》：“用法節制罪人曰辟，故篆从卩从辛从口會意。”

黄天樹《部首與甲骨文》（續一）：“辟，甲骨文作𧭈，象用刑具懲罰罪人。”

董蓮池《部首新證》：“初文从𠂤从𠂇……偶或增从口，寫作𧼒（《甲骨文編》379頁），从𠂤，象人屈服之形，从𠂇，泛表罪罰……西周金文寫作𧼒（盂鼎）、𧼒（牆盤）。”

【同部字舉例】

舋𡌳 bì　治也。从辟从井。《周書》曰：“我之不舋。”必益切。○幫昔入　幫錫

勹 ⼘　343　bāo　布交切　幫肴開二平　幫幽（187/185；432/437）

裹也[一]。**象人曲形有所包裹**[二]。**凡勹之屬皆从勹。**

【譯文】

包裹。字象人體彎曲包裹着東西的樣子。凡是和“勹”義有關的字都以“勹”爲構件。

【段注】

[一]今字“包”行而“勹”廢矣。　[二]“包”當作“勹”，淺人改也。布交切。以“包、苞、匏”字例之，古音在三部（幽、覺）。

【集解】

饒炯《説文部首訂》:"从人而曲之,象其有所包裹。此屬變文指事。"

董蓮池《部首新證》:"字見甲骨文,寫作(《甲骨文合集》14294,2046 頁),于省吾認爲象人側面伏俯之形,即'伏'字初文(《甲骨文字釋林》347 頁)。其説甚是。"

【同部字舉例】

匍 pú　手行也。从勹,甫聲。簿乎切。〇金文、、　並模平　並魚

匐 fú　伏地也。从勹,畐聲。蒲北切。〇並屋入　並職

匀 yún　少也。从勹、二。羊倫切。〇金文、、　以諄平　定真

旬 xún　徧也。十日爲旬。从勹、日。,古文。詳遵切。〇金文、　邪諄平　邪真

匈 xiōng　聲也。从勹,凶聲。,匈或从肉。許容切。〇曉鍾平　曉東

包

344　bāo　布交切　幫肴開二平　幫幽(188/185;434/438)

妊也[一]此句大徐本無。**象人裹**("懷"的古字)**妊**。大徐本作"巳"**在中,象子未成形也**[二]。**元气起於子。子,人所生也**[三]。**男左行三十,女右行二十,俱立於巳,爲夫婦**[四]。**裹妊於巳,巳爲子**[五],**十月而生**[六]。**男起巳至寅,女起巳至申,故男年始寅,女年始申也**[七]。**凡包之屬皆从包**。

【譯文】

妊娠。字形象人懷孕。在腹中,象嬰兒尚未成形的樣子。陽氣從子月(夏曆十一月)滋生。子,是人所生的嬰兒。男子從子位向左數三十位,女子從子位向右數二十位,都止於巳位,故結爲夫婦(男子三十而娶、女子二十而嫁)。女子在巳位上懷孕,所以"巳"字表示未成

形的子，懷孕十月而生。男子從巳位向左數到十至於寅位，女子從巳位向右數到十至於申位，所以男子算命從寅開始，女子算命從申開始。凡是和"包"義有關的字都以"包"爲構件。

【段注】

[一]二字各本無，今推文意補。下文十三字乃説字形，非説義，則必當有説義之文矣。女部曰："妊者，孕也。"子部曰："孕者，裹子也。"引申之爲凡外裹之偁。亦作苞，皆假借字。凡經傳言"苞苴(jū)"者，裹之曰苞，藉之曰苴(jū)①。　　[二]"勹"象裹其中，"巳"字象未成之子也。勹亦聲。布交切。古音在三部(幽、覺)。　　[三]"子"下曰："十一月陽气動，萬物滋，人以爲偁。"　　[四]"左、右"當作"𠂇、又"。男自子左數次丑、次寅、次卯爲左行。順行，凡三十得巳。女自子右數次亥、次戌、次酉爲右行，逆行，凡二十亦得巳。至此會合，故《周禮》令男三十而娶，女二十而嫁，是爲夫婦也②。　　[五]下"巳"字衍。巳部曰："巳者，已也。"四月陽气已出，陰气已藏。萬物見，成文章，故夫婦會合而裹妊，是爲子也。　　[六]"十月"上當有"子"字。《易本命》曰："天一地二人三，三三而九，九九八十一。一主日，日數十，故人十月而生。"③　　[七]《淮南·氾論》曰："禮：三十而娶。"高云："三十而娶者，陰陽未分時，俱生於子。男從子數，左行三十年立於巳，女從子數，右行二十年亦立於巳，合夫婦。故聖人因是制禮，使男三十而娶，女二十而嫁。其男子自巳數左行十得寅，故人十月而生於寅，男子數從寅起。女自巳數右行十得申，亦十月而生於申，故女子數從申起。"④高説與許説同。《神仙傳》王綱云："陽生立於寅，純木之精。陰生立於申，純金之精。夫以木投金，無往不傷。是以金不爲木屈，而木常畏於金。"⑤按：今日者卜命，男命起寅，女命起申，此古法也。自"元气"至此，又詳説從"巳"之意。

【疏義】

①苴：包裹。　②《周禮·地官司徒·媒氏》："令男三十而娶，女二十而嫁。"鄭玄注："二、三者，天地相承覆之數也。《易》曰：'參天兩地而奇數焉。'"　③引文見《大戴禮記·易本命》。《大戴禮記》：一部記録戰國至西漢儒家禮學言論的著作，西漢學者戴德選編。　④引文

見《淮南子·氾論訓》及高誘注。高:指東漢涿郡(今河北涿縣)人高誘,是對《淮南子》全面作注的學者。　⑤段氏引文後二句不見於今本《神仙傳》。《神仙傳·天門子》:"天門子者,姓王名綱,尤明補養之要,故其經曰:'陽生立於寅,純木之精。陰生立於申,純金之精。夫以木投金,無往不傷,故陰能溲陽也。陰人著脂粉者,法金之白也,是以真人道士莫不留心駐意,精其微妙,審其盛衰。我行青龍,彼行白虎,彼前朱雀,我後玄武,不死之道也。又陰人之情也,有急於陽,然能外自戕抑,不肯請陽者,明金不爲木屈也。陽性氣剛躁,志節疏略,至於遊晏,則聲氣和柔,言辭卑下,明木之畏金也。'天門子既行此道,年二百八十歲,色如童子,乃服珠醴,得仙,入玄洲去也。"

【集解】

朱駿聲《說文定聲》:"以十二辰說字體,蓋附會古緯書之談,極爲淺陋無理。"

林義光《文源》:"當即'胞'之古文,胎衣也。"

董蓮池《部首新證》:"此即'胞'字初文,後引申指包裹義,又加'肉'旁造爲'胞'字以表本義,以'包'表引申義。"

【同部字舉例】

胞 𦙄 bāo　兒生裹也。从肉从包。匹交切。〇幫宵平　幫幽

匏 𩣡 páo　瓠也。从包,从夸聲。包,取其可包藏物也。薄交切。〇並宵平　並幽

茍 𦭵

345　jì　甲文 𦭵、𦭵　金文 𦭵、𦭵、𦭵、𦭵　己力切　見職
開三入　見職(188/185;434/439)

自急敕也[一]。**从茍**大徐本作"羊"**省,从勹、口**[二]。**勹口**[三],**猶慎言也**"从勹"三句大徐本作"从包省,从口,口猶慎言也"[四]。**从羊,**大徐本有"羊"**與義、善、美同意**[五]。**凡茍之屬皆从茍。𦭵,古文**大徐本有"羊"**不省。**

【譯文】

及時警勉自己。由"茍"(茾)的省體和"勹、口"構成。勹口(包口,封口),相當於謹慎言語。以"羊"爲構件,與"義、善、美"等字的構

意相同（从羊表示吉祥美善）。凡是和"苟"義有關的字都以"苟"爲構件。^{古文字形}，"苟"的古文，未省形。

【段注】

[一]"急"與"苟"雙聲，"敄"與"苟"疊韻。急者，褊（biǎn）也^①。敄者，誠也。此字不見經典，惟《釋詁》"逮、駿、肅、亟、遄，速也"。《釋文》云"'亟'字又作'苟'，同居力反，經典亦作'棘'，同"是其證，可謂一字千金矣。而通志堂刻乃改爲"急"字，蓋誤仞爲从"艸"之"苟"也。"急"不得反居力，與"亟、棘"音大殊。幸抱經堂刻正之^②。或欲易《禮經》之"苟敬"爲"苟"，則又繆^③。《小雅·六月》古作"我是用戒"，亦作"我是用棘"，俗本改作"急"^④，與"飭、服、國"不韻，正同此^⑤。

[二]"从勹口"三字各本作"从包省，从口"五字，誤也。己力切。一部（之、職）。　[三]逗。各本無"勹"字，今補。　[四]説从"勹、口"之意。　[五]各本疊"羊"字，誤，今删。説从"羊"之意。羊者，祥也。

【疏義】

①褊：衣服窄小。　②《釋詁》：《爾雅》篇名。《經典釋文》："'亟'字又作'急'，同居力反，經典亦作'棘'，同。"按：段氏以爲其中"急"字本作"苟"，是通志堂刻本誤改成了"急"。通志堂：清初著名詞人納蘭性德的堂號。"通志堂刻"指《通志堂經解》，是清初編纂的一部大型叢書，包括《十三經注疏》，對清代經學的昌盛影響巨大。叢書名義上爲納氏所編，實際上是著名學者徐乾學所輯刻。抱經堂：清代中期著名學者盧文弨的堂號。　③《儀禮·聘禮》："賓爲苟敬。"鄭玄注："苟敬者，主人所以小敬也。"　④《詩經·小雅·六月》："玁狁孔熾，我是用急。"漢桓寬《鹽鐵論·繇役第四十九》："大夫曰：《詩》云：'玁狁孔熾，我是用戒。'""急"引作"戒"。宋祝穆《古今事文類聚·天時部·六月北伐》："六月，宣王北伐也。六月棲棲，戎車既飭。玁狁孔熾，我是用棘。""急"引作"棘"。　⑤《詩經·小雅·六月》第一章"急"（緝部）與"飭、服、國"（職部）三字分屬不同韻部。

【集解】

董蓮池《部首新證》："字見甲骨文，寫作^{甲骨字形}、^{甲骨字形}諸形（《甲骨文編》

381、382 頁），西周金文寫作 🖾（大保簋）、🖾（盂鼎），或从‘口’作🖾（班簋），構形並非‘从羊省，从包省’。”

【同部字舉例】

敬 🖾 jìng　蕭也。从攴、苟。居慶切。○金文 🖾、🖾、🖾、🖾
見映去　見耕

鬼 🖾 346 guǐ　甲文 🖾、🖾、🖾　金文 🖾、🖾、🖾、🖾　居偉切　見
尾合三上　見微（188/186；434/439）

人所歸爲鬼[一]**。从儿**大徐本作“人”。**🖾**大徐本無“田”**象鬼頭**[二]**，从厶**[三]**，鬼陰气賊害，故从厶**“从厶”三句大徐本作“鬼陰气賊害，从厶”[四]**。凡鬼之屬皆从鬼。🖾，古文从示。**

【譯文】

人死魂歸稱爲鬼。以“儿”做構件。“田”象鬼頭。同時以“厶”爲構件，因爲鬼的陰氣害人，故以“厶”作構件。凡是和“鬼”義有關的字都以“鬼”爲構件。🖾，“鬼”的古文以“示”爲構件。

【段注】

［一］以疊韻爲訓。《釋言》曰：“鬼之爲言歸也。”郭注引《尸子》：“古者謂死人爲歸人。”①《左傳》：“子產曰：‘鬼有所歸，乃不爲厲。’”②《禮運》曰：“魂氣歸於天，形魄歸於地。”③　［二］自儿而歸於鬼也。［三］二字今補。“厶”讀如“私”④。　［四］“陰”當作“会”⑤，此説从“厶”之意也。神陽鬼陰，陽公陰私。居偉切。十五部（脂、微、物、月）。

【疏義】

①引文應在《爾雅·釋訓》。《釋訓》：“鬼之爲言歸也。”郭璞注：“《尸子》曰：‘古者謂死人爲歸人。’”　②引文見《左傳·昭公七年》。厲：災害。　③《禮記·郊特牲》：“凡祭慎諸此，魂氣歸於天，形魄歸於地，故祭求諸陰陽之義也。”　④《説文》厶部：“厶，姦衺也。韓非曰：‘蒼頡作字，自營爲厶。’”《段注》：“公私字本如此，今字‘私’行而‘厶’廢矣。”　⑤《説文》𨸏部：“陰，闇也。水之南、山之北也。从𨸏，会聲。”雲部：“霒，雲覆日也。从雲，今聲。会，古文或省。”

【集解】

王筠《説文釋例》：“鬼字當是全體象形。”

徐灝《説文注箋》：“厶當爲聲。”

黃天樹《部首與甲骨文》（續一）：“甲骨文作🜚，象面目猙獰的鬼。”

董蓮池《部首新證》：“字見甲骨文，寫作🜚、🜚、🜚諸形（《甲骨文編》382頁），象人站立或跽坐而頭戴一種面具之形，並不从‘厶’（私）。西周金文寫作🜚（鬼壺），也不从‘厶’。春秋寫作🜚（侯馬盟書），戰國早期寫作🜚（陳貽簋）、🜚（隨縣戰國墓漆二十八宿匫），均不从‘厶’。”

【同部字舉例】

魂魂 hún　陽气也。从鬼，云聲。户昆切。〇匣魂平　匣文

魄魄 pò　陰神也。从鬼，白聲。普百切。〇滂陌入　滂鐸

醜醜 chǒu　可惡也。从鬼，酉聲。昌九切。〇昌有上　昌幽

由 🜚　347 fú　甲文🜚、🜚　金文🜚　敷勿切　幫物合三入　幫物（189/186；436/441）

鬼頭也。象形[一]。凡由之屬皆从由。

【譯文】

鬼的頭。象形。凡是和“由”義有關的字都以“由”爲構件。

【段注】

[一]敷勿切。十五部（脂、微、物、月）。

【集解】

董蓮池《部首新證》：“字見甲骨文，寫作🜚（《甲骨文編》382頁），周原甲骨文寫作🜚（王宇信《西周甲骨探論》），而‘鬼’頭概作田形（甲骨文‘鬼’、‘畏’所从），無作🜚形者。據周原甲骨文及後來見於包山楚簡所用看，🜚均讀爲‘思’，則把🜚釋爲‘鬼頭’絶不可信。”

【同部字舉例】

畏畏 wèi　惡也。从由，虎省。鬼頭而虎爪，可畏也。🜚，古文省。於胃切。〇甲骨文🜚、🜚等形　金文作🜚、🜚、🜚、🜚等形　影未去　影微

禺禺 yú　母猴屬。頭似鬼。从由从内。牛具切。〇金文作🜚　疑虞平　疑侯

厶 ᵒ　348 sī　甲文 ᵒ　息夷切　心脂開三平　心脂（189/186；
　　　　436/441）

　姦衺也[一]。韓非曰："倉頡作字，自營爲
厶。"[二]凡厶之屬皆从厶。

【譯文】
　　奸邪。韓非説："倉頡創製文字，向自身繞圈爲厶字。"凡是和
"厶"義有關的字都以"厶"爲構件。

【段注】
　　[一]"衺"字淺人所增，當删。女部曰："姦者，厶也。"二篆爲轉
注。若"褒（xié）者，窶（wéi）也""窶者，衺也"①，亦二篆爲轉注，不與
"姦、厶"相淆也。公私字本如此，今字"私"行而"厶"廢矣。私者，禾
名也②。　　[二]見《五蠹》篇③。今本《韓非》"營"作"環"，二字雙聲
語轉。"營"訓"帀居"④，"環"訓"旋繞"，其義亦相通。自營爲"厶"，
六書之指事也。"八、厶"爲公⑤，六書之會意也。息夷切。十五部
（脂、微、物、月）。

【疏義】
　　①《説文》交部："窶，衺也。"《段注》："俗乃作'違'，經典多作
'回'。"　②《説文》禾部："私，禾也。"《段注》："蓋禾有名'私'者，今
則叚私爲公厶。"　③《韓非子·五蠹》："古者蒼頡之作書也，自環者
謂之私，背私謂之公，公私之相背也，乃蒼頡固以知之矣。"　④《説
文》宮部："營，帀居也。""帀居"《段注》改爲"帀居"。注曰："帀居謂
環繞而居。"　⑤《説文》八部："公，平分也。从八从厶。八猶背也。
韓非曰：'背厶爲公。'"

【集解】
　　黄天樹《部首與甲骨文》（續一）："古文寫作 Ο……是公私之'私'
的古寫。字形是不開口的圓圈形，表示遇事專圍繞着自己打算。"
　　董蓮池《部首新證》："今考戰國所見寫作 ○（信安君鼎'厶官'合文中
之'厶'）、 ᵒ（包山楚簡）、 ᵒ（郭店楚簡），正自環之象，小篆形體稍譌。"

【同部字舉例】
　　篡 ᵓ cuàn　屰而奪取曰篡。从厶，算聲。初官切。○初諫去　初元

嵬 嵬

349　wéi　　五灰切　　疑灰合一平　　疑微（189/186；437/441）

山石崔嵬大徐本無此四字，**高而**大徐本無“而”**不平也**[一]。**从山，鬼聲**大徐本有“凡嵬之屬皆从嵬”一語[二]。

【譯文】

山石崔嵬，高大而不平。“山”爲意符，“鬼”爲聲符。

【段注】

[一]各本作“高不平也”四字，今依《南都賦》李注訂①。有高而上平者，“兀”下曰“高而上平”②、《爾雅》曰“夷上洒下曰漘”是也③。《周南》：“陟彼崔嵬。”④《釋山》曰：“石戴土謂之崔嵬。”⑤毛傳曰：“崔嵬，土山之戴石者。”說似互異。依許云“高不平”則毛傳是矣。惟土山戴石故高而不平也。“岨”下云：“石山戴土。”⑥亦與毛同。　　[二]此篆可入山部，而必立爲部首者，“巍”從此也。五灰切。十五部（脂、微、物、月）。

【疏義】

①張衡《南都賦》：“岝崿嶵嵬。”李善注：“《埤蒼》曰：‘岝崿，山不齊也。’《説文》曰：‘嶵嵬，山石崔巍，高而不平也。’”　　②《説文》儿部：“兀，高而上平也。从一在人上。”　　③《爾雅·釋丘》：“夷上洒下不漘。”郭璞注：“厓上平坦而下水深者爲漘。不，發聲。”　　④《詩經·周南·卷耳》：“陟彼崔嵬，我馬虺隤。”毛傳：“陟，升也。崔嵬，土山之戴石者。虺隤，病也。”　　⑤《爾雅·釋山》：“石戴土謂之崔嵬。”郭璞注：“石山上有土者。”　　⑥《詩經·周南·卷耳》：“陟彼砠矣，我馬瘏矣。”毛傳：“石山戴土曰砠。瘏，病也。”岨：同“砠”。

【集解】

饒炯《説文部首訂》：“（崔嵬）本形容山高不平之貌。或單詞，或重語，或雙聲疊韻連綿爲説。”

【同部字舉例】

巍 巍　wéi　　高也。从嵬，委聲。語韋切。○疑微平　　疑微

卷九下

山 山 350 shān 甲文 ⛰ 金文 ⛰、⛰、⛰、⛰、⛰ 所閒切 山 山開二平 山元(190/188;437/442)

宣也,謂能宣散(同"散")**气,生萬物也**"謂能"二句大徐本作"宣气散,生萬物"[一]。**有石而高。象形**[二]。**凡山之屬皆从山。**

【譯文】

宣泄舒散,是説山能宣通地氣,生出萬物。有石而高大。象形。凡是和"山"義有關的字都以"山"爲構件。

【段注】

[一]九字依《莊子》釋文訂①。"散"當作"㪔"②。 [二]所閒切。十四部(元)。

【疏義】

①《莊子·山木》:"莊子行於山中。"《經典釋文》:"《説文》云:'山,宣也,謂能宣散氣,生萬物也。'" ②《説文》肉部:"散,雜肉也。"《段注》:"从㪔者,會意也。㪔,分離也。引申凡'㪔'皆作'散','散'行而'㪔'廢矣。"

【集解】

董蓮池《部首新證》:"字見商代金文,寫作⛰(父丁觚),又見商代甲骨文,寫作⛰(《甲骨文合集》96,19頁),象平地聳起山峰之形。西周金文寫作⛰(啟卣),戰國寫作⛰(中山王譽鼎),篆進一步綫條化作山。"

【同部字舉例】

岱 岱 dài 太山也。从山,代聲。徒耐切。○定代去 定之

巒 **巒** luán　山小而鋭。从山，䜌聲。洛官切。〇來桓平　來元

密 **密** mì　山如堂者。从山，宓聲。美畢切。〇明質入　明質

崛 **崛** jué　山短高也。从山，屈聲。衢勿切。〇羣物入　羣物

峯 **峯** fēng　山耑也。从山，夆聲。敷容切。〇滂鍾平　滂東

崇 **崇** chóng　嵬高也。从山，宗聲。鉏弓切。〇崇東平　崇冬

崔 **崔** cuī　大高也。从山，隹聲。昨回切。〇清灰平　清微

屾 屾　351 shēn　所臻切　山臻開三平　山真（191/189；441/446）

二山也[一]**。凡屾之屬皆从屾。闕**大徐本無"闕"[二]**。**

【譯文】

兩座山。凡是和"屾"義有關的字都以"屾"爲構件。讀音闕如。

【段注】

[一]此説義而形在是。如"珏"之例①。　　[二]此"闕"謂闕其讀若也。今音所臻切，恐是肊説。

【疏義】

①《説文》珏部："珏，二玉相合爲一珏。"《段注》："不言从二玉者，義在於形，形見於義也。"

【集解】

饒炯《説文部首訂》："據部屬'峹'爲山名而从屾觀之，本取山義而無涉於二山，足證'屾'亦'山'之繁文。"

【同部字舉例】

峹 **峹** tú　會稽山。一曰：九江當峹也。民以辛、壬、癸、甲之日嫁娶。从屾，余聲。《虞書》曰："予娶峹山。"同都切。〇定模平　定魚

屵 屵　352 è　五葛切　疑曷開一入　疑月（191/189；442/446）

岸高也[一]**。从山、厂，厂亦聲**[二]**。凡屵之屬皆从屵。**

【譯文】

崖岸高峻的樣子。由"山、厂"構成，"厂"也是聲符。凡是和"屵"

義有關的字都以"庐"爲構件。

【段注】

[一]庐之言巘(niè)巘然也①。《廣韻》:"高山狀。"② [二]五葛切。十四、十五部(脂、微、物、月)。

【疏義】

①巘:高聳貌。 ②《廣韻》曷韻:"庐,高山狀。"

【集解】

徐灝《説文注箋》:"因厂爲屋,猶言傍巖架屋,此上古初有宫屋之爲也。"

饒炯《説文部首訂》:"蓋厂爲山石之崖巖,古者因之爲屋曰广也。"

【同部字舉例】

岸 屵 àn　水厓而高者。从庐,干聲。五旰切。○疑翰去　疑元

崖 崕 yá　高邊也。从庐,圭聲。五佳切。○疑佳平　疑支

广 广 353 yǎn　魚儉切　疑儼開三上　疑談(192/190;442/447)

因厂"厂"大徐本作"广"爲屋也[一]。从厂大徐本無"从厂"二字[二],象對刺大徐本作"刺"高屋之形[三]。凡广之屬皆从广。讀若儼然之儼[四]。

【譯文】

依山崖修建的房屋。以"厂"爲構件,字形象聳立的高屋。凡是和"广"義有關的字都以"广"爲構件。讀音如同儼然之"儼"。

【段注】

[一]"厂"各本作"广",誤,今正。厂者,山石之厓巖①,因之爲屋,是曰"广"。《廣韻》琰、儼二韻及《昌黎集》注皆作"因巖"可證②。"因巖"即"因厂"也。 [二]各本無此二字,今補。 [三]"刺"各本作"刺",今正,讀七亦切,謂對面高屋森聳上刺也,首畫象巖上有屋。

[四]魚儉切。八部(談)。

【疏義】

①《説文》厂部:"厂,山石之厓巖,人可居。象形。"《段注》:"厓,

山邊也。巖者,厓也。人可居者,謂其下可居也。屋其上則謂之广。"
②《廣韻》琰韻:"广,因巖爲室。"儼韻:"广,因巖爲屋。"韓愈《陪杜侍御遊湘西兩寺獨宿有題因獻楊常侍》:"剖竹走泉源,開廊架崖广。"《五百家注昌黎文集》:"孫曰:《説文》:'广,因巖爲屋。'"《五百家注昌黎文集》:南宋學者魏懷忠所編刻。

【集解】

徐灝《説文注箋》:"許言'因厂爲屋',猶言旁巖架屋,此上古初有公室之爲也。"

黄天樹《部首與甲骨文》(續一):"甲骨文偏旁作个,象比'宀'簡單的建築,主要不是供人居住的。"

董蓮池《部首新證》:"西周金文寫作广(虢季子白盤'廟'所從),正象'因厂爲屋'之形。"

【同部字舉例】

府 廎 fǔ　文書藏也。从广,付聲。方矩切。○金文 㕥、㐭、㐭、㐭　幫虞上　幫侯

盧 廬 lú　寄也。秋冬去,春夏居。从广,盧聲。力居切。○金文 廬　來魚平　來魚

庭 廷 tíng　宮中也。从广,廷聲。特丁切。○金文 庭　定青平　定耕

庖 庖 páo　廚也。从广,包聲。薄交切。○並肴平　並幽

庫 庫 kù　兵車藏也。从車在广下。苦故切。○金文 庫、庫　溪暮去　溪魚

廣 廣 guǎng　殿之大屋也。从广,黄聲。古晃切。○甲文 廣、廣　金文 廣、廣、廣　見蕩上　見陽

底 庍 dǐ　山居也。一曰下也。从广,氐聲。都礼切。○端薺上　端脂

庶 庶 shù　屋下衆也。从广、芡。芡,古文光字。商署切。○金文 㡳、㡳、㡳　書御去　書魚

廢 廢 fèi　屋頓也。从广,發聲。方肺切。○幫廢去　幫祭

厂厂　354 hǎn　金文厂　呼旱切　曉旱開一上　曉元（193/
191;446/450）

山石之厓巖，人可尻大徐本作“居”[一]。象形[二]。
凡厂之屬皆从厂。屵，籀文从干[三]。

【譯文】

山崖邊的岩穴，人可以居住。象形。凡是和“厂”義有關的字都以
“厂”爲構件。屵，籀文“厂”字以“干”爲構件。

【段注】

[一]“尻”舊作“居”，今正①。厓，山邊也。巖者，厓也。人可居
者，謂其下可居也。屋其上則謂之广（yǎn）。　[二]謂象嵌空可居之
形。呼旱切。十四部（元）。　[三]象形而从“干”聲。

【疏義】

①《説文》几部：“尻，處也。从尸得几而止。《孝經》曰：‘仲尼尻。’
尻謂閑居如此。”《説文》尸部：“居，蹲也。”《段注》：“‘居’篆正謂蹲也，
今字用蹲居字爲尻處字，而‘尻’字廢矣，又別製‘踞’字爲蹲居字。”

【集解】

饒炯《説文部首訂》：“篆文之上象岩，下象穴，正如其形。”

黃天樹《部首與甲骨文》（續一）：“古文字作厂，象陡峭的山崖。”

董蓮池《部首新證》：“甲骨文寫作厂（《甲骨文編》384頁），西周
金文寫作厂（五祀衛鼎‘厲’所从），篆與之同，象山石崖巖之形。”

【同部字舉例】

厓厓 yá　山邊也。从厂，圭聲。五佳切。○疑佳平　疑支

厥厥 jué　發石也。从厂，欮聲。俱月切。○見月入　見月

厲厲 lì　旱石也。从厂，蠆省聲。厲，或不省。力制切。○金文
厲、厲、厲　來祭去　來祭

仄仄 zè　側傾也。从人在厂下。厌，籀文从矢，矢亦聲。阻力
切。○莊職入　莊職

丸丸　355 wán　胡官切　匣桓合一平　匣元（194/192;448/
452）

圜也大徐本無"也"[一]，**傾側而轉者。从反仄**[二]。**凡丸之屬皆从丸。**

【譯文】

　　圓球形，傾側可以轉動的東西。以反向的"仄"爲構件。凡是和"丸"義有關的字都以"丸"爲構件。

【段注】

　　[一]"也"字各本無，今依《韻會》補①，以疊韻爲訓也。今丸藥其一耑也。《商頌》："松栢丸丸。"傳曰："丸丸，易直也。"②按：謂其滑易而調直也，丸義之引申也。《大雅》："松柏斯兌。"傳亦云："兌，易直也。"③"兌"與"丸"古蓋音同而義同矣。　　[二]圜則不能平立，故从反"仄"以象之。仄而反復，是爲丸也。胡官切。十四部(元)。

【疏義】

　　①《韻會舉要》寒韻："丸，《説文》：'丸，圜也。傾側而轉者。从反仄。'"　　②《詩經·商頌·殷武》："陟彼景山，松栢丸丸。"毛傳："丸丸，易直也。"　　③《詩經·大雅·皇矣》："帝省其山，柞棫斯拔，松栢斯兌。"毛傳："兌，易直也。"鄭玄箋："省，善也。天既顧文王，乃和其國之風雨，使其山樹木茂盛。"

【集解】

　　饒炯《説文部首訂》："篆从反'指'，指事。"

　　朱駿聲《説文定聲》："此字不从反'仄'。从鳥而首翼未成，孚卵也。指事。"

　　胡小石《胡小石論文集三編》："丸有圜意，得自反'仄'。由人轉爲𠄌，適成一圜轉形。"

危 356 wēi　魚爲切　疑支合三平　疑支（194/192；448/453）

在高而懼也[一]。**从厃**(同"危")，**人在厓上**大徐本無"人在"句，**自卪止之**[二]。**凡危之屬皆从危。**

【譯文】

　　身在高處感到恐懼。以"厃"爲構件，上部象人在山崖上，"卪"表示人臨危有所抑止。凡是和"危"義有關的字都以"危"爲構件。

【段注】

[一]引申爲凡可懼之偁。《喪大記》注:"危,棟上也。"[1]　[二]"人在厓上"四字依《韻會》補[2]。魚爲切,十六部(支、錫)。

【疏義】

①《禮記·喪大記》:"皆升自東榮,中屋履危。"鄭玄注:"榮,屋翼。升東榮者,謂卿大夫、士也。天子、諸侯言東霤。危,棟上也。"

②《韻會舉要》支韻:"《説文》:'危,在高而懼也。从厃,人在厓上,自卪止之也。'"

【集解】

饒炯《説文部首訂》:"从人在厂上爲'厃',玆从卪以轉注之。"

董蓮池《部首新證》:"篆从'厂',表示山石之巖崖。'厂'上𠂆爲人;'厂'下𠂤亦爲人。𠂆表人臨陡峭之高而危,𠂤表人處崖下之低而安。以安襯危,突現'在高而懼'之意。"

石 𠁈　357　shí　甲文𠃌、𠁥　金文𠃌、𠁥　常隻切　禪昔開三入
　　　　　　禪鐸(194/192;448/453)

山石也[一]。在厂之下,口象形[二]。凡石之屬皆从石。

【譯文】

山上的石頭。在"厂"的下邊,"口"象石頭形。凡是和"石"義有關的字都以"石"爲構件。

【段注】

[一]或借爲碩大字[1],或借爲"祏"(同石)字,祏,百二十斤也[2]。[二]常隻切。古音在五部(魚、鐸)。

【疏義】

①《説文》頁部:"碩,頭大也。"《段注》:"引申爲凡大之偁。"

②《説文》禾部:"祏,百二十斤也。"《段注》:"古多叚'石'爲'祏'。"

【集解】

黄天樹《部首與甲骨文》(續一):"甲骨文作𠃌(《合》30000)和𠁥

（《甲骨文編》385頁），前者象石塊形（編按：有人認爲象石壁峭削之形）。後者在石塊形下加上‘口’，大概只起使‘石’字跟形近的字相區別的作用。”

董蓮池《部首新證》：“字見甲骨文，寫作石、𠁫諸形（《甲骨文編》385頁），象崖下有石形。西周寫作石（鐘伯鼎），戰國寫作石（詛楚文），‘厂’下所从均爲𠥓，至篆始作口。”

【同部字舉例】

碣 jié　特立之石。東海有碣石山。从石，曷聲。𤼵，古文。渠列切。○羣薛入　羣月

礫 lì　小石也。从石，樂聲。郎擊切。○來錫入　來藥

碑 bēi　豎石也。从石，卑聲。府眉切。○幫支平　幫支

磬 qìng　樂石也。从石、殸。象縣虡之形。殳，擊之也。古者毋句氏作磬。𣪠，籀文省。硜，古文从巠。苦定切。○溪徑去　溪耕

礙 ài　止也。从石，疑聲。五漑切。○疑代去　疑之

碎 suì　䃺也。从石，卒聲。蘇對切。○心隊去　心微

砭 biān　以石刺病也。从石，乏（乏）聲。方驗切，又方驗切。○幫鹽平　幫談

磊 lěi　衆石也。从三石。落猥切。○來賄上　來微

長　358 cháng　甲文　金文　直良切　澄　陽開三平　定陽（196/194；453/457）

久遠也[一]。**从兀从匕**（huà）[二]，**亾聲**“从兀”三句大徐本作“从兀从匕”[三]。**兀者，高遠意也**[四]。**久則變匕**大徐本作“化”[五]。此處大徐本有“亡聲”二字**卜者，到**（倒）**亾也**[六]。**凡長之屬皆从長。**𠑷**，古文長。**允**，亦古文長。

【譯文】

長久悠遠。“兀、匕”爲意符，“亾”爲聲符。兀，表示高遠意。時間長久則會變化。卜，是倒寫的“亾”字。凡是和“長”義有關的字都

以"長"爲構件。 ナ,是古文"長"字。 ᚐ,也是古文"長"字。

【段注】

[一]久者,不暫也。遠者,不近也。引申之爲滋長、長幼之"長"。今音知丈切。又爲多餘之"長",度長之"長",皆今音直亮切。"兄"下曰:"長也。"是滋長、長幼之"長"也。 [二]會意。七,呼霸切。[三]二字各本在"變七"之下,今依《韻會》正[①]。直良切。十部(陽)。[四]説從兀之意。儿部曰:"兀者,高而上平也。" [五]"七"各本作"化",今正[②]。説從七之意。"七"下曰:"變也。" [六]"到"各本作"倒",今正。説"ᚱ"即"亼"字,亼而倒,變七之意。

【疏義】

①《韻會擧要》陽韻:"長,《説文》:'長,久遠也。從兀從七,亡聲。兀者,高遠意也。久則變化。ᚱ者,倒'亡'也。'" ②《説文》七部:"七,變也。"《段注》:"今變七字盡作'化','化'行而'七'廢矣。"

【集解】

朱駿聲《説文定聲》:"字當訓髮,人毛之最長者也。"

黃天樹《部首與甲骨文》(續一):"甲骨文作ᚐ,象人頭上長有長髮。"

董蓮池《部首新證》:"字見甲骨文,寫作ᚐ、ᚐ諸形(《甲骨文編》386頁),西周金文寫作ᚐ(寫長鼎)、ᚐ(牆盤),與'老'字構形相似('老'字作ᚐ、ᚐ),象人披長髮扶杖,一幅年長之象,故其本義當表年長之'長',引申爲長久之'長',許訓'久遠'即其引申義。"

【同部字擧例】

肆ᚐ sì 極陳也。從長,隶聲。ᚐ,或從髟。息利切。○金文ᚐ、ᚐ　心至去　心脂

ᚐᚐ mí 久長也。從長,爾聲。武夷切。○明支平　明脂

ᚐ **勿** **359** wù 甲文ᚐ、ᚐ、ᚐ 金文ᚐ、ᚐ、ᚐ 文弗切 明物

合三入 明物(196/194;453/458)

州里所建旗[一]。象其柄[二],有三游[三],襍帛[四]。幅半異[五],所以趣民[六],故遽偁大徐本作"稱"

“勿勿”[七]。 凡勿之屬皆从勿。 **𣃦**,勿或从㫃(yǎn)[八]。

【譯文】

大夫和士所樹立的旗幟。ㄅ象旗杆,上有三條飄帶,用雜色帛製成。正幅的顏色赤白各半,是用來催促民衆集合的用具,所以有急速義,稱作“勿勿”。凡是和“勿”義有關的字都以“勿”爲構件。**𣃦**,勿字或以“㫃”爲構件。

【段注】

[一]九旗之一也。“州里”當作“大夫士”。《周禮·司常》①:“大夫士建物,帥都建旗,州里建旟(yú)。”許於“旟”下既偁“州里建旟”矣②,則此偁“大夫士建勿”必也,蓋亦一時筆誤耳。《大司馬》:“鄉家載物。”注云:“鄉家,鄉大夫也。”③《鄉射禮》④:“旌各以其物。”注:“雜帛爲物,大夫、士之所建也。”《士喪禮》:“爲銘各以其物。”注:“雜帛爲物。大夫之所建也。”⑤文弗切。十五部(脂、微、物、月)。經傳多作“物”,而假借“勿”爲“毋”字。亦有借爲“没”字者,《禮記》:“勿勿乎其欲其饗之。”“勿勿”即“没没”,猶“勉勉”也⑥。　[二]謂右筆也。　[三]謂“彡”也。三游別於旗九游,旟七游,旗六游,旐(zhào)四游⑦。　[四]句。　[五]《司常》曰:“通帛爲旜(zhān),雜帛爲物。”注云:“通帛謂大赤,從周正色,無飾。雜帛者,以帛素飾其側。白,殷之正色。凡九旗之帛皆用絳。”按:許云“幅半異”,直謂正幅半赤半白,鄭則云“以素飾側”,《釋名》則云“以雜色綴其邊爲翅尾”⑧,說各不同,似許爲長。　[六]趣者,疾也。色純則緩,色駁則急,故雜帛所以促民。　[七]“遽”《韻會》作“宂遽”二字⑨。“偁”舊作“稱”,今正。凡宂遽偁“勿勿”,此引申假借。“子”下曰:“十一月陽氣動,萬物滋,人以爲偁。”亦是此例。
[八]經傳多作“物”,蓋“旘”之譌也。

【疏義】

①《司常》:《周禮·春官宗伯》篇名。　②《說文》㫃部:“旟,錯革畫鳥其上,所以進士衆。旟旟,衆也。从㫃,與聲。《周禮》曰:‘州里建旟。’”　③《周禮·夏官司馬·大司馬》:“辨旗物之用,王載大常,諸

侯載旍,軍吏載旗,師都載旝,鄉遂載物,郊野載旐,百官載旟,各書其事與其號焉。"鄭玄注:"鄉遂,鄉大夫也,或載旝,或載物。" ④《鄉射禮》:《儀禮》篇名。 ⑤《儀禮·士喪禮》:"爲銘各以其物。"鄭玄注:"銘,明旌也。雜帛爲物,大夫士之所建也,以死者爲不可别,故以其旗識。" ⑥《禮記·禮器》:"洞洞乎其敬也,屬屬乎其忠也,勿勿乎其欲其饗之也。"鄭玄注:"勿勿,猶勉勉也。" ⑦"旍、旗、旐"及下文"旝"均爲旗幟名,形制和繪圖各有不同。 ⑧《釋名·釋兵》:"雜帛爲物,以雜色綴其邊爲翅尾也,將帥所建,象物雜也。" ⑨《韻會舉要》勿韻:"勿,《說文》:'勿,州里所建旗,象其柄,有三旍,雜帛,幅半異,所以趣民,故冗遽偁'勿勿'。"

【集解】

饒炯《説文部首訂》:"象柄與三游之形。"

董蓮池《部首新證》:"字見甲骨文,寫作 ⚟、⚟、⚟ 諸形(《甲骨文編》386 頁),从 ⚟、⚟(刀);刀刃旁有小點 ⚟、⚟,表示刀所切割的東西。"

【同部字舉例】

易 昜 yáng 開也。从日、一、勿。一曰:飛揚。一曰:長也。一曰:彊者衆皃。與章切。○甲文 ⚟、⚟、⚟ 金文 ⚟、⚟、⚟、⚟ 以陽平定陽

冄 冄 360 rǎn 甲文 ⚟、⚟ 金文 ⚟、⚟、⚟ 而琰切 日琰開三上 日談(196/194;454/458)

毛冄冄也[一]。象形[二]。凡冄之屬皆从冄。

【譯文】

毛髮下垂的樣子。象形。凡是和"冄"義有關的字都以"冄"爲構件。

【段注】

[一]"冄冄"者,柔弱下垂之皃。須部之"髯"取下垂意①,女部之"姌"取弱意②。《離騷》:"老冄冄其將至。"此借"冄冄"爲"冘冘"③。《詩》:"荏染柔木。"傳曰:"荏染,柔意也。"④"染"即"冄"之假借。凡言"冄"、言"姌"皆謂弱。 [二]而琰切。七部(侵、緝)。

【疏義】

①《説文》須部:"髯,頰須也。从須从冄,冄亦聲。" ②《説文》女

部:"姆,弱長兒。"　③《楚辭·離騷》:"老冄冄其將至兮。"王逸注:
"冄冄,行貌。"《說文》冂部:"宂,淫淫行兒。""淫淫"《段注》據《玉篇》
《集韻》《類篇》改爲"宂宂"。　④《詩經·小雅·巧言》:"荏染柔木,
君子樹之。"毛傳:"荏染,柔意也。"

【集解】

　　黃天樹《部首與甲骨文》(續一):"古文字作冄,象毛冄冄下垂的
樣子。"

　　董蓮池《部首新證》:"西周金文寫作冄(師寰簋),春秋戰國寫作
冄(南疆鉦)、冄(相邦冄戟),象毛柔弱下垂的樣子。"

而　**361　ér**　甲文 冊、冊、冊　金文 冊、冊　如之切　日之開三
平　日之(196/194;454/458)

須也。象形"須也"二句大徐本作"頰毛也。象毛之形"[一]。
《周禮》曰:"作其鱗之而。"[二]**凡而之屬皆从而。**

【譯文】

　　臉兩旁的毛。象形。《周禮》上說:"豎起它的鱗和須毛。"凡是和
"而"義有關的字都以"而"爲構件。

【段注】

　　[一]各本作"頰毛也,象毛之形",今正。頰毛者,須部所謂"䰅
(rán)、須"之類耳①。《禮運》正義引《說文》曰:"而,須也。須謂頤下
之毛,象形字也。"②知唐初本"須"篆下"頤毛也","而"篆下云"須
也",二篆相爲轉注。其象形,則首畫象鼻耑,次象人中,次象口上之
髭③。次象承漿及頤下者④,蓋"而"爲口上口下之總名,分之則口上爲
"髭",口下爲"須"。"須"本頤下之專偁,"髭"與承漿與頰䰅皆得偁
"須",是以"而"之訓曰"須也,象形"。引申假借之爲語詞,或在發端,
或在句中,或在句末;或可釋爲"然",或可釋爲"如",或可釋爲"汝";
或釋爲"能"者,古音"能"與"而"同⑤,叚"而"爲"能",亦叚"耐"爲
"能"。如之切。一部(之、職)。　[二]《考工記·梓人》文。鄭云:
"之而,頰頜(kū)也。"戴先生云⑥:"鱗屬,頰側上出者曰'之',下垂者
曰'而'。"⑦此以人體之偁施於物也。按:顧氏《玉篇》以而部次於"毛、

毳(cuì)、冄(rǎn)"之後,"角、皮"之前,則其意訓"而"爲獸毛⑧,絕非許意。

【疏義】

①《說文》須部:"頯,頰須也。""須,面毛也。"《段注》改作"須,頤下毛也"。頯:同"䫇"。　②而,須也:原文作"耏者,鬏也"。《禮記·禮運》:"故聖人耏以天下爲一家,以中國爲一人者,非意之也。"鄭玄注:"耏,古能字。"孔穎達正義:"按:《說文》云:'耏者,鬏也。鬏謂頤下之毛,象形字也。'"　③䰐:同"髭",嘴上邊的鬍子。　④承漿:下脣中央的凹陷處,亦穴位名。《釋名·釋形體》:"口上曰髭……口下曰承漿。漿,水也。"頤:下巴。　⑤"能"上古音屬泥母蒸部,"而"上古音屬日母之部,聲韻近而不同。　⑥戴先生:指戴震,段玉裁曾師從戴震。　⑦《周禮·冬官考工記·梓人》:"凡攫閷援簭之類,必深其爪,出其目,作其鱗之而。"鄭玄注:"謂筍虡之獸也。深猶藏也,作猶起也。之而,頰頜也。"戴震《考工記圖》補注:"頰側上出者曰'之',下垂者曰'而'。須,鬚屬也。"頜:頰旁骨。　⑧《玉篇》而部:"而,人之切。語助也,乃也,能也。又頰之毛曰而,今作髵。"

【集解】

徐鍇《說文繫傳》:"而,頰毛也,象毛之形。假借爲語助。"

徐灝《說文注箋》:"而、耏(ér)古今字,因借爲語詞,加'彡'作'耏'。又借爲爾我之偁,'而、爾'一聲也。"

饒炯《說文部首訂》:"而者,面毛之通稱,說解云'頰毛',蓋舉頰以賅頤。恐人以'一'爲鼻端,'丨'爲人中,誤謂其毛在口,而因以頰爲說。"

林義光《文源》卷三:"《說文》云:'而,須(鬏)也。'《周禮》曰:'作其鱗之而。'按:'需、耎'從'而',皆有下垂之義。菌屬之芝栭,屋欂(bó)櫨之芝栭,皆以仰者爲芝,覆者爲栭,則而者,下垂也。古作帀,象下垂之形,鬏亦下垂,故引申爲鬏。"芝栭:靈芝與木耳,皆屬菌類,可食。欂櫨:柱頂上承托棟梁的方木。

董蓮池《部首新證》:"象頰毛形。"

【同部字舉例】

耏^耐 nài　罪不至髠(kūn)也。从而从彡(shān)。𦱃,或从寸,諸法度字从寸。奴代切。○泥代去　泥之

豕豕³⁶² shǐ　甲骨文𠀌、𠀌　金文𠀌、𠀌　式視切　書紙開三上　書支(196/194;454/459)

彘也^[一]。竭其尾,故謂之豕^[二]。象毛足而後有尾^[三]。讀與豨(xī,豬)同^[四]。按:今世字誤以豕(chù,豬被絆足貌)爲豕,以彖(chǐ,豬,或以爲蠡即豕的重文)爲彖(tuàn,豕跑)"今世"二句大徐本作"今世字誤以豕爲彘,以彘爲豕"。何以明之? 爲啄琢从豕,蠡(同"蠡")从彖"爲啄"二句大徐本作"爲啄琢从豕,蠡从彘",皆取其聲,以是明之^[五]。凡豕之屬皆从豕。豸,古文^[六]。

【譯文】

豬。豎着尾巴,所以叫做"豕"。字形象頭、四足且身後有尾巴的樣子。讀音與"豨"字同。按:現在的字誤將"豕"當成了"豕",將"彖"當成了"彖"。怎麼知道的呢? 因爲"啄、琢"以"豕"爲構件(應以"豕"爲構件),"蠡"以"彖"爲構件(應以"彖"爲構件),分別都是以"豕、彖"作爲聲符,由此知道其錯誤。凡是和"豕"義有關的字都以"豕"爲構件。豸,是"豕"的古文。

【段注】

[一]彑(jì)部:"彘,豕也。"是二篆爲轉注。《小雅》傳曰:"豕,豬也。"毛渾言之①。許分別言名"豕"、名"彘"、名"豬"之故。　[二]此與"後蹏廢故謂之彘"相對成文②,於其音求其義也。立部曰:"竭者,負舉也。"豕怒而豎其尾則謂之豕。　[三]"毛"當作"頭四"二字,轉寫之誤。"馬"篆下曰:"象馬頭、髦、尾、四足之形。""象"篆下曰:"象耳、牙、四足之形。""羊"篆下曰:"从廾(guǎi),象四足、尾之形。""豕"首畫象其頭,次象其四足,末象其尾。　[四]《左傳》"封豕長蛇"③,《淮南書》作"封豨脩蛇"④。式視切。十五部(脂、微、物、月)。《廣

韻》施是切[⑤]。　［五］此三十三字未必爲許語，而各本譌舛（chuǎn）特甚，今正之。“啄、琢”用“豖絆足行”之“豖”爲聲[⑥]，俗乃作“啄、琢”，是“豖”誤爲“豕”也。“蠡”从䖵部訓“豕”之“⿱彑豕”爲聲，俗乃作“蠡”，是“⿱彑豕”誤爲“彖”也，故皆爲“今世字誤”。彑部曰：“⿱彑豕讀若弛。”[⑦]許書䖵（kūn）部之“蠡”、心部之“⿰忄⿱彑豕”（xiá）皆从“⿱彑豕”爲聲。在古音十六部（支、錫）。各本譌云“今世字誤以豕爲彖，以彖爲豕，何以明之？爲‘啄、琢’从‘豕’，‘蠡’从‘彖’，皆取其聲”，不可讀。或正之，又不知“蠡”之本“⿱彑豕”聲，而非从“彖”也[⑧]。　［六］古文與“亥”同字，説詳亥部[⑨]。按：此下當有“象髦足”三字，猶“㣇”（yì）下云“象髦足”也。“丿”象髦，“ㄌ”象足，“ㄋ”象爪字也。

【疏義】

①《詩經·小雅·漸漸之石》：“有豕白蹢（dì）。”毛傳：“豕，豬也。蹢，蹄也。”　②引文見《説文》彑部：“彖，豕也。後蹏發謂之彖。”《段注》改爲“後蹏廢謂之彖”。　③《左傳·定公四年》：“吳爲封豕長蛇，以薦食上國，虐始于楚。”杜預注：“薦，數也。言吳貪害如蛇豕。”　④《淮南子·修務訓》：“吳爲封豨脩蛇，蠶食上國，虐始於楚。”高誘注：“封、脩，皆大也。豨、蛇，喻貪也。蠶食，盡無餘。上國，中國。虐，害也。始，先也。”　⑤“豕”見《廣韻》紙韻。　⑥《説文》豖部：“豖，豕絆足行豖豖。”　⑦《説文》彑部：“⿱彑豕，豕也。从彑从豕。讀若弛。”　⑧宋戴侗《六書故》第十七《動物一》：“豕，式視切。象形。《説文》曰：‘彖也，竭其尾，故謂之豕。象毛足後有尾，讀與豨同。今世誤以豕爲彖，以彖爲豕。何以明之？啄、琢从豕，蠡从彖，皆取其聲，是以明之。’……《説文》謂今世誤以豕爲彖，以彖爲豕，以啄、琢从豕、蠡从彖明之。按：‘啄、琢’乃以‘豖’爲聲，與‘涿、椓’同，而‘蠡’亦未嘗从‘彖’，故徐騎省以此爲後人所加，凡此皆聲之亂也。”徐騎省：即徐鉉，因官至散騎常侍，故世稱徐騎省。　⑨《説文》亥部：“亥，荄也……《春秋傳》曰：‘亥有二首六身。’……𠀅，古文亥爲豕，與豕同。”

【集解】

桂馥《説文義證》：“按：‘今世’字云云者，《類篇》不載。馥謂當云：'按：今世字誤以豕爲豕，以象爲豕。何以明之？爲啄、琢從豕，蠡從象，皆取其聲，以是明之。'此非許公之文，蓋後人因辨俗體加之，從豕者，俗多從豕。"

徐灝《説文注箋》："灝謂：當做'以豕爲豕，以象爲豕'。何以明之？爲啄琢從豕，蠡從豕，皆取其聲，以是明之。蓋言啄、琢宜從豕而誤從豕、蠡宜從豕而誤從象耳……鼎臣以爲後人所加良然。'"

饒炯《説文部首訂》："豕、豕、豬，一物而三名，但以尾、蹏、毛異爲別。"

黃天樹《部首與甲骨文》（續一）："甲骨文作𤣩，象碩腹短尾的豬的樣子。甲骨文'豕'與'犬'的區別在於'豕'腹肥尾短，'犬'腹瘦尾長。"

董蓮池《部首新證》："字見甲骨文，寫作𤣩、𤣩諸形（《甲骨文編》388 頁），象豕形，西周金文寫作𤣩（函皇父簋）、𤣩（函皇父盤）、𤣩（頌鼎），春秋寫作𤣩（石鼓文），爲篆所本。"

【同部字舉例】

豬 𤣩 zhū　豕而三毛叢居者。从豕，者聲。陟魚切。○知魚平 端魚

𤣩 𤣩 yì　豕息也。从豕，壹聲。《春秋傳》曰："生敖及𤣩。"許利切。○影霽去　影脂

豢 𤣩 huàn　以穀圈養豕也。从豕，关(juàn)聲。胡慣切。○匣諫去　匣元

豖 𤣩 chù　豕絆足行豖豖。从豕，繫二足。丑六切。○徹燭入 透屋

希 𤣩 [363]

yì　羊至切　以至開三去　定脂（197/195；456/460）

脩豪獸[一]。一曰：河内名豕也[二]。从彑(jì, 同"彐"，豬頭)[三]，下象毛足[四]。凡希之屬皆从希。讀若弟[五]。𤣩，籀文。𤣩，古文。

【譯文】

長毛獸。另有一説:認爲河内郡把"豕"叫做"希"。以"彑"爲構件,下部象其毛和足。凡是和"希"義有關的字都以"希"爲構件。讀音同於"弟"字。,是"希"的籀文。,是"希"的古文。

【段注】

[一]《毛詩・六月、韓奕》傳曰:"脩,長也。"①周秦之文,"攸"訓爲"長",其後乃叚"脩"爲"攸",而訓爲長矣。豪,豕鬣(liè)如筆管者,因之凡髦鬣皆曰豪②。《釋獸》曰"貄(sì),脩豪"③,"希"者正字,"貄"者俗字。或作"肆"者,叚借字也。按:此言"獸",與下文"豪(háo)豕"非一物④。顏氏注《漢書》曰:"豪豬,一名希。"⑤非也。　[二]謂河内評豕爲"希",猶上谷之評"豛"(yì)也。河内,漢郡名,領懷縣等縣十有八,今懷慶、衛輝以及彰德府南境皆是其地⑥。　[三]象頭鋭。[四]ク者象其髦也。"毛"當作"髦"。,象足。　[五]羊至切。十五部(脂、微、物、月)。

【疏義】

①《詩經・小雅・六月》:"四牡脩廣。"毛傳:"脩,長。廣,大也。"《詩經・大雅・韓奕》:"四牡奕奕,孔脩且張。"毛傳:"脩,長。張,大。"　②鬣:馬、豬等頸上的長毛。髦:馬頸上的長毛,引申泛指動物頭頸上的長毛。　③貄:貍子,即野貓。《釋獸》:《爾雅》篇名。④《説文》希部:"豪,豕,鬣如筆管者,出南郡。"　⑤《漢書・揚雄傳》:"搤(è)熊羆,拕(tuō)豪豬。"顏師古注:"搤,捉持之也。豪豬亦名帚貆(huán)也,自爲牝牡者也。"顏注"一名希"出處不詳。　⑥河内:地在今河南省黄河以北地區。上谷:郡名,地在今河北懷來縣。《説文》豕部:"豛,上谷名豬豭。"懷慶:明清時爲懷慶府,府治在河内縣(今河南沁陽市)。衛輝:地在今河南北部衛輝市。彰德府:府治在安陽(今河南安陽市)。

【集解】

徐灝《説文注箋》:"古文象脩毫形,小篆兼取古籀之體。戴仲達謂'希與彖特一字'是也。"

饒炯《説文部首訂》:"豪即毫之正字,希本豕屬而毛修長者。"

黃天樹《部首與甲骨文》(續一):"從古文字看,希與彖同源。"

董蓮池《部首新證》:"西周金文所見寫作桼(毛公鼎'綷'所从),為獨體象形字。"

【同部字舉例】

　　豪豪 háo　　豕,鬣如筆管者。出南郡。从希,高聲。豪,籀文,从豕。乎刀切。○匣豪平　匣宵

彑 彑[364]　jì 居例切　　見祭開三去　　見月(197/195;456/461)

豕之頭[一]。**象其銳而上見也**[二]。**凡彑之屬皆从彑。讀若罽**(jì,毛织物)[三]。

【譯文】

　　豬的頭。字形象豬嘴尖長上翹的樣子。凡是和彑義有關的字都以"彑"為構件。讀音同"罽"。

【段注】

　　[一]《篇》《韻》曰"彙類"①,今義也。　　[二]象形也。　　[三]劂(ruì)者,籀文"銳",故音相通也②。居例切。十五部(脂、微、物、月)。

【疏義】

　　①彙:刺蝟。《說文》或作蝟,"蟲似豪豬者"。《玉篇》彑部:"彑,居例切,彙類也。"《廣韻》祭部:"彑,彙頭。"　②《說文》金部:"銳,芒也。从金,兌聲。劂,籀文銳,从厂、剡。"

【集解】

　　徐灝《說文注箋》:"'彑'即'彖'字之頭,因'彘、彖'等字从'彑',遂立為部首而自為一字……戴氏侗曰:'彑為豕頭,猶牛之有屮,羊之有屰,不得別立為字'是也。"

　　饒炯《說文部首訂》:"當云'从象省'。'象'即'豕'之重文,亦象形字。《說文》收'象'於彑部者,誤也。"

　　黃天樹《部首與甲骨文》(續一):"《說文》:'彑,豕之頭。'彑並非一個完整的文字。許慎由於受當時通行的隸書影響,肢解了篆書的形體,把完整的象形字'豕'割裂開來而造成的。"

董蓮池《部首新證》："此即西周金文所見彑（希）之頭，寫作ㄥ（毛公鼎'豩'字'希'旁所从），至篆譌作彑，許取以爲部首，實其下不當有橫畫。"

【同部字舉例】

彘 zhì　豕也。後蹏發謂之彘。从彑，矢聲。从二匕，彘足與鹿足同。直例切。○澄祭去　定祭

彖 tuàn　豕走也。从彑，从豕省。通貫切。○透換去　透元

豚（豚） 365 tún　甲骨文　金文　徒魂切
定魂合一平　定文（197/195;457/461）

小豕也[一]。从古文豕[二]，从又持肉，以給祠祀也"从古"三句大徐本作"从彖省。象形。从又持肉，以給祠祀"[三]。凡豚大徐本作"豚"，下同之屬皆从豚[四]。肠，篆文从肉、豕[五]。

【譯文】

小豬。以古文"豕"爲構件，由又（手）拿肉，以表示用於祭祀。凡是和"豚"義有關的字都以"豚"爲構件。肠，篆文由"肉、豕"構成。

【段注】

[一]《方言》："豬，其子或謂之豚，或謂之貕（xī）。"①　[二]各本作"从希省，象形"五字，非也。今正。　[三]凡祭宗廟之禮，豕曰剛鬣，豚曰腯（tú）肥②。又，手也。徒魂切。十三部（文）。　[四]各本"豚"作"豚"，誤，今正。　[五]上古文，此小篆也，亦以"上"附"二"之例③。不入"豚"於豕部附以古文"豚"者，以有从"豚"之"靀"（wèi），則不得不立此部首也。《爾雅音義》曰"籀文作豚"④，《玉篇》亦曰"豚者，籀文"⑤，皆誤。恐學者惑焉，故箸於此。

【疏義】

①《方言》第八："豬，北燕朝鮮之閒謂之豭，關東西或謂之彘，或謂之豕。南楚謂之豨。其子或謂之豚，或謂之貕。吳揚之閒謂之豬子。"　②腯：肥壯。《禮記·曲禮下》："凡祭宗廟之禮，牛曰'一元大武'，豕曰'剛鬣'，豚曰'腯肥'。"孔穎達正義："'豕曰剛鬣'者，

豕肥則毛鬣剛大也……'豚曰腞肥'者,腞即充滿貌也。"　③《説文》
丄部:"丄,高也。此古文上。指事也。凡丄之屬皆从丄。𠄞,篆文
上。"《段注》改爲:"二,高也。此古文丄。指事也。凡二之屬皆从二。
丄,篆文上。"　④《爾雅・釋獸》:"猩猩,小而好啼。"郭璞注:"今交阯
封谿縣出猩猩,狀如貛,聲似小兒啼。"陸德明釋文:"豚,徒門反。字亦
作㹨。《字林》云:'小豕也。'《説文》作'豚',又云籀文也。"　⑤《玉
篇》腞(腞)部:"腞,徒昆切。豕子也。或謂之豯。豚,籀文。"

【集解】

　　董蓮池《部首新證》:"字見甲骨文,寫作𧰨、𧱕諸形(《甲骨文編》
393頁),从𧰨、𧰨(豕)从𐭃、𐭃(肉)。西周金文寫作𧱣(臣辰卣)、𧱕
(豚鼎)、𧰨(豚卣),增从'又',篆與之同。"

𧱣 𧱕　366　zhì　甲文𧱕　金文𧱕　池爾切　澄紙開三上　定
　　　　　　　　　支(197/195;457/461)

　　獸長脊,行豸豸(zhì,兽脊隆起然後伸长貌)**然,欲有所
司殺形**[一]**。凡豸之屬皆从豸。**

【譯文】

　　長脊獸,行走時背部隆起然後伸長,想要伺機捕殺的樣子。凡是
和"豸"義有關的字都以"豸"爲構件。

【段注】

　　[一]總言其義其形,故不更言象形也。或曰此下當有"象形"二
字。司,今之"伺"字,許書無"伺"。凡獸欲有所伺殺,則行步詳審,其
脊若加長。豸豸然,長皃,文象其形也。《周禮・射人》:"以貍步張三
侯。"注云:"貍,善博者也,行則止而儗(nǐ)度焉,其發必獲,是以量侯
道法之也。"①許言"獸"者,謂凡殺物之獸也。《釋蟲》曰:"有足謂之
蟲,無足謂之豸。"②按:凡無足之蟲體多長,如蛇、蚓之類,正"長脊"義
之引申也。《上林賦》曰:"陂(bēi)池貏(bǐ)豸",即《子虛賦》之"罷
(pí)池、陂陀"③。《西京賦》曰:"增嬋娟以此豸。"④按:"貏豸"謂地邐
之長,"此豸"謂婀娜之長,亦皆長義之引申。古多叚"豸"爲解(xiè)
廌(zhì)之"廌",以二字古同音也⑤。"廌"與"解"古音同部,是以
"廌"訓"解"⑥。《方言》曰:"廌,解也。"《左傳》"庶有豸乎",《釋文》

作"廌",引《方言》"廌,解也"。正義作"豸",引《方言》"豸,解也"。今本《釋文》"廌"誤爲"鳩"⑦,今本《方言》"廌"誤爲"瘛"(chì),音胡記切⑧,蓋古書之難讀如此。池爾切。十六部(支、錫)。

【疏義】

①《周禮·夏官司馬·射人》:"若王大射,則以貍步張三侯。"鄭玄注:"鄭司農云:'貍步謂一舉足爲一步,於今爲半步。'玄謂貍善搏者也,行則止而擬度焉,其發必獲,是以量侯道法之也。"貍步:古代射禮量度距離的單位。張:陳設,設置。三侯:虎侯、熊侯、豹侯。侯:用獸皮做成的箭靶子。儗:通"擬"。擬度:推測。侯道:箭靶與射者間的距離。　②引文見《爾雅·釋蟲》。　③《上林賦》《子虛賦》:司馬相如撰。陂池、豼豸:傾斜不平貌。李善注:"郭璞曰:'陂池,旁頹貌也。'……善曰:豼豸,漸平貌。"罷池、陂陀:義同"陂池"。　④《西京賦》:張衡撰。李善引薛綜注曰:"嬋娟、此豸,恣態妖蠱也。"　⑤解廌:傳説中的一種神獸,能辨曲直。"豸、廌"古音皆屬定母支部。《史記·司馬相如列傳》"弄解豸",《漢書·司馬相如傳》作"弄解廌"。顏師古注:"張揖曰:'解廌,似鹿而一角,人君刑罰得中則生於朝廷,主觸不直者,可得而弄也。'"　⑥《説文》角部:"解,判也。从刀判牛角。一曰:解廌,獸也。"解:古音屬匣母錫部,與"廌"字韻腹同,韻尾有別。⑦《左傳·宣公十七年》:"余將老,使郤子逞其志,庶有豸乎?"杜預注:"豸,解也。欲使郤子從政,快志以止亂。"陸德明釋文:"豸本又作鳩,直是反。或音居牛反,非也。解音蟹,此訓見《方言》。"　⑧《方言》第十二:"抒、瘛,解也。"郭璞注:"瘛,胡計反。"

【集解】

徐鍇《説文繫傳》:"豸豸,背脊隆長皃,欲有所伺殺,謂其行綴也。"

徐灝《説文注箋》:"𧰧象側視之形。據字形,豸有足而蟲無足,與《爾雅》正相反。豸自是猛獸,故貔、貙、豺、豹等字皆从之,且許云'獸長脊行豸豸然',則不得謂無足明矣。凡言'無足謂之豸'者,但取其聲,蓋豸之言侈也,謂其侈然長耳。"

張文虎《舒藝室隨筆》:"𠂹象其首,𠃌象長脊,立而相搏之勢。"

章太炎《文始》四《支清類》："豸有數義,長脊獸,本義也……《釋蟲》:'有足謂之蟲,無足謂之豸。'無足之蟲多長脊,此引申義也。"

黃天樹《部首與甲骨文》(續一):"甲骨文作𧳏,上部象頭,下部象獸身,是象形字,本指長脊的猛獸,如豹、犲、貉、貂等。或以爲是'貓(猫)'的初文。"

董蓮池《部首新證》:"西周金文寫作𧳏(貉子卣'貉'所从)、𧳏(紀侯貉子簋),一種獸的象形文。"

【同部字舉例】

豹 豹 bào　似虎,圜文。从豸,勺聲。北教切。○幫效去　幫宵

貚 貚 tán　貙屬也。从豸,單聲。徒干切。○定寒平　定元

貔 貔 pí　豹屬,出貉國。从豸,𣬛聲。《詩》曰:"獻其貔皮。"《周書》曰:"如虎如貔。"貔,猛獸。𤞟,或从比。房脂切。○並脂平　並脂

犲 犲 chái　狼屬,狗聲。从豸,才聲。士皆切。○崇皆平　崇之

貘 貘 mò　似熊而黃黑色,出蜀中。从豸,莫聲。莫白切。○明陌入　明鐸

豻 豻 àn　胡地野狗。从豸,干聲。犴,豻或从犬。《詩》曰:"宜豻宜獄。"五旰切。○疑翰去　疑元

貂 貂 diāo　鼠屬。大而黃黑,出胡丁零國。从豸,召聲。都僚切。○端蕭平　端宵

貉 貉 hé　北方豸穜。从豸,各聲。孔子曰:"貉之爲言惡也。"莫白切。○匣鐸入　匣鐸

貆 貆 huán　貉之類。从豸,亘聲。胡官切。○匣桓平　匣元

貍 貍 lí　伏獸,似貙。从豸,里聲。里之切。○來之平　來之

貛 貛 huān　野豕也。从豸,雚聲。呼官切。○曉桓平　曉元

絫(絫) 𧰨　367　sì　甲文 𧰨 、𧰨 、𧰨 　徐姊切　邪旨開三上　邪脂(198/196;458/463)

如野牛,青色,其皮堅厚可制鎧[一]**。象形**[二]**。絫頭**[三]**與禽、离頭同** 以上各句大徐本作"如野牛而青。象形。與禽、离頭同"[四]**。凡絫之屬皆从絫。𣫭,古文从儿**[五]**。**

【譯文】

像野牛的動物,青黑色,其皮堅硬厚實可以製作鎧甲。象形。“兕”字頭與“禽、离”字頭相同。凡是和“兕”義有關的字都以“兕”爲構件。,古文“兕”以“儿”爲構件。

【段注】

[一]“青色”各本作“而青”。“其皮堅厚可制鎧”,各本無此七字。今補。《論語·季氏》疏、《爾雅·釋獸》疏、《詩·何草不黄》正義、《春秋左傳·宣二年》正義皆有此七字,皆作“青色”,或作“青毛”[①]。《釋獸》曰:“兕,似牛。”許云“如野牛”者,其義一也。野牛即今水牛,與黄牛别,古謂之野牛。《爾雅》云“似牛”者,似此也。郭注《山海經》曰:“犀似水牛,豬頭庳(bēi)腳。”[②]兕亦似水牛,青色一角,重三千斤。《考工記》:“函人爲甲。犀甲七屬,兕甲六屬……犀甲壽百年,兕甲壽二百年。”[③]　[二]謂上象其頭,下象其足、尾也。徐姊切。十五部(脂、微、物、月)。　[三]二字今補。　[四]内(róu)部“禽”下亦曰:“禽、离、兕頭相似。”[④]今人作楷,“兕”作“凹”,“禽、离”作“凶”,其頭不同矣,篆法古當同。　[五]蓋亦謂其似人胻(héng)也[⑤]。虎足亦與人足同[⑥]。今字“兕”行而“兕”不行。漢隸作“兇”[⑦]。《經典釋文》云:“本又作兇。”[⑧]

【疏義】

①《論語·季氏》:“虎兕出於柙,龜玉毁於櫝中,是誰之過與?”邢昺疏:“《説文》云:‘兕如野牛,青毛,其皮堅厚,可製鎧。’”《爾雅·釋獸》:“兕,似牛。”邢昺疏同上。《詩經·小雅·何草不黄》:“匪兕匪虎。”孔穎達正義:“許慎云:‘兕,野牛,其皮堅厚,可爲鎧。’”《左傳·宣公二年》:“使其驂乘謂之曰:‘牛則有皮,犀兕尚多,棄甲則那?’”孔穎達正義:“《説文》云:‘兕如野牛,青毛,其皮堅厚,可製鎧。’”

②《山海經·南山經》:“又東五百里,曰禱過之山,其上多金玉,其下多犀兕,多象。”郭璞注:“犀似水牛,豬頭庳(bēi)腳。”庳:短矮。

③《周禮·冬官考工記·函人》:“函人爲甲。犀甲七屬,兕甲六屬,合甲五屬。犀甲壽百年,兕甲壽二百年,合甲壽三百年。”鄭玄注:“‘屬’

讀如灌注之‘注’,謂上旅、下旅札續之數也。”函:護身的鎧甲。旅:通
“膂”,上旅、下旅指腰以上、腰以下。札:指鎧甲上用皮革或金屬做成
的葉片。　　④禽、离、象:小篆分別作鑫、岚、�。　　⑤胻:小腿。
⑥虎、人:小篆分別作㦮、尺。　　⑦顧藹吉《隸辨》旨部:“兇,《孔宙碑》
‘稱彼兇觥’,《隸釋》云:兇即兒字。”　　⑧《詩經·豳風·七月》:“稱彼
兇觥。”陸德明音義:“兒,徐履反,本或作‘兇’。”

【集解】

　　徐灝《説文注箋》:“古文下體蓋本象足,而傳寫與‘儿’字相似,段
謂以其似人胻,非也。”

　　孔廣居《説文疑疑》:“象本作㦮、ᨆ象兩角形。象之猛在角,故取
象於角。古文‘兒’,象正見之形。”

　　黃天樹《部首與甲骨文》(續一):“甲骨文作ᨆ,象犀牛一類的
動物。”

　　董蓮池《部首新證》:“字見甲骨文,寫作ᨆ、ᨆ諸形(《甲骨文編》
393頁),獨角獸的象形。”

易　易　368 yì　甲文《、》、》、》　金文、ᨆ、ᨆ、ᨆ、ᨆ、ᨆ、ᨆ、ᨆ、
　　　　羊益切　以昔開三入　定錫(198/196;459/463)

　　蜥易,蜓蜒、守宫也[一]**。象形**[二]**。祕書説曰**大徐
本無“曰”字**:日月爲易**[三]**,象会易也**[四]**。一曰:从
勿**[五]**。凡易之屬皆从易。**

【譯文】

　　蜥易,又叫蝘蜓、守宫。象形。《祕書》上説:“日、月二字合成易
字,象徵陰陽。”另有一説:“易”字从“勿”。凡是和“易”義有關的字都
以“易”爲構件。

【段注】

　　[一]虫部“蜥”下曰:“蜥,易也。”“蝘”下曰:“在壁曰蝘(yǎn)蜓,
在艸曰蜥易。”《釋魚》曰:“榮螈(yuán),蜥蜴。蜥蜴,蝘蜓。蝘蜓,守
宫也。”郭云:“轉相解,博異語,別四名也。”①《方言》曰:“守宫,秦、晉、
西夏謂之守宫,或謂之蠦(lú)蠄(chán),或謂之蜥蜴,其在澤中者謂之

易蜴,南楚謂之蛇醫,或謂之蠑螈,東齊、海岱謂之蜥(yí)蜴(hóu),北燕謂之祝蜓,桂林之中守宮大者而能鳴,謂之蛤解。"② 按:許舉其三者,略也。"易"本"蜥易",語言假借而難易之義出焉。鄭氏《贊易》曰:"《易》之爲名也,一言而函三義,簡易一也,變易二也,不易三也。"③ 按:"易、象"二字,皆古以語言假借立名,如"象"即像似之"像"也。故許先言本義,而後引祕書說④。云祕書者,明其未必然也。

[二]上象首,下象四足,尾甚微,故不象。羊益切。十六部(支、錫)。古無去入之分⑤。亦以豉切。今俗書"蜥易"字多作"蜴",非也。按:《方言》:"蜥易,其在澤中者謂之易蜴。"郭云:"蜴音析。"⑥ 是可證"蜴"即"蜥"字,非羊益切。《小雅》"胡爲虺(huǐ)蜴",毛傳曰:"蜴,螈也。"《釋文》:"蜴,星歷反,字又作蜥。"《説文》引《詩》正作"蜥",毛語正與《方言》合⑦。《方言》:"易蜴,南楚謂之蛇醫,或謂之蠑螈。"⑧ 謂在澤中者也。螈,即虫部之"蚖"(yuán)字,蛇醫也⑨。陸璣云:"蜴,一名蠑螈,水蜴也。或謂之蛇醫,如蜥易。"⑩ 然則"蜥易"者統名,倒言"易蜥"及單言"蜥"者,別其在澤中者言也。　　[三]祕書謂緯書。目部亦云:"祕書瞋从戌。"⑪ 按:《參同契》曰:"日月爲易,剛柔相當。"⑫ 陸氏德明引虞翻注《參同契》云:"字从日下月。"⑬　　[四]謂上从"日"象陽,下从"月"象陰。緯書説字多言形而非其義,此雖近理,要非六書之本。然下體亦非"月"也。　　[五]又一説,从旗勿之"勿"。皆字形之別説也。

【疏義】

①蝘蜓、守宮:壁虎。蜥易:即"蜥蜴"。蠑螈:蜥蝪。今本《爾雅·釋魚》:"蠑螈,蜥蝪。蜥蝪,蝘蜓。蝘蜓,守宮也。"郭璞注:"轉相解,博異語,別四名也。"　　②引文見《方言》第八。南楚:約今安徽中部、西南部,河南東南部,湖北、湖南東部及江西等地。海岱:東海和泰山之間的地域。蛤解:即"蛤蚧",一種爬行動物,形似壁虎而大。

③鄭氏:指鄭玄。引文見宋王應麟輯《周易鄭注·易贊易論》。　　④祕書:指讖緯類的書。緯書相對經書而言,是漢代依托儒家經義宣揚符籙瑞應占驗之説的書籍。或説祕書指賈逵,原文作"賈祕書",後脱"賈"字。賈逵曾兩校於祕書閣。　　⑤古無去入之分:段玉裁認爲上古

無去聲,中古去聲字在上古讀作入聲。　⑥《方言》第八:"守宮……或謂之蜥易,其在澤中者謂之易蜴。"郭璞注:"蜴,音析。"蜥:同"蜥"。⑦《詩經·小雅·正月》:"哀今之人,胡爲虺蜴。"毛傳:"蜴,螈也。"陸德明釋文:"蜴,星曆反,字又作蜥。"《説文》虫部:"虺,以注鳴。《詩》曰:'胡爲虺蜥。'"　⑧《方言》第八:"守宮……或謂之蜥易,其在澤中者謂之易蜴,南楚謂之蛇醫,或謂之蠑螈。"　⑨《説文》虫部:"蚖,榮蚖,蛇醫,以注鳴者。"　⑩陸璣:三國吳學者,字元恪,吳郡(今蘇州)人,著有《毛詩草木鳥獸蟲魚疏》二卷,專釋《毛詩》所及動物、植物名稱,是中國古代較早研究生物學的著作之一。《毛詩草木鳥獸蟲魚疏·胡爲虺蜴》(卷下):"虺蜴,一名蠑螈,蜴也。或謂之蛇醫,如蜥蜴,青綠色,大如指,形狀可惡。"無"水"字。陳啓源《毛詩稽古編》卷十三:"陸疏云:'虺蜴,一名蠑螈,水蜴也。'今本無'水'字,玩文義,又合之孔疏,知古本定作'水蜴',後人傳寫誤脫'水'字。"　⑪《説文》目部:"瞋,張目也。從目,真聲。賊,祕書瞋,從戌。"　⑫《參同契》:全名《周易參同契》,道教重要經典,內容結合了《周易》、煉丹術和道教氣功,作者魏伯陽,東漢煉丹術士,生卒不詳。引文見《周易參同契·乾坤設位章第二》。　⑬虞翻:字仲翔,三國吳經學家。《經典釋文·周易音義》:"易,盈只反,此經名也。虞翻注《參同契》云:'字從日下月。'"

【集解】

黃天樹《部首與甲骨文》(續一):"甲骨文作𧰨,字形結構很難分析。周初青銅器《德鼎》銘文'王易德貝廿朋'之'易',一器作簡體的𧰨,另一器作繁體的𧱂。繁體字形象器滿外溢之形。可知'易'是由繁體的'益(溢)'字作𧱂的簡化而成的,是'賜'的古字。賞賜是使受賜者的財富有所增益,所以由'益'分化出'易'字。"

董蓮池《部首新證》:"今考字見甲骨文,寫作𦥑、𧱀諸形(《甲骨文編》394頁),是從甲骨文𧱂(《甲骨文合集》18526,2470頁)字所從的𧱂形中截取其𧰨形而成。"

象 𧰨 369 xiàng 甲文 𧰨、𧰨、𧰨、𧰨、𧰨 金文 𧰨、𧰨、𧰨 徐兩切 邪養開三上 邪陽(198/196;459/464)

南越大獸[一]，**長鼻牙**以上二句大徐本序次作"長鼻牙，南越大獸"[二]。**三年一乳**[三]。**象耳、牙、四足、尾**大徐本無"尾"字**之形**[四]。**凡象之屬皆从象**。

【譯文】

南越地的大獸，長着長鼻和牙齒。三年產子一次。字形象其耳朵、牙齒、四足和尾巴的樣子。凡是和"象"義有關的字都以"象"爲構件。

【段注】

[一]獸之最大者，而出南越①。　　[二]有長鼻、長牙。以上七字依《韻會》所據小徐本②。　　[三]《左傳·定四年》正義作"三年一乳字"③。按：古書多假"象"爲"像"。人部曰："像者，似也。""似者，像也。""像"从人，象聲④。許書"一曰指事""二曰象形"，當作"像形"。全書凡言"象某形"者，其字皆當作"像"。而今本皆从省作"象"，則學者不能通矣。《周易·繫辭》曰："象也者，像也。"⑤此謂古《周易》"象"字即"像"字之假借。《韓非》曰："人希見生象……而案其圖以想其生，故諸人之所以意想者，皆謂之象。"⑥似古有"象"無"像"。然"像"字未製以前，想像之義已起，故《周易》用"象"爲想像之義，如用"易"爲簡易、變易之義，皆於聲得義，非於字形得義也。《韓非》說同俚語，而非"本無其字，依聲托事"之恉。　　[四]"象"當作"像"，"耳牙"疑當作"鼻耳"，"尾"字各本無，今補。徐兩切。十部（陽部）。

【疏義】

①南越：古越人的一支，也作"南粵"。後泛指廣東、海南、廣西等地。　　②《韻會舉要》養韻："《説文》：'象，南越大獸。長鼻耳，三年一乳。象耳、牙、四足之形。'"　　③出處未詳。　　④《説文》人部："像，象也。从人从象，象亦聲，讀若養。"《段注》改爲："像，侣也。从人，象聲。讀若養字之養。"《説文》人部："侣，象也。从人，目聲。"《段注》改爲："似，像也。从人，目聲。"　　⑤《周易·繫辭下》："是故《易》者，象也，象也者，像也。"　　⑥《韓非子·解老篇》："人希見生象也，而得死象之骨，案其圖以想其生也，故諸人之所以意想者，皆謂之象也。"

【集解】

　　商承祚《殷虛文字》："今觀篆文但見長鼻及足、尾，不見耳、牙之狀，卜辭亦但象長鼻，蓋象之尤異于他畜者，其鼻矣。又象爲南越大獸，此後世事，古代則黃河南北亦有之，'爲'字从手牽象，則象爲尋常服御之物。今殷虛遺物有鏤象牙禮器，又有象齒甚多，卜用之骨有絶大者，殆亦象骨。又卜辭卜田獵有獲象之語，知古者中原象至殷世尚盛也。王徵君曰：'《吕氏春秋·古樂篇》：商人服象，爲虐於東夷，周公乃以師逐之，至於江南。此殷代有象之確證矣。'"

　　董蓮池《部首新證》："今考字見甲骨文，寫作 𧰨、𧰨 諸形（《甲骨文編》395 頁），'象'的象形字。"

【同部字舉例】

　　豫 𧰩 yù　象之大者。賈侍中説：不害於物。从象，予聲。𧰩，古文。羊茹切。○以御去　定魚

卷十上

馬𩡡 370 mǎ　甲文�、�、�、�、�、�、�　金文�、�、�、�
莫下切　明馬開二上　明魚(199/198；460/465)

怒也,武也[一]。象馬頭、髦、尾、四足之形[二]。凡馬之屬皆从馬。�733,古文。�,籀文馬,與影(同"馬")同有髦[三]。

【譯文】

奮起、威武的意思。字形象馬頭、鬃毛、尾巴和四條腿的樣子。凡是和"馬"義有關的字都以"馬"爲構件。�,是"馬"的古文。�,是籀文"馬"字,和影字一樣都有鬃毛。

【段注】

[一]以疊韻爲訓。亦"門,聞也""户,護也"之例也①。《釋名》曰:"大司馬,馬,武也,大總武事也。"②　[二]古、籀文皆以"彡"象髦。石建奏事,事下,建讀之曰:"誤書! '馬'字與尾當五,今乃四,不足一。上譴死矣。"③莫下切。古音在五部(魚、鐸)。　[三]《説文》各本籀文、古文皆作"影",無別。據《玉篇》,古文作"影",籀文作"影"④。是古文从"帀"加髦,籀从"彡"加髦,故云二者同有髦也。毛髦覆於頸,故象覆形。

【疏義】

①例:指用聲訓作解釋,即釋語與被釋語讀音相同或相近,旨在探求事物得名之由來。《説文》門部:"門,聞也。从二户。象形。"《段注》:"以疊韻爲訓。聞者,謂外可聞於内,内可聞於外也。"户部:"户,護也。半門曰户。象形。"《段注》:"以疊韻爲訓。"　②《廣韻》馬韻:

"馬,《説文》曰:'怒也,武也。象頭、髦、尾、四足之形。'……《釋名》曰:'大司馬,馬,武也,大總武事也。'"《太平御覽・職官部七・大司馬》卷二〇九:"韋昭《辯釋名》曰:'大司馬,馬,武也,大總武事也,大司馬掌軍。古者,兵車一車四馬,故以馬名官。'"按:此語又見於《藝文類聚》等文獻,今本《釋名》不存。　③石建:西漢人,爲官謹慎,有孝名。《史記・萬石君列傳》:"建爲郎中令,書奏事,事下,建讀之,曰:'誤書! 馬者,與尾當五,今乃四,不足一,上遣死矣!'甚惶恐。其爲謹慎,雖他皆如是。"張守節正義:"顏師古云:'馬字下曲者爲尾,並四點爲四足,凡五。'"　④《玉篇》馬部:"馬,莫把切。黃帝臣相乘馬。馬,武獸也,怒也。影,籀文。影,古文。"

【集解】

桂馥《説文義證》:"馥謂'馬'訓武、怒,言其健也。影,古文。寫者誤加彡,與籀文無別。"

黃天樹《部首與甲骨文》(續二):"甲骨文作𩡀,象馬側面之形。"

董蓮池《部首新證》:"甲骨文寫作𩡀、𩡀諸形(《甲骨文編》397頁)。'馬'的象形字。西周金文寫作𩡀、𩡀等形(《金文編》675、676頁),其後一形眼部緣條化,與𩠐相譌連。春秋承之寫作𩡀(石鼓文),爲篆所本。"

【同部字舉例】

駒 𩡀 jū　馬二歲曰駒,三歲曰駣(táo)。从馬,句聲。舉朱切。○見虞平　見侯

驃 𩡀 piào　黃馬發白色。一曰:白髦尾也。从馬,票聲。毗召切。○並笑去　並宵

駁 𩡀 bó　馬色不純。从馬,爻聲。北角切。○幫覺入　幫藥

驥 𩡀 jì　千里馬也,孫陽所相者。从馬,冀聲。天水有驥縣。几利切。○見至去　見脂

駿 𩡀 jùn　馬之良材者。从馬,夋聲。子峻切。○精稕去　精文

驍 𩡀 xiāo　良馬也。从馬,堯聲。古堯切。○見蕭平　見宵

驕 𩡀 jiāo　馬高六尺爲驕。从馬,喬聲。《詩》曰:"我馬唯驕。"一

曰:野馬。舉喬切。○見宵平　見宵

　　騎 騎 qí　跨馬也。从馬,奇聲。渠羈切。○羣支平　羣歌

　　駕 鷺 jià　馬在軛中。从馬,加聲。牉,籀文駕。古訝切。○見禡
去　見歌

　　篤 篤 dǔ　馬行頓遲。从馬,竹聲。冬毒切。○端沃入　端覺

　　馮 塲 píng　馬行疾也。从馬,冫聲。房戎切。○並東平　並蒸

　　驟 驟 zhòu　馬疾步也。从馬,聚聲。鉏又切。○崇宥去　崇侯

　　驅 驅 qū　馬馳也。从馬,區聲。駈,古文驅,从攴。豈俱切。○
溪虞平　溪侯

　　馳 馳 chí　大驅也。从馬,也聲。直离切。○澄支平　定歌

　　騖 騖 wù　亂馳也。从馬,敄聲。亡遇切。○明遇去　明侯

　　騁 騁 chěng　直馳也。从馬,甹聲。丑郢切。○徹靜上　透耕

　　驚 驚 jīng　馬駭也。从馬,敬聲。舉卿切。○見庚平　見耕

　　駭 駭 hài　驚也。从馬,亥聲。侯楷切。○匣駭上　匣之

　　駐 駐 zhù　馬立也。从馬,主聲。中句切。○知遇去　端侯

　　馴 馴 xún　馬順也。从馬,川聲。詳遵切。○邪諄平　邪文

　　騷 騷 sāo　擾也。一曰:摩馬。从馬,蚤聲。穌遭切。○心豪平
心幽

　　驛 驛 yì　置騎也。从馬,睪聲。羊益切。○以昔入　定鐸

　　馹 馹 rì　驛傳也。从馬,日聲。人質切。○日質入　日質

　　騰 騰 téng　傳也。从馬,朕聲。一曰:騰,牷馬也。徒登切。○
定登平　定蒸

　　驢 驢 lú　似馬,長耳。从馬,盧聲。力居切。○來魚平　來魚

廌 廌 371 zhì　甲文 ，　宅買切　澄紙開三上　定支（202/
201;469/474）

　　解廌(即獬豸) **獸也**[一]。**似**大徐本有"山"**牛,一
角**[二]。**古者決訟,令觸不直者**大徐本無"者"[三]。**象
形**[四]。**从豸省**[五]。**凡廌之屬皆从廌。**

【譯文】

　　一種叫解廌的獸。形狀象牛，一隻角。古時判決官司，讓廌去抵觸理屈的一方。象形。从"豸"的省體。凡是和"廌"義有關的字都以"廌"爲構件。

【段注】

　　[一]四字一句。　[二]各本皆作"似山牛"，今删正[①]。《玉篇》《廣韻》及《大平御覽》所引皆無"山"也[②]。　[三]下"者"字依《玉篇》補。《神異經》曰："東北荒中有獸，見人鬥則觸不直，聞人論則咋不正，名曰獬豸。"[③]《論衡》曰："獬豸者，一角之羊，性識有罪。皋陶治獄，有罪者令羊觸之。"[④]按：古有此神獸，非必皋陶賴之聽獄也。《廣韻》曰："《字林》《字樣》作'解廌'，《廣雅》作'貈（xiè）豸（zhì）'，陸作'獬（xiè）豸（zhì）'。"[⑤]"陸"謂陸法言《切韻》也。"廌"與"解"疊韻，與"豸"同音通用。廌能止不直，故古訓爲"解"。《左傳·宣十七年》："庶有廌乎？"杜注："廌，解也。"《釋文》本作"廌"，正義本作"豸"。陸云"廌解"之訓見《方言》，孔云："豸，解也。《方言》文。"[⑥]今《方言》卷十二："瘛（chì），解也。""瘛"必"廌"之誤字，既誤後乃反以"胡計"耳[⑦]。《左》《釋文》大書"廌"字，俗改爲"鳩"，莫能諟（shì）正[⑧]。　[四]謂象其頭角也。[五]此下當有"豸亦聲"。宅買切。十六部（支、錫）。

【疏義】

　　①《説文繫傳》廌部："廌，解廌，獸也。似山牛，一角。古者決訟，令觸不直。象形。從豸省。凡廌之屬皆從廌。"　②《廣韻》蟹韻："解，曉也。又解廌，仁獸，似牛，一角。"《玉篇》廌部："廌，直倚、宅買二切。解廌獸，似牛而一角，古者決訟，令觸不直者。見《説文》。"《太平御覽·獸部二·獬豸》："《説文》曰：'獬豸，似牛，一角，古者決訟，命觸不直。'"　③《神異經》：志怪小説集，舊題漢東方朔撰，實爲僞托。《太平御覽·獸部二·獬豸》："《神異經》曰：'東北荒中有獸，如牛，一角，毛青，四足，似熊，忠直。見人鬥則觸不直，聞人論則咋不正，名曰獬豸，一名任法獸。'"　④《論衡·是應篇》："儒者説云，觟（xiè）䚕（zhì）者，一角之羊也，性知有罪。皋陶治獄，其罪疑者，令羊觸之，有罪則觸，無罪則不觸。"觟䚕：即"獬豸"。　⑤引文見《廣韻》蟹韻。

《字林》:字書,晉吕忱撰,收字 12824 個,按《説文》540 部首排列,已
佚。《廣雅》:訓詁書,三國魏張揖撰。　⑥《左傳・宣公十七年》:"余
將老,使郤子逞其志,庶有豸乎?"杜預注:"豸,解也。欲使郤子從政,
快志以止亂。"陸德明釋文:"豸本又作鳩,直是反。或音居牛反,非也。
解音蟹,此訓見《方言》。"孔穎達正義:"注'豸,解也',正義曰:《方
言》文。"　⑦《方言》第十二:"抒、癒,解也。"郭璞注:"癒,胡計反。"
⑧譖正:訂正,校正。

【集解】

黄天樹《部首與甲骨文》(續二):"甲骨文作 ,象廌側面之形。"

董蓮池《部首新證》:"字見甲骨文,寫作 （《甲骨文編》400
頁),西周金文寫作 （弔朕臣'薦'所從）、 （盂鼎'瀍'所從),春秋寫
作 （侯馬盟書),均象兩角獸形,爲獨體象形字,不从'豸'省。許説
不確。"

【同部字舉例】

薦 jiàn　獸之所食艸。从廌从艸。古者神人以廌遺黄帝,帝
曰:"何食? 何處?"曰:"食薦,夏處水澤,冬處松柏。"作甸切。○金文
、 、 、 　精霰去　精文

瀍 fǎ　刑也。平之如水,从水;廌,所以觸不直者去之,从去。 ,
今文省。 ,古文。方乏切。○金文 、 、 、 　幫乏人　幫葉

鹿

372 lù　甲文 、 、 、 　金文 、 、 、 　盧谷切
來屋合一入　來屋(202/201;470/474)

鹿大徐本無"鹿"獸也[一]。象頭、角、四足之形[二]。
鳥、鹿足相比,从比"鳥鹿"二句大徐本作"鳥、鹿足相似,从
匕"[三]。凡鹿之屬皆从鹿。

【譯文】

一種叫鹿的獸。字形象鹿頭、角和四足的樣子。鳥足和鹿足相
似,以"比"作爲構件。凡是和"鹿"義有關的字都以"鹿"爲構件。

【段注】

[一]"鹿"字今補,三字句。《韻會》作"山獸"①。　[二]盧谷切。

三部(幽、覺)。　　[三]依《韻會》訂，説从"比"之意也。上言"仳"象其足矣，此當有"一曰"二字。鳥、鹿皆二足相距密，不同他獸相距寬，故鳥从"匕"，鹿从"比"。比，密也②。古"匕"與"比"通用，故槩之曰"从比"③。

【疏義】

①《韻會舉要》屋韻："鹿，《説文》：'鹿，山獸。象頭、角、四足之形。鳥、鹿足相比，从比。'"　　②比：緊靠。　　③槩：同"概"，一概、一律。

【集解】

徐灝《説文注箋》："凡獸足或作仦，其形近'比'；或作'勿'，其形近'勿'；又或作'示'，其形近'巾'。皆相似而非其義。若從此穿鑿，自以爲得，去之愈遠矣。"

饒炯《説文部首訂》："篆上象枝角，次象頭及身尾，下象四足。然鹿兩角，而从側面視之，但見其一，又畫四足者，物行則四足皆見，不似立形之以一該二也。"

黃天樹《部首與甲骨文》(續二)："甲骨文作𩇠，象鹿之形。"

董蓮池《部首新證》："字見甲骨文，寫作𩣡、𩣜、𩣛諸形(《甲骨文編》401頁)，象鹿形。西周金文寫作𩣤(命簋)、𩣥(貉子卣)，春秋寫作𩣦(石鼓文)，篆下所从的𠤎𠤎是鹿足卜卜之譌，許云'鳥鹿足相似，从匕'，不確。"

【同部字舉例】

麟 𪋯 lín　大牝鹿也。从鹿，粦聲。力珍切。〇來真平　來真

麒 𪋹 qí　仁獸也。麇身，牛尾，一角。从鹿，其聲。渠之切。〇羣之平　羣之

麋 𪊽 mí　鹿屬。从鹿，米聲。麋冬至解其角。武悲切。〇明脂平　明脂

麑 𪋠 ní　狻麑，獸也。从鹿，兒聲。五雞切。〇疑齊平　疑支

麗 𪋪 lì　旅行也。鹿之性，見食急則必旅行。从鹿，丽聲。《禮》："麗皮納聘。"蓋鹿皮也。𠀤，古文。𠃬，篆文麗字。郎計切。〇金文𠀤、𩇡、𩇢　來霽去　來支

麤　麤 373

cū　倉胡切　清模合一平　清魚（203/202；472/476）

行超遠也[一]。**从三鹿**[二]。**凡麤之屬皆从麤。**

【譯文】

跳得很遠。由三個"鹿"字構成。凡是和"麤"義有關的字都以"麤"爲構件。

【段注】

[一]鹿善驚躍，故从三"鹿"。引申之爲鹵莽之偁。《篇》《韻》云："不精也，大也，疏也。"①皆今義也。俗作"麄"，今人槩用"粗"，"粗"行而"麤"廢矣。"粗"音徂古切。　[二]三鹿齊跳，行超遠之意。《字統》云："警防也。鹿之性，相背而食，慮人、獸之害也，故从三鹿。"②楊氏與許乖異如此。倉胡切。五部（魚、鐸）。

【疏義】

①《篇》《韻》：指《玉篇》與《韻會舉要》。《玉篇》麤部："麤，七胡切。不精也，大也，疏也。"《韻會舉要》虞模韻："麤，《説文》：'行超遠也。从三鹿。'又大也，疏也，物不精也，又略也。"　②《字統》：字書，北魏楊承慶撰，已佚。《廣韻》模韻："麤，《説文》云：'行超遠也。'又《字統》云：'警防也。鹿之性，相背而食，慮人、獸之害也，故從三鹿。'"

【集解】

徐灝《説文注箋》："'麤'與'粗'音義同而微有別……然二字古通用不別也。"

饒炯《説文部首訂》："'麤'當爲'鹿'之繁文。"

商承祚《殷虚文字》："从二鹿與三鹿同。"

董蓮池《部首新證》："鹿喜羣處，食時相背，性好驚躍，一有動靜便羣體向遠方跨奔，所謂'行超遠'，因羣體而跨奔，故从三'鹿'。'超'謂跳、跨之意。"

【同部字舉例】

塵　chén　鹿行揚土也。从麤从土。　，籀文。直珍切。○澄真平　定真

兔 𣎵

374　chuò　丑略切　徹藥開三入　透藥（203/202；472/476）

兔_{大徐本無"兔"}**獸也**[一]**，似兔，青色而大**[二]**。象形。頭與兔同，足與鹿同**[三]**。凡兔之屬皆从兔。𣎵，籀文。**

【譯文】

　　一種叫兔的獸，像兔子，青色而體形較大。象形。字頭與"兔"字相同，足部與"鹿"字相同。凡是和"兔"義有關的字都以"兔"爲構件。𣎵，是籀文兔字。

【段注】

　　[一]"兔"字今補，三字句。　　[二]《中山經》："綸山……其獸多閭、麈（zhǔ）、麚（líng）、㸸（chuò）。"郭注："㸸似兔而鹿腳，青色，音綽。"①按："㸸"乃"兔"之俗體耳，《集韻》別爲兩字，非也②。　　[三]合二形爲一形也。丑略切。按：言部曰："誟（chāo）讀若兔。"③則古音在二部（宵、藥）。

【疏義】

　　①引文見《山海經·中山經》。閭：傳說中的獸名，形狀象驢。麈：麋鹿。麚：同"羚"。　　②《集韻》藥韻："兔，《說文》：'獸也，似兔，青色而大。'""㸸，小兔也，獸名。"　　③《說文》言部："誟，誟擾也。一曰誟獝。从言，少聲。讀若毚（chán）。"《段注》："此未詳……顧氏炎武曰：'毚當作兔。'"

【集解】

　　饒炯《說文部首訂》："其實兔自象形，意不从兔頭與鹿足。隸緣篆象頭、耳及四足，畫其前視，則不見尾。畫其行形，則能見四足。"

　　章太炎《文始》："兔、兔雖分大小，初造文者必不委細分別，其一字異形可知也。"

　　黃天樹《部首與甲骨文》（續二）："從古文字看，兔與兔同源，到《說文》裏分爲兩個部首。"

　　董蓮池《部首新證》："字見甲骨文，寫作𦥑（《甲骨文編》405頁，偏旁），西周金文寫作𥄕（遣小子尊，偏旁），春秋石鼓文寫作𥄕（偏旁），均爲獨體象形字。"

【同部字舉例】

　　毚 chán　狡兔也,兔之駿者。从毚、兔。士咸切。○崇咸平
崇談

兔 375 tù　甲文 、 、 、 　湯故切　透暮合一去　透魚
（203/202；472/477）

　　兔獸也[一]。**象兔踞**此二句大徐本作"獸名,象踞"[二],
後其尾形[三]。**兔頭與毚頭同。凡兔之屬皆从兔。**

【譯文】

　　一種叫兔的獸。字形象兔子蹲着的樣子,後面是其尾巴的形狀。
"兔"的字頭與"毚"字相同。凡是和"兔"義有關的字都以"兔"爲構件。

【段注】

　　[一]各本作"獸名",今正。三字句。　　[二]"兔"字今補。踞:俗
字也,當作"居"①。　　[三]其字象兔之蹲,後露其尾之形也。湯故切。
五部(魚、鐸)。俗作"菟"。

【疏義】

　　①《説文》尸部:"居,蹲也。"《段注》:"足部曰:'蹲,居也。'二字
爲轉注……今人蹲踞字古袛作'居'。"

【集解】

　　王筠《説文釋例》:"兔、鹿之尾皆短,字形則鹿竭其尾,兔垂其尾
者。鹿尾恒豎,兔蹲踞則尾下垂也。'兔'字下半似古文 字者,足也。
末一筆,尾也。段氏增'兔'字,而曰'从兔不見足',以末筆爲足,非
也。蓋'兔'下云'象踞後其尾形'六字句,段氏分爲兩句,先失之也。
'踞後其尾',謂蹲踞之時足後於其尾也。"

　　徐灝《説文注箋》:"兔似毚而小,故象踞以別之。踞則足可省,故
二其足而後象其尾也。《説文》有'兔'無'兔',錢氏大昕曰'兔、兔當
是一字,漢人作隸,誤分之'是也。蓋'兔'之古音本讀如'勉',因其生
子速而易,故以爲婦人兔身之偶,引申爲凡解兔之義,而世俗相傳以爲
兔從口生,遂呼之若'吐'而別其音,於是省去末筆以爲解兔之'兔',
又或別作'菟'以爲獸名。"

饒炯《説文部首訂》：“兔之名寄音於屈，謂身常冤居不直，而説云‘象踞，後其尾形’，似誤，當象側視住形……凡獸行者皆見四足，兔但二畫，其爲住形無疑。”

羅振玉《增訂殷墟書契考釋》：“長耳而缺尾，象兔形。”

黄天樹《部首與甲骨文》（續二）：“甲骨文作✹，象一隻長耳撅尾的兔子之形。”

董蓮池《部首新證》：“字見甲骨文，寫作✹、✹、✹諸形（《甲骨文編》405頁），‘兔’的象形文，以短尾上卷爲特徵。春秋寫作✹（石鼓文），戰國寫作✹（秦子矛‘逸’所从），特徵一直保留，至篆亦然。”

【同部字舉例】

逸✹　yì　失也。从辵、兔。兔謾訑善逃也。夷質切。○以質入
定質

冤✹　yuān　屈也。从兔从冖。兔在冖下，不得走，益屈折也。於
袁切。○影元平　影元

莧✹ 376 huán　甲文✹、✹、✹　胡官切　匣桓合一平　匣元
　　　　　　　（203/202；473/477）

山羊細角者。从兔足，从大徐本無“从”**苜**（mò，目不正）**聲**[一]**。凡莧之屬皆从莧。讀若丸。寬字从此**[二]。

【譯文】

一種細角山羊。以“兔”字足部爲意符，以“苜”爲聲符。凡是和“莧”義有關的字都以“莧”爲構件。讀音似“丸”。“寬”字以“莧”爲構件。

【段注】

[一]苜部下曰：“从屮（guǎi）从目。”“莧”从“苜”。胡官切。十四部（元）。“苜”在十五部（脂、微、物、月），合音最近①，俗作“羱”（yuán）②。　　[二]“寬”用爲聲。

【疏義】

①合音最近：指“莧”（上古音十四部）與“苜”（上古音十五部）的讀音接近，故“莧”以“苜”作爲聲符。按：所謂讀音接近，是指韻腹接

近,韻尾並不相同。　②羱:同"莧",羱羊,出産於我國西部和北部的一種野生羊。

【集解】

王筠《説文句讀》:"ㅅㅅ,其角也;目,其首也;則足與尾也,似通體象形。"

饒炯《説文部首訂》:"炯案:徐鉉説'首,徒纈切,非聲,疑象形'是也,但此於六書屬假借。篆上象頭、角,下象身尾與足。然首本成字,而藉以爲形者,其例與'能'合以肉爲形、'鼠'合古文齒爲形相同,究之畫成其物,而不得爲轉意轉聲也。"

黄天樹《部首與甲骨文》(續二):"甲骨文作𦥑,象一隻細角山羊之形。"

董蓮池《部首新證》:"睡虎地秦簡寫作𦥑('寬'所从),爲獨體象形字,ㄩ象其角,日表示頭面,ㄣ象其尾與足。"

犬 大 　377 quǎn　甲文 ㇉、ㄎ、ㄎ、ㄎ、ㄐ　金文 𦥑、㇆　苦泫切
　　　　　溪銑合四上　溪元(203/202;473/477)

狗之有縣蹏者也[一]**。象形**[二]**。孔子曰:"視犬之字,如畫狗也。"**[三]**凡犬之屬皆从犬**。

【譯文】

前蹄可懸空的狗叫犬。象形。孔子説:"看犬的字形,就像是畫的狗。"凡是和"犬"義有關的字都以"犬"爲構件。

【段注】

[一]有縣蹏謂之"犬",叩氣吠謂之"狗"①,皆於音得義②。此與後蹄廢謂之"麑"③,三毛聚居謂之"豬"④,竭尾謂之"豕"⑤,同明一物異名之所由也。《莊子》曰:"狗非犬。"司馬彪曰:"同實異名。"⑥夫異名必由實異,君子必貴游藝也⑦。　[二]苦泫切。十四部(元)。[三]又曰:"牛羊之字以形聲。"⑧今"牛、羊、犬"小篆即孔子時古文也。觀孔子言,犬即狗矣,渾言之也。

【疏義】

①《説文》犬部:"狗,孔子曰:'狗,叩也。叩气吠以守。'"《段注》:"叩气者,出其气也……《鴻範五行傳》注曰:'犬,畜之以口吠守者

也。'"狗遇事則吠，故能守之。《鴻範五行傳》：一部用五行説解釋自然和人事的著作，西漢伏生著。鴻，一作"洪"。　②於音得義：指"犬"得名於"縣(懸)"，"狗"得名於"叩"，兩兩音近，此屬聲訓之説。③《説文》壴部："嚭，豕也。後蹏發謂之嚭。"發，《段注》改爲"廢"，注曰："廢，鈍置也。嚭之言滯也。豕前足僅屈伸，後足行步蹇劣，故謂之廢。"蹇：跛足。　④《説文》豕部："豬，豕而三毛叢居者。"《段注》："三毛叢尻，謂一孔生三毛也。"　⑤《説文》豕部："豕，嚭也。竭其尾，故謂之豕。"《段注》："竭者，負舉也。豕怒而豎其尾則謂之豕。"竭：通"揭"，舉。　⑥《莊子·天下篇》："狗非犬。"陸德明釋文："司馬云：'狗犬同實異名，名實合則彼所謂狗，此所謂犬也。名實離則彼所謂狗，異於犬也。'"司馬彪：河内溫縣(今河南溫縣)人，西晉宗室，字紹統，史學家、文學家，著作有《續漢書》《九州春秋》《莊子注》等。⑦游藝：即"游於藝"，指學習六藝，"六藝"包括禮、樂、射、御、書、數。語出《論語·述而》："志於道，據於德，依於人，游於藝。"　⑧以形聲：通過字形體現讀音。《説文》羊部："羊，祥也。从丷，象頭、角、足、尾之形。孔子曰：'牛羊之字以形舉也。'"

【集解】

　　徐鍇《説文繫傳》："蹏足趾高，象犬之長體垂耳也。"

　　徐灝《説文注箋》："犬爲凡犬、獵犬之通名，小者謂之狗。"

　　王筠《説文釋例》："犬有頭、耳、足而無尾者，犬尾，行則盤曲而負於尻，蹲則下垂而附於股，字象蹲踞形也。"

　　饒炯《説文部首訂》："犬以足立爲名，聲取於蹏懸，謂其行疾而足不箸地，與嚭之取名於蹏廢相同，以孔子曰'視犬之字如畫狗'推之，其篆爲象形無疑。"

　　黃天樹《部首與甲骨文》(續二)："甲骨文作𤝐，象一隻瘦腹長尾的狗的樣子。"

　　董蓮池《部首新證》："字見甲骨文，寫作𤝐、𧰨、𢎥、𥬔諸形(《甲骨文編》405、406頁)，'犬'的象形文，以尾長上卷爲形體特徵。西周寫作𤝑(員鼎)，春秋戰國寫作𤝑(侯馬盟書)，𢦏(石鼓文'猷'所从)、𥬔(中山王𦉘鼎'猷'所从)，爲篆所本。"

【同部字舉例】

狗 gǒu　孔子曰："狗,叩也。叩气吠以守。"从犬,句聲。古厚切。○見厚上　見侯

尨 máng　犬之多毛者。从犬从彡。《詩》曰:"無使尨也吠。"莫江切。○甲骨文 、 、 、 　明江平　明東

狡 jiǎo　少狗也。从犬,交聲。匈奴地有狡犬,巨口而黑身。古巧切。○見巧上　見宵

默 mò　犬暫逐人也。从犬,黑聲。讀若墨。莫北切。○明德入　明職

猩 xīng　猩猩,犬吠聲。从犬,星聲。桑經切。○心青平　心耕

狠 hěn(舊音 wán)　犬鬭聲。从犬,艮聲。五還切。○疑删平　疑文

狀 zhuàng　犬形也。从犬,爿聲。盈(《段注》作"鉏")亮切。○崇漾去　崇陽

獒 áo　犬如人心可使者。从犬,敖聲。《春秋傳》曰:"公嗾夫獒。"五牢切。○疑豪平　疑宵

犯 fàn　侵也。从犬,㔾聲。防險切。○並范上　並談

猜 cāi　恨賊也。从犬,青聲。倉才切。○清咍平　清耕

猛 měng　健犬也。从犬,孟聲。莫杏切。○明梗上　明陽

獵 liè　放獵逐禽也。从犬,巤聲。良涉切。○金文作 　來葉入　來葉

狩 shòu　犬(《段注》作"火")田也。从犬,守聲。《易》曰:"明夷于南狩。"書究切。○甲骨文 、 、 、 、 　書宥去　書幽

臭 xiù　禽走臭而知其迹者,犬也。从犬从自。尺救切。○甲骨文 、 、 　曉宥去　曉幽

獲 huò　獵所獲也。从犬,蒦聲。胡伯切。○甲骨文 　金文 　匣麥入　匣鐸

獙 bì　頓仆也。从犬,敝聲。《春秋傳》曰:"與犬,犬獙。" ,獙或从死。毗祭切。○並祭去　並祭

獻 xiàn　宗廟犬名羹獻。犬肥者以獻之。从犬,鬳聲。許建

切。○甲骨文𤞞、𤜼、𤜼　金文𤝐、𤝐、𤝐　曉願去　曉元

狂𤝶 kuáng　狾犬也。从犬，㞷聲。𤝶，古文从心。巨王切。○
羣陽平　羣陽

類𤠔 lèi　種類相似，唯犬爲甚。从犬，頪聲。力遂切。○來至去
來微

狄𤟜 dí　赤（《段注》作“北”）狄，本犬種。狄之爲言淫辟也。从
犬，亦省聲。徒歷切。○金文𤞥、𤜼、𤜼、𤜼　定錫入　定錫

猶𤜵 yóu　玃屬。从犬，酋聲。一曰：隴西謂犬子爲猷。以周切。
○甲骨文𤛭、𤜼、𤜼　金文𤞥、𤞥、𤞥、𤞥　以尤平　定幽

猴𤝶 hóu　夒也。从犬，侯聲。乎溝切。○匣侯平　匣侯

狼𤟊 láng　似犬，銳頭白頰，高前廣後。从犬，良聲。魯當切。○
來唐平　來陽

狐𤜼 hú　䄏獸也，鬼所乘之，有三德，其色中和，小前大後，死則
丘首。从犬，瓜聲。戶吳切。○甲骨文𤜼、𤜼、𤜼、𤜼、𤜼、𤜼　匣模平
匣魚

猋𤜼 biāo　犬走兒。从三犬。甫遙切。○金文𤞥、𤞥　幫宵平
幫宵

狀 𤝶 ³⁷⁸ yín　甲文𤝐、𤝐、𤝐　語斤切　疑欣開三平　疑文
（206/205；478/482）

兩犬相齧（niè）也[一]。从二犬[二]。凡狀之屬皆
从狀。

【譯文】

　　兩隻狗相互咬。由兩個“犬”字構成。凡是和“狀”義有關的字都
以“狀”爲構件。

【段注】

　　[一]“兩”各本作“兩”①，今正。　　[二]義見於形也。語斤切。
十三部（文）。

【疏義】

　　①《説文》兩部：“兩，再也。從冂，闕。《易》曰：‘參天兩地。’”
《段注》：“再者，一舉而二也。凡物有二，其字作‘兩’，不作‘兩’。兩

者,二十四銖之偶也。今字'兩'行而'网'廢矣。"

【集解】

徐鍇《説文繫傳》:"从二犬,會意。"

徐灝《説文注箋》:"犬性不喜羣,兩犬相遇往往相齧,故从二犬。'獨'字从'犬',亦此意也。別作'狋、犾'。"

王筠《説文釋例》:"狀當作狀,反一犬以見相齧之意。"

饒炯《説文部首訂》:"部屬'獄、獄'二文,皆取犬以守,而義不取相齧,足證'狀'亦'犬'之繁文……後乃分狀爲兩犬相齧,借義行而本義遂廢,其義皆與部首不相涉也。"

【同部字舉例】

獄𤢪 yù 确也。从狀从言,二犬所以守也。魚欲切。○疑燭入疑屋

鼠 𤝡 ³⁷⁹ shǔ 甲骨文作𤢹、𤣥、𤢽、𤢾 書吕切 書語開三上

書魚(206/205;478/483)

穴蟲之總名也[一]。**象形**[二]。**凡鼠之屬皆从鼠。**

【譯文】

穴居動物的統稱。象形。凡是和"鼠"義有關的字都以"鼠"爲構件。

【段注】

[一]其類不同而皆謂之"鼠"。引申之爲病也,見《釋詁》①。《毛詩·正月》作"癙"②,《雨無正》作"鼠"③,實一字也。 [二]上象首,下象足、尾。書吕切。五部(魚、鐸)。

【疏義】

①《爾雅·釋詁》:"癙,病也。" ②《詩經·小雅·正月》:"哀我小心,癙憂以癢。"毛傳:"癙、癢,皆病也。" ③《詩經·小雅·雨無正》:"鼠思泣血,無言不疾。"鄭玄箋:"鼠,憂也。"

【集解】

徐鍇《説文繫傳》:"上象齒,下虫象腹、爪、尾。鼠好齧傷物,故象齒。"

王筠《説文句讀》:"此謂凡穴居者皆通名鼠,猶今俗言貂鼠、獺鼠

也,不但指本部而言。"

王筠《説文釋例》:"鼠首之大,幾如其身,腹大而足短,其行卑伏而曳尾,字形象之。"

桂馥《説文義證》:"'穴蟲之總名也'者,猶'隹'爲鳥之短尾總名,'鳥'爲長尾禽總名。"

徐灝《説文注箋》:"《爾雅》鼠類甚多。又螻蛄一名鼫(shí)鼠,蝙蝠亦名飛鼠,故鼠爲'穴蟲之總名'……假借爲鼠病,別作'癙'。"

饒炯《説文部首訂》:"鼠不一類,皆晝藏夜動、穿穴爲居者。寄名於伏,因呼'書呂切'。云'穴蟲之總名'者,穴蟲亦謂鼠類,非指凡穴居之蟲也。其篆象頭有齒,足有叉,從近視爲形,與他物之從遠視者不同。"

董蓮池《部首新證》:"戰國寫作𪔂(楚帛書)、𪔂(戰國銅戈'貉'所從),篆與之同,爲'鼠'的象形文,以其有特點的牙、爪、尾爲形體特徵。"

【同部字舉例】

鼫 𪔂 shí　五技鼠也。能飛不能過屋,能緣不能窮木,能游不能渡谷,能穴不能掩身,能走不能先人。从鼠,石聲。常隻切。○禪昔入
禪鐸

鼬 𪕄 yòu　如鼠,赤黃而大,食鼠者。从鼠,由聲。余救切。○以宥去　定幽

能 𤍤
380 néng　甲文𤰆、𤰆　金文𤍤、𤍤、𤍤、𤍤、𤍤　奴登切
泥登開一平　泥蒸(207/206;479/484)

熊屬[一],足似鹿[二]。从肉[三],㠯(以)聲[四]。能獸堅中,故偁賢能[五],而彊壯,偁能傑也[六]。凡能之屬皆从能。

【譯文】

熊類動物,足與鹿足相似。以"肉"爲意符,以"㠯"(以)爲聲符。能類獸的骨骼堅實,故引申爲賢能,又因其彊壯,故引申爲能傑。凡是和"能"義有關的字都以"能"爲構件。

【段注】

[一]《左傳》《國語》皆云:"晉侯夢黃能入於寢門。"韋注曰:"能

似熊。"①凡《左傳》《國語》"能"作"熊"者,皆淺人所改也。　[二]故皆从"比"也。夋足、夔足亦同。　[三]猶"龍"之从"肉"也②。[四]奴登切。古者(本書按:疑"者"爲"音"之誤)在一部(之、職)。由之而入於咍則爲奴來切,由一部而入於六部(蒸)則爲奴登切③,其義則一也。　[五]賢:古文作"臤"。臤,堅也。　[六]此四句發明段借之怡。賢能、能傑之義行而本義幾廢矣。"子"下曰:"十一月陽氣動,萬物滋,人以爲偁。"亦此例也。"韋、朋、來、西、烏"五篆下説解皆此例。

【疏義】

　　①《左傳·昭公七年》:"今夢黃熊入于寢門,其何厲鬼也?"陸德明釋文:"黃熊音'雄',獸名,亦作'能',如字。"《國語·晉語八》:"今夢黃熊入於寢門。"韋昭注:"公夢熊似羆。"　②《説文》龍部:"龍,鱗蟲之長。能幽能明,能細能巨,能短能長。春分而登天,秋分而潛淵。從肉飛之形,童省聲。""從肉"句《段注》改爲:"從肉,𦫵肉飛之形。"今按:"龍"甲骨文作𢑛、𢑚等形。　③由之而入於咍:《廣韻》之、咍二韻段氏歸於其上古音一部(即之部,含入聲韻)。《段注》的大意是,"能"字在上古本屬第一部(之部),讀奴來切,後語音改變轉入第六部(蒸部),讀奴登切,兩種讀音不同,詞義則無異。

【集解】

　　徐鍇《説文繫傳》:"能獸堅中,骨節實也。"

　　徐灝《説文注箋》:"能,古熊字。《夏小正》曰'能羆則穴',即熊羆也……假借爲賢能之能,後爲借義所專,遂以火光之熊爲獸名之能,久而昧其本義矣。"

　　饒炯《説文部首訂》:"炯案:此篆象形,與莧同意。'㠯'(以)象能頭,'肉'象能身,'㠯'象能四足,皆借字形爲物形,而不畫尾者。從前面視之,尾自不能見也。"

　　黃天樹《部首與甲骨文》(續二):"甲骨文作𤗵,西周金文作𦫵,象'熊'之形。後來假借爲'賢能'和能願動詞的'能'。能、熊初本一字,後來才分化爲二字。"

　　董蓮池《部首新證》:"字見西周金文,寫作𦫵(毛公厝鼎)、𤗵(能陶尊）、（觛从豈），乃'熊'之初文。"

熊 猋

381 xióng　羽弓切　雲東合三平　匣蒸（207/206；479/484）

熊獸，似豕，山尻"熊獸"三句大徐本作"獸似豕，山居"[一]，**冬蟄**[二]**。从能，炎省聲**[三]**。凡熊之屬皆从熊。**

【譯文】

　　一種叫熊的獸，樣子像豬，生活在山林中，冬天蟄伏。以"能"爲意符，以"炎"的省體爲聲符。凡是和"熊"義有關的字都以"熊"爲構件。

【段注】

　　[一]俗作"居"。　　[二]見《夏小正》①。　　[三]按："炎省聲"則當在古音八部（談），今音羽弓切。《雒誥》"火始燄燄"，《漢書》作"庸庸"②。《淮南書》"東北曰炎風"，一作"融風"③。皆古音之證。《左傳》正義曰："張叔《反論》云：'賓爵下革，田鼠上騰。牛哀虎變，鯀化爲熊。久血爲燐，積灰生蠅。'……或疑'熊'當爲'能'。王劭曰：'古人讀'雄'與'熊'皆于陵反，張叔用舊音，傅玄《潛通賦》與'終'韻，用新音也。'"④玉裁謂："熊"不妨古反"于陵"，要之，《反論》必是"能"字。《春秋左氏》"敬嬴"，《公》《穀》作"頃熊"，蓋炎、熊、嬴三字雙聲⑤。

【疏義】

　　①《大戴禮記・夏小正》："九月……熊、羆、貊（mò）、貉（hé）、鼶（sī）、鼬則穴，若蟄而。"　　②《尚書・洛誥》："無若火始燄燄。"《漢書・梅福傳》："《書》曰：'毋若火始庸庸。'"顏師古注："庸庸，微小貌也。言火始微小，不早撲滅則至熾盛。"　　③《淮南子・墜形訓》："東北曰炎風。"高誘注："一曰'融風'也。"墜：同"地"。　　④《反論》：或作《皮論》，今本《左傳》正義引文作《皮論》。該書內容不詳，或說爲東漢張升撰，已佚。賓爵：家雀。虎變：喻非常人物行止變化莫測。鯀：禹之父，傳說被舜殺死在羽山，神化爲熊。燐：磷火，俗稱鬼火。傅玄：字休奕，西晉北地郡泥陽（今陝西耀縣東南）人，文學家、思想家。《左傳・昭公七年》："今夢黃熊入于寢門，其何厲鬼也？"孔穎達正義："張叔《皮論》云：'賓爵下革，田鼠上騰。牛哀虎變，鯀化爲熊。久血爲

燐,積灰生蠅。'傅玄《潛通賦》云:'聲伯忌瓊瑰而弗占兮,晝言諸而暮
終。嬴正沈璧以祈福兮,鬼告凶而命窮。黃母化而爲黿兮,鯀殛變
而成熊。'二者所韻不同,或疑張叔爲'能'。著作郎王劭云:'古人
讀雄與熊者,皆于陵反。張叔用舊音,傅玄用新音。張叔亦作熊
也。'"　⑤敬嬴:魯文公妾,宣公母。按:"炎熊"二字上古均屬匣母而
韻不同。"嬴"字屬定母,與"熊"字韻近而聲不同,與"炎"字聲韻皆不
同。《左傳·宣公八年》:"冬十月己丑,葬我小君敬嬴。"杜預注:"敬,
謚。嬴,姓也。"《春秋公羊傳·宣公八年》:"冬十月己丑,葬我小君頃
熊。"《春秋穀梁傳·宣公八年》所記同《公羊》。

【集解】

　　徐灝《説文注箋》:"箋曰:熊之本義謂火光。《西山經》曰:'其光
熊熊。'郭注'光氣炎盛相焜耀之貌'是也。竊謂此當从火,能聲,假借
爲能獸字。"

　　饒炯《説文部首訂》:"'熊'从'能',象尾,指其物爲能屬。猶
'羔'从'羊',象尾,指其物爲大尾羊之小者。本象尾秃形,篆涉隸誤
斷之,與'魚、燕'尾歧譌'火'一例。音固'能'聲之變,無與於'炎'。"

　　林義光《文源》:"古作𤢝,象頭、背、足之形。"

　　商承祚《殷虛文字》:"古金文熊字有𤢝(虢叔鐘)、𤢝(𩁹狄鐘)諸
形,與卜辭同。"

【同部字舉例】

　　羆𦋡 pí　如熊,黃白文。从熊,罷省聲。𦏙,古文,从皮。彼爲
切。○幫支平　幫歌

火 𤆍　382 huǒ　甲文 𤇾、𤇻、𤇼、𤇽、𤇿　呼果切　曉果合一上
　　　　　　曉微(207/206;480/484)

　　烌(huǐ,火)大徐本作"燬"也[一]。**南方之行,炎而
上**[二]。**象形**[三]。**凡火之屬皆从火。**

【譯文】

　　義同"烌"。五行中代表南方,火勢大時而向上行。象形。凡是和
"火"義有關的字都以"火"爲構件。

【段注】

　　[一]"焜"各本作"燬",今正。下文曰:"焜,火也。"爲轉注。
[二]與"木"曰"東方之行"、"金"曰"西方之行"、"水"曰"北方之行"
相儷成文①。　　[三]大其下,銳其上。呼果切。古音在十五部(脂、
微、物、月)。

【疏義】

　　①《説文》木部:"木,冒也,冒地而生。東方之行。从屮,下象其
根。"金部:"金,五色金也。黄爲之長,久薶不生衣,百鍊不輕,从革不違。
西方之行。生於土,从土,左右注,象金在土中形;今聲。"水部:"水,準
也。北方之行。象衆水並流,中有微陽之气也。"相儷:相應。儷,相配。

【集解】

　　徐灝《説文注箋》:"箋曰:火、燬疊韻。《釋名》云:'火,化也,消化
物也。亦言毁也,物入中皆毁壞也。'《考工記》曰:'火以圜。'謂章服
藻火,畫火爲圜形也。蓋古火字作屾,象火之華焰,故先鄭云'爲圜形
似火',後鄭云'形如半環然'。"

　　饒炯《説文部首訂》:"象形……象火上炎,光焰旁達之形。"

　　林義光《文源》:"古作屮,作屮,作火,象光焰迸射之形。"

　　商承祚《殷虚文字》:"屾、屾、屾、屾……象火形,古金文從火之字
皆如此作。"

　　黄天樹《部首與甲骨文》(續二):"甲骨文作屾,象一團火焰上騰
之形。甲骨文'火'跟'山'字形體相近,容易混淆。一般説來,山字下
面一筆平直;火字下面一筆彎曲,給人一種向上燃燒的動感。"

　　董蓮池《部首新證》:"字見甲骨文,寫作屾、屾、屾諸形(《甲骨文
編》409頁),是火焰的象形文。後偶或加點,以與'山'形相别,作屾
(同前書,411頁'炊'所從)。"

【同部字舉例】

　　燬㷉 huǐ　火也。从火,毁聲。《春秋傳》曰:"衞侯燬。"許偉切。
〇曉紙上　曉微

　　然㷋 rán　燒也。从火,肰聲。羴,或从艸、難。如延切。〇金文

𤑔　日仙平　日元

燒 燒 shāo　爇也。从火，堯聲。式昭切。○書宵平　書宵

烈 𤎔 liè　火猛也。从火，列聲。良辥切。○甲骨文 𤏳、𤎚、𤐈、𤏺、𤐈　來薛入　來月

炭 𤓓 tàn　燒木餘也。从火，岸省聲。他案切。○透翰去　透元

灰 𤆄 huī　死火餘㶳也。从火从又。又，手也。火既滅，可以執持。呼恢切。○曉灰平　曉之

熄 熄 xī　畜火也。从火，息聲。亦曰:滅火。相即切。○心職入　心職

炊 㶣 chuī　爨也。从火，吹省聲。昌垂切。○昌支平　昌歌

熹 𤋡 xī　炙也。从火，喜聲。許其切。○甲骨文 𤐫、𤑁、𤑂、𤑃、𤑄　曉之平　曉之

煎 𤑣 jiān　熬也。从火，前聲。子仙切。○精仙平　精元

熬 𤏺 áo　乾煎也。从火，敖聲。𪍜，熬或从麥。五牢切。○金文 𪍜　疑豪平　疑宵

炮 㶣 páo　毛炙肉也。从火，包聲。薄交切。○並肴平　並幽

爆 爆 bào　灼也。从火，暴聲。蒲木切。○幫效去　幫宵

炙 炙 jiǔ　灼也。从火，久聲。舉友切。○見有上　見之

灼 㶧 zhuó　炙也。从火，勺聲。之若切。○章藥入　章藥

煉 㶧 liàn　鑠治金也。从火，柬聲。郎電切。○來霰去　來元

烖 𤆎 zāi　天火曰烖。从火，𢦒聲。𤆎，或从宀、火。𤆎，古文从才。𤆎，籀文从𡿧。祖才切。○甲骨文 𤆎、𤆎、𤆎　精咍平　精之

煙 熞 yān　火气也。从火，垔聲。烟，或从因。𤇄，古文。𤇆，籀文，从宀。烏前切。○影先平　影文

炳 炳 bǐng　明也。从火，丙聲。兵永切。○幫梗上　幫陽

照 𤌴 zhào　明也。从火，昭聲。之少切。○金文 𤌴　章笑去　章宵

光 𤎾 guāng　明也。从火在人上，光明意也。𤎾，古文。𤎾，古文。古皇切。○甲骨文 𤎾、𤎾、𤎾、𤎾、𤎾　金文 𤎾、𤎾、𤎾　見唐平　見陽

熱 𤑺 rè　溫也。从火，埶聲。如列切。○日薛入　日月

熾爔 chì　盛也。从火,戠聲。𤎷,古文熾。昌志切。○昌志去　昌之

炕炕 kàng　乾也。从火,亢聲。苦浪切。○溪宕去　溪陽

燥爆 zào　乾也。从火,喿聲。穌到切。○心晧上　心宵

熙𤑯 xī　燥也。从火,巸聲。許其切。○金文𤑯　曉之平　曉之

炎 𤆍

383 yán　甲文🔥、🔥、🔥　金文🔥、🔥　于廉切　雲鹽開三
平　匣談(210/209;487/491)

火光上也[一]。从重火[二]。凡炎之屬皆从炎。

【譯文】

火焰升騰貌。由兩個"火"字重疊而成。凡是和"炎"義有關的字都以"炎"爲構件。

【段注】

[一]《洪範》曰:"火曰炎上。"①其本義也。《雲漢》傳曰:"炎炎,熱氣也。"②《大田》傳曰:"炎火,盛陽也。"③皆引申之義也。　[二]會意。于廉切。八部(談)。

【疏義】

①炎上:火向上燃。《尚書·洪範》:"五行,一曰水,二曰火,三曰木,四曰金,五曰土。水曰潤下,火曰炎上。"孔穎達正義:"《易·文言》云:'水流濕,火就燥。'王肅曰:'水之性潤萬物而退下,火之性炎盛而升上。'"　②《詩經·大雅·雲漢》:"赫赫炎炎,云我無所。"毛傳:"赫赫,旱氣也。炎炎,熱氣也。"　③《詩經·小雅·大田》:"田祖有神,秉畀炎火。"毛傳:"炎火,盛陽也。"

【集解】

徐灝《說文注箋》:"炎、燄古今字。"

饒炯《說文部首訂》:"火光上者,謂火飛揚之光上出,與'焱'同字,即其下所說'火華也'。《書·洪範》云'火曰炎上'是其義……蓋炎爲火飛揚之光,猶陽爲日散出之光,曰火華、曰火盛,皆是也。"

黃天樹《部首與甲骨文》(續二):"古文字作🔥,重疊'火'字,表示火光向上升騰。"

董蓮池《部首新證》:"西周金文寫作🔥(令簋),从重'火',表示火

光熊熊上燃。"

【同部字舉例】

燄爓 yàn　火行微燄燄也。从炎，臽聲。以冉切。○以琰上定談

燐㷠 lín　兵死及牛馬之血爲燐。燐，鬼火也。从炎、舛。良刃切。○甲文炎　金文㷠、㷠　來真平　來真

黑 㕠

384　hēi　甲文 、 、 、 　金文 、 、 　呼北切　曉德開一入　曉職(211/210;487/492)

北方色也大徐本無此句[一]。**火所熏之色也**[二]。**从炎，上出囧**[三]。大徐本有"囱，古窻(同窗)字"一語**凡黑之屬皆从黑。**

【譯文】

五行中表示北方的顏色。被火熏過的顏色。以"炎"爲構件，火焰向上冒出煙囱。凡是和"黑"義有關的字都以"黑"爲構件。

【段注】

[一]四字各本無，依"青、赤、白"三部下云"東方色、南方色、西方色"①，"黃"下亦云"地之色"②，則當有此四字明矣，今補。　[二]熏者，火煙上出也，此語爲"从炎"起本③。　[三]會意。囧，古文"囱"字。在屋曰"囱"④。大徐本此下增"囱，古窻字"，許本無之。呼北切。一部(之、職)。隸作"黑"。

【疏義】

①《説文》青部："青，東方色也。木生火，从生、丹。丹青之信，言象然。"赤部："赤，南方色也。从大从火。"白部："白，西方色也。陰用事，物色白。从入合二。二，陰數。"　②《説文》黃部："黃，地之色也。从田从炗，炗亦聲。炗，古文光。"　③起本：猶言"張本"，預先寫在前面的伏筆。　④囱：天窗。《説文》囱部："囱，在牆曰牖，在屋曰囱。象形……窗，或从穴。 ，古文。"

【集解】

王筠《説文釋例》："'囱'古音'聰'，《説文韻譜》亦收之東部，注

曰‘竈突’。今人亦呼竈突爲‘煙囱’，仍呼如‘聰’。是煙所由出，故‘黑’字從之。”

　　徐灝《説文注箋》：“囱部曰：‘在牆曰牖，在屋曰囱。’今俗灶突謂之‘煙囱’，猶古義也。”

　　饒炯《説文部首訂》：“段氏注補‘北方色’，與‘青、赤、白’説解例合，意蓋以‘北方色’者説其義爲黑，‘火所熏’者説其形從‘炎’。炎上出囱，囱謂灶突，猶俗云‘煙窗’。然則‘炎’即‘煙’之借字，炎上出囱，其色變黑，物理如是。造字特舉此爲位置，指事是也。”

　　林義光《文源》：“按古作𤈦，象火自窗上出形。象窗。或省作𤈦。”

　　黃天樹《部首與甲骨文》(續二)：“甲骨文作𩭤，西周金文作𩭤，唐蘭認爲本象正面人形(即大字)而面部被墨刑的人，後在兩臂上下加上飾點，《説文》則譌變作黑，並謂‘從炎上出囱’，非是。”

　　董蓮池《部首新證》：“‘黑’字甲骨文寫作𩭤(《甲骨文合集》29508，3611頁)，西周金文寫作𩭤(郰伯𣪘簋)，象一畸首正面人形，是獨體象形字，既不從‘囱’，也不從‘炎’，本義顯然不是‘火所熏之色’。春秋早期寫作𩭤(鑄子弔黑臣匜)，人頭下的𤈦形加了點。或謂其構形本黔首黎民之象，説似可信。引申而表黑色。”

【同部字舉例】

　　黯 黯 àn　深黑也。从黑，音聲。乙減切。○影賺上　影侵

　　黝 黝 yǒu　微青黑色。从黑，幼聲。《爾雅》曰：“地謂之黝。”於糾切。○影黝上　影幽

　　點 點 diǎn　小黑也。从黑，占聲。多忝切。○端忝上　端談

　　黠 黠 xiá　堅黑也。从黑，吉聲。胡八切。○匣黠入　匣質

　　黔 黔 qián　黎也。从黑，今聲。秦謂民爲黔首，謂黑色也。周謂之黎民。《易》曰：“爲黔喙。”巨淹切。○羣鹽平　羣侵

　　黜 黜 chù　貶下也。从黑，出聲。丑律切。○徹術入　透物

　　黥 黥 qíng　墨刑，在面也。从黑，京聲。剠，黥或从刀。渠京切。○羣庚平　羣陽

卷十下

囱 ⊠ 385 chuāng　楚江切　初江開二平　初東（212/212；490/495）

在牆曰牖（yǒu）[一]，在屋曰囱[二]。象形[三]。凡囱之屬皆从囱。大徐本有"囪，或从穴"一語⑩，古文[四]。

【譯文】

　　開在牆上的窗户叫做"牖"，開在屋頂上的窗户叫做"囱"。象形。凡是和"囱"義有關的字都以"囱"爲構件。⑩，是"囱"的古文。

【段注】

　　[一]片部曰："牖，穿壁以木爲交窗也。"　[二]屋，在上者也①。[三]此皆以交木爲之，故象其交木之形，外域之也。楚江切。古音在九部（東、冬）。今竈突尚讀倉紅切②。　[四]"黑"字、"曾"字从此③。"黑"从炎，上出囱，故受之以囱部。

【疏義】

　　①屋：房子頂部的覆蓋部分。　②竈突：煙囱。　③《説文》八部："曾，詞之舒也。从八从曰，囪聲。"

【集解】

　　嚴章福《説文校議議》："囱，此即今之天窗，引申爲竈突，俗謂之煙囱，故云'在屋'，與穴部訓通孔字義別。"

　　徐灝《説文注箋》："囱、窗古今字，又作'窻'。許於穴部'窻'訓通孔，義似稍別，其實通孔即'囱'之本義。在牆曰'牖'，在屋曰'窗'，對文則異，散言通謂之'窗'耳。"

　　饒炯《説文部首訂》："囱爲牖在屋之名，其形不應有上出，外廓當同古文爲是,惟中空之櫺,古文直著,篆文斜交有異。或體'窗'又加'穴'注之,則囱之爲空,音義亦顯。”

黄天樹《部首與甲骨文》(續二):“即'窗'字。”

董蓮池《部首新證》:“'囱'之本義指天窗。字象窗内有櫺之形。”

【同部字舉例】

恖 cōng　多遽恖恖也。从心、囱,囱亦聲。倉紅切。○甲文 金文 、 、 　清東平　清東

焱 386 yàn　甲文 、 　以冄切　以豔開三去　定談(212/212;490/495)

火華也[一]。从三火[二]。凡焱之屬皆从焱。

【譯文】

火花。由三個“火”字構成。凡是和“焱”義有關的字都以“焱”爲構件。

【段注】

[一]古書“焱”與“猋”二字多互譌,如曹植《七啟》“風厲猋舉”,當作“焱舉”。班固《東都賦》“焱焱炎炎”,當作“猋猋炎炎”。王逸曰:“猋,去疾皃也。”李善注幾不别二字[①]。　[二]凡物盛則三之。以冄切。八部(談)。《廣韻》以贍切[②]。

【疏義】

①猋舉:今本作“焱舉”。《七啟》:“騰山赴壑,風厲猋舉。”李善注:“《楚辭》曰:'焱遠舉兮雲中。'王逸注云:'焱,去疾貌。'”班固《東都賦》:“焱焱炎炎,揚光飛文。”李善注:“《説文》曰:'焱,火華也。'”《楚辭·九歌·雲中君》:“靈皇皇兮既降,猋遠舉兮雲中。”王逸注:“猋,去疾貌也。”　②按:“焱”在《廣韻》豔韻。

【集解】

王筠《説文句讀》:“《字林》'火光也',則與'炎'同義。”

饒炯《説文部首訂》:“火華,猶言火光盛也,即'炎'字引申之義。但'炎'从二火相重,'焱'从三火惟異,然義分爲火華,而音仍相平去……蓋'炎、焱'一字,而从二火、三火,皆謂盛也。”

董蓮池《部首新證》:"字見甲骨文,寫作(《甲骨文編》417頁),從三'火'以會火花意,篆與之同。"

【同部字舉例】

熒 yíng　屋下鐙燭之光。从焱、冂。戶扃切。○影清平　影耕

炙 387　zhì　之石切　章昔開三入　章鐸(212/212;491/495)

炙_{大徐本作"炮"}肉也^[一]。从肉在火上^[二]。凡炙之屬皆从炙。 ,籀文^[三]。

【譯文】

烤肉。以"肉、火"爲構件,"肉"在"火"上。凡是和"炙"義有關的字都以"炙"爲構件。,是"炙"的籀文。

【段注】

[一]"炙肉"各本作"炮肉",今依《楚茨》傳正。《小雅·楚茨》傳曰:"炙,炙肉也。"①《瓠葉》傳曰:"炕火曰炙。"正義云:"炕,舉也,謂以物貫之而舉於火上以炙之。"②按:"炕"者俗字,古當作"抗"。手部曰:"抗,扜也。"《方言》曰"抗,懸也"是也。《瓠葉》言炮、言燔、言炙,傳云"毛曰炮,加火曰燔""扛火曰炙"③。燔、炙不必毛也,抗火不同,加火之逼近也,此毛意也。箋云:"凡治兔之首,宜鮮者毛炮之,柔者炙之,乾者燔之。"④此申毛意也。然則《鳧鷖》《楚茨》《行葦》"燔、炙"並言⑤,皆必異義。《生民》傳曰:"傅火曰燔,貫之加於火曰烈。"⑥貫之加於火,即抗火也,《生民》之"烈"即炙也。《禮運》注曰:"炮,裹燒之也。燔,加於火上也。炙,貫之火上也。"⑦三者正與《瓠葉》傳相合,然則"炙"與"炮"之別異又可知矣。許宗毛義,故"炙"下云"炙肉也"。用《楚茨》傳爲文,即《瓠葉》傳之"抗火曰炙"也。不用《瓠葉》而用《楚茨》者,其字从肉,故取"炙肉"之文也。火部曰:"熹,炙也。""炮,毛炙肉也。""衮(ēn),炮炙也。""膾(zēng),置魚筒中炙也。"皆是。其引申之義爲逼近熏炙,如《桑柔》傳曰"赫,炙也"是⑧。　[二]有弗(chǎn)貫之加火上也⑨,此可以得抗火之意。之石切。古音在五部(魚、鐸)。○"炙"讀去聲則之夜切,一義一字耳,或乃別其義併異其

形。長孫訥言曰："差之一畫,詎惟千里? 見炙从肉,莫問厥由。輒意形聲,固當从夕。及其晤矣,彼乃乖斯。若麾馮焉,他皆傚此。"⑩據此知小徐本火部有"炙"字,云"炙也,从火,夕聲",蓋唐以前或用羼(chàn)入許書⑪。　[三]徐鍇曰:"今'東京文'有此字。"豈謂《東京賦》與? 今《文選·東京賦》作"燔炙"⑫。

【疏義】

　①《詩經·小雅·楚茨》:"或燔或炙。"毛傳:"炙,炙肉也。"　②引文見於《詩經·小雅·瓠葉》"有兔斯首,燔之炙之"一語毛傳、孔穎達正義。　③"毛曰"二句:連皮毛燒烤叫"炮",加於火上燒烤叫"燔"。扛火:本作"炕火",把肉串起來舉於火上燒烤。《詩經·小雅·瓠葉》二章:"有兔斯首,炮之燔之。"毛傳:"毛曰炮,加火曰燔。"《瓠葉》三章:"有兔斯首,燔之炙之。"毛傳:"炕火曰炙。"　④引文見於《詩經·小雅·瓠葉》"有兔斯首,燔之炙之"一語鄭玄箋。　⑤《詩經·大雅·鳧鷖》:"旨酒欣欣,燔炙芬芬。"《詩經·小雅·楚茨》:"或燔或炙。"《詩經·大雅·行葦》:"醓醢以薦,或燔或炙。"　⑥傅火:靠近火燒烤。《詩經·大雅·生民》:"載燔載烈,以興嗣歲。"毛傳:"傅火曰燔,貫之加於火曰烈。"　⑦引文見於《禮記·禮運》"以炮、以燔、以炙"一語鄭玄注。　⑧引文見於《詩經·大雅·桑柔》"既之陰女,反予來赫"毛傳。　⑨弗:烤肉用的鐵籤狀器具。韓愈《贈張籍詩》:"試將詩義授,如以肉貫弗。"　⑩長孫訥言:唐高宗時人,曾箋注《切韻》。詎:豈。惟:只。厥:其。晤:通"悟",明白。乖:違背。馮:"憑"的古字。引文取自長孫訥言《切韻·序》(載《廣韻》卷首)。　⑪羼:摻雜。引文見於《説文繫傳》火部。　⑫《説文繫傳》炙部:"炙,炮肉也。从肉在火上。𤓩,籀文。臣鍇曰:今'東京文'作此字。"東京文:段意以爲蓋即《東京賦》。《東京賦》爲東漢張衡撰。《文選·東京賦》:"春醴惟醇,燔炙芬芬。"薛綜注:"醇,厚也。燔炙謂炙肉也。"

【集解】

　徐灝《説文注箋》:"許云'炙,炮肉也'、'炮,毛炙肉也',二字互訓。又云'烖,炮炙也',蓋'炮'與'炙'對文則異,散文則通。段以'炮、炙'異義,改'炮肉'爲'炙肉',拘矣。"

饒炯《説文部首訂》：“以‘炮’説‘炙’，其依類爲釋。與‘袥’下説‘袘袥’、‘亦’下云‘臂亦’例同。然‘炙’與‘炮、燔’，皆火燒肉……‘炙’曰‘抗火’，蓋貫肉而縣之火上，與‘炮、燔’大異。”

【同部字舉例】

燔𤐫 fán　宗廟火孰肉。从炙，番聲。《春秋傳》曰：“天子有事燔焉，以餽同姓諸侯。”附袁切。○並元平　並元

赤 烾

388 chì　甲文𤇾、𤆍、𤇾、𤆍　金文𤇾、𤇾、𤇾、𤇾　昌石切
昌昔開三入　昌鐸（212/212；491/496）

南方色也[一]**。从大、**大徐本有“从”**火**[二]**。凡赤之屬皆从赤。 𤏴，古文从炎、土**[三]**。**

【譯文】

五行中表示南方的顏色。由“大、火”構成。凡是和“赤”義有關的字都以“赤”爲構件。 𤏴，古文“赤”字由“炎、土”構成。

【段注】

[一]《爾雅》：“一染謂之縓（quàn），再染謂之竀（chēng），三染謂之纁（xūn）。”①鄭注《士冠禮》云：“朱則四入與？”②按：是四者皆赤類也。鄭注《易》曰：“朱深於赤。”③按：赤色至明，引申之，凡洞然昭著皆曰“赤”，如“赤體”謂不衣也，“赤地”謂不毛也。　[二]火者，南方之行，故“赤”爲南方之色。从“大”者，言大明也。昌石切。古音在五部（魚、鐸）。俗借爲“尺”。　[三]火生土。

【疏義】

①縓：淺紅色。竀：通“赬”，赤色。纁：深赤色。引文見《爾雅·釋器》，今本“竀”作“赬”。郭璞注：“（縓）今之紅也，（赬）染赤。纁，絳也。”　②朱：大紅色。《儀禮·士冠禮》：“爵弁服：纁裳、純衣、緇帶、韎（mèi）韐（gé）。”鄭玄注：“纁裳，淺絳裳。凡染絳，一入謂之縓，再入謂之赬，三入謂之纁。朱則四入與？”　③宋王應麟《周易鄭注》困卦：“文王將王天下，制用朱載，朱深曰赤。”

【集解】

徐灝《説文注箋》：“‘赤體、赤地’非昭著之義也。《漢書·賈誼

傳》:'故自爲赤子。'顏注'赤子,言其新生未有眉髮,其色赤'是也。
'赤體'即赤子之意。不毛之地謂之赤地,亦'赤子'之引申耳。"

饒炯《説文部首訂》:"南方陽盛之區,其象昭著。火爲之行,色
赤。赤者,光明顯耀也。凡火皆有明著之象,然微則熒熒,大則赫赫,
故'赤'从大、火會意,以'熱'爲聲,而讀若昌石切。凡物過熱則色赤,
古文从炎、土會意,亦以土迫於熱,則色赤故也。"

林義光《文源》:"火大爲赤。古作🔥。"

黃天樹《部首與甲骨文》(續二):"甲骨文作🔥,'赤'字在'火'上
加'大'表示火盛。由'大'和'火'會意,指大火的顏色是赤色的。"

董蓮池《部首新證》:"字見甲骨文,寫作🔥、🔥諸形(《甲骨文編》
417頁)。从'大'、从'火',其構形篆與之同。"

【同部字舉例】

赨 𤇩 tóng　赤色也。从赤,蟲省聲。徒冬切。〇定冬平　定冬

赧 𧹞 nǎn　面慙赤也。从赤,反聲。周失天下於赧王。女版切。
〇泥潸上　泥元

赭 𧹉 zhě　赤土也。从赤,者聲。之也切。〇章馬上　章魚

赫 𧹐 hè　火(《段注》作"大")赤皃。从二赤。呼格切。〇曉陌
入　曉鐸

大 夶

389 dà　甲文 𡗶、𡗶、𡗶　金文 𡗶、𡗶、𡗶　徒蓋切　定泰開
一去　定祭(213/212;492/496)

天大,地大,人亦大焉[一]。**象人形**"人亦"二句大徐
本作"人亦大,故大象人形"[二]。**古文𡴥**"𡴥"大徐本作"大"
也[三]。**凡大之屬皆从大**。

【譯文】

天大,地大,人也大。所以"大"字象人形。這是古文"大"字。凡
是和"大"義有關的字都以"大"爲構件。

【段注】

[一]依《韻會》訂①。　[二]《老子》曰:"道大,天大,地大,人亦
大……人法地,地法天,天法道。"②按:"天"之文从"一、大",則先造

"大"字也。尢、仉之文但象臂脛③，"大"文則首、手、足皆具，而可以參天地，是爲大。徒蓋切。十五部（脂、微、物、月）。　　[三]"夨"下云"古文夼"，"夼"下云"籀文夨"④，此以古文、籀文互釋，明衹一字，而體稍異。後來小篆偏旁或从古，或从籀，故不得不殊爲二部，亦猶从几、从仉必分系二部也。然則小篆作何字？曰：小篆作古文也。

【疏義】

①《韻會舉要》泰韻："大，《説文》：'大，天大，地大，人亦大焉。象人形。'"　　②引文王弼本《老子》作"故道大，天大，地大，王亦大"。傅奕本、范應元本《老子》、高明《帛書老子校注》"王"均作"人"。　　③《説文》人部："尢，天地之性最貴者也。此籀文，象臂脛之形。"《説文》儿部："仉，仁人也。古文奇字人也。象形。孔子曰：'在人下，故詰屈。'"④《説文》大（亣）部："夼，籀文大，改古文。亦象人形。"

【集解】

徐鍇《説文繫傳》："古文亦以此爲'人'字也。"

徐灝《説文注箋》："阮氏《鐘鼎款識·太祝鼎》有夨字，正象人形……夨象正視，人象側立，其形最肖。段未知其義，漫爲之説耳。人在天地閒最貴，故以爲尊大字，亦引申之一也。"

林義光《文源》："按：𠂆象側立，大象正立，古作夨、作夼。亦象軀體碩大形，古今相承以爲大小之大，惟爲偏旁或與人同義。"

容庚《金文編》："大象人正立之形，大、夼爲一字，《説文》分二部，金文只作夨。"

姚文田、嚴可均《説文校議》："大象人正形，籀文尢象人側形，大即人。"

王筠《説文釋例》："此謂天地之大，無由象之以作字，故象人之形以作'大'字，非謂'大'字即是人也。"

饒炯《説文部首訂》："凡物象，斂則小，侈則大，少則小，多則大，相反爲義。造字者故象人正面形，而揚其兩手，張其兩足，以指事……非説'人'即'大'也。"

黃天樹《部首與甲骨文》（續二）："甲骨文作夼，象成年人正立之形。因爲大人比小孩大，'大'字即以成年男子頂天立地的形象來表示大小的'大'的意思。"

董蓮池《部首新證》：“字見甲骨文，寫作 ↑、 ★ 諸形（《甲骨文編》418 頁），象兩腳叉開、伸臂、正面站立的人形，此後一直到小篆，構形無變化，形體上不存在篆古之別。”

【同部字舉例】

奎 奎 kuí　兩髀之間。从大，圭聲。苦圭切。○溪齊平　溪支

夾 夾 jiā　持也。从大俠（《段注》作“夾”）二人。古狎切。○見洽入　見葉

奄 奄 yǎn　覆也。大有餘也。又欠也。从大从申。申，展也。依檢切。○影琰上　影談

契 契 qì　大約也。从大从㓞。《易》曰：“後代聖人易之以書契。”苦計切。○溪霽去　溪祭

夷 夷 yí　平也。从大从弓。東方之人也。以脂切。○以脂平定脂

亦 夾

390 yì　甲文 ★、★　金文 ★、★　羊益切　以昔開三入定鐸（213/213；493/498）

人之臂亦也[一]。**从大，象兩亦之形**[二]。**凡亦之屬皆从亦**。

【譯文】

人的兩腋。以“大”爲構件，“八”象兩腋的形狀。凡是和“亦”義有關的字都以“亦”爲構件。

【段注】

[一]《玉篇》：“今作掖。”① 按：手部“掖”者：“以手持人臂投地也……一曰臂下也。”“一曰臂下”之語，蓋淺人據俗字增之耳。徐鉉等曰：“‘亦’今別作‘腋’。”按：《廣韻》“肘腋”作此字② 。俗用“亦”爲語詞，乃別造此。肉部曰：“胳，亦下也。”“胠，亦下也。”今《禮記·深衣》“袼（gē）之高下”，注云：“袼，衣袂當腋之縫。”③“袼、腋”乃皆俗字。人臂兩垂，臂與身之間則謂之臂亦。臂與身有重疊之意，故引申爲重累之詞。《公羊傳》：“大火爲大辰，伐爲大辰，北辰亦爲大辰。”何注云：“亦者，兩相須之意。”④ 按：經傳之“亦”，有上有所蒙者，有上無所蒙者⑤ 。《論語》“不亦説乎”“亦可宗也”“亦可以弗畔”“亦可以爲

成人矣”⑥,皆上無所蒙。皇侃曰:“亦,猶重也。”⑦此等皆申重贊美之詞。“亦”之言猶大也、甚也,若《周頌》“亦有高廩”“亦服爾耕”,鄭箋云:“亦,大也。”⑧是謂“亦”即“奕奕”之叚借也⑨。夰部曰:“奕,大也。”又或叚爲“射”,或叚爲“易”。　　[二]謂左右兩直,所以象無形之形。羊益切。古音在五部(魚、鐸)。

【疏義】

①《玉篇》亦部:“亦,以石切。臂也,胳也,今作掖,此亦兩臂也。”②《廣韻》昔韻:“腋,肘腋。”　③《禮記·深衣》:“袼(gē)之高下,可以運肘。”鄭玄注:“肘不能不出入。袼,衣袂當掖之縫也。”袼:袖子的腋縫處。衣袂當掖之縫:袖與衣襟相連處,在腋下的位置。袂,袖子。掖,“腋”的古字。　④引文見《春秋公羊傳·昭公十七年》。何休注:“伐謂參伐也。大火與伐,天所以示民時早晚,天下所取正,故謂之大辰。辰,時也。北辰,北極,天之中也。常居其所,迷惑不知東西者須視北辰,以別心、伐所在,故加‘亦’。亦者,兩相須之意。”大火:心宿中央的紅色大星,即營惑星。大辰:蒼龍七宿中的三宿。心:二十八宿之一,也叫“商”。伐:參宿中一字斜排的三顆小星。按:古人觀察大火、參、伐以定時,觀察北辰以辨向,故均稱“大辰”。　⑤有所蒙:有所承接。“亦”有“也”義,往往起承接前事的作用。　⑥《論語·學而》:“子曰:‘學而時習之,不亦説乎?’……有子曰:‘信近於義,言可復也;恭近於禮,遠恥辱也;因不失其親,亦可宗也。’”《論語·雍也》:“子曰:‘君子博學於文,約之以禮,亦可以弗畔矣夫。’”《論語·憲問》:“子路問成人。子曰:‘若臧武仲之知,公綽之不欲,卞莊子之勇,冉求之藝,文之以禮樂,亦可以爲成人矣。’”　⑦皇侃(488—545):南朝梁吳郡(郡治在今蘇州市)人,經學家,著作有《論語義疏》《禮記義疏》《禮記講疏》《孝經義疏》等,除《論語義疏》外均佚,清人有輯本。《論語·學而》:“子曰:‘學而時習之,不亦説乎?’”皇侃義疏:“云‘不亦説乎’者,亦,猶重也。”　⑧《詩經·周頌·豐年》:“亦有高廩,萬億及秭。”鄭玄箋:“亦,大也。萬億及秭,以言穀數多。”《詩經·周頌·噫嘻》:“亦服爾耕,十千維耦。”鄭玄箋:“亦,大。服,事也……於是民大事耕其私田,萬耦同時舉也。”　⑨奕奕:高大貌。

【集解】

徐灝《説文注箋》：“**夾**隸變作‘亦’，即古‘腋’字。从大，左右作點，指事。隸、楷不便書，故改从籀文**亣**耳。亦借爲語詞，久而爲借義所專，故別作‘掖’……後又用‘掖’爲扶掖字，而別作‘腋’爲臂腋字。”

饒炯《説文部首訂》：“説解‘亦’篆而連臂舉之，此以類爲釋。其實‘亦’在兩肩之下，與臂相連而無涉也。於文从‘大’，象兩亦之形者，‘大’象人手足張形，手張則亦見，故‘亦’即从‘大’而指其處以示之。”

黄天樹《部首與甲骨文》（續二）：“甲骨文作**夰**，是‘腋’的初文。字形在正立人形的兩腋加兩點，指示這裏是人的腋窩。”

董蓮池《部首新證》：“即‘腋’的初文，甲骨文寫作**夰**（《甲骨文編》422 頁），从**夰**，兩點指示腋之所在。”

【同部字舉例】

夾**夾** shǎn　盜竊裹物也。从亦有所持。俗謂蔽人俾夾是也。弘農陝字从此。**失冄切**。○書琰上　書談

夨 夨

391 zè　甲文 **夰**、**夰**、**夰**、**夰**、**夰**　金文 **夰**、**夰**、**夰**　阻力切
莊職開三入　莊職（213/213；494/498）

傾頭也[一]。**从大，象形**[二]。**凡夨之屬皆从夨**。

【譯文】

偏頭。以“大”爲構件，象形。凡是和“夨”義有關的字都以“夨”爲構件。

【段注】

[一]人部曰：“傾者，夨也。”“夨”象頭傾，因以爲凡傾之偁。
[二]象頭不直也。阻力切。十一部（耕）。

【集解】

徐鍇《説文繫傳》：“夨，傾其首也。”

徐灝《説文注箋》：“从‘大’而曲其首，與‘勹’从‘人’而曲之同例，皆會意，非象形也。”

王筠《説文句讀》：“《玉篇》：‘夨，今並作側。’厂部：‘仄，側傾也。’……人部‘傾、側’轉注，皆不言頭，此則緣字形而言頭也。以夭

部説‘象形不申也’推之，此當云‘象形不正也’……‘夨’是左右傾側，非謂頭傾于左。”

饒炯《説文部首訂》：“‘夨’與厂部‘仄’本一字重文，籀文‘厌’亦‘夨’篆之譌。‘仄’《漢簡》作‘夨’，李氏《撷古遺文》作厌。又如‘昃’從日仄聲，古文作㫳，《六書精蘊》作昦，從日夨聲，皆可爲‘仄、夨’同字之證。然則‘夨’篆當如‘仄’之説解而云‘側傾也’，以‘側’通其假借，以‘傾’釋其本義。”

黃天樹《部首與甲骨文》（續二）：“甲骨文作𠂂，字形象一個頭部傾側的人。”

董蓮池《部首新證》：“字見甲骨文，寫作𠀉、𠂂諸形（《甲骨文編》423頁），正象人傾頭形。引申爲斜、不正。”

【同部字舉例】

吳　吴　wú　　姓也，亦郡也。一曰：吳，大言也。從夨、口。𠳆，古文如此。五乎切。○疑模平　疑魚

夭　夭　392　yāo　甲文夭、夭　金文夭　於兆切　影小開三上
影宵（214/213；494/498）

屈也。从大，象形[一]。凡夭之屬皆从夭。

【譯文】

屈曲。以“大”爲構件，象形。凡是和“夭”義有關的字都以“夭”爲構件。

【段注】

[一]象首夭屈之形也。《隰有萇楚》傳曰：“夭，少也。”①《桃夭》傳曰：“夭夭，桃之少壯也。”②《凱風》傳曰：“夭夭，盛皃也。”③《月令》注曰：“少長曰夭。”④此皆謂物初長可觀也。物初長者尚屈而未申，段令不成遂⑤，則終於夭而已矣。故《左傳》《國語》注曰：“短折曰夭。”⑥《國語》注又曰：“不終曰夭。”又曰：“夭，折也。”⑦孟康注《五行志》曰：“用人不以次弟爲夭。”⑧皆其引申之義也。《論語》：“子之燕居，申申如也，夭夭如也。”⑨上句謂其申，下句謂其屈，不屈不申之閒，其斯爲聖人之容乎？於兆切。二部（宵、藥）。按：亦於喬切。古平、上無異義⑩，後人乃別之。

【疏義】

①《詩經·檜風·隰有萇楚》:“夭之沃沃,樂子之無知。”毛傳:“夭,少也。沃沃,壯佼也。” ②引文見於《詩經·周南·桃夭》“桃之夭夭,灼灼其華”一語之毛傳。 ③《詩經·邶風·凱風》:“棘心夭夭,母氏劬勞。”毛傳:“夭夭,盛貌。劬勞,病苦也。” ④《禮記·王制》:“不殺胎,不殀(yāo)夭,不覆巢。”鄭玄注:“殀,斷殺。少長曰夭。” ⑤成遂:長成,成熟。 ⑥《左傳·昭公十九年》:“寡君之二三臣札瘥(cuó)夭昏。”杜預注:“大死曰札,小疫曰瘥,短折曰夭,未名曰昏。”《國語·周語下》:“然則無夭昏札瘥之憂,而無飢寒乏匱之患。”韋昭注:“短折曰夭,狂惑曰昏,疫死曰札。瘥,病也。” ⑦《國語·魯語上》:“侍者曰:‘若有殃焉在?抑刑戮也,其夭札也?’”韋昭注:“不終曰夭,疫死曰札。”《國語·晉語二》:“君子失心,鮮不夭昏。”韋昭注:“夭,折也。昏,狂荒之疾。” ⑧孟康:三國曹魏安平(今河北衡水市)人,字公休,曾任中書令等官職,著作有《漢書音義》,已佚。《漢書·五行志》:“兹謂主窳(yǔ,懶惰)臣夭。”顔師古注:“孟康曰:‘謂君惰窳,用人不以次第爲夭也。’” ⑨引文見《論語·述而》。孔穎達正義:“此章言孔子燕居之時體貌也。申申、夭夭,和舒之貌。” ⑩平、上無異義:段玉裁《六書音均表·古四聲説》:“古平、上爲一類,去、入爲一類。上與平一也,去與入一也。”

【集解】

徐灝《説文注箋》:“夭者,人體之屈申也,故从‘大’而曲其上筆以會意,非屈首之謂也。”

林義光《文源》:“按:象首夭屈之形。‘奔、走’字篆从‘夭’,古从,當亦‘夭’字,象兩手摇曳形。”

黄天樹《部首與甲骨文》(續二):“甲骨文作,象人小跑時兩臂一上一下擺動之形。《説文》篆文‘夭’字已譌變爲兩臂下垂的樣子。《説文》訓‘夭’爲‘彎曲’是引申義。”

【同部字舉例】

喬 qiáo　高而曲也。从夭,从高省。《詩》曰:“南有喬木。”巨嬌切。○金文、、、　羣宵平　羣宵

奔 𠦪 bēn　　走也。从夭，賁省聲。與走同意，俱从夭。博昆切。
○金文 𠦪 、𠦪 、𠦪 、𠦪　　幫魂平　幫文

交 𤕯

393　jiāo　甲文 𤕠 、𤕠　金文 𤕠 、𤕠　古爻切　見肴開二平
見宵（214/213；494/499）

交脛也[一]。从大，象交形[二]。凡交之屬皆从交。

【譯文】

兩腿交叉。以"大"爲構件，字形象交叉形。凡是和"交"義有關的字都以"交"爲構件。

【段注】

[一]交脛謂之"交"，引申之爲凡交之偁。故"爻"下曰："交也。"①"烄"下曰："交木然也。"②"㸚"（jiǎo）下曰："交灼木也。"③"㮚"下曰："木參交以枝炊簂（yù）者也。"④"衿"下曰："交衽也。"⑤凡兩者相合曰"交"，皆此義之引申叚借耳。《楚茨》傳："東西曰交，邪行曰逪（cuò）。"⑥"逪逪"字之叚借也。《小雅》"交交桑扈"，箋云："交交，猶佼佼，飛往來兒。"⑦而《黃鳥》《小宛》傳皆曰："交交，小兒。"⑧則與本義不同，蓋方語有謂小"交交"者。　　[二]謂从"大"而象其交脛之形也。古爻切。二部（宵、藥）。

【疏義】

①《説文》爻部："爻，交也。象《易》六爻頭交也。"　②然："燃"的古字。古代燃木祭天稱"烄"。《説文繫傳》火部："架而燒之也。"引文見《説文》火部。　③《説文》火部："㸚，交灼木也。从火，教省聲。讀若狡。"　④㮚：三根木頭交叉而成的支架，用來支撐濾箸。簂：淘米的竹器。引文見《説文》木部。　⑤衿：《説文》無"衿"字，當爲"襟"。衣部："襟，交衽也。从衣，金聲。"　⑥《詩經·小雅·楚茨》："獻酬交錯。"毛傳："東西爲交，邪行爲錯。"　⑦引文見《詩經·小雅·桑扈》及鄭玄箋。　⑧《詩經·秦風·黃鳥》："交交黃鳥，止于棘。"《詩經·小雅·小宛》："交交桑扈，率場啄粟。"毛傳均曰："交交，小貌。"

【集解】

徐灝《説文注箋》："'交'之本義爲交脛，引申之凡相併、相合、相錯、相接皆曰'交'，逪、遣'，皆後造之字，非假'交'爲'逪'也。"

　　饒炯《說文部首訂》:"交者,凡丩接之稱,無論訓'易'、訓'俱'、訓'合'、訓'結'、訓'黨'、訓'友'、訓'會',皆不出於丩接之外,故文从'大'而交其脛以示之。説解當云'交互也,从大,象脛交形'。"

　　黃天樹《部首與甲骨文》(續二):"甲骨文作𡗕,象一個人兩腿交叉的樣子。"

　　董蓮池《部首新證》:"字見甲骨文,寫作𡗕、𡗕諸形(《甲骨文編》423頁),西周金文寫作𡗕(交鼎)、𡗕(交君簠),象人兩脛相交。引申之,相並、相合、相錯、相接都叫'交'。"

【同部字舉例】

　　絞綫 jiǎo　縊也。从交从糸。古巧切。○見巧上　見宵

尣(尣) 𡯂

394 wāng　金文𡯂　烏光切　影唐合一平　影陽
（214/213;495/499）

　　尳(bǒ)也[一],曲脛人也 "尳也"二句大徐本作"尳,曲脛也"[二]。从大,象偏曲之形[三]。凡尣 大徐本作"尣",下同 之屬皆从尣。𡯃,篆 大徐本作"古" 文从㞷[四]。

【譯文】

　　跛腳,腿不直的人。以"大"爲構件,字形象偏曲不直的樣子。凡是和"尣"義有關的字都以"尣"爲構件。𡯃,篆文"尣"字以"㞷"爲構件。

【段注】

　　[一]各本少"也"字,遂不可讀,今補。尳者,蹇(jiǎn)也①。"尣"本曲脛之偁,引申之爲曲脊之偁,故人部"僂"下曰:"尣也。"
[二]"人"字依《九經字樣》補②。尳者多由曲脛,故言此爲下象偏曲張本。　　[三]謂从"大"而象一脛偏曲之形也。烏光切。十部(陽部)。
[四]"篆文"各本作"古文",今正。尣者,古文象形字。𡯃者,小篆形聲字。此亦古文"二"、篆文"丄"之例③。必取古文爲部首者,以其屬皆从古文也。"尪"見《左傳》④,《檀弓》鄭注釋爲"面鄉天"⑤,或云:"短小曰尪。"⑥本从㞷聲,省作"尪"。

【疏義】

　　①尳:今作"跛"。蹇:跛。　　②《九經字樣·雜辨部》:"尪、尪,音

'汪'，上《説文》，下隸省。本以大字象人形，屈其右足爲'尣'，'尣'音'汪'。尣，曲脛人也。"　③"上"字古文作"二"，篆文作"丄"。
④《左傳・僖公二十一年》："夏，大旱，公欲焚巫尪。"杜預注："巫尪，女巫也，主祈禱請雨者。或以爲尪非巫也，瘠病之人，其面上向，俗謂天哀其病，恐雨入其鼻，故爲之旱，是以公欲焚之。"　⑤《禮記・檀弓下》："天久不雨，吾欲暴尪而奚若?"鄭玄注："尪者，面鄉天，覬天哀而雨之。"覬：希望。　⑥玄應《一切經音義》卷四"尪羸"注引《通俗文》："短小曰尪。"

【集解】

桂馥《説文義證》："《九經字樣》'大'字象人形，曲其右足爲尣。尣，曲脛人也。"

朱駿聲《説文定聲》："从'大'而屈其右，指事也。"

徐灝《説文注箋》："尣从'大'而屈其一足，當爲會意。隸作'允'以別於'尣'也。"

徐鍇《説文繫傳》："尣，一足跛曲也。"

章太炎《文始》："尣者，最初古文，小篆用之。尪者，後出古文也。"

【同部字舉例】

尳 鶻 hú　尳病也。从尣从骨，骨亦聲。户骨切。○匣没入
匣物

尲 祖 bǒ　蹇也。从尣，皮聲。布火切。○幫果上　幫歌

尥 符 liào　行脛相交也。从尣，勺聲。牛行腳相交爲尥。力弔切。
○來嘯去　來宵

壺 壺

395　hú　甲文 器形、器形、器形、器形、器形、器形、器形　金文 壺、壺、壺、
壺、壺　户吳切　匣模合一平　匣魚(214/214;495/500)

昆吾圜器也[一]。**象形**[二]。**从大，象其蓋也**[三]。
凡壺之屬皆从壺。

【譯文】

昆吾族發明的圓形器具。象形。以"大"爲構件，字形上部象壺蓋。凡是和"壺"義有關的字都以"壺"爲構件。

【段注】

[一]缶部曰:"古者昆吾作匋。"① 壺者,昆吾始爲之。《聘禮》注曰:"壺,酒尊也。"②《公羊傳》注曰:"壺,禮器,腹方口圓曰壺,反之曰方壺,有爵飾。"③ 又《喪大記》"狄人出壺"④、大小戴《記》"投壺"⑤,皆壺之屬也。　[二]謂"𧯆"。　[三]"奄"下曰:"蓋也,大有餘也。"⑥ 户姑切。五部(魚、鐸)。

【疏義】

①昆吾:夏、商之際部落名,己姓,祝融之後。《説文》缶部:"匋,瓦器也。从缶,包省聲。古者昆吾作匋。"　②引文見《儀禮·聘禮》"八壺設於西序"一語鄭玄注。序:堂的東、西牆。　③引文見《春秋公羊傳·昭公二十五年》"國子執壺漿"一語何休注。壺漿:茶水、酒漿之類。　④狄人:掌管音樂的下級官吏。《禮記·喪大記》:"君喪,虞人出木、角,狄人出壺。"鄭玄注:"木給爨竈,角以爲斞(jū)水斗。壺,漏水之器也。"虞人:管理山林的官。角:斞水勺。斞:斞水器;斞取。　⑤大小戴《記》:分別指西漢戴德所輯《禮記》和戴聖所輯《禮記》,世稱《大戴禮記》和《小戴禮記》,戴聖爲戴德之侄。《十三經注疏》一書所收《禮記》爲《小戴禮記》。　⑥《説文》大部:"奄,覆也。大有餘也。又欠也,从大从申。申,展也。"《段注》:"覆乎上者往往大乎下,故字从'大'。"

【集解】

王筠《説文釋例》:"昆吾者,壺之別名也。'昆'讀如'渾',與'壺'疊聲,'吾'與'壺'迭韻,正與'蒺藜'爲'茨'、'之于'爲'諸'、'者焉'爲'旃'一例。"

于鬯《説文職墨》:"'昆吾'即'康瓠'。'昆、康'音轉,'吾、瓠'迭韻……壺名'康瓠',即壺名'昆吾'矣,非昆吾國之'昆吾'也。"

胡小石《説文部首疏證》:"古壺與今壺異。古壺今稱'瓶',古盉(hé)今稱'壺'。古壺用以盛酒,有無穿耳者,有有者。"

饒炯《説文部首訂》:"篆本全體象形,然上蓋似'大',許君恐人誤以爲'大'篆,因於'象形'之後復申之曰'大象其蓋也',後人加'从'則許意遂晦,而六書之例亦難通矣。"

商承祚《殷虚文字》:"上有蓋,旁有耳,壺之象也。"

董蓮池《部首新證》：“‘壺’字見甲骨文，寫作♤、♨、♨、♨諸形（《甲骨文編》423 頁），上有蓋，旁有耳，爲‘壺’的象形文。西周金文寫作♨（佳壺爵），春秋戰國寫作♨（齊侯壺）、♨（中山王譽壺），形體一脈相承。”

【同部字舉例】

壼鑫 yūn　壹壺也。从凶从壺。不得泄，凶也。《易》曰：“天地壹壺。”於云切。○影文平　影文

壹 鑫396　yī　於悉切　影質開三入　影質(214/214;496/500)

嫥(zhuān，專一)**壹也**本句大徐本作“專壹也”[一]。**从壺、吉，吉亦聲**“从壺”二句大徐本作“从壺，吉聲”[二]。**凡壹之屬皆从壹。**

【譯文】

專一。由“壺、吉”構成，“吉”又是聲符。凡是和“壹”義有關的字都以“壹”爲構件。

【段注】

[一]“嫥”各本作“專”，今正。“嫥”下云：“壹也。”與此爲轉注。
[二]於悉切。十二部（真）。俗作“壹”。

【集解】

徐鍇《説文繫傳》：“从壺，取其不泄也。”

林義光《文源》：“按：壺、吉無‘嫥壹’之義。壹，壹壺也。‘吉’與‘凷’同字（見吉字條），象塊在壺中形。”

徐灝《説文注箋》：“‘壹’之本義爲‘壹壺，聲轉爲‘抑鬱’，閉塞之義也……古通作‘一’。”

王筠《説文句讀》：“‘壹壺’者，疊韻連語也。以《説文》通例推之，‘壹’下當云‘壹壺，專壹也’，‘壺’下當云‘壹壺也’。獨此分居兩部，而文相銜接，故以名目訓義，分之兩字下。夫‘壹壺’者，天地訢合之氣也。”

饒炯《説文部首訂》：“‘壹’與壺部‘壺’，即《易》‘綑緼’本字，雙聲形容。初無專文，後聖有作，乃造‘壹壺’以寄之。後以‘壹’借从

‘因’之‘絪烟’，‘壹’借从‘昷’之‘緼熅’，而更造‘氤氳’以寄之。義
本謂天地薰蒸、元气渾然之象。从壺，取天地壹壹之气如壺之周密，气
鬱於中而不外洩也……至於‘壹’之説解，云‘專壹也’者，乃借‘壹’爲
‘一’，緣壹、壹本義爲借義所奪，後世失真，而以‘壹’爲專一本字
故也。”

【同部字舉例】

懿鬱 yì　專久而美也。从壹，从恣省聲。乙冀切。○金文鬱、

鬱、鬱　影至去　影脂

卒（卒）卒　397　niè　甲文⚋、⚋、⚋　金文⚋　尼輒切　泥葉開三
入　泥葉（214/214；496/500）

所以驚人也。从大从屮“屮”大徐本作“羊”[一]**。一
曰：大聲也**[二]**。凡卒**“卒”大徐本作“卒”，下同**之屬皆从卒。
一曰：讀若瓠**[三]**。一曰：俗語以盜不止爲卒**[四]**。**大徐
本有“卒”字**讀若籋**（niè，鑷子）[五]**。

【譯文】

用以使人驚懼的刑具。由“大、屮”構成。另有一説：認爲意思
是大聲。凡是和“卒”義有關的字都以“卒”爲構件。一説認爲：讀音
同“瓠”字。還有一説認爲：俗語把偷盜不停叫做“卒”。讀音同
“籋”。

【段注】

[一]各本作“从羊（rěn）”。《五經文字》曰：“《説文》从大从屮。
‘屮’音‘干’。今依《漢石經》作‘幸’。”①又曰：“執者，《説文》；執者，
經典相承。凡‘報’之類同是。”②則張氏所據《説文》與今本迥異如是。
今隸用石經體，且改《説文》此部皆作“幸”③，非也，今皆正。干者，犯
也，其人有大干犯而觸罪，故其義曰“所以驚人”。其形从“大、干”會
意。　　[二]此別一義。　　[三]五字未詳，疑當作“一曰讀若執”，在
“讀若籋”之下。　　[四]又一義。按《玉篇》此義不系《説文》④，《廣
韻》引《説文》亦無此語⑤，十字恐後人所沾。大徐本疊卒字。

[五]尼輒切。七部（侵、緝）。

【疏義】

①《漢石經》：指熹平石經，漢靈帝熹平四年（175）刻寫在石碑上的儒家經典，字體用今隸。《五經文字》夅部：“夅，女涉反。所以犯驚人也。《説文》從大從䇂，䇂音干。今依《石經》作‘幸’。”　②《五經文字》夅部：“執、執，上《説文》，下經典相承，凡報之類皆從幸。”③按：《説文》從“夅”之字隸書據石經改作從“幸”，《段注》改“幸”爲“夅”。　④《玉篇》夅部：“夅，女涉切。盜不止也。《説文》曰：‘所以驚人也。一曰：大聲也。’今作‘幸’。”　⑤《廣韻》葉韻：“夅，《説文》曰：‘所以驚人也。一曰：大聲。’今作‘幸’，同。睪、圉、報、執之類從此。”

【集解】

王紹蘭《説文段注訂補》：“按：漢隸‘幸’或作‘夅’，從未有作‘幸’者。張氏（指張參）於《説文》甚疏，今信其單辭，舉凡從‘幸’之字盡改爲‘幸’，亦六書之一厄（è，同厄）。”

徐灝《説文注箋》：“今按：干部：‘䇂，撖也。’‘撖’有引致之義，‘夅’之本義蓋謂拘攝罪人，故所屬之字多捕亡訊囚之類，夅之言攝也。‘一曰大聲’者，謂一説用‘大’爲聲，蓋大有‘他達切’之音可諧也。‘讀若瓠’當是‘瓠’（zhí）之譌。《漢（書）·地理志》北海郡‘瓠縣’，師古曰：‘瓠即執字。’又按：此字隸變與徽幸字相亂。”

董作賓《殷曆譜》：“‘夅’象手械之形，蓋加於俘虜之刑具也。”

饒炯《説文部首訂》：“炯案：‘夅’爲‘執’之古文，‘執’爲‘夅’之轉注……篆從‘大、䇂’會意者，譬言大皋之人，意在夅以警之而已，因而捕罪人亦曰‘夅’，若‘執’則專謂拘捕，其事在手，故從‘夅’加‘丮’以別之。‘丮’下云‘持也’，轉注義行而本字遂廢。”

黃天樹《部首與甲骨文》（續二）：“甲骨文作 $\downarrow$ ，隸作‘夅’，象古代一種木製的手梏。殷墟出土的陶俑有兩手加梏者，其梏形正作 $\otimes$ 狀。隸、楷變作‘幸’，跟楷書‘不幸’的‘幸’（《説文·夭部》）字寫法混同。”

董蓮池《部首新證》：“字見甲骨文，寫作 $\otimes$ 、 $\otimes$ 諸形（《甲骨文編》424頁），由‘執’字從此作 $\otimes$ 、 $\otimes$ 諸形（甲骨文）看，正是拷人之具……

獨體象形字。"

【同部字舉例】

執 鞁 zhí　捕罪人也。从丮从卒,卒亦聲。之入切。〇甲骨文 鞁、
鞁、鞁、鞁、鞁、鞁、鞁、鞁、鞁　金文 鞁、鞁、鞁、鞁、鞁　章緝入
章緝

圉 圉 yǔ　囹圉,所以拘罪人。从卒从囗。一曰:圉,垂也。一曰:
圉人,掌馬者。魚舉切。〇甲骨文 圉、圉、圉、圉、圉、圉、圉　金文 圉
疑語上　疑魚

報 報 bào　當罪人也。从卒从㕁。㕁,服罪也。博号切。〇金文
執、鞁　幫号去　幫幽

奢 奢 ³⁹⁸ shē　金文 奢、奢　式車切　書麻開三平　書魚
（215/214;497/501）

張也[一]。**从大,者聲**[二]。**凡奢之屬皆从奢。**
奓,籀文[三]。

【譯文】

張大。以"大"爲意符,以"者"爲聲符。凡是和"奢"義有關的字
都以"奢"爲構件。奓,"奢"的籀文。

【段注】

[一]張者,施弓弦也,引申爲凡充斥之偁。"侈"下曰:"一曰奢
也。" [二]式車切。古音在五部(魚、鐸)。 [三]按:籀會意,篆形
聲。《西京賦》:"有馮虛公子者,心奓(chǐ)體泰。"薛注:"言公子生於
貴戚,心志奓溢,體安驕泰也。"未嘗云"奓"即"侈"字。李善引《聲類》
云:"奓,侈字也。"① 疑李登始爲此説,初非許意。平子文章用籀文
"奢"也②。《廣韻》讀陟加切③。

【疏義】

①張衡《西京賦》:"有憑虛公子者,心奓體忕。"李善注:"薛曰:
'言公子生於貴戚,心志奓溢,體安驕泰也。泰或謂忕習之忕,言習於
麗好也。'善曰:《聲類》曰:奓,侈字也。"奓:同"侈"。薛:薛綜,三國吳
沛郡竹邑(今安徽濉溪县)人,官太子少傅等職,著有《私載》《五宗圖

述》《二京解》等書。《聲類》：我國最早的一部韻書，三國魏李登撰，已佚。　　②平子：張衡字平子。　　③《廣韻》麻韻：“奓，張也。陟加切。”

【集解】

徐灝《説文注箋》：“奢者，侈靡放縱之義，故曰張，言其張大也。”

沈濤《説文古本考》：“濤案：《御覽》四百九十三《人事部》引：‘奢，張也。反儉爲奢。從大者，言誇大於人也。’蓋古本尚有此十三字，今本爲二徐妄删。”

吳大澂《説文古籀補》：“奢，從大從㗊，㗊當即‘者’之省。”

【同部字舉例】

韰 韰 duǒ　富韰韰皃。從奢，單聲。丁可切。端奢上　端歌

亢 亢 399　gāng　甲文 亢、亢、亢、亢　金文 亢、亢　古郎切　見唐開一平　見陽（215/214；497/501）

人頸也[一]。從大省[二]。象頸脈形[三]。凡亢之屬皆從亢。頏，亢或從頁[四]。

【譯文】

人的脖子。以“大”的省體爲構件。字形象頸動脈的樣子。凡是和“亢”義有關的字都以“亢”爲構件。頏，“亢”的異體以“頁”爲構件。

【段注】

[一]《史》《漢》張耳列傳：“乃仰絶亢而死。”韋昭曰：“亢，咽也。”蘇林云：“肮，頸大脈也，俗所謂胡脈。”①《婁敬傳》：“搤其亢。”張晏曰：“亢，喉嚨也。”②按：《釋鳥》曰：“亢，鳥嚨。”③此以人頸之偁爲鳥頸之偁也。亢之引申爲高也、舉也、當也。　　[二]上“人”。　　[三]下“几”。蘇林説與此合。古郎切。十部（陽部）。按：亦胡郎切，亦下浪切。俗作“肮”、作“吭”。　　[四]此字見於經者。《邶風》曰：“燕燕于飛，頡（xié）之頏（háng）之。”毛傳曰：“飛而上曰頡，飛而下曰頏。”④解者不得其説。玉裁謂：當作“飛而下曰頡，飛而上曰頏”，轉寫互譌久矣。“頡”與“頁”同音。頁，古文“䭫”，飛而下如䭫首然⑤，故曰“頡之”，古本當作“頁之”。“頏”即“亢”字，亢之引申爲高也，故曰“頏

之",古本當作"亢之"。於音尋義,斷無"飛而下曰頏"者。若楊雄《甘泉賦》:"柴(cī)虒(sī)參差,魚頡而鳥胻(héng)。"李善曰:"頡胻,猶頡頏也。"⑥師古曰:"頡胻,上下也。"⑦皆以《毛詩》"頡頏"爲訓。魚潛淵,鳥戾天⑧,亦可證"頡"下"頏"上矣。俗本《漢書》"胻"譌从"目"作"眅",《集韻》入諸唐韻,謂即《燕燕》之"頏"字⑨。俗字之不可問有如此者。楊雄《解嘲》"鄒衍以頡亢而取世資",《漢書》作"亢",《文選》作"頏"⑩,正"亢、頏"同字之證。頁部曰"頏者,直項也""亢者,人頸",然則"頡亢"正謂直項。《淮南·修務訓》:"王公大人有嚴志頡頏之行者,無不憚悇(tú)癢心而悦其色矣!"⑪此正用直項之訓。《解嘲》之"頡亢",亦正謂"鄒衍强項傲物,而世猶師資之"也⑫,"亢"用字之本義。《東方朔畫賛》云:"苟出不可以直道也,故頡頏以傲世。"⑬亦取直項之義。

【疏義】

①蘇林:東漢陳留外黄(河南杞縣)人,生卒年不詳,約漢末魏初間人,博學多通,訓釋古籍甚多。胡脈:頸部。《史記·張耳陳餘列傳》:"乃仰絶肮,遂死。"裴駰集解:"韋昭曰:'肮,咽也。'"司馬貞索隱:"蘇林云:'肮,頸大脈也,俗所謂胡脈。'"《漢書·張耳傳》:"乃仰絶亢而死。"顏師古注:"蘇林曰:'亢,頸大脈也,俗所謂胡脈也。'"　②《漢書·婁敬傳》:"夫與人鬬,不搤其亢拊其背,未能全勝。"顏師古注:"張晏曰:'亢,喉嚨也。'"　③《爾雅·釋鳥》:"亢,鳥嚨。"郭璞注:"嚨謂喉嚨,亢即咽。"　④引文見《詩經·邶風·燕燕》及毛傳。
⑤《説文》頁部:"頁,頭也。"頁首:即"稽首"。頁,同"稽"。《説文》首部:"頁,下首也。"　⑥柴虒:義同"參差",參差不齊。引文見李善《文選注·揚雄〈甘泉賦〉》。　⑦《漢書·揚雄傳》:"柴虒參差,魚頡而鳥眅。"顏師古注:"柴虒,參差不齊貌也。頡眅,上下也。"　⑧戾:到達。《詩經·大雅·旱麓》:"鳶飛戾天,魚躍于淵。"　⑨《集韻》唐韻:"翃眅鳩,鳥飛上曰翃,下曰翃,或作眅、鳩,通作頏。"　⑩《漢書·揚雄傳》:"是故騶衍以頡亢而取世資。"顏師古注:"頡亢,上下不定也。"李善《文選注》引蘇林曰:"頡頏,奇怪之辭也。"奇怪:非同一般。　⑪憚悇:貪欲。癢心:煩悶。　⑫强項:剛正不屈貌。師資:效法。　⑬《東

方朔畫贊》：晉夏侯湛撰，收入《文選》。苟出：暫且出仕。頡頏：不屈
貌，蔑視貌。

【集解】

王筠《説文釋例》：“此字似通體象形，人非‘大’省。頸上承首，首
大於頸，故以人象之。几之外則頸形，中加‘一’者，象頸中閒之高骨
也，今謂之結喉。”

饒炯《説文部首訂》：“説解云‘人頸也’，蓋以通名釋其義。若析
言之，頸後曰‘領’，頸前曰‘亢’。篆下象頸脈遠視形，上從大省，以明
其爲頭前……其實‘亢’爲頸前之大名，當咽而非咽，當喉而亦非
喉也。”

林義光《文源》：“古作术，术象人形，一以示其吭。”

夲 夲 400　tāo 土刀切　透豪開一平　透幽（215/214；497/502）

進趣也[一]。**从大**、大徐本有“从”**十**[二]。**大、十者**大
徐本無“者”[三]，**猶兼十人也**[四]。**凡夲之屬皆从夲。讀
若滔**[五]。

【譯文】

急趨。由“大、十”構成。大、十，意思是一人兼有十人的能力。凡
是和“夲”義有關的字都以“夲”爲構件。讀音同“滔”。

【段注】

[一]趣者，疾也。　[二]會意。　[三]“者”字依《廣韻》補①。
[四]説從“大、十”之意。言其進之疾，如兼十人之能也。　[五]土刀
切。二部（宵、藥）。

【疏義】

①《廣韻》豪韻：“夲，《説文》曰：‘進趣也。从大、十。大、十者，猶
兼十人也。’”

【集解】

徐鍇《説文繫傳》：“大，奄有之義也，會意。”

桂馥《説文義證》：“大、十猶兼十人也者，‘大’即‘人’也。”

饒炯《説文部首訂》:"'夲'不見於經傳……然所謂進趣者,無非進趣過人,以一當十,故申釋會意之旨云:'大十猶兼十人',是也。"

董蓮池《部首新證》:"故'夲'實係許慎由以上各字(本書編者按:指'奉、暴、靴、奏、皋'等字)經譌變形成的篆文形體中誤析出來的一個原本不存在的形體,其形義分析不可信。"

【同部字舉例】

奏 zòu　奏進也。从夲(夲)从𠬞从中。中,上進之義。,古文。,亦古文。則候切。○精侯去　精侯

皋 gāo　气皋白之進也。从夲(夲)从白。《禮》:祝曰皋,登謌曰奏。故"皋、奏"皆从"夲"。《周禮》曰:"詔來鼓皋舞。"皋,告之也。古勞切。○見豪平　見幽

夰 401

gǎo 古老切　見晧開一上　見宵(215/215;498/503)

放也[一]。**从大、八**[二]。**八**[三],**分也**"从大"三句大徐本作"从大而八分也"[四]。**凡夰之屬皆从夰。**

【譯文】

放逐。由"大、八"構成。八,是分的意思。凡是和"夰"義有關的字都以"夰"爲構件。

【段注】

[一]放者,逐也。　[二]句。　[三]逗。　[四]各本"从大而八分也",今正。夰者,大分之意也。古老切。二部(宵、藥)。

【集解】

徐鍇《説文繫傳》:"大,人也;八,分施,散也。會意。"

徐灝《説文注箋》:"夰者,放縱輕脱之貌,故从'夰'之字,其義爲驚界(jù),爲傲嫚,爲往來也。"

饒炯《説文部首訂》:"'夰'當爲浩蕩本字。部屬'昦、臩',皆'夰'之轉注。不過'昦'主天説,从夰加日以別之;'臩'主人説,从夰加百以別之耳。其篆从'大',已有張意,又从'八',則張而又張,故義得爲放也。"

【同部字舉例】

奡^{dummy}　**奡** ào　嫚也。从百从夰，夰亦聲。《虞書》曰：“若丹朱奡。”讀若傲。《論語》：“奡湯舟。”五到切。○疑号去　疑宵

昊　**昊** hào　春爲昊天，元气昊昊。从日、夰，夰亦聲。胡老切。○匣晧上　匣宵

大(六)　**夼**⁴⁰² dà　甲文 𠀋、𡗕、𠆢、𠇍、𠚤、𠘧、𠤎　他達切　定　泰開一去　定祭（215/215；498/503）

籀文 夼 大徐本作“大”，下同，**改古文**[一]。**亦象人形**[二]。**凡夼之屬皆从夼。**

【譯文】

“大”的籀文，由古文“大”改造而成。也象人形。凡是和“大”義有關的字都以“大”爲構件。

【段注】

[一]謂古文作 夼，籀文乃改作 夼也，本是一字。而凡字偏旁，或从古，或从籀不一。許爲字書，乃不得不析爲二部，猶“人、儿”本一字①，必析爲二部也。顧野王《玉篇》乃用隸法合二部爲一部，遂使古、籀之分不可考矣②。　[二]“亦”者，亦古文也。夼象人形，此亦象人形。其字同，則其音同也。而大徐云：夼，徒蓋切；夼，他達切③。分別殊誤。古去、入不分，凡今去聲之字，古皆入聲④。“大”讀入聲者，今惟有會稽大末縣獨存古語耳⑤。實則凡“大”皆可入，非古文去、籀文入之謂⑥。

【疏義】

①《説文》人部：“人(𠆢)，天地之性最貴者也。此籀文，象臂脛之形。”儿部：“儿(𠘧)，仁人也。古文奇字人也。象形。孔子曰：‘在人下，故詰屈。’”　②《玉篇》合夼部於大部。《玉篇》大部：“大，達賴切。《易》曰：‘大哉乾元，萬物資始。’《老子》曰：‘道大，天大，地大，王亦大。’”　③大徐本給“夼”所加切語爲“徒蓋切”，給“夼”所加切語爲“他達切”。　④古：指上古。段氏主張上古没有去聲調，中古去聲字在上古讀入聲。　⑤會稽：郡名，治所地在今紹興市。大末縣：地在今

浙江龍游縣。　⑥大意：不論哪種形體的"大"，古音都應讀入聲，而不應該古文🔺讀去聲，籀文🔺讀入聲。段氏的意思是説，"大"的去聲一讀出現的時代晚，在上古"大"只有入聲一讀。

【集解】

徐鍇《説文繫傳》："中作'八'字，象與'大'殊也。"

徐灝《説文注箋》："大，徒蓋切，聲轉爲他達切，非以古、籀而異其音也。"

黃天樹《部首與甲骨文》（續二）："與第 389 部的'大'在甲骨文中都寫作🔺，均象正立之人形。到《説文》中，爲了統攝漢字的需要，分化爲兩個部首：凡是'大'旁居上者都歸入'大'部，例如：奎、夾、奄等。凡是'大'旁處下者都歸入'大'部，例如：奕、奘、奚等。"

董蓮池《部首新證》："字見甲骨文，寫作🔺、🔺諸形（《甲骨文編》418 頁），象揚其兩臂、張其兩足的正面人形。此後一直到篆文，形體基本保持與甲骨文相同的寫法，無篆古籀之别。籀文是西周晚期的一種文字形體，而西周晚期根本不見🔺這種所謂'籀文大，改古文'的寫法，實際不過是'大'參與字的構形時位於其他偏旁下部的一種篆文寫法，許慎以其爲籀文不可信。"

【同部字舉例】

奕　yì　大也。从大，亦聲。《詩》曰："奕奕梁山。"羊益切。○以昔入　定鐸

奘　zàng　馬大也。从大从壯，壯亦聲。徂朗切。○從蕩上從陽

奚　xī　大腹也。从大，孫省聲。孫，籀文系字。胡雞切。○金文🔺、🔺、🔺、🔺　匣齊平　匣支

奭　ruǎn　稍前大也。从大，而聲。讀若畏偄（ruǎn）。而沇切。○日獮上　日元

夫　403　fū　甲文🔺、🔺、🔺、🔺、🔺　金文🔺、🔺、🔺　甫無切
幫虞合三平　幫魚（216/215；499/504）

丈夫也。从大、一[一]，一以象先"──"二句大徐本作

"一以象簪也"[二]。**周制**大徐本有"以"**八寸爲尺**[三]**，十尺爲丈**[四]。**人長八尺**[五]**，故曰丈夫**[六]。**凡夫之屬皆从夫**。

【譯文】

成年男子。由"大、一"構成，用"一"表示簪子。周代的制度以八寸爲一尺，十尺爲一丈。成年男子身高八尺，所以稱爲丈夫。凡是和"夫"義有關的字都以"夫"爲構件。

【段注】

[**一**]从"一、大"則爲"天"，从"大、一"則爲"夫"，於此見人與天同也。天之"一"冒"大"上①，爲會意；"夫"之"一"毌"大"首，爲象形，亦爲會意。 [**二**]旡，首笄(jī)也，俗作"簪"。依《御覽》宜補"冠而後簪，人二十而冠，成人也"十二字②。此說以"一"象簪之意。甫無切。五部(魚、鐸)。 [**三**]尺部曰："中婦人手長八寸謂之咫(zhǐ)，周尺也。" [**四**]十部曰："丈，十尺也。从又持十。" [**五**]見《考工記》③。 [**六**]此說人偁"丈夫"之恉。

【疏義】

①"天之"句：天字的構形是將"一"加於"大"之上。 ②《太平御覽·人事部》卷三八二："《說文》……又曰：'夫從一、大，象人形也。'一'象簪形，冠而既簪。人二十而冠，成人也，故成人曰丈夫。"
③《周禮·冬官考工記》總敘："人長八尺，崇於戈四尺，謂之三等。"崇：高。

【集解】

徐鍇《說文繫傳》："既壯曰夫，於文'大'貫'一'爲夫。大，人象也，一，其笄簪也。"

饒炯《說文部首訂》："炯案：夫者，成人之稱。篆即借'大'爲人，成人者方冠，有冠而後有簪，因又借'一'爲簪，以冠於''(大)首，則丈夫命名之義見矣。"

林義光《文源》："按：古作(邾公華鍾)，或以''爲之(大鼎善大即膳夫)。秦刻石'大夫'作'夫夫'，蓋'夫'與'大'初皆作''，象

人正立形，其後分爲兩音兩義，乃加‘一’爲‘ ’，以别於‘大’。古‘女’或作 （㚣父乙器婦字偏旁），母或作 （母父丁器），則‘一’非象大夫之簪也。”

黄天樹《部首與甲骨文》（續二）：“甲骨文作 ，象成年人頭上戴簪之形。‘夫’的本義就是成年男子。‘夫’、‘大’二字不但字形相近，而且是由一字分化出來的，甲骨、金文裏時常把‘夫’字當‘大’字用。”

董蓮池《部首新證》：“考出土先秦古文字，用來表示簪的符號作丅、⊢、⊣諸形，均象其物，而無作一形者。如所从之一表示簪，則 （夫）字中 上所从一应作⊢，類似‘妍’字寫作 、 （《甲骨文編》869頁）。檢甲骨文，所見‘夫’字寫作 （同前書427頁），西周金文寫作 （盂鼎），春秋寫作 （邾公牼鐘）、 （侯馬盟書），戰國寫作 （中山王𰯌鼎）、 （郭店楚簡）、 （睡虎地秦簡），西漢寫作 （西漢馬王堆帛書《老子》甲本）， 上概無从⊢形者，許慎以爲‘夫’字所从的一‘象簪’，不可信，一應是用來和‘大’字相區别的符號。”

【同部字舉例】

規 　guī　有法度也。从夫从見。居隨切。○見支平　見支

立 404　lì　甲文 、 、 、 　金文 、 、 　力入切　來緝開三入　來緝（216/215；500/504）

侸（shù，樹立）**也**此句大徐本作“住也”[一]。**从大在**大徐本作“立”**一之上**[二]。**凡立之屬皆从立。**

【譯文】

站立。以“大”爲構件，“大”在“一”之上。凡是和“立”義有關的字都以“立”爲構件。

【段注】

［一］“侸”各本作“住”①，今正。人部曰“侸者，立也”②，與此爲互訓。淺人易爲“住”字，亦許書之所無。　［二］“在”各本作“立”，今正。鉉曰：“大，人也；一，地也。會意。”力入切。七部（侵、緝）。

【疏義】

①大徐本《説文》“立”下徐鉉等注：“大，人也。一，地也。會意。”

②《説文》人部:"侸,立也。从人,豆聲。讀若樹。"

【集解】

徐灝《説文注箋》:"人所立處謂之'位',故'立、位'同字。"

饒炯《説文部首訂》:"立者,兩足麗地,無所偏倚,義與'行'對。古人行禮爲表,人立於前,因名其處亦曰'立',後始加'人'以爲'位'字。"

黄天樹《部首與甲骨文》(續二):"甲骨文作𡗓,象一個人正立在地上。"

董蓮池《部首新證》:"其字甲骨文寫作𡗓(《甲骨文編》428 頁),象人站立,大下之一表所立之處。"

【同部字舉例】

端 𡎷 duān　直也。从立,耑聲。多官切。○端桓平　端元

竦 𡊮 sǒng　敬也。从立从束。束,自申束也。息拱切。○心腫上　心東

靖 𡊮 jìng　立竫也。从立,青聲。一曰:細皃。疾郢切。○從靜上　從耕

竭 𡎦 jié　負舉也。从立,曷聲。渠列切。○羣月入　羣月

竝 𦡶 405 bìng　甲文𡘋、𡘋　金文𡘋、𡘋　蒲迥切　並迥開四上並陽(216/216;501/505)

併也[一]。从二立[二]。凡竝之屬皆从竝。

【譯文】

並肩而立。由兩個"立"字構成。凡是和"竝"義有關的字都以"竝"爲構件。

【段注】

[一]人部"併"下曰:"竝也。"二篆爲轉注。鄭注《禮經》古文"竝"今文多作"併"①,是二字音義皆同之故也。古書亦多用爲"傍"字者:傍,附也。　[二]蒲迥切。十一部(耕)。

【疏義】

①《儀禮·公食大夫禮》:"簋實,實於筐,陳於楹内、兩楹間,二以竝,南陳。"鄭玄注:"今文竝作併。"

【集解】

徐灝《説文注箋》：“竝立則有相傍之義，故古以竝爲傍，聲亦相轉也。”

饒炯《説文部首訂》：“以‘併’釋‘竝’，謂‘竝’即‘併’之重文……蓋‘併’爲形聲，而‘竝’从二‘立’，象兩相附之狀。”

林義光《文源》：“象二人竝立形。”

邵瑛《羣經正字》：“今經典作‘並’，隸變。見漢夏承、曹全等碑。”（本書按：夏承碑：全稱《漢北海淳于長夏承碑》，又名《夏仲兗碑》，東漢建寧三年[170]立於洺州，屬今河北省永年縣，隸書，14 行，行 27 字，已久毀。碑主夏承，字仲兗，其祖、父及兄皆居顯位。曹全碑：全稱《漢郃陽令曹全碑》，是漢代隸書的代表作品，風格秀逸多姿，結體匀整。碑立於東漢中平二年[185]。高約 1.7 米，隸書銘文。碑陽 20 行，行 45 字；碑陰 5 列，每列字數不等，内容記述郃陽縣令曹全的家世及生平，曹全爲漢初名相曹參的後代。明萬曆初年，該碑在陝西郃陽縣舊城出土，1956 年移入陝西省西安博物館碑林保存。）

黄天樹《部首與甲骨文》（續二）：“甲骨文作𡘋，象兩個人並列站立在地面上。竝，今作並（現已併入‘并’字）。《説文》‘竝’字从二‘立’，跟字義不切合。”

董蓮池《部首新證》：“字見甲骨文，寫作𡘋、𡘋、𡘋、𡘋諸形（《甲骨文編》429 頁），亦見西周金文，寫作𡘋（辛伯鼎），均爲正面二人形並立，篆人形稍譌，構形原理與甲骨文金文相同。”

【同部字舉例】

暜（替）暜 tì　廢。一偏下也。从竝，白聲。暜，或从曰。替，或从竝从曰。他計切。○金文暜、𡘋　透霽去　透脂

囟 ⊗ 406 xìn　甲文𤿲、𤿲　金文𤿲　息進切　心震開三去　心真（216/216；501/505）

頭會匘（同“腦”）蓋也[一]。象形[二]。凡囟之屬皆从囟。𦠄，或从肉、宰[三]。𡰿，古文囟字[四]。

【譯文】

頭頂骨會合的地方。象形。凡是和"囟"義有關的字都以"囟"爲構件。𦠤，"囟"的異體由"肉、宰"構成。㐜，是古文"囟"字。

【段注】

[一]首之會合處,頭髓之覆蓋。玄應引"蓋"下有"頟空"二字①。"頟空"謂頟腔也。《內則》注曰:"夾囟曰角。"② 　[二]《內則》正義引此云:"囟,其字象小兒腦不合也。"按:人部"兒"下亦云从"儿",上象小兒頭,腦未合也③。《九經字樣》曰,《説文》作"囟",隸變作"囟","鬠、腦"等字从之,"細、思"等字亦从之④。考夢英書《偏旁石刻》作"㲴"⑤,宋刻書本皆作"囟",今人楷字譌"囟",又改篆體作"㲴"。所謂象小兒腦不合者,不可見矣。息進切。十二部(真)。　[三]蓋俗字。[四]《內則》正義所引《説文》疑在此字之下。

【疏義】

①髓:同"髓"。玄應《一切經音義》卷四"頂囟"注:"囟,頟空也。"②《禮記‧內則》:"男角女羈。"鄭玄注:"夾囟曰角。"孔穎達正義:"囟是首腦之上縫,故《説文》云,'乂'其字象小兒腦不合。"　③《説文》兒部:"兒,孺子也。从儿,象小兒頭囟未合。"　④《九經字樣‧雜辨部》:"囟、囟,音信,上《説文》,下隸變。鬠、腦等字從之,細、思等字亦從之。今隸省從田。"　⑤夢英:北宋僧人,籍貫衡陽郡(今衡陽市南岳區),工書法。《偏旁石刻》:指《篆書目録偏旁字源碑》。宋咸平二年據夢英的篆書將《説文解字》540個部首刻碑,該碑現存陝西西安碑林博物館。其中"囟"字作㲴。

【集解】

王筠《説文句讀》:"頭之會,腦之蓋也。會者,合也。"

王筠《説文釋例》:"㲴,段氏作㲴,吾據《嶧山碑》作㲴。段氏以頭囟未合,故斷之。吾以頭囟未合,時爲气所鼓盪,故以隆起者象之,説較段氏似爲近情。"

饒炯《説文部首訂》:"段玉裁據《內則》正義引此云'囟,其字象小兒腦不合也','兒'下亦云'象小兒頭,腦未合也',即從《九經字樣》囟不合上而改篆文,不知小兒腦不合者,謂腦中之陷處也,自有乂象之。若外周腦腔,夫何有不合乎? 且由今小兒腔形觀之,上銳下闊,與王筠篆作🙂形正合。"本書編者按:《段注》"囱"的篆文作🙂。

黃天樹《部首與甲骨文》(續二):"甲骨文作🙂,象頭顱、頭殼之形。"

董蓮池《部首新證》:"字見甲骨文,寫作🙂(《小屯南地甲骨》2538,512 頁),西周金文寫作🙂(長囱盉),戰國寫作🙂(郭店楚簡),與篆形大體相同。◠表示頭腦,⸜表腦上囱門頭骨相接合,其本義指頭囱。"

【同部字舉例】

𩠔𩠔 liè　毛䰔也。象髮在囱上及毛髮䰔䰔之形。此與籀文"子"字同。良涉切。○來葉入　來葉

思　𢝊[407]　sī　息茲切　心之開三平　心之(216/216;501/506)

睿(ruì,同"叡")大徐本作"容"也[一]。从心从囱"从囱"大徐本作"囱聲"[二]。凡思之屬皆从思。

【譯文】

明哲通達。由"心、囱"構成。凡是和"思"義有關的字都以"思"爲構件。

【段注】

[一]"睿也"各本作"容也",或以伏生《尚書》"思心曰容"說之[①],今正。兒曰恭,言曰從,視曰明,聽曰聰,思心曰容,謂五者之德,非可以"恭"釋"兒",以"從"釋"言",以"明、聰"釋"視、聽"也。谷部曰"睿者,深通川也",引"睿畎(quǎn)澮(kuài)距川"[②]。引申之,凡深通皆曰"睿"。"思"與"睿"雙聲,此亦"門,捫也""戶,護也""髮,拔也"之例。謂之"思"者,以其能深通也。至若《尚書大傳》"次五事曰思心,思心之不容,是謂不聖"[③],劉向、董仲舒、班固皆以"寬"釋"容"[④],與《古文尚書》作"五曰思……思曰睿"爲異本,詳予所述《尚書撰異》。

[二]各本作"囱聲",今依《韻會》訂[⑤]。《韻會》曰:"自囱至心,如絲相

貫不絶也。"然則會意,非形聲。"細"以"囟"爲聲,固非之哈部字也[6]。
息兹切。一部(之、職)。

【疏義】

①伏生《尚書》:即《今文尚書》。思心曰容:見於《今文尚書·洪
範》。思心:思考。容:包容。段玉裁《古文尚書撰異·洪範第十三》:
"《古文尚書》'思曰睿',《今文尚書》作'思心曰容'。"按:今本《古文
尚書·洪範》無"思心曰容"一語。孫星衍《今古文尚書注疏·洪範》:
"五事:一曰貌,二曰言,三曰視,四曰聽,五曰思。貌曰恭,言曰從,視
曰明,聽曰聰,思曰睿。"孫疏:"孔壁本作'睿',而《今文尚書》作'思曰
容'……《漢書·五行志》曰'經曰:五事''五事:五曰思心''思心曰
容'……思心者,心思慮也。容,寬也。孔子曰:'居上不寬,吾何以觀
之哉!'言上不寬大寬容臣下,則不能居聖位。"　②距:同"距",至。
《説文》谷部:"睿,深通川也。从谷从𠃊……《虞書》曰:'睿畎澮距
川。'"《尚書·虞書》:"濬畎澮距川。"孔安國傳:"距,至也。決九州名
川,通之至海。一畝之間,廣尺深尺曰畎。方百里之間,廣二尋深二仞
曰澮。澮、畎深之,至川,亦入海。"　③引文見《尚書大傳·牧誓》。

④劉向《説苑·君道》:"齊宣王謂尹文曰:'人君之事何如?'尹文對
曰:'人君之事,無爲而能容下。夫事寡易從,法省易因,故民不以政獲
罪也。大道容衆,大德容下,聖人寡爲而天下理矣。《書》曰:'睿作
聖。'"董仲舒《春秋繁露·五行五事》:"五事:一曰貌,二曰言,三曰
視,四曰聽,五曰思。何謂也?……思曰容,容者,言無不容。"《漢書·
五行志》:"思心者,心思慮也。容,寬也。"　⑤《韻會舉要》支韻:"思,
《説文》:'容也。'本作'恖,从心从囟'。囟,頂門骨空,自囟至心,如絲
相貫不絶。隸作思。"　⑥之哈部字:指段氏上古韻十七部中的第一
部,由《廣韻》之、哈韻組成。"睿"在上古屬真部。

【集解】

徐灝《説文注箋》:"人之精髓在腦,腦主記識,故思从'囟',兼用
爲聲。'囟、思'一聲之轉也,借爲語詞。"

王筠《説文釋例》:"'思'下云'囟聲',竊謂兼取其義。人之能記
在腦,故有遺忘則仰而思之,俗謂之'問腦'。"

朱駿聲《説文定聲》:"思,从心从囟,會意。思者,心神通于囟,故从囟。"

饒炯《説文部首訂》:"'思'當爲'囟'之轉注,人之用思,其權在腦……古人以'囟'爲'思',故屬引借,隨後从'囟'加'心'爲專字。"

【同部字舉例】

慮 𢊈 lǜ 謀思也。从思,虍聲。良據切。○金文 　　　來御去

來魚

心 𢖩 408 xīn 甲文 ⟨ɔ⟩、⟨ɔ⟩、⟨ɔ⟩ 金文 ⟨ɔ⟩、⟨ɔ⟩、⟨ɔ⟩、⟨ɔ⟩ 息林切 心侵開三平 心侵(217/216;501/506)

人心。土臧大徐本作"藏",下同**也**大徐本無"也"[一]。**在身之中。象形**[二]。**博士説以爲火臧**[三]。**凡心之屬皆从心。**

【譯文】

人的心臟。五行中屬土的臟器。位於身體的中央。象形。博士認爲心是五行中屬火的臟器。凡是和"心"義有關的字都以"心"爲構件。

【段注】

[一]"也"字補。　[二]息林切。七部(侵、緝)。　[三]"土臧"者《古文尚書》説,"火臧"者今文家説。詳肉部"肺"下①。

【疏義】

①土臧、火臧:五行中屬土、屬火的臟器。肉部"肺"字《段注》引《五經異議》(本書按:許慎著)云:"《今尚書》歐陽説:'肝,木也。心,火也。脾,土也。肺,金也。腎,水也。'《古尚書》説:'脾,木也。肺,火也。心,土也。肝,金也。腎,水也。'許慎謹案:'《月令》"春祭脾,夏祭肺,季夏祭心,秋祭肝,冬祭腎",與《古尚書》同。'鄭駁之曰:'《月令》祭四時之位,乃其五藏之上下次之耳。冬位在後而腎在下,夏位在前而肺在上,春位小前故祭先脾,秋位小卻故祭先肝。腎也、脾也,俱在鬲下。肺也、心也、肝也,俱在鬲上。祭者必三,故有先後焉,不得同五行之義。'今醫病之法,以肝爲木,心爲火,脾爲土,肺爲金,腎爲水,則有瘳也。若反其術,不死爲劇。"鄭注《月令》,自用其説,從《今尚

書》説。揚雄《太玄》“木藏脾，金藏肝，火藏肺，水藏腎，土藏心”，從《古尚書》説。高注《吕覽》於“春祭先脾”曰：“春木勝土，先食所勝也。一説脾屬木，自用其藏也。”於“夏祭先肺”曰：“肺，金也。祭禮之先進肺，用其勝也。一曰肺火，自用其藏。”於“秋祭先肝”曰：“肝，木也，祭祀之肉，用其勝也，故先進肝。一曰肝，金也，自用其藏也。”於“冬祭先腎”曰：“腎屬水，自用其藏也。”於“中央土祭先心”曰：“祭祀之肉，先進心。心，火也，用所勝也。一曰心土，自用其藏也。”其注《淮南·時則訓》略同，皆兼從今古《尚書》説，而先今後古，許《異義》從《古尚書》説。《説文》雖兼用今古《尚書》説，而先古後今，與鄭不同矣。

【集解】

王筠《説文釋例》：“其字蓋本作Ψ，中象心形，猶恐不足顯著之也，故外兼象心包絡。今篆曳長一筆，趁姿媚耳。”

饒炯《説文部首訂》：“炯案：心之爲篆，中形象心，外形象包絡，在身之中。《古尚書》説爲土藏者，五行土位於中，舉五藏之部位言也，其體最靈。今文家説爲火藏者，五行火空則明，舉五藏之運用言也。”

黄天樹《部首與甲骨文》（續二）：“甲骨文作ᗡ，象人的心臟的輪廓形。”

董蓮池《部首新證》：“字見甲骨文，寫作ᗣ（《甲骨文合集》905 正，247 頁），西周金文寫作ᗣ（師𩛥簋），ᗣ（師望鼎），均象心形。許慎解説字形甚是，然雜以五行之説則不可取。字春秋寫作ᗣ（石鼓文），戰國寫作ᗣ（王孫鐘）、ᗣ（詛楚文），爲篆所本。”

【同部字舉例】

息 xī　喘也。从心从自，自亦聲。相即切。○心職入　心職

情 qíng　人之陰气有欲者。从心，青聲。疾盈切。○從清平從耕

性 xìng　人之陽气性善者也。从心，生聲。息正切。○心勁去心耕

志 zhì　意也。从心，之聲。職吏切。○章志去　章之

意 yì　志也。从心，察言而知意也。从心从音。於記切。○影

志去　影之

慎 帪 shèn　謹也。从心，真聲。㥲，古文。時刃切。○襌震去　襌真

忠 忠 zhōng　敬也。从心，中聲。陟弓切。○知東平　端冬

快 恔 kuài　喜也。从心，夬聲。苦夬切。○溪夬去　溪祭

念 念 niàn　常思也。从心，今聲。奴店切。○泥桥去　泥侵

恭 恭 gōng　肅也。从心，共聲。俱容切。○見鍾平　見東

慈 慈 cí　愛也。从心，茲聲。疾之切。○從之平　從之

恩 恩 ēn　惠也。从心，因聲。烏痕切。○影痕平　影真

想 想 xiǎng　冀思也。从心，相聲。息兩切。○心養上　心陽

怙 怙 hù　恃也。从心，古聲。侯古切。○匣姥上　匣魚

恃 恃 shì　賴也。从心，寺聲。時止切。○襌止上　襌之

悟 悟 wù　覺也。从心，吾聲。㤸，古文悟。五故切。○疑暮去　疑魚

怪 恠 guài　異也。从心，圣聲。古壞切。○見怪去　見之

慢 慢 màn　惰也。从心，曼聲。一曰：慢，不畏也。謀晏切。○明諫去　明元

怠 怠 dài　慢也。从心，台聲。徒亥切。○定海上　定之

惢 惢 409　suǒ　才規切、才累切　心果合一上　心歌（224/223；515/520）

心疑也[一]**。从三心**[二]**。凡惢之屬皆从惢。讀若《易》"旅瑣瑣"**[三]**。**

【譯文】
　　心中起疑。由三個"心"構成。凡是和"惢"義有關的字都以"惢"爲構件。讀音同於《周易》"旅瑣瑣"的"瑣"。

【段注】
　　[一]《魏都賦》曰："神惢形茹。"① 　[二]今俗謂疑爲多心。會意。今花蘂字當作此。蘂、蘂皆俗字也。 　[三]《旅·初六》爻辭。"惢"讀如此"瑣"也②。按：古音在十六部（支、錫），今才規、才累二切是也。

【疏義】

①《魏都賦》：西晉左思撰。神惢形茹：神情沮喪，形象酸臭。

②《旅》：《周易》六十四卦之一，卦形爲䷷，艮下離上。初六：解釋旅卦初爻的文辭：“旅瑣瑣，斯其所取，災。”

【集解】

徐鍇《説文繫傳》：“惢，臣鍇曰：‘疑慮不一也，故從三心會意。’”

【同部字舉例】

蕊　蘂　ruǐ　垂也。从惢，糸聲。如壘切。○蘂：“蕊”的古字。曰旨上　曰歌

卷十一上

水 巛 410 shuǐ 甲文 ⿰⿱、⿱、⿱ 金文 ⿱、⿱、⿱ 式軌切 書旨 合三上 書微（224/224；516/521）

準也[一]。北方之行[二]。象衆水並流，中有微陽之氣_{大徐本作"气"}也[三]。凡水之屬皆从水。

【譯文】

水之平。五行中代表北方的物質。字形象許多水同時流動的樣子，中間一畫象徵隱藏着微弱的陽氣。凡是和"水"義有關的字都以"水"爲構件。

【段注】

[一]"準"古音追上聲。此以疊韻爲訓，如"户、護""尾、微"之例①。《釋名》曰："水，準也。準，平也。"②天下莫平於水，故匠人建國必水地③。 [二]《月令》曰："大史謁之天子曰：'某日立冬，盛德在水。'"④ [三]火，外陽内陰；水，外陰内陽，中畫象其陽。云"微陽"者，陽在内也，"微"猶"隱"也。"水"之文與☵卦略同⑤。式軌切。十五部（脂、微、物、月）。

【疏義】

①《説文》户部："户，護也。"尾部："尾，微也。" ②《釋名·釋天》："水，準也，準平物也。" ③水地：以水測量高低。《周禮·冬官考工記·匠人》："匠人建國，水地以縣。"鄭玄注："於四角立植，而縣以水，望其高下。高下既定，乃爲位而平地。"孔穎達正義："此經説欲置國城，先當以水平地，欲高下四方皆平，乃始營造城郭也。植，即柱也。於造城之處，四角立四柱而縣，謂於柱四畔縣繩以正柱。"縣：

“懸”的古字。　④《禮記·月令·孟冬之月》：“是月也，以立冬。先立冬三日，大史謁之天子曰：‘某日立冬，盛德在水。’”　⑤文：“紋”的古字。☷：《周易》八卦中“坎”的卦形。《周易·說卦》：“坎者，水也……坎爲水。”

【集解】

徐灝《說文注箋》：“此古篆蓋作∿，象形。易横爲直，以與偏旁相配也。”

林義光《文源》：“古作⺡，⋮象水潴，ⵈ象水流，皆凡水之稱，非指衆川並流也。”

饒炯《說文部首訂》：“水篆象衆水並流，中象深處波濤平易渾然流行之形，兩旁象淺處，波濤洶涌、時斷時連之形，故中連旁斷。今視川流，適如其象。”

黃天樹《部首與甲骨文》（續二）：“甲骨文作⺡，象流水。”

董蓮池《部首新證》：“考‘水’字見甲骨文，寫作⺡、⺡諸形（《甲骨文編》431頁），象水流曲屈之形，爲‘水’的象形字。”

【同部字舉例】

河⺡ hé　水出焞（敦）煌塞外昆侖山，發原注海。从水，可聲。乎哥切。○甲骨文⺡、⺡、⺡、⺡　金文⺡、⺡　匣歌平　匣歌

江⺡ jiāng　水出蜀湔氐徼外崏山，入海。从水，工聲。古雙切。○金文⺡、⺡　見江平　見東

浪⺡ làng　滄浪水也，南入江。从水，良聲。來宕切。○來宕去來陽

深⺡ shēn　水出桂陽南平，西入營道。从水，罙聲。式針切。○甲骨文⺡、⺡　金文⺡　書侵平　書侵

潭⺡ tán　水出武陵鐔成玉山，東入鬱林。从水，覃聲。徒含切。○金文⺡　定覃平　定侵

油⺡ yóu　水出武陵孱陵西，東南入江。从水，由聲。以周切。○甲骨文⺡、⺡、⺡　以尤平　定幽

淮⺡ huái　水出南陽平氏桐柏大復山，東南入海。从水，隹聲。戶乖切。○甲骨文⺡、⺡、⺡、⺡　金文⺡、⺡、⺡　匣皆平　匣微

洋〔图〕yáng　水出齊臨朐高山,東北入鉅定。从水,羊聲。似羊切。○甲骨文〔图〕、〔图〕、〔图〕、〔图〕、〔图〕　以陽平　定陽

海〔图〕hǎi　天池也,以納百川者。从水,每聲。呼改切。○金文〔图〕、〔图〕、〔图〕　曉海上　曉之

滔〔图〕tāo　水漫漫大皃。从水,舀聲。土刀切。○金文〔图〕、〔图〕、〔图〕　透豪平　透幽

測〔图〕cè　深所至也。从水,則聲。初側切。○金文〔图〕　初職入　初職

淵〔图〕yuān　回水也。从水,象形。左右,岸也,中象水皃。〔图〕,淵或省水。〔图〕,古文从口、水。烏玄切。○甲文〔图〕、〔图〕、〔图〕　金文〔图〕、〔图〕、〔图〕　影先平　影真

滿〔图〕mǎn　盈溢也。从水,㒼聲。莫旱切。○明緩上　明元

滑〔图〕huá　利也。从水,骨聲。戶八切。○匣黠入　匣物

沼〔图〕zhǎo　池水。从水,召聲。之少切。○章小上　章宵

湖〔图〕hú　大陂也。从水,胡聲。揚州浸,有五湖。浸,川澤所仰以灌漑也。戶吳切。○金文〔图〕　匣模平　匣魚

卷十一下

㳇 〰 411 zhuǐ　甲文 〰　之壘切　章紙合三上　章微（239/
239；567/573）

二水也[一]。闕[二]。凡㳇之屬皆从㳇。

【譯文】

兩條水。讀音不明。凡是和"㳇"義有關的字都以"㳇"爲構件。

【段注】

[一]即形而義在焉①。　[二]此謂闕其聲也，其"讀若"不傳②。今之壘切者，以意爲之。

【疏義】

①大意：根據字形可知意義所在。　②讀若：注音用語，或稱"讀如、讀若某同"等，以音同音近字注音，有時兼顧釋義。

【集解】

徐灝《説文注箋》："許當是音義並闕。"

王筠《説文句讀》："既釋以'二水也'，而又云闕者，蓋'㳇'即'水'之異文。"

饒炯《説文部首訂》："凡篆文疊體，又因所疊之字爲音，必是一字重文，而分用之者也。"

董蓮池《部首新證》："此部首實即'水'字參與本部'㳅'（流）、'㳕'（涉）二字構形時的增繁文……故'㳇'與'水'構形作用實同，只是爲了要統'流'、'涉'增繁的形體，許慎纔將其立爲部首，其實'流'、'涉'增繁的形體本可歸於水部。"

【同部字舉例】

㳅 〰 liú　水行也。从㳇、㐬。㐬，突忽也。〰，篆文，从水。力求

切。○金文 𣲆　來尤平　來幽

瀺 𣲖 shè　徒行厲水也。从林从步。𣲗，篆文，从水。時攝切。
○甲骨文 𣲘、𣲙、𣲚、𣲛、𣲜　金文 𣲝、𣲞、𣲟　禪葉入　禪葉

瀕 𩕳 412 bīn(舊讀 pín)　金文 𩕴、𩕵、𩕶、𩕷、𩕸　符真切　並真 開三平　幫真(239/239;567/573)

水厓，人所賓附也 大徐本無"也"[一]，**顣戚**(cù, 通 "促"，蹙) **不嵩而止** 大徐本作"頻蹙不前而止"。**从頁从 涉**[二]。**凡瀕** 大徐本作"頻"，下同**之屬皆从瀕**。

【譯文】

水邊，人們走近其地時，會皺眉不前而停下。由"頁、涉"構成。凡 是和"瀕"義有關的字都以"瀕"爲構件。

【段注】

[一]厓，今之"涯"字。"附"當作"駙"。馬部曰："駙，近也。"瀕、賓 以疊韻爲訓①。"瀕"今字作"濱"。《召旻》傳曰："瀕，厓也。"②《采蘋》 《北山》傳皆曰："濱，厓也。"③今字用"頻"訓"數"。考《桑柔》傳曰："頻， 急也。"④《廣雅》曰："頻頻，比也。"⑤此從附近之義引申之，本無二字二 音，而今字妄爲分別，積習生常矣。　[二]"顣戚"各本作"顰戚"⑥，今 正。此以"顣戚"釋从"頁"之意也。將涉者或因水深，顣眉蹙頞(è)而 止⑦，故字从"涉、頁"。符真切。按:當必鄰切。十二部(真)。

【疏義】

①"瀕、賓"上古同屬真韻。　②《詩經·大雅·召旻》："池之竭 矣，不云自頻。"毛傳："頻，厓也。"鄭玄箋："'頻'當作'濱'。厓猶外 也。"陸德明釋文："張揖《字詁》云'瀕今濱'，則'瀕'是古'濱'字者。" ③《詩經·國風·采蘋》："于以采蘋，南澗之濱。"毛傳："濱，涯也。"陸 德明釋文："涯本亦作厓。"蘋:浮萍。《詩經·小雅·北山》："率土之 濱，莫非王臣。"毛傳："濱，涯也。"　④《詩經·大雅·桑柔》："於乎有 哀，國步斯頻。"毛傳："步，行。頻，急也。"　⑤引文見《廣雅·釋訓》。 ⑥顣戚:今作"顣蹙"，皺眉。　⑦頞:鼻梁。

説文部首段注疏義

【集解】

徐灝《説文注箋》："頻蹙者,瀕之本義。蓋从頁建類,夢象蹙頻之形。人有憂思,峙躕(跱躕)往來,故从步、𡿨𡿨,與'水'篆橫體極相似,因謁从'水',而生涉水頻蹙之義。"

王筠《説文釋例》："蓋顰字,隷或易其部位而爲'瀕',或省之而爲'頻',以'頻'爲頻數,以'瀕'爲厓岸,而'瀕'又作'濱',許則祇此一字也。"

董蓮池《部首新證》："字見西周金文,寫作 𤲬(井侯簋)、𤲬(趀簋),从'頁',从'涉',篆與之同。和'濱'爲古今字。"

【同部字舉例】

顰 𡊲 pín　涉水顰蹙。从頻,卑聲。符真切。○並真平　並真

〈〉 413 quǎn　姑泫切　見鉉合四上　見元(239/239;568/573)

水小流也[一]。《**周禮**》:"**匠人爲溝洫,枱**(sì,同"耜")大徐本作"耜",下同**廣五寸**[二]**,二枱爲耦。一耦之伐,廣尺深尺謂之〈。**"**倍〈謂之遂,倍遂曰溝,倍溝曰洫,倍洫曰〈〈**(kuài)[三]。**凡〈之屬皆从〈。𡿨,古文〈,从田、川**[四]**,田之川也**"从田"二句大徐本作"从田从川"[五]。**𤲬,篆文〈,从田,犬聲**[六]。**六畎爲一畮**大徐本作"畝"[七]。

【譯文】

小水流。《周禮》上説:"工匠修田間溝洫,所用的耜寬五寸,兩耜的寬度是一耦。一耦所挖的溝,寬一尺深一尺叫做〈。"〈的一倍叫做遂,遂的一倍叫做溝,溝的一倍叫做洫,洫的一倍叫做〈〈。凡是和"〈"義有關的字都以"〈"爲構件。𡿨,是古文"〈"字,由"田、川"構成,表示是田中的水流。𤲬,是篆文"〈"字,"田"爲意符,"犬"爲聲符。六畎合一畮。

【段注】

[一]水部曰:"涓,小流也。""〈"與"涓"音義同①。《釋名》曰:

"山下根之受霤(liù)處曰甽。甽，吮也，吮得山之肥潤也。"②按：此爲《禹貢》"羽畎、岱畎"之説解③，亦即小流之義。　　[二]枰，許之"耜"字也，見木部，各本作相，誤。　　[三]已上《考工記·匠人》職文，説詳鄭注及程氏瑤田《通藝録》④。今《周禮》"〈"作"畎"，"〈〈"作"澮"，與許所據不同者，後人所改也。"〈、〈〈、〈〈〈"三篆下皆宜曰"象形"，而不言者，省文也。姑泫切。十四部(元)。　　[四]"古文"疑當作"籀文"，蓋"〈、〈〈"皆古文也。按：鄭注《考工記》曰："畎，畎也。"⑤謂"甽、畎"古今字。"畎"即今之"畎"字也。　　[五]四字小徐有，而"田"譌作"畎"⑥。　　[六]"畎"爲小篆，則"〈、畎"爲古、籀可知。此亦先"二"後"上"之例⑦。　　[七]《漢·食貨志》曰："趙過能爲代田，一晦三甽，古法也。后稷始甽田，以二耜爲耦。廣尺、深尺曰'甽'，長終晦，一晦三畎，一夫三百甽，而播種於甽中。"⑧按：長終晦者，長百步也。六尺爲步，步百爲晦。播種於甽中者，甽中猶甽閒，播種於兩甽之閒也。深者爲甽，高者爲田，皆廣尺。三百甽，積廣六百尺，長百步，亦長六百尺，故一夫百晦，其體正方。許云"六畎爲一晦"者，謂其地容六畎耳，與一晦三畎之制非有二也。畎與田來歲互易，即代田之制也。"六尺爲步，步百爲晦"，見田部⑨。

【疏義】

①〈、涓：二字上古同屬見母元部。　②霤：向下流的水。甽：泛指山谷、河流。吮：用嘴吸。引文見《釋名·釋山》。　③羽畎：羽山山谷。岱畎：泰山山谷。《尚書·禹貢》："岱畎絲、枲、鉛、松、怪石。"孔安國傳："畎，谷也……岱山之谷出此五物，皆貢之。"又《禹貢》："羽畎夏翟。"孔安國傳："翟，雉名，羽中旌旄，羽山之谷有之。"夏：大。　④《周禮·冬官考工記·匠人》："匠人爲溝洫。耜廣五寸，二耜爲耦，一耦之伐，廣尺深尺謂之畎；田首倍之，廣二尺深二尺謂之遂。九夫爲井，井間廣四尺深四尺謂之溝。方十里爲成，成間廣八尺深八尺謂之洫。方百里爲同，同間廣二尋深二仞謂之澮。"鄭玄注："古者耜一金，兩人併發之。其壟中曰畎，畎上曰伐，伐之言發也。畎，畎也。今之耜，岐頭兩金，象古之耦也。"程瑤田：清代著名學者，徽派樸學代表人物，歙縣(今安徽歙縣)人，與戴震同師事江永，在數學、天文、地理、生物、農業、

水利、兵器、農器、文字、音韻等領域均有重要建樹,著有《通藝録》《釋蟲小記》《釋草小記》等書。程氏關於"溝洫"之説見《通藝録·考工創物小記》。　⑤引文見《周禮·冬官考工記·匠人》"廣尺深尺謂之畎"一語鄭玄注。按:甲骨文"水"字繁省不一,作偏旁時或作ⅰ、ⅱ、ⅲ、ⅳ、ⅴ等形。〈、《《、《《《原本無别,"《《《"字《甲骨文存》二·五八六作ⅵ,象兩岸間水流之形,初義亦爲水,後世文字分化,以〈、《《、《《《區分水之大小,溝洫之制是也。古文甽、篆文畎,皆晚出之形聲字。　⑥四字:指"田之川也",大徐本無。《説文繫傳》:"甽,古文〈,從田、《《、畎《之川也。"　⑦先有古文"二",后有篆文"上"。大徐本《説文》丄部:"丄,高也。此古文上。指事也。凡丄之屬皆從丄。ﾖ,篆文丄。"段氏指出此説解是錯誤的:"凡《説文》一書,以小篆爲質,必先舉小篆,後言'古文作某',此獨先舉古文,後言小篆作某,變例也。"同時根據"帝、旁、示"等字皆從古文"上"的事實證明古文"上"應寫作"二",篆文"上"應寫作"丄"。　⑧引文見《漢書·食貨志》。代田:古時北方乾旱地區的一種輪做法,將一畮田(古代以長百步、寬一步作爲一畮,每步六尺,每尺約合今七寸)分成三畎三壟,每畎深寬各一尺,在畎中播種,鋤草時以壟土培壅苗根。畎和壟的位置隔年調換,故名"代田"。甽田:在田中挖小溝。　⑨引文見《説文》田部"畮"字注。

【集解】

徐鍇《説文繫傳》:"《尚書》:'濬畎澮距川。'畎,〈也,起於田閒溝也。象形。"

王紹蘭《説文段注訂補》:"〈者,一水流於谷中之形也。《《者,水流出谷,與他谷之水會而成谿。故字從二'〈',不一〈之形也。《《《者,羣《《所趨,字從三〈,衆水之形也。"

林義光《文源》:"〈象水,小流形。"

《《　》》　414　kuài　古外切　見泰合一去　見祭（239/239；568/573）

水流澮(kuài,田閒排水道)**澮也**[一]**。方百里爲《《,廣二尋,深二仞**[二]**。凡《《之屬皆從《《。**

【譯文】

水流嘩嘩的排水渠。方圓一百里之地修建《《渠,渠寬二尋,深二仞。凡是和"《《"義有關的字都以"《《"爲構件。

【段注】

[一]"澮澮"當作"㓉(huó)㓉"。毛傳曰:"㓉㓉,流也。"①水部曰:"㓉㓉,水流聲也。"②古昏聲、會聲多通用。水流涓涓然曰"〈",㓉㓉然則曰"《《",《《大於〈矣。此字之本義也,因以名井田之制。[二]《考工記·匠人》文③。尋、仞依許寸部、人部説皆八尺④。今《周禮》作"澮"⑤,許所據作"《《",後人以水名易之也⑥。古外切。十五部(脂、微、物、月)。

【疏義】

①㓉:"活"的古字。《詩經·衞風·碩人》:"河水洋洋,北流活活。"毛傳:"洋洋,盛大也。活活,流也。"　②大徐本《説文》水部作"㓉,水流聲"。　③《周禮·冬官考工記·匠人》:"匠人爲溝洫……方百里爲同,同間廣二尋深二仞謂之澮。"同:古代土地面積單位,方圓百里爲同。　④《説文》寸部:"尋,度人之兩臂爲尋,八尺也。"人部:"仞,伸臂一尋八尺。"按:仞的長度説法不一,或説周制爲八尺,漢制爲七尺,東漢末爲五尺六寸。　⑤參見注③。　⑥澮(huì)水,源出山西省翼城縣東,注入汾河。

【集解】

劉熙《釋名·釋水》:"(水)注溝曰澮。澮,會也,小溝之所聚會也。"

饒炯《説文部首訂》:"《《、川之形,本亦如'〈',但有廣深之不同,故皆疊〈爲意。二之爲'《《',三之爲'川'。'《《'之爲言田水所會,其流聲澮澮也。川之爲言田水所通,貫穿無滯也。"

【同部字舉例】

粼 lín　水生厓石閒粼粼也。从《《,粦聲。力珍切。○來真平來真

川 《《　415 chuān　甲文 、 、 、　金文 、　昌緣切　昌仙合三平　昌文(239/239;568/574)

　　毌大徐本作"貫"**穿通流水也**[一]。**《虞書》曰**[二]：**"濬〈〈〈距〈〈〈。""距〈〈〈"**大徐本作"距川"[三]**言深〈〈〈之水會爲川也**[四]。**凡川之屬皆从川。**

【譯文】

　　穿越山谷的河流。《虞書》上說："（大禹）疏通〈〈〈之水使歸於川。"意思是說大禹疏導〈〈〈這樣的田間水流，使之匯成大川。凡是和"川"義有關的字都以"川"爲構件。

【段注】

　　[一]"毌"各本作"貫"。毌，穿物持之也。穿，通也。〈〈〈則毌穿通流，又大於〈〈矣。水有始出謂"川"者，如《爾雅》"水注川曰谿"①、許云"泉出通川爲谷"是也②。有絕大乃謂川者，如《皐陶謨》"〈〈〈距川"③、《考工記》"澮達於川"是也④。本小水之名，因以爲大水之名。[二]謂古文《皐陶謨》。　　[三]"距"各本作"距"，今正。今《尚書》作"畎澮距川"者，後人所改也。　　[四]此偁《尚書》釋之，以見《尚書》之"川"與"川"字有間矣⑤。"川"今昌緣切，古音在十三部（文），讀如"春"，《雲漢》之詩是也⑥。

【疏義】

　　①《爾雅·釋水》："水注川曰谿，注谿曰谷，注谷曰溝，注溝曰澮，注澮曰瀆。"邢昺疏："水注川曰谿，是澗谿之水注入於川也。"今按："川"字甲骨文作〔〕、〔〕、〔〕、〔〕等，金文作〔〕（矢簋）、〔〕（啟卣）等，象兩岸間水流之形。"川、水"初應爲一字，後世意義分化，遂別爲"川"字。②引文見《說文》谷部"谷"字說解。　　③引文見於《今文尚書·益稷》，或合此篇於《皐陶謨》，故有是稱。原文作："予決九川，距四海，濬畎澮距川。"孔安國傳："距，至也。決九州名川，通之至海。一畝之間，廣尺深尺曰畎；方百里之間，廣二尋深二仞曰澮。澮畎深之至川，亦入海。"　　④《周禮·冬官考工記·匠人》："方百里爲同，同間廣二尋深二仞謂之澮。專達於川，各載其名。"鄭玄注："達猶至也。謂澮直至於川，復無所注入。"　　⑤"此偁"二句：這裏用《尚書》的話作解釋，旨在說明《尚書·皐陶謨》中的"川"（大河）與《說文》中的"川"（流過

山間的水）所指不同。　⑥《詩經·大雅·雲漢》:"旱既太甚,滌滌山川。旱魃爲虐,如惔如焚。我心憚暑,憂心如熏。"毛傳:"滌滌,旱氣也。山無木,川無水,魃旱神也。惔,燎之也。憚,勞。熏,灼也。"

【集解】

王筠《説文釋例》:"'川'字象長流之形。由川而減之爲《,再減之爲〈,則會意字也。非以'川'字比例而推求之,不可知其爲畎澮,故曰會意也……'〈'下云'水小流也',是謂省'川'左右四筆,獨存中筆,以見其爲小也。'《'下云'水流澮澮也',則由'〈'而增之,以見其稍大也。'川'下云'貫穿通流水也',則又由'《'而增之,以見其益大也。"

朱駿聲《説文定聲》:"'川'象水直達之形。"

黃天樹《部首與甲骨文》(續二):"甲骨文作,象河川,兩邊是岸,中有流水。後來中間象水流的那些虛點連成了一條實綫。"

董蓮池《部首新證》:"字見甲骨文,寫作、諸形(《甲骨文編》447頁),象畔岸,(水)在其中貫流。西周金文寫作(矢簋),承上舉甲骨文後一種形體,畔岸中'水'由連成一綫,爲篆文所本。"

【同部字舉例】

巠 jīng　水脈也。从川在一下。一,地也。壬省聲。一曰:水冥巠也。,古文巠不省。古靈切。○金文　見青平　見耕

邕 yōng　四方有水,自邕城池者。从川从邑。,籒文邕。於容切。○金文　影鍾平　影東

巛 zāi　害也。从一雝川。《春秋傳》曰:"川雝爲澤,凶。"祖才切。○甲文、、　精咍平　精之

侃 kǎn　剛直也。从伈。伈,古文信。从川,取其不舍晝夜。《論語》曰:"子路侃侃如也。"空旱切。○金文、　溪旱上　溪元

州 zhōu　水中可居曰州。周遶其旁,从重川。昔堯遭洪水,民居水中高土,或曰九州。《詩》曰:"在河之州。"一曰:州,疇也,各疇其土而生之。,古文州。職流切。○甲骨文、、　金文、、、　章尤平　章幽

泉 

416　quán　甲文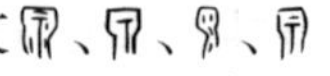　疾緣切　從仙合三平　從元(239/239;569/575)

水原也[一]。**象水流出成川形**[二]。**凡泉之屬皆从泉**。

【譯文】

水的源頭。字形象水從地中流出匯成河川的樣子。凡是和“泉”義有關的字都以“泉”爲構件。

【段注】

［一］《釋水》曰:“濫泉正出,正出,涌出也。沃泉縣出,縣出,下出也。氿(guǐ)泉穴出,穴出,仄出也。”①毛傳亦云:“檻泉正出。”②“側出曰氿泉。”③許作“濫泉、厬(guǐ)泉”④。《召旻》曰:“泉之竭矣,不云自中。”⑤傳曰:“泉水從中以益者也。”引申之,古者謂錢曰“泉布”⑥。許云:“古者貨貝而寶龜,周而有泉,至秦廢貝行錢。”⑦　［二］同出而三岐,略似“巛”形也。疾緣切。十四部(元)。

【疏義】

①《釋水》:《爾雅》篇名。縣出:從上流於下。縣,“懸”的古字。穴出:從旁流出,指泉水上涌受阻,從側面流出。　②《詩經·小雅·采菽》:“觱(bì)沸檻泉,言采其芹。”毛傳:“觱沸,泉出貌。檻泉,正出也。”檻:通“濫”。　③《詩經·小雅·大東》:“有洌氿泉。”毛傳:“側出曰氿泉。”　④許慎將“檻泉”記作“濫泉”,將“氿泉”記作“厬泉”。《説文》水部:“濫,氾也。从水,監聲。一曰:濡上及下也。《詩》曰:‘觱沸濫泉。’一曰:清也。”水部:“沸,滭沸濫泉。”厂部:“厬,仄出泉也。”　⑤《召旻》:《詩經·大雅》篇名。不云自中,鄭玄箋:“泉者,中水生則益深,水不生則竭。喻王猶泉也,政之亂,又由内無賢妃益之。”⑥《周禮·天官冢宰·外府》:“外府掌邦布之入出,以共百物,而待邦之用。”鄭玄注:“布,泉也。‘布’讀爲宣布之‘布’。其藏曰泉,其行曰布,取名於水泉,其流行無不徧。”　⑦引文見《説文》貝部“貝”字説解。

【集解】

徐灝《説文注箋》:“白象泉穴,下象水流出形。借爲貨泉之名,取其流布也。”

王筠《説文句讀》：“上半象泉，下半似‘川’字，要是全體象形，非從‘川’也。”

黃天樹《部首與甲骨文》（續二）：“甲骨文作🝔，象流出泉水的泉眼。”

董蓮池《部首新證》：“字見甲骨文，寫作🝔、🝔諸形（《甲骨文編》449 頁），象泉水自泉穴中流出。西周金文寫作🝔（克鼎‘原’所從），篆文泉穴中流淌的‘水’形與甲骨文寫法相近。”

【同部字舉例】

灤（鱳（《段注》作鱳）fàn　泉水也。从泉，緐聲。讀若飯。符萬切。○金文鱳　並願去　並元

灥 灥　417 xún　詳遵切　邪諄合三平　邪文（239/239；569/575）

三泉也[一]**。闕**[二]**。凡灥之屬皆从灥。**

【譯文】

衆多泉水。讀音不明。凡是和“灥”義有關的字都以“灥”爲構件。

【段注】

　　［一］凡積三爲一者，皆謂其多也。不言“从三泉”者，不待言也。

［二］此謂“讀若”未詳，闕其音也。今音詳遵切①，依附“泉”之雙聲爲之。

【疏義】

　　①今音：指中古音。

【集解】

　　饒炯《説文部首訂》：“‘灥’亦‘泉’之重文。”

【同部字舉例】

厵（𢱒 yuán　水泉本也。从灥出厂下。𠪴，篆文从泉。愚袁切。○金文𠪴、𠪴、𠪴、𠪴　疑元平　疑元

永 永　418 yǒng　甲文𣱵、𣲝、𣲖、𣲝　金文𣲝、𣲝、𣲝、𣲝、𣲝、𣲝
　　　　　　　　　　于憬切　雲梗合三上　匣陽（240/240；569/575）

水大徐本無“水”字**長也**^[一]。**象水巠理之長永也**大徐本無“永也”二字^[二]。**《詩》曰：“江之永矣。”**^[三]**凡永之屬皆从永。**

【譯文】

　　水流很長。象水脈波紋長遠的樣子。《詩經》上説：“江水流長。”凡是和“永”義有關的字都以“永”爲構件。

【段注】

　　[一]引申之，凡長皆曰“永”。《釋詁》、毛傳曰：“永，長也。”^①《方言》曰：“施於衆長謂之永。”^②　[二]巠者，水脈；理者，水文。于憬切。古音在十部（陽）。　[三]《周南·漢廣》文^③。

【疏義】

　　①《爾雅·釋詁》：“永、羕、引、延、融、駿，長也。”《詩經·周南·卷耳》：“維以不永懷。”《詩經·小雅·常棣》：“每有良朋，況也永歎。”毛傳皆云：“永，長也。”　②《方言》第一：“延，永長也。凡施於年者謂之延，施於衆長謂之永。”大意：凡是用以表示年歲長久的叫做“延”，用於表示事物長久的叫做“永”。　③《詩經·周南·漢廣》：“江之永矣，不可方思。”毛傳：“永，長。方，泭（fú）也。”泭：編木渡河。

【集解】

　　高鴻縉《中國字例·象形》（第二篇）：“按：此永字即潛行水中之泳字之初文，原从人在水中行，由文‘人彳’生意，故托以寄游泳之意……後人借用爲長永，久而爲借意所專。”

　　林義光《文源》：“古作𣱵，象水長流相會形。”

　　黃天樹《部首與甲骨文》（續二）：“古文字作𣱵或𣲗，象水流悠長，並有支流。西周銅器銘文屢見‘子子孫孫永寶用’之語，‘永’字的寫法正反無別。”

　　董蓮池《部首新證》：“字見甲骨文，寫作𣲗，从𠂆（彳），从卜（人），又寫作𣲗（均見《甲骨文編》450頁），亻（人）旁前後有點，當表示‘水’。高鴻縉等認爲是訓‘潛行於水中’之‘泳’的初文。人潛於水中

而行,故从卜(人)从彳(彳)从‘水’(即‘人’旁前後的點),釋‘泳’,形
義密合。西周金文寫作𢖩、𧗿諸形(《金文編》744 頁),‘人’旁後三點
謅連一體,但从‘人’从‘彳’仍然清楚。”

【同部字舉例】

兼羕 yàng　水長也。从永,羊聲。《詩》曰:“江之羕矣。”余亮
切。○金文羕、羕、羕　以漾去　定陽

辰 419　pài　金文𣲘　匹卦切　滂卦開二去　滂支(240/240;
570/575)

水之衺流別也[一]。从反永[二]。凡辰之屬皆从辰。讀若稗縣[三]。

【譯文】

河水斜出的支流。以“永”字的反寫爲構件。凡是和“辰”義有關
的字都以“辰”爲構件。讀音與稗縣的“稗”相近。

【段注】

[一]“流別”者,一水岐分之謂。《禹貢》曰“漾東流爲漢”“沇
(yǎn)東流爲泲(jǐ)”“江東別爲沱”①。此言流別之始,《釋水》詳之,
“自河出爲灉,濟爲濋”已下是也②。流別則其勢必衺行③,故曰“衺流
別”。“辰”與水部“派”音義皆同,“派”蓋後出耳④。衺流別,則正流之
長者較短而坙理同也,故其字从反“永”。　　[二]匹卦切。十六部
(支、錫)。　　[三]禾部曰:“琅邪有稗縣。”⑤今《地理志》作“椑縣”⑥,
誤也。小徐本作“蜀稗縣”⑦,非,蜀祇有“郫縣”,音“疲”。

【疏義】

①漾、沇、泲、沱:皆古水名。泲,同“濟”,濟水。《尚書·禹貢》:
“嶓冢導漾,東流爲漢。”孔安國傳:“泉始出山爲漾水,東南流爲沔水,
至漢中東行爲漢水。”嶓冢:山名,在甘肅省天水市和禮縣之間。《禹
貢》:“導沇水,東流爲濟。”孔安國傳:“泉源爲沇,流去爲濟。”濟:《說文》
作“泲”。《禹貢》:“岷山導江,東別爲沱。”孔安國傳:“江東南流,沱東
行。”　②《爾雅·釋水》:“水自河出爲灉,濟爲濋,汶爲灛(chǎn),洛
爲波,漢爲潛,淮爲滸,江爲沱,過(guō)爲洵,潁爲沙,汝爲濆。”邢昺

疏:"此十者皆大水分出別爲小水之名也。"　③衺:義同"斜"。　④《説文》水部:"派,別水也。从水从辰,辰亦聲。"《段注》:"《説文》本有'辰'無'派',今鍇、鉉本水部'派'字當删。"　⑤引文見《説文》禾部"稗"字説解。　⑥《漢書·地理志》:"琅邪郡,秦置……縣五十一……椑,夜頭水南至海。"椑縣故址在今山東莒縣南。　⑦《説文繫傳》辰部:"辰,水之衺流別也。從反永。凡辰之屬皆從辰。讀若蜀稗縣。"

【集解】

徐鍇《説文繫傳》:"永,長流也。反即分辰也。"

王筠《説文句讀》:"言'反'猶言'衺'也……'辰'字見金刻者,皆即'永'字,古文不論反正也。"

林義光《文源》:"象衆派合流形,與'永'形近義別,古作　。"

黄天樹《部首與甲骨文》(續二):"古文字作　或　,象河水分出支流的樣子,是'派'的初文。《説文》説'辰'从反'永'。其實古文字正反無別,'辰'和'永'本是一字異體。《説文》分化爲二字,以字形向左的爲'永'字,向右的爲'辰'字。"

董蓮池《部首新證》:"其實此文本即'永'字異體,甲骨文'永'字寫作　,又寫作　、　諸形(《甲骨文編》450頁)可證。後來當是'水'之衺流義借　表示,　與　遂逐漸分化爲二字。"

【同部字舉例】

脈　　mài　血理分衺行體者。从辰从血。　,脈或从肉。　,籀文。莫獲切。○明麥入　明錫

覛　　mì　衺視也。从辰从見。　,籀文。莫狄切。○明錫入明錫

谷　　420　gǔ　甲文　、　　金文　、　　古禄切　見屋合一入　　見屋(240/240;570/575)

泉出通川爲谷[一]。从水,半見出於口[二]。凡谷之屬皆从谷。

【譯文】

泉水流出通往河川的地帶叫做谷。以"水"爲構件,象水的一部分

從谷口流出。凡是和"谷"義有關的字都以"谷"爲構件。

【段注】

[一]《釋水》曰："水注川曰谿，注谿曰谷。"①許不言"谿"者，許以"谿"專係之"山䪼(dú)無所通"也②。川者，毌穿通流之水也，兩山之閒必有川焉。《詩》"進退維谷"，叚"谷"爲"鞫(jū)"。毛傳曰"谷，窮也"，即《邶風》傳之"鞫，窮也"③。　　[二]此會意。古禄切。三部（幽、覺）。亦音"浴"。

【疏義】

①引文見《爾雅·釋水》。　②《説文》谷部："谿，山瀆无所通者。"《段注》改爲"山䪼無所通者"，注曰："䪼，各本作'瀆'，今正。自部曰：'䪼(dú)，通溝也。'讀若洞，古文作'谷'。"　③《詩經·大雅·桑柔》："人亦有言，進退維谷。"毛傳："谷，窮也。"鄭玄箋："前無明君，卻迫罪役，故窮也。"《詩經·邶風·谷風》："昔育恐育鞫。"毛傳："育，長。鞫，窮也。"

【集解】

徐鍇《説文繋傳·通論中》："山之坳衆爲'谷'，故曰'竅於山川'。谷亦以引水，故於文'口'上水半見爲谷。"

徐灝《説文注箋》："'从水半見'謂'半'，與'谷'从'水敗皃'同意。从口，指事，水所從出也。"

林義光《文源》："谷古作公（格伯敦），⌣象窪處，公象川所通形。或作公，變从口。"

饒炯《説文部首訂》："'泉'即'原'字。謂本原流出之水，至通於川處，皆名爲'谷'，即兩山間通流之地。《周禮·匠人》云'兩山之間，必有川焉'是也。文从'口'者，'口'即象兩山間之谷。"

按："谷"字甲骨文作公、谷，金文作公、公、公，公象溪流出自山澗流入平原之狀，口表谷口。

【同部字舉例】

谿 谿 xī　山瀆无所通者。从谷，奚聲。苦兮切。○溪齊平　溪支

穴　421 bīng　甲文公　金文公　筆陵切　幫蒸開三平　幫蒸
（240/240；570/576）

凍也^[一]。**象水冰**_{大徐本作“凝”}**之形**^[二]。**凡仌之屬皆从仌**。

【譯文】

凍結。字形象水結成冰的樣子。凡是和“仌”義有關的字都以“仌”爲構件。

【段注】

[一]“仌、凍”二篆爲轉注^①，絫評之曰“仌凍”，如《月令》“冰凍消釋”是也^②。 [二]“冰”各本作“凝”，今正。謂象水初凝之文理也。筆陵切。六部(蒸)。

【疏義】

①轉注：互訓。六書中的“轉注”，段氏主張其義爲互訓。《説文》仌部：“凍，仌也。”《段注》：“初凝曰仌，仌壯曰凍。又於水曰冰，於他物曰凍。” ②引文見《禮記·月令·季冬之月》。

【集解】

徐灝《説文注箋》：“水凝成仌，有坼文，故象其坼裂之形。書傳‘仌’皆作‘冰’，而許以‘冰’爲‘凝’。竊謂‘仌’之形略，必从‘水’建類，其意乃明。”

饒炯《説文部首訂》：“炯案：仌者，水寒所結，象坼分旁出，紋有三角之形……其義亦引爲凡散質凝聚之稱。”

邵瑛《羣經正字》：“冰凍作‘仌’，堅凝本字作‘冰’，俗以‘冰’代‘仌’字，‘凝’代‘冰’字，而‘仌’遂廢不用。按：‘仌’象水初凝文理如此，是象形字。”

黃天樹《部首與甲骨文》(續二)：“甲骨文作ᠺ(《合》8251)，象水凝結成冰的樣子。仌作偏旁時寫成兩點水。”

【同部字舉例】

冰 𣲝 níng　水堅也。从仌从水。𤾁，俗冰从疑。魚陵切。○金文⿱ 疑蒸平　疑蒸

凍 𢼢 dòng　仌也。从仌，東聲。多貢切。○端送去　端東

凋 𢼢 diāo　半傷也。从仌，周聲。都僚切。○端蕭平　端幽

冬 夈 dōng　四時盡也。从仌从夂。夂,古文終字。𤯍,古文冬,从日。都宗切。○甲文 ᄋ　金文 舟　端冬平　端冬

冷 冷 lěng　寒也。从仌,令聲。魯打切。○來梗上　來耕

雨 雨　422 yǔ　甲文 𠕲、𠕲　王矩切　雲虞合三上　匣魚(241/241;571/577)

水從雲下也[一]。**一象天,冂象雲,水霝**(líng)**其閒也**[二]。**凡雨之屬皆从雨。𠕲,古文**[三]。

【譯文】

從雲層中降落到地面的水。"一"象天,"冂"象雲,水從雲中落下。凡是和"雨"義有關的字都以"雨"爲構件。𠕲,是"雨"的古文。

【段注】

[一]引申之,凡自上而下者偁"雨"①。　[二]"丰"者,"水"字也。王矩切。五部(魚、鐸)。　[三]象形。

【疏義】

①"雨"引申爲動詞,像下雨一樣降落,讀作去聲。

【集解】

徐灝《説文注箋》:"雨之言濡也,润物之義也。从水,指事,冂象天,从'一'者後所加也。"

黄天樹《部首與甲骨文》(續二):"甲骨文作 𠕲、𠕲,前一個字形'一'指天空,𠕲指雨幕,象下雨的樣子。"

董蓮池《部首新證》:"字見甲骨文,寫作 𠕲,象雨從天上降下之形。又寫作𠕲,上三水滴與表示天的'一'相連接。又於表示天的'一'上加一短橫畫爲飾,寫作 𠕲,下點上移而作 𠕲(以上均見《甲骨文編》453頁)。西周金文寫作 𠕲(盠駒尊'雷'所從)。"

【同部字舉例】

靁 靁 léi　陰陽薄動靁雨,生物者也。从雨,晶象回轉形。𠕲,古文靁。𠕲,古文靁。𠕲,籒文靁,閒有回,回,靁聲也。魯回切。○甲文 𠕲、𠕲、𠕲　金文 𠕲、𠕲、𠕲　来灰平　来微

電 電 diàn　陰陽激燿也。从雨从申。𠕲,古文電。堂練切。○甲

骨文 、、　金文 　定覈去　定真

震 zhèn　劈歷,振物者。从雨,辰聲。《春秋傳》曰:"震夷伯之廟。",籀文震。章刃切。○章震去　章文

雹 báo　雨冰也。从雨,包聲。,古文雹。蒲角切。○甲文 、、　並覺入　並覺

零 líng　餘(《段注》作"徐")雨也。从雨,令聲。郎丁切。○来青平　来耕

霖 lín　雨三日已往。从雨,林聲。力尋切。○甲文 、　来侵平　来侵

露 lù　潤澤也。从雨,路聲。洛故切。○來暮去　來魚

霜 shuāng　喪也。成物者。从雨,相聲。所莊切。○山陽平　山陽

雲 423 yún　甲文 、、　王分切　雲文合三平　匣文
（242/242;575/580）

山川气也[一]。从雨,云象大徐本此處有"雲"回轉之**形[二]。凡雲之屬皆从雲。,古文省雨[三]。,亦古文雲[四]。**

【譯文】

山川上的氣流。以"雨"爲構件,"云"象雲彩盤旋回轉的樣子。凡是和"雲"義有關的字都以"雲"爲構件。,古文"雲"字省掉了"雨"旁。,也是古文"雲"字。

【段注】

[一]天降時雨,山川出雲[①]。　[二]"回"上各本有"雲"字,今删。古文祇作"云",小篆加"雨"於上,遂爲半體會意、半體象形之字矣。"云象回轉形",此釋下古文"雲"爲象形也。王分切。十三部(文)。　[三]古文上無"雨",非省也。"二"蓋"上"字,象自下回轉而上也。《正月》"昏姻孔云",傳曰:"云,旋也。"[②]此其引申之義也。古多叚"云"爲"曰",如《詩》云"即《詩》曰"是也。亦叚"員"爲

“云”，如“景員維河”，箋云：“員，古文作‘云’。”③“昏姻孔云”本又作“員”④，“聊樂我員”本亦作“云”⑤，《尚書》“云來”衛包以前作“員來”⑥，小篆“妘”字籀文作䰛⑦。是云、員古通用，皆叚借風雲字耳。自小篆別爲“雲”，而二形迥判矣。　　[四]此最初古文，象回轉之形者。其字引而上行，書之所謂“觸石而出，膚寸而合”也⑧，變之則爲“云”。

【疏義】

①此語出自《禮記·孔子閒居》。　②《詩經·小雅·正月》：“洽比其鄰，昏姻孔云。”毛傳：“洽，合。鄰，近。云，旋也。是言王者不能親親以及遠。”鄭玄箋：“云猶友也。言尹氏富，獨與兄弟相親友爲朋黨也。”旋：周旋，往來。今按：云字甲骨文作 ㇟、㇟、㇚，從二、㇟，二表天空，㇚即回字，象雲氣回轉之形。　③《詩經·商頌·玄鳥》：“來假祁祁，景員維河。”鄭玄箋：“假，至也。祁祁，衆多也。‘員’古文作‘云’。”　④《詩經·小雅·正月》：“洽比其鄰，昏姻孔云。”陸德明釋文：“‘云’本又作‘員’。”　⑤員：語氣詞。《詩經·鄭風·出其東門》：“縞(gǎo)衣綦(qí)巾，聊樂我員。”陸德明釋文：“‘員’音‘云’，本亦作‘云’。”綦巾：青巾。　⑥衛包：唐京兆(今西安)人，官至尚書郎，天寶中爲集賢殿學士，曾受詔改《古文尚書》從今文。《尚書·周書·秦誓》：“我心之憂，日月逾邁，若弗云來。”孔安國傳：“言我心之憂，欲改過自新，如日月並行過，如不復云來，雖欲改悔，恐死及之，無所益。”孔穎達正義：“員即云也。言日月益爲疾行，並皆過去，如似不復云來。”段玉裁《古文尚書撰異·秦誓第三十一》：“正義曰：‘逾，益。邁，行也。員，即云也。言日月益爲疾行，並皆過去，如似不復云來。’據正義，知經文本作‘員來’，傳以‘云’釋‘員’，作‘云來’，故正義曰：‘員’即‘云’也。衛包依之改‘員’爲‘云’。”　⑦《説文》女部：“妘，祝融之後姓也。从女，云聲。䰛，籀文妘，从員。”《段注》：“員，籀文作鼎，古音同‘云’。”　⑧引文見《春秋公羊傳·僖公三十一年》。漢何休注：“側手爲膚，案指爲寸，言其觸石理而出，無有膚寸而不合。”膚寸：一指寬爲寸，四指寬爲膚。比喻微小。

【集解】

徐灝《説文注箋》：“云、⌐並象雲氣回轉之形。‘云’借爲語詞，故小篆增‘雨’。”

饒炯《説文部首訂》：“蓋‘云’之爲形，上斂下散，象雲布於天，下垂欲雨之形。亦古文⌐之爲形，上散下斂，象雲出於地，上升於天之形。其造字時代不同，而因意造形，情狀亦異。”

黃天樹《部首與甲骨文》（續二）：“甲骨文作ろ，隸作‘云’。云爲雲的初文，加雨爲形符，乃後起字。”

董蓮池《部首新證》：“字見甲骨文，寫作ろ、⌐諸形（《甲骨文編》456 頁），象雲彩於天空回轉之形，不从‘雨’。後借給云説之‘云’，纔追加‘雨’旁，造爲‘雲’以表本義。”

【同部字舉例】

霒霒 yīn　雲覆日也。从雲，今聲。⌐，古文或省。⌐，亦古文霒。於今切。○影侵平　影侵

魚 ⌐

424 yú　甲文⌐、⌐、⌐　金文⌐、⌐、⌐　語居切　疑魚
開三平　疑魚（242/242；575/580）

水蟲也。象形。魚尾與燕尾相似[一]。凡魚之屬皆从魚。

【譯文】

水中的動物。象形。魚尾和燕尾相似。凡是和“魚”義有關的字都以“魚”爲構件。

【段注】

[一]其尾皆枝①，故象枝形，非从“火”也。語居切。五部（魚、鐸）。

【疏義】

①枝：分支的。《説文》木部：“枝，木別生條也。”《段注》：“榦與莖爲艸木之主，而別生條謂之枝。枝必岐（歧）出也，故古枝、岐通用。”

【集解】

商承祚《殷虛文字》：“卜辭魚與燕尾皆作觚形，不从‘火’。然石鼓文魚字下已作火形，知許君蓋有所受之矣。卜辭中諸魚字皆叚爲捕

魚之‘漁’。”

黃天樹《部首與甲骨文》：“甲骨文作🐟，象一條魚。”

董蓮池《部首新證》：“字見甲骨文，寫作🐟、🐟、🐟諸形（《甲骨文編》457頁），‘魚’的象形文。西周金文寫作🐟（犀伯鼎）、🐟（番生簋），尾部已綫條化爲‘乂’形，且於兩側加了飾點。春秋變作🐟（石鼓文），篆譌省爲🐟。”

【同部字舉例】

鯉 鯉 lǐ 鱣也。从魚，里聲。良止切。○來止上 來之

魴 魴 fáng 赤尾魚。从魚，方聲。鰟，魴或从旁。符方切。○並陽平 並陽

鰱 鰱 lián 魚名。从魚，連聲。力延切。○來仙平 來元

鮮 鮮 xiān 魚名，出貉國。从魚，羴省聲。相然切。○心仙平 心元

鯁 鯁 gěng 魚骨也。从魚，更聲。古杏切。○見梗上 見陽

鱗 鱗 lín 魚甲也。从魚，粦聲。力珍切。○來真平 來真

鱻 鱻 ⁴²⁵ yú 語居切 疑魚開三平 疑魚（245/245；582/587）

二魚也[一]。凡鱻之屬皆从鱻[二]。

【譯文】

字形表示兩條魚。凡是與“鱻”義有關的字都以“鱻”爲構件。

【段注】

[一]此即形爲義，故不言“从二魚”。二魚重而不並，《易》所謂“貫魚”也①。魚行必相隨也。《晉語》：“暇豫之吾（yú）吾，不如鳥烏。”韋注：“‘吾’讀如‘魚’。”②韓文公詩用“魚魚雅雅”③，豈即本《國語》乎？从二魚與从三魚不同，三魚謂不變其新④，二魚謂連行可觀。語居切。五部（魚、鐸）。 [二]所以不併入魚部必立此部者，以有“瀺”字从“鱻”也。

【疏義】

①《周易·剝·六五》：“貫魚，以宮人寵，無不利。”高亨《周易大傳今注》：“貫魚者個個相次，不得相越，以喻人有排定之順序。”按：甲

骨文"漁"字作<ruby>魚</ruby>、<ruby>魚</ruby>、<ruby>魚</ruby>等形,所從之"魚"或單數或複數,可證魚、鱻初本一字。　　②暇豫:悠閒安樂。吾吾:疏遠貌。鳥烏:烏鴉。《國語・晉語二》:"乃歌曰:'暇豫之吾吾,不如鳥烏。'"韋昭注:"吾,讀如魚。吾吾,不敢自親之貌也。言里克欲爲閒樂事君之道,反不敢自親吾吾,然其智曾不如鳥烏也。""暇豫"二句:想親近安逸卻反遭疏遠,這種人的智力還不如烏鴉。里克:春秋時晉國大臣,曾接連殺死晉國兩個幼君奚齊和卓子,後爲晉惠公所迫而自殺。　　③韓愈《元和聖德詩》:"駕龍十二,魚魚雅雅。"魚魚雅雅:車駕整齊貌。　　④《說文》魚部:"鱻,新魚精也。從三魚,不變魚。"《段注》:"云精者,即今之鯖字……引申爲凡物新者之偁……今則'鮮'行而'鱻'廢矣……從三魚之意,謂不變其生新也。"

【集解】

　　饒炯《說文部首訂》:"《說文》疊體字,其音與所疊之文同者,蓋後世用字尚別,而分其重文以專一意是也。如'鱻'說爲'二魚',而讀又與'魚'同,其爲一字固無疑。然以古文'魚'作<ruby>魚</ruby>、李氏《摭古遺文》所錄'魚'作'鱻'及部中'瀺'重文從'漁'證之,則'鱻'爲'魚'之重文,亦有據矣。"

【同部字舉例】

　　瀺<ruby>漁</ruby> yú　捕魚也。從鱻從水。<ruby>漁</ruby>,篆文瀺,從魚。語居切。○甲文<ruby>漁</ruby>、<ruby>漁</ruby>、<ruby>漁</ruby>　金文<ruby>漁</ruby>、<ruby>漁</ruby>　疑魚平　疑魚

燕 燕　426 yàn　甲文<ruby>燕</ruby>、<ruby>燕</ruby>、<ruby>燕</ruby>　於甸切　影霰開四去　影元
（245/245;582/587）

　　燕燕_{大徐本無此二字},玄鳥也[一]。籋(niè)口[二],布㧻[三],枝尾[四]。象形[五]。凡燕之屬皆從燕。

【譯文】

　　燕燕,就是玄鳥。燕嘴象鑷子,翅膀張開,尾部分叉。象形。凡是和"燕"義有關的字都以"燕"爲構件。

【段注】

　　[一]各本無"燕燕"二字,今補。"乙"(yà)下曰:"燕燕也,齊魯謂

之乙。"隹部"巂"（guī）下曰："巂周者，燕也。"①《邶風》傳曰："燕燕，乙也。"②《商頌》傳曰："玄鳥，乙也。"③《釋鳥》曰："巂周、燕燕，乙也。"④古多叚"燕"爲"宴安、宴享"。　　[二]故以"廿"像之。　　[三]故以"北"像之。　　[四]與魚尾同，故以"火"像之。　　[五]於甸切。十四部（元）。

【疏義】

　　①巂：即布穀鳥，或稱杜宇、子規、杜鵑。大徐本《説文》隹部："巂，周燕也。"《段注》改爲："巂，巂周，燕也。"　　②《詩經·邶風·燕燕》："燕燕于飛，差池其羽。"毛傳："燕燕，鳦也。"陸德明釋文："'鳦'音'乙'，本又作'乙'。"　　③《詩經·商頌·玄鳥》："天命玄鳥，降而生商。"毛傳："玄鳥，鳦也。"　　④《爾雅·釋鳥》："巂周、燕燕，鳦。"郭璞注："《詩》云：'燕燕于飛。'一名'玄鳥'，齊人呼'鳦'。"按："玄鳥"清時各本作"元鳥"，避廟諱改。"燕"字甲骨文作㷼、㷼、㷼，象燕形，《説文》篆文譌爲蒸，燕之口譌爲"廿"，翅譌爲"北"，尾譌爲"火"。

【集解】

　　董蓮池《部首新證》："字見甲骨文，寫作㷼、㷼、㷼諸形（《甲骨文編》855頁），'燕'的象形字。"

龍 龍 427 lóng 甲文㷼、㷼、㷼、㷼　金文㷼、㷼　力鍾切　來鍾合三平　來東（245/245；582/588）

鱗蟲之長。能幽能朙，能細能巨，能短能長[一]。**春分而登天，秋分而潛淵**[二]。**从肉**[三]。**㐁肉**大徐本無此二字**飛之形**[四]，**童省聲**[五]。**凡龍之屬皆从龍。**

【譯文】

　　鱗類動物之首。能隱能現，能細能粗，能短能長。春分時飛到天上，秋分時潛到水中。以"肉"爲構件，"㐁"和"肉"表示龍飛的狀態，以"童"字的省體爲聲符。凡是和"龍"義有關的字都以"龍"爲構件。

【段注】

　　[一]四句一韻①。　　[二]二句一韻②。《毛詩·蓼蕭》傳曰："龍，

寵也。"③謂"龍"即"寵"之叚借也。《勺》傳曰:"龍,和也。"④《長發》
同,謂"龍"爲邕和之叚借字也⑤。　　[三]與"能"从"肉"同⑥。
[四]"肙、肉"二字依《韻會》補⑦,無此則文理不完。《六書故》所見唐
本作从"肉",从"飛、及、童"省⑧。按:从飛,謂"ᔆ","飛"省也。从及,
謂"ᔆ",反古文"及"也⑨。此篆从"飛",故下文受之以飛部。
[五]謂"ᖯ"也。力鍾切。九部(東、冬)。

【疏義】

　　①長、明:上古同屬陽部。巨:上古音屬魚部。　　②天、淵:上古
音同屬真部。　　③《詩經·小雅·蓼蕭》:"既見君子,爲龍爲光。"
毛傳:"龍,寵也。"鄭玄箋:"爲寵爲光,言天子恩澤光耀被及己也。"
④《詩經·周頌·酌》:"我龍受之,蹻蹻王之造。"毛傳:"龍,和也。
蹻蹻,武貌。造,爲也。"　　⑤《詩經·商頌·長發》:"爲下國駿厖,
何天之龍。"毛傳:"駿,大。厖,厚。龍,和也。"鄭玄箋:"龍當作寵。
寵,榮名之謂。"陸德明釋文:"龍,毛如字,鄭作寵。"邕和:和睦。邕,
通"雍"。　　⑥《説文》能部:"ᗍ(能),熊屬,足似鹿。从肉,㠯聲。"
⑦《韻會舉要》冬韻:"《説文》:'龍,麟蟲之長。从肉,肙、肉,飛之形。
童省聲。'"　　⑧戴侗《六書故·動物二》:"龍,力鍾切。麟蟲之長,困
居而天行。《説文》唐本从肉,从飛、及、童省。徐本曰:'从肉飛之形,
童省聲。'又曰:'象夗轉飛動皃。'"　　⑨"及"小篆作ᖘ,古文作
ᔆ、ᔆ。

【集解】

　　徐灝《説文注箋》:"《説苑·辨物篇》:'神龍能爲高,能爲下,能爲
大,能爲小,能爲幽,能爲明,能爲短,能爲長。'即許所本。'肙'象飛
形。'童'省聲可疑。"

　　林義光《文源》:"古作ᔆ(頌鼎龏字偏旁)、ᔆ,象龍飛形,从屮、
二。屮者,屮(屮)之省。屰(逆)上龍飛之象也。此象形兼會意。"(本
書按:"二"爲古文"上"。屰:"逆"的古字。)

　　商承祚《殷虛文字》:"卜辭或从ᔆ,即許君所謂'童省',从ᔆ,象龍
形。ᗅ其首,即許君誤以爲从肉者。ᔆ,其身矣。或省ᔆ但爲首、角、全

身之形,或又增足。”

　　黄天樹《部首與甲骨文》(續二):“甲骨文作𧚍,象一種有角,有嘴,有捲曲長身的神奇動物,《説文》篆文發生譌變,許慎錯析字形爲‘从肉、飛之形,童省聲。’”

　　董蓮池《部首新證》:“龍是古人想象中的動物,字見甲骨文,寫作𠃊、𧴪諸形(《甲骨文編》495 頁),是獨體象形字。西周金文寫作𧴲(龍母尊)、𧴱(昶仲無龍鬲),原頭上表示肉冠與雙角的口變得與‘辛’字同形,而巨口𠃊則譌成夕,與‘肉’字相近。後來身與頭又相分離而作𧴯(克鼎‘龏’所从),春秋進一步譌作𧴳(秦公簋),原表身體部分的𠃊加了‘彡’爲飾。戰國遂作龍(《古璽文編》279 頁),篆本之而作龘。許云字从‘肉’,實‘肉’乃巨口𠃊之譌。又云从‘飛之形’,其實‘飛之形’是表示身體的部分譌變之後加‘彡’飾而成,許説均誤。”

【同部字舉例】

　　龕𪔣 kān　龍皃。从龍,合聲。口含切。○金文𪔣、𪔣、𪔣　溪覃平　溪侵

飛　飛 [428]　fēi　甫微切　幫微合三平　幫微(245/245;582/588)

鳥𦒍(zhù)也 [一]。象形 [二]。凡飛之屬皆从飛。

【譯文】

鳥飛翔。象形。凡是和“飛”義有關的字都以“飛”爲構件。

【段注】

[一]羽部曰:“𦒍者,飛舉也。”古或叚“𧄨”爲“飛” [①]。　　[二]像舒頸展翅之狀。甫微切。十五部(脂、微、物、月)。

【疏義】

①𧄨:有 fěi、fēi 二音,此処通“飛”,音 fēi。

【集解】

　　徐鍇《説文繫傳》:“上旁飛者象鳥頭、頸、長毛。”

　　桂馥《説文義證》:“馥案:‘卂’從‘飛’而羽不見,是飛之左右皆象羽。”

王筠《説文釋例》:"'飛'字全體指事,説云'象形'者,'飛'固有形也。上爲鳥頭,三岐者翁(翁:鳥頸毛),左右分布者羽,中一直爲身。不作足者,此背面形,直刺上飛之状,不見足也。"

饒炯《説文部首訂》:"炯案:鳥布翅游行曰'飛'……凡鳥飛,則張兩羽而亦伸翁以作勢,故'飛'篆畫翁與兩翅,而指其事爲展飛義。"

黄天樹《部首與甲骨文》(續二):"古文字偏旁作𠓥,象鳥飛之形。"

董蓮池《部首新證》:"春秋寫作𠫑(秦公鐘'翼'所从),象鳥展翅飛形。"

【同部字舉例】

翼𩙺 yì　翄也。从飛,異聲。𩙺,篆文翼,从羽。與職切。○金文𩙺、𩙺 以職入　定職

非　非　429 fēi　甲文𠓥、𠓥、𠓥　金文𠓥、非　甫微切　幫微合三平　幫微(245/245;583/588)

韋大徐本作"違"也[一]。从飛下翄[二],取其相背也大徐本無"也"[三]。凡非之屬皆从非。

【譯文】

相背。以"飛"字下部表示翅膀的部分爲構件,取兩翅相背之意。凡是和"非"義有關的字都以"非"爲構件。

【段注】

[一]"韋"各本作"違",今正。違者,離也;韋者,相背也。自"違"行"韋"廢,盡改"韋"爲"違",此其一也。"非"以相背爲義,不以離爲義。　[二]謂从"飛"省而下其翄[1]。　[三]翄垂則有相背之象[2],故曰:"非,韋也。"甫微切。十五部(脂、微、物、月)。

【疏義】

①翄:"翅"的古字。　②相背之象:指鳥類飛翔時兩翼相對。

【集解】

王筠《説文句讀》:"'飛'篆之形,羽皆向上,'非'字則上二筆向上,下二筆向下,故曰'下兩翄'。此翄不指全翼言也。"

徐灝《説文注箋》:"箋曰:段説未達。'从飛下翄'謂取'飛'字之

下體而爲此篆耳。鐘鼎文作 𩙹，正合‘從飛下掇’之語，小篆變作‘ 𩙿 ’，凡鳥飛掇必相背，故因之爲違背之偁。”

林義光《文源》：“鳥翅於相背義不顯，古作 𩙹（毛公鼎），作 𩙹（盂鼎），象張兩翅，周伯琦以爲與‘飛’同字，當從之。”

黃天樹《部首與甲骨文》（續二）：“甲骨文作 𩙹 等，象鳥的雙翅，故‘非’字本義爲飛。”

董蓮池《部首新證》：“字見甲骨文，寫作 𩙹（《小屯南地甲骨》2597），構型不明。西周金文寫作 𩙹（傳卣）、𩙹（班簋）、𩙹（毛公鼎），春秋寫作 𢀜（侯馬盟書），戰國寫作 𢀜（中山王𧊒鼎）”。

【同部字舉例】

靡 靡 mǐ　披靡也。从非，麻聲。文彼切。○明紙上　明歌

靠 靠 kào　相違也。从非，告聲。苦到切。○溪号去　溪幽

卂 卂　430 xùn　金文 𣃘　息晉切　心震開三去　心真（246/246;583/588）

疾飛也[一]。从飛而羽不見[二]。凡卂之屬皆从卂。

【譯文】

快速飛翔。以“飛”字省去表羽毛的部分爲構件。凡是和“卂”義有關的字都以“卂”爲構件。

【段注】

[一]引申爲凡疾之偁，故“撞”下曰：“卂擣也。”① 辵部“迅”从“卂”。　[二]“飛而羽不見”者，疾之甚也。此亦象形。息晉切。十二部（真）。

【疏義】

①卂擣：迅速碰擊。《説文》手部：“撞，卂擣也。”《段注》：“卂者，疾也。”今按：卂，金文作 𣃘（卂伯簋），與《説文》篆體形同，象鳥疾飛似箭形，略見鳥之輪廓，以示疾飛之義。

【集解】

徐灝《説文注箋》：“此取‘飛’篆之上體也，疾飛則不見其羽，故从

‘飛’省。今卂疾字作‘迅’。”

　　饒炯《説文部首訂》：“‘卂’即‘迅’之古文，‘迅’爲‘卂’之轉注，義不專屬飛。其从‘飛’省者，造字遠取諸物也。蓋迅疾之事，凡物皆有，情亦難狀，惟飛較疾，而飛不見羽則尤疾，故迅疾字古文从‘飛’，省其毛羽以指事。”

【同部字舉例】

　　熒 𤇾 qióng　回疾也。从卂，營省聲。渠營切。○羣清平　羣耕

卷十二上

乙（乚）{ 431　yà　烏轄切　影黠開二入　影月（246/247；584/590）

燕燕大徐本無此二字，乙大徐本作"玄"鳥也[一]。齊魯謂之乙大徐本作"乙"，下同，取其鳴自謼。象形也"取其"二句大徐本作"取其鳴自呼。象形"[二]。凡乙之屬皆从乙。𠃉，乙或从鳥[三]。

【譯文】

燕子，也就是玄鳥。齊魯之地將燕子叫做"乙"，用其叫聲爲之命名。象形。凡是和"乙"義有關的字都以"乙"爲構件。𠃉，乙的異體以"鳥"爲構件。

【段注】

[一]"燕燕"見前篇①。"玄鳥"二字淺人所增。　[二]舊作"呼"，今依《韻會》正。"也"字今依《韻會》補②。謼者，謼也，號也。《山海經》説鳥獸，多云"其名自號"③。燕之鳴如云"乙"，燕、乙雙聲④。《莊子》謂之"鷾（yì）鴯（ér）"⑤，鷾亦雙聲也。既得其聲而像其形，則爲"乙"。"燕"篆像其籲口、布翄、枝尾全體之形，"乙"篆像其于飛之形，故二篆皆曰"像形"也。乚象翅開首竦，橫看之乃得。本與甲乙字異，俗人恐與甲乙亂，加鳥旁爲"鳦"，則贅矣。本音烏拔反。十五部（脂、微、物、月）。入"於筆切"者非是。　[三]按：此蓋非古字，今《爾雅》、毛傳皆如此作⑥。

【疏義】

①前篇：指《説文解字》第十一篇（下），即卷十一。《説文》燕部：

"燕,玄鳥也。"《段注》改爲:"燕,燕燕,玄鳥也。"　②《韻會舉要》點韻:"乙,《説文》:'乙,燕燕,玄鳥也。齊魯謂之乙,取其鳴自謼。象形也。'"　③其名自號:其名稱就是各自鳴叫的聲音。即取鳥獸鳴叫的聲音爲之命名,如《山海經·北山經》:"有鳥焉,其狀如烏,文首、白喙、赤足,名曰精衞,其鳴自詨(xiào,呼叫)。是炎帝之少女,名曰女娃。"　④燕、乙:上古音均屬影母。　⑤《莊子·山木》:"鳥莫知於鷾鴯。"成玄英疏:"鷾鴯,燕也。"　⑥《爾雅·釋鳥》:"燕燕,鳦。"郭璞注:《詩》云:'燕燕于飛。'一名'玄鳥',齊人呼'鳦'。"《詩經·商頌·玄鳥》:"天命玄鳥,降而生商。"毛傳:"玄鳥,鳦也。"

【集解】

鈕樹玉《段注訂》:"《玉篇》注'元鳥也',《説文繫傳》《韻會》作'燕燕,元鳥也',《廣韻》引作'燕,乙,元鳥也',則'元鳥'非淺人增。《商頌》'天命元鳥',毛傳:'元鳥,鳦也。'許蓋本之。"

徐鍇《説文繫傳》:"此與甲乙之'乙'相類,此音'軋',其形舉首下曲,與甲乙字異也。"

王筠《説文釋例》:"上古名爲'乙',中古名爲'燕'。'燕'字詳密,'乙'字約略似鳥形耳……部首'乙'之或體'鳦',《玉篇》在鳥部,即此字,愈知'乙'字之古矣。蓋中古字多,'乙'不甚象形,故加'鳥'以定之。"

饒炯《説文部首訂》:"篆象鳥翩飛上下遠視之形。"

【同部字舉例】

孔　kǒng　通也。从乙(同"乙")从子。乙,請子之候鳥也。乙至而得子,嘉美之也。古人名嘉,字子孔。康董切。○金文　溪東上　溪東

乳　rǔ　人及鳥生子曰乳,獸曰産。从孚从乙。乙者,玄鳥也。《明堂月令》:"玄鳥至之日,祠于高禖以請子。"故乳从乙。請子必以乙至之日者,乙春分來,秋分去,開生之候鳥,帝少昊司分之官也。而主切。○日虞上　日侯

不　432　fǒu　甲文　方久切　幫有開三上　幫之
(246/247;584/590)

鳥飛上翔不下來也[一]。从一，一猶天也[二]。象形[三]。凡不之屬皆从不。

【譯文】

鳥向上飛翔不落下來。以"一"爲構件，"一"代表天。象形。凡是和"不"義有關的字都以"不"爲構件。

【段注】

[一]凡云"不然"者，皆於此義引申叚借①。其音古在一部（之、職），讀如德韻之"北"，音轉入尤、有韻，讀甫鳩、甫九切，與"弗"字音義皆殊②。音之殊，則"弗"在十五部（脂、微、物、月）也③；義之殊，則"不"輕"弗"重，如"嘉肴弗食，不知其旨""至道弗學，不知其善"之類可見④。《公羊傳》曰："弗者，不之深也。"⑤俗韻書謂"不"同"弗"，非是。又《詩》"鄂不韠韠"，箋云："'不'當作'柎'（fū）。柎，鄂足也。"⑥古聲"不、柎"同⑦。　[二]他處云："一，地也。"⑧此以在上，知爲天。

[三]謂"不"也，象鳥飛去而見其翅尾形。音見上。

【疏義】

①"凡云"二句大意：凡是"不"字當"不然"講時，都是由"不"的本義飛翔引申出來的引申義或假借義。　②德、尤、有：皆《廣韻》韻部名。甫鳩切、甫九切：今音分別讀 fōu、fǒu。　③"不"字在上古屬幫母之部，擬音或作 pǐwə。"弗"在上古屬幫母物部，擬音或作 pǐwət。④《禮記·學記》："雖有嘉肴，弗食，不知其旨也。雖有至道，弗學，不知其善也。"鄭玄注："旨，美也。"按：在上古，"不"與"弗"的主要區別是："不"後的動詞或及物或不及物，及物動詞可帶賓語；"弗"後的動詞是及物的，但一般不帶賓語。"不"輕"弗"重之説待考。　⑤《春秋公羊傳·桓公十年》："'秋，公會衛侯于桃丘，弗遇。'會者何？期辭也。其言弗遇何？公不見要也。"何休注："時實桓公欲要見衛侯，衛侯不肯見，公以非禮動，見拒有恥，故諱，使若會而不相遇。言弗遇者，起公要之也。弗者，'不'之深也。起公見拒深，《傳》言公不要見者，順《經》諱文。"《春秋公羊傳·僖公二十六年》："'（春）齊人侵我西鄙，公追齊師至巂，弗及。'其言至巂弗及何？侈也。"何休注："侈，猶大

也,大公能卻强齊之兵。弗者,'不'之深者也。言齊人畏公士卒精猛,引師而去之,深遠不可得及,故曰'佛'。" ⑥《詩經·小雅·棠棣》:"常棣之華,鄂不韡(wěi)韡。"鄭玄箋:"承華者曰鄂。'不'當作'柎',柎,鄂足也。鄂足得華之光明,則韡韡然盛。"鄂:通"萼"。韡韡:光彩明亮貌。 ⑦不:上古音幫母之部。柎:上古音幫母侯部。二字聲同韻異。 ⑧"他處"句:在其他字的説解中,"一"或釋作"地"。如《説文》旦部:"旦,明也。从日見一上。一,地也。"

【集解】

徐灝《説文注箋》:"箋曰:鄭樵曰:'𣎴象華萼蒂之形。'程氏《通藝錄》曰:'《小雅》:"常棣之華,鄂不韡韡。"鄭箋云:"承華者曰鄂,不當作柎。柎,鄂足也。"古聲不、柎同。𣎴字義人鮮知者,鄭氏以柎曉人,非謂柎譌爲不而欲改其字也……𣎴字上象鄂足著於枝莖,三垂象其承華之鄂蕤(ruí)蕤也。'灝按:鄭、程説是也。艸部曰:'芣,華盛也。'與此音義同。'不、芣'古今字,因'不'借爲語詞,久而廢其本義,又加艸作'芣',實一字也。"

王筠《説文釋例》:"蓋'𣎴'字之形,即鄂足之形,乃象形字,非指事字也。𝘝正是花萼形,𠃌之中直爲枝莖,左右垂者爲細葉,凡葉之近花者皆細於它葉而下垂也。是'鄂不'爲其本義,後爲借義所奪耳。"

董蓮池《部首新證》:"字見甲骨文,寫作𣥂、𣥂諸形(《甲骨文編》416頁),西周金文寫作𣎴(虢季子白盤)、𣎴(元年師兑簋),皆無'鳥飛上翔不下來'之象。許説顯係望文生訓。郭沫若云:'不者房也,象子房,猶帶餘蕊,與帝之異在非全形,房熟則盛大,故不引申爲丕。'(《甲骨文字集釋》3496頁引)其説可從。"

【同部字舉例】

否𠶹 fǒu 不也。从口从不,不亦聲。方久切。○金文𠶹、𠶹、𠶹幫有上 幫之

至𡊪 433 zhì 甲文𡉵、𡊪、𡊪、𡉵 金文𡊪、𡊪、𡊪 脂利切 章
至開三去 章脂(247/247;584/590)

鳥飛從大徐本作"从"高下至地也[一]。从一,一猶

地也^[二]。象形^[三]。不上去而至下^[四]，來也^[五]。凡至之屬皆从至。 𦤳，古文至。

【譯文】

　　鳥從高處飛落到地上。以“一”爲構件，“一”代表地。象形。“不”字象鳥向上飛而“至”字象鳥落到地上，以表現來到意。凡是和“至”義有關的字都以“至”爲構件。𦤳，古文“至”字。

【段注】

　　［一］凡云“來至”者，皆於此義引申叚借，引申之爲懇至，爲極至^①。許云“到，至也”“臻，至也”“徦，至也”，此本義之引申也。又云“親，至也”“窴(qīn)，至也”^②，此餘義之引申也。　［二］“一”在下，故云。　［三］謂𦤳也。“不”象上升之鳥，首鄉上；“至”象下集之鳥，首鄉下。脂利切。古音讀如“質”，在十二部(真)。　［四］句^③。
［五］瑞麥之“來”爲行來之“來”^④。

【疏義】

　　①“凡云”四句：凡是將“至”釋爲來至義的，都是由此本義(鳥落地)引申或假借來的，又進而引申出懇至義、極至義。懇至：懇切。②《説文》至部：“到，至也……臻，至也。”彳部：“徦，至也。”見部：“親，至也。”《段注》：“至部曰：‘到者，至也。’到其地曰‘至’，情意懇到曰‘至’，父母者，情之最至者也，故謂之‘親’。”宀部：“窴，至也。”《段注》：“至者，親密無閒之意。見部曰‘親者，至也’，然則‘窴’與‘親’音義皆同。”《廣韻》真韻：“親，愛也，近也。《説文》：‘至也。’”　③或説此處不斷句，“不、至”二字是被釋對象，參見下文集解中的王筠、桂馥之説。　④《説文》來部：“來，周所受瑞麥來麰(móu)。一來二縫，象芒束之形。天所來也，故爲行來之來。《詩》曰：‘詒我來麰。’”麰：大麥。按：“來”字甲骨文作𠧢、𣎆，象小麥形，本義爲小麥，假借用爲動詞來去之“來”。

【集解】

　　王筠《説文句讀》：“‘不’字之形，向上而去；‘至’字之形，向下而來也。”

　　桂馥《説文義證》：“‘不上去’者，𠕀上翔之象；‘而至下來’者，𦤳下來之象。”

　　林義光《文源》：“古‘矢’或作𠂢，則𠂢者‘矢’之倒文。从‘矢’射‘一’，‘一’象正鵠(gǔ)。矢著於鵠，有至之象。”

　　黄天樹《部首與甲骨文》(續二)：“甲骨文作𠂢，象矢(箭)射到一個地方，以此來表示‘到’的意思。”

　　董蓮池《部首新證》：“考字見甲骨文，寫作𠂢(《甲骨文編》462頁)，𠂢本倒‘矢’，和‘鳥’無關，字以‘矢’射至‘一’以會到、至意，本義爲到、至。”

【同部字舉例】

　　到𝕬 dào　　至也。从至，刀聲。都悼切。○金文𝕬、𝕭、𝕮　端号去　端宵

　　臻𝕬 zhēn　　至也。从至，秦聲。側詵切。○莊臻平　莊真

　　臺𝕬 tái　　觀四方而高者。从至从之，从高省。與室、屋同意。徒哀切。○定咍平　定之

　　銍𝕬 rì　　到也。从二至。人質切。○金文𝕬　日質入　日質

西 𠂤

　　434 xī　　甲文𠂤、𠂤、𠂤、𠂤　金文𠂤、𠂤、𠂤　先稽切　心
　　齊開四平　心脂(247/247；585/591)

鳥在巢上也大徐本無“也”。象形[一]。日在𠂤大徐本作“西”，下同方而鳥𠂤此句大徐本作“日在西方而鳥棲”[二]，故因以爲東𠂤之𠂤[三]。凡𠂤之屬皆从𠂤。𣚊，𠂤或从木、妻[四]。𠂤，古文𠂤。𠂤，籀文𠂤[五]。

【譯文】

　　鳥兒臥在巢中。象形。太陽偏西時鳥兒回巢棲息，故據此把本作棲息的“西”借爲方位的“西”。凡是和“西”義有關的字都以“西”爲構件。𣚊，“西”的異體以“木”爲意符，“妻”爲聲符。𠂤，是古文“西”字。𠂤，是籀文“西”字。

【段注】

　　[一]下象巢，上象鳥，會意。上下皆非字也，故不曰“會意”而曰

“象形”。鳥在巢上者,此篆之本義。今音先稽切,古音讀如“詵”
(shēn),讀如“僊”(xiān)。如“西施”亦作“先施”。《漢書》曰:“西,
遷也。”①古音在十二(真部)、十三部(文)。　　[二]上“西”即下文東
西之“西”也;下“西”,西之本義也。　　[三]此説六書叚借之例。叚借
者,本無其字,依聲託事。古本無東西之“西”,寄託於鳥在巢上之
“西”字爲之。凡許言“以爲”者類此。“韋”本訓相背,而以爲皮韋②。
“烏”本訓孝鳥,而以爲烏呼③。“來”本訓瑞麥,而以爲行來④。“朋”
本古文“鳳”,而以爲朋攩⑤。“子”本訓“十一月昜气動萬物滋”,而以
爲人偁⑥。後人習焉不察,用其借義而廢其本義,乃不知“西”之本訓
“鳥在巢”、“韋”之本訓“相背”、“朋”之本訓爲“鳳”。逐末忘本,大都
類是。微許君言之,烏能知之?　　[四]蓋从“木”,“妻”聲也。从“妻”
爲聲,蓋製此篆之時已分別“圝”爲東圝,“棲”爲鳥在巢,而其音則皆近
“妻”矣。《詩》“可以棲遲”,漢《嚴發碑》作“衡門西遲”⑦。然則“雞棲
于塒(shí)、雞棲于桀”⑧,古本必作“雞西”。《論語》“爲是棲棲”⑨,古
本亦必作“西西”。　　[五]按:“鹵”下曰:“从西省。”若籀文“西”如
此,則“鹵”正从籀文“卥”矣。

【疏義】

　　①《漢書・律曆志》:“西,遷也。陰氣遷落物,于時爲秋。”　　②
《説文》韋部:“韋,相背也。从舛,口聲。獸皮之韋,可以束枉戾相韋
背,故借以爲皮韋。”　　③《説文》烏部:“烏,孝鳥也。象形。孔子曰:
‘烏,盱呼也。’取其助气,故以爲烏呼。”《段注》改“盱呼”爲“亏呼”。
④《説文》來部:“來,周所受瑞麥來麰。一來二縫,象芒朿之形。天所
來也,故爲行來之來。《詩》曰:‘詒我來麰。’”　　⑤朋攩:本作“朋黨”。
攩,同“黨”。《説文》鳥部:“鳳,神鳥也……𢎵,古文鳳,象形。鳳飛,
羣鳥從以萬數,故以爲朋黨字。”按:《説文》無“朋”字。　　⑥引文見
《説文》子部。原文作:“子,十一月陽气動,萬物滋,人以爲偁。象
形。”　　⑦《詩經・陳風・衡門》:“衡門之下,可以棲遲。”毛傳:“衡門,
橫木爲門,言淺陋也。棲遲,遊息也。”《嚴發碑》:作者生卒不詳,宋洪
适《隸續》一書收有該碑碑文。《隸續・處士嚴發殘碑》:“鐫堅仰高,
西遲衡門。”“西遲”句語序與段氏所引不同。　　⑧《詩經・王風・君

子于役》一章：“雞棲于塒，日之夕矣，羊牛下來。”毛傳：“鑿牆而棲曰塒。”塒：在牆上鑿的雞窩。二章：“雞棲于桀，日之夕矣，羊牛下括。”毛傳：“括，至也。”桀：供雞棲息的木椿。　　⑨《論語·憲問》：“微生畮謂孔子曰：‘丘何爲是棲棲者與，無乃爲佞乎？’”微生畮：人名。棲棲：忙碌貌。佞：顯示口才。

【集解】

徐灝《説文注箋》：“西，古棲字，象鳥棲於巢之形，⊃爲鳥，⊠爲巢……鳥棲時日在西方，借爲東西之‘西’，因爲借義所專，又加‘木’作‘栖’……‘棲’从‘妻’聲，則後造之字也。”

饒炯《説文部首訂》：“‘西’本鳥居之名造文者，象鳥在巢上之形，指其事。後因鳥棲日落，藉以名方，本義廢而或體行矣，遂用重文‘棲’爲凡居止之稱。”

商承祚《殷虚文字》：“其作出、出等形，王徵君謂即西字，驗之諸文，其説甚確……今諸文正象鳥巢狀。巢字篆文作巢，从ㅌ，乃出傳寫之譌，亦正是巢形也。日既西落，鳥已入巢，故不復如篆文于巢上更作鳥形矣。”

黃天樹《部首與甲骨文》（續二）：“甲骨文作出，疑象鳥巢之形。”

董蓮池《部首新證》：“字見甲骨文，寫作出、⸕諸形（《甲骨文編》463頁），唐蘭云：⸕即‘囟’字，出則即‘甾’字，均假爲東西之‘西’字（詳見李孝定《甲骨文字集釋》3506、3507頁引）。其説甚是。西周金文寫作⸕（散盤）、⸕（幾父壺），承甲骨文之⸕形。至春秋而作⸕（侯馬盟書）、⸕（秦公簋），秦簡寫作⸕（天水放馬灘秦簡《日書》甲本），漢簡作⸕（銀雀山漢墓竹簡《孫臏兵法》），東漢由此變作西（熹平石經）。篆形則是由侯馬盟書⸕那種寫法先上部斷裂而爲⸕，再變作⸕（漢印），最後結體爲鹵的。”

【同部字舉例】

罜罜 xī　姓也。从西，圭聲。戶圭切。○匣齊平　匣支

鹵 鹵 ⊠　435 lǔ　甲文⸕、⸕、⸕、⸕　金文⸕　郎古切　來姥合一上　來魚（247/247；586/592）

西方鹹地也。从鹵大徐作“西”省[一]。囗大徐無此字

象鹽形^[二]。安定有鹵縣^[三]。東方謂之庎（同"斥"），西方謂之鹵^[四]。凡鹵之屬皆从鹵。

【譯文】

西方的鹽鹼地。以"西"的省體爲構件。"囗"象鹽的形狀。安定郡有鹵縣。東方稱鹽鹼地爲"庎"，西方稱鹽鹼地爲"鹵"。凡是和"鹵"義有關的字都以"鹵"爲構件。

【段注】

[一]"省"字衍。此承上文圌部，从"圌"之籒文也，謂"卤"也。[二]大徐本無"囗"，小徐譌作圌①。凡既从某而又象其形，謂之合體之象形，多不成字，其成字者，則會意也。轉寫者以其不成字而删之，致文理不可讀，皆當依此補之。合體象形，有半成字半不成字者，如"鹵"从'卤'，而又以"囗"象之是也。有兩不成字者，如"圌"以"弓"象鳥，以"圌"象巢是也。鹵，郎古切。五部（魚、鐸）。　　[三]《地理志》："安定郡鹵縣。"②　　[四]《禹貢》"青州海濱廣斥（chì）"③，謂東方也。"安定有鹵縣"，謂西方也。大史公曰："山東食海鹽，山西食鹽鹵。"④然對文則分析，楸（sǎn）文則不拘⑤。鹹地僅産鹽，引申之，《春秋經》"大原"亦曰"大鹵"⑥。《釋名》："地不生物曰鹵。"⑦

【疏義】

①《説文繫傳》："鹵，西方鹹地也。從西省，圌象鹽形。安定有鹵縣。東方謂之斥，西方謂之鹵。"　②引文見《漢書·地理志》。安定郡：古郡名，西漢元鼎三年（前114）始置，在今寧夏固原縣、甘肅平涼市等地。　③《尚書·禹貢》："海、岱惟青州……厥土白墳，海濱廣斥。"孔穎達正義："海畔迴闊，地皆斥鹵，故云'廣斥'。"青州：古九州之一，治所臨淄縣，故址在今山東淄博市臨淄北，轄境相當今山東臨南以東的北部地方。海：渤海。廣斥：布滿鹽鹵。斥，同"斥"。　④《史記·貨殖列傳》："夫天下物所鮮所多，人民謠俗，山東食海鹽，山西食鹽鹵，領南、沙北固往往出鹽，大體如此矣。"張守節正義："（鹽鹵）謂西方鹹地也，堅且鹹。"鹽鹵：鹽的一種，泛指食鹽。　⑤"然對"二句：但是分開來説實有差異，籠統地來説則無區

別。對文：訓詁術語，或稱"析言"，分開來説。渾文：訓詁術語，或稱"渾言"，籠統地説。渾，同"散"。　　⑥《春秋經》：即《春秋》。《春秋·昭公元年》："晉荀吳帥師敗狄于大鹵。"杜預注："大鹵，大原晉陽縣。"陸德明釋文："《穀梁傳》云：'中國曰大原，夷狄曰大鹵。'"⑦引文見《釋名·釋地》。

【集解】

徐灝《説文注箋》："戴氏侗曰：'東南多鹹地，不當從西，鹵内象鹽，外象盛鹵器，與卣同。'灝謂从西固近鑿，然以爲盛鹵器亦非。阮氏《鐘鼎款識》魯公鼎有⊞字，即鹵之古文，蓋象鹹地之形。从鹵，後來之變體耳。"

黄天樹《部首與甲骨文》（續二）："甲骨文作⊕，象鹽捆扎在袋中之形。字形的外廓象盛物的袋囊，交叉的'十'字象束縛袋囊的繩索，其間數點象袋囊中所盛的鹽粒。"

董蓮池《部首新證》："西周金文寫作⊗（免盤），⊗象鹽池，其中的點象鹽粒。⊗的構形雖與當時的'西'字作⊘（幾父壺）形同，但⊘是頭凶的象形，彼此取象不同，其後一直到小篆都是如此，許慎徒據'西'字古籀而云'鹵'字'从西省'，不可信。"

【同部字舉例】

鹹鹹 xián 銜也。北方味也。从鹵，咸聲。胡毚（chán）切。○匣咸平　匣侵

鹽鹽 436 yán　余廉切　以鹽開三平　定談（247/247；586/592）

鹵大徐本作"鹹"**也。天生曰鹵，人生曰鹽**"天生"二句大徐本無[一]。**从鹵，監聲**[二]。**古者夙**大徐本作"宿"**沙初作鬻**（同"煮"）大徐本作"煮"**海鹽**[三]。**凡鹽之屬皆从鹽。**

【譯文】

食鹽。自然形成的叫做"鹵"，人爲加工過的叫做"鹽"。以"鹵"爲意符，以"監"爲聲符。古時夙沙人首先掌握了煮海水取鹽的方法。凡是和"鹽"義有關的字都以"鹽"爲構件。

【段注】

[一]十字各本作"鹹也"二字，今正。鹽之味鹹，鹽不訓爲鹹。玄應書三引《説文》"天生曰鹵，人生曰鹽"①，當在此處。上冠以"鹵也"二字，則渾言、析言者備矣。《周禮》："鹽人掌鹽之政令。"有出鹽直用不湅(liàn)治者，有湅治者②。　　[二]余廉切。古音在八部(談)。[三]"夙"大徐作"宿"。古"宿、夙"通用。《左傳》有"夙沙衞"③，《吕覽》注曰："夙沙，大庭氏之末世。"④《困學紀聞》引魯連子曰："古善漁者，宿沙瞿子。"又曰："宿沙瞿子善煮鹽。"⑤許所説蓋出《世本·作篇》⑥，所謂"人生曰鹽"也。

【疏義】

①玄應書：指玄應《一切經音義》。引文見玄應《一切經音義》卷二"沙鹵"。　　②《周禮·天官冢宰·鹽人》："鹽人掌鹽之政令，以共百事之鹽。祭祀共其苦鹽、散鹽。"鄭玄注："杜子春讀'苦'爲'盬'(gǔ)，謂出鹽直用不湅(liàn)治。鄭司農云：'散鹽，湅治者。'玄謂散鹽，鬻水爲鹽。"湅治：通過熬煮從含鹽的水中提取食鹽。湅，本義指煮絲絹使之軟熟。盬：未經煉製的粗鹽。　　③夙沙衞：春秋時齊國人。《左傳·襄公二年》："齊侯伐萊。萊人使正輿子賂夙沙衞以索馬牛，皆百匹。"杜預注："夙沙衞，齊寺人。"寺人：宦官。　　④《吕氏春秋·離俗覽·用民》："夙沙之民自攻其君，而歸神農。"高誘注："夙沙，大庭氏之末世也。其君無道，故自攻之。神農，炎帝。"大庭氏：傳説中的古帝名。　　⑤《困學紀聞》：考證性質的學術札記著作，南宋學者王應麟撰，內容主要是論述經學，同時涉及傳統學術的許多方面。《困學紀聞·地理》："《説文》：'古者宿沙初作煮海鹽。'魯連子曰：'古善漁者宿沙瞿子，使漁于山，則雖十宿，沙子不得一魚焉。'又曰：'宿沙瞿子善煮鹽，使煮潰沙，雖十宿，沙不能得也。'"　　⑥《世本》：記載上古帝王、諸侯和卿大夫家族世系及都邑、製作等內容的史書，先秦史官撰，《漢書·藝文志·六藝略》載有《世本》十五篇，已佚，後人有輯本。《世本·作篇》："宿沙作煮鹽。"宿沙：傳説爲黃帝臣。

【集解】

王筠《説文句讀》："鹹乃鹽之味，猶之'酸'下云'酢(cù，同"醋")

也’。‘酢’乃酸之質，盡人所知，不待質言。”

黄天樹《部首與甲骨文》（續二）：“食鹽。《説文》説是从‘鹵’、‘監’聲的形聲字。《包山楚簡》147號簡文言‘煮盨於海’，則盨或可能是鹵之繁體，或是未加聲符的鹽字初文。”

【同部字舉例】

鹽 鹽 gǔ　河東鹽池，袤五十一里，廣七里，周百十六里。从鹽省，古聲。公戶切。○見姥上　見魚

鹼 鹼 jiǎn　鹵也。从鹽省，僉聲。魚欠切。○見琰上　見談

户 户[437] hù　甲文戶、戶、戶　侯古切　匣姥合一上　匣魚
（247/248；586/592）

護也[一]。**半門曰户。象形**[二]。**凡户之屬皆从户。戾，古文户，从木**[三]。

【譯文】

得名於護。門的一扇叫做“户”。象形。凡是和“户”義有關的字都以“户”爲構件。戾，古文“户”字，以“木”爲構件。

【段注】

[一]以疊韻爲訓①。　　[二]侯古切。五部（魚、鐸）。　　[三]从“木”而象其形。按：此當是籀文加“木”，惟古文作“户”，故此部文九皆从“户”也。

【疏義】

①疊韻：“户、護”二字上古音同屬魚部，聲母同爲匣母。按：“護也”是用聲訓説解，即采用與“户”讀音相同的“護”作解，旨在説明“户”的得名來源於保護。

【集解】

徐灝《説文注箋》：“箋曰：《釋名》曰：‘户，護也，所以謹護閉塞也。’《一切經音義》十四引《字書》：‘一扇曰户，兩扉曰門，又在於堂室曰户，在於宅區域曰門。’”

饒炯《説文部首訂》：“炯案：‘户’與‘門’皆象形，而説解於‘户’云‘半門曰户’，‘門’云‘从二户’，皆非許君書例，當是校閲旁注而誤

入正解者。古人於室作户,意在保貨藏,於塾作門,意在通內外。故'户'以'護'爲音,'門'以'聞'爲音,聲在而義即附焉爾。"

黄天樹《部首與甲骨文》(續二):"甲骨文作日,象單扇門。"

董蓮池《部首新證》:"字見甲骨文,寫作日、日諸形(《甲骨文編》464頁),半扇門的象形。"

【同部字舉例】

扉 扉 fēi　户扇也。从户,非聲。甫微切。○幫微平　幫微

扇 扇 shàn　扉也。从户,从翄聲(此二句《段注》作"从户、羽")。式戰切。○書線去　書元

房 房 fáng　室在旁也。从户,方聲。符方切。○並陽平　並陽

扃 扃 jiōng　外閉之關也。从户,同聲。古熒切。○見青平　見耕

門 門　438　mén　甲文日、門、門　金文日、門、門　莫奔切　明魂
合一平　明文(247/248;587/593)

聞也[一]**。从二户。象形**[二]**。凡門之屬皆从門。**

【譯文】

得名於聞。由兩個"户"字構成。象形。凡是和"門"義有關的字都以"門"爲構件。

【段注】

[一]以疊韻爲訓①。聞者,謂外可聞於內,內可聞於外也。
[二]此如"鬥"从二丮(jǐ)②,不必有反'丮'字也。莫奔切。十三部(文)。

【疏義】

①"門、聞"上古音同屬明母文部。　②《説文》丮部:"丮,持也。象手有所丮據也。凡丮之屬皆從丮。讀若戟。"

【集解】

徐鍇《説文繫傳》:"《尚書》:'闢四門,明四目,所以廣聞見也。'"

徐灝《説文注箋》:"箋曰:聞者內外相聞也。門象閶門形,卯爲天門,乃開門形也。"

王筠《説文釋例》:"'户,護也',據內而言之也;'門,聞也',據外而言之也。"

商承祚《殷虛文字》："𢁅象兩扉形，次𦥑象加鍵，三𢧵則上有楣（mào）也。"

黃天樹《部首與甲骨文》（續二）："甲骨文作𢁅，象雙扇門。"

董蓮池《部首新證》："字見甲骨文，寫作𢁅、𦥑諸形（《甲骨文編》465 頁），'門'的象形文。"

【同部字舉例】

開 𨴙 kāi　張也。從門從开（"從开"《段注》作"开聲"）。𨴙，古文。苦哀切。○溪咍平　溪微

閟 𨵗 bì　閉門也。從門，必聲。《春秋傳》曰："閟門而與之言。"兵媚切。○幫至去　幫脂

閣 𨴹 gé　所以止扉也。從門，各聲。古洛切。○見鐸入　見鐸

閉 𨴡 bì　闔門也。從門、才，所以距門也。博計切。○金文𨴡、𨳿幫霽去　幫脂

關 𨶍 guān　以木橫持門戶也。從門，鈴聲。古還切。○金文𨶍、𨴒、𨵩　見刪平　見元

闚 𨶙 kuī　閃也。從門，規聲。去隓（huī）切。○溪支平　溪支

閃 𨵑 shǎn　闚頭門中也。從人在門中。失冉切。○書琰上　書談

闊 𨶐 kuò　疏也。從門，𣿆聲。苦括切。○溪末入　溪月

耳 𦥔　439 ěr　甲文 𦥔、𦥔、𦥔　金文 𦥔、𦥔、𦥔、𦥔　而止切　日止
開三上　日之（249/250；591/597）

主聽者大徐本無"者"字**也**[一]。**象形**[二]。**凡耳之屬皆从耳。**

【譯文】

主管聽覺的器官。象形。凡是和"耳"義有關的字都以"耳"爲構件。

【段注】

[一]"者"字今補。凡語云"而已"者，急言之曰"耳"，在古音一部（之、職）。凡云"如此"者，急言之曰"爾"，在古音十五部（脂、微、物、月）。如世說云"聊復爾耳"，謂"且如此而已"是也[①]，二字音義絕不容

相混。而唐人至今譌亂至不可言，於古經傳亦任意填寫，致多難讀。即如《論語》一經，言“云爾”者，謂如此也^②；言“謹爾、率爾、鏗爾”者，“爾”猶“然”也^③。言“無隱乎爾、一日長乎爾”，“爾”猶“汝”也^④。言“汝得人焉爾乎”，言得人於此否也^⑤。《公羊傳》《三年問》“焉爾”，皆訓“於此”也^⑥。全經惟有“前言戲之耳”乃“而已”之訓^⑦，今俗刻作“汝得人焉耳乎”，乃極爲可笑。曹操曰俗語云“生女耳”，“耳”是不足之詞^⑧。此古説之存者也。音轉讀爲“仍”，如“耳(réng)孫”亦曰“仍孫”是也^⑨。　　[二]而止切。一部(之、職)。

【疏義】

　　①世説：指俗語。聊復爾耳：古代俗語，大意是暫且如此，例如《晉書・阮咸傳》：“不能免俗，聊復爾耳。”蘇軾《東坡全集・觀棋》：“勝固欣然，敗亦可喜。優哉游哉，聊復爾耳。”　　②《論語・述而》：“其爲人也，發憤忘食，樂以忘憂，不知老之將至云爾。”　　③《論語・鄉黨》：“其在宗廟朝廷，便便(pián)言，唯謹爾。”便便：言語清楚流暢貌。《論語・先進》：“子路率爾而對。”《論語・先進》：“鏗爾，舍瑟而作。”　　④《論語・述而》：“二三子以我爲隱乎？吾無隱乎爾。”邢昺疏：“聖人知廣道深，弟子學之不能及，常以爲夫子有所隱匿，故以此言解之。言女以我爲隱，我實無隱也。”《論語・先進》：“以吾一日長乎爾，毋吾以也。”　　⑤《論語・雍也》：“子游爲武城宰。子曰：‘女得人焉耳乎？’”邢昺疏：“孔子問子游言：‘女在武城，得其有德之人乎？’”按：文中“焉耳”今本如此。阮元校勘記：“疑‘耳’字當‘爾’字之譌，考《太平御覽》一七四、二六六俱引作‘爾’。”　　⑥《春秋公羊傳・隱公二年》：“(夏)前此，則曷爲始乎此？託始焉爾。”何休注：“焉爾，猶於是也。”《禮記・三年問》：“然則何以三年也？曰：加隆焉爾也。焉使倍之，故再期也。”鄭玄注：“言於父母加隆其恩，使倍期也。”　　⑦《論語・陽貨》：“偃之言是也，前言戲之耳。”　　⑧《三國志・魏書・崔琰傳》：“太祖怒曰：‘諺言生女耳，耳非佳語。’”　　⑨耳孫：遠代子孫。東漢應劭以爲：“耳孫者，玄孫之子也。言去其高曾益遠，但耳聞之也。”引自宋人祝穆《古今事文類聚・倫部・祖孫》後集卷七。《爾雅・釋親》：“曾孫之子爲玄孫，玄孫之子爲來孫，來孫之子爲晜(kūn)孫，晜孫之子爲仍孫。”

夒:同"昆"。

【集解】

徐灝《説文注箋》:"'爾'古音奴禮切,聲轉爲'乃',亦爲'甯',故'乃'通作'仍'。'爾、耳'聲相近,故'耳孫'謂之'仍孫'也。古篆蓋作𦖞,象耳輪廓及竅之形,借爲語詞。"

饒炯《説文部首訂》:"耳附於首,左右夾面,如副貳,音故由'貳'呼之。其文,左象耳當面之輪廓,右象耳當後之輪廓,中當作爲耳竅。"

林義光《文源》:"古作𦣝,象耳及耳竇之形。"

黄天樹《部首與甲骨文》(續二):"甲骨文作𦣝,象人耳。"

董蓮池《部首新證》:"字見甲骨文,寫作𦣝(《甲骨文編》465頁),西周金文寫作𦣝(𦣝耳尊)、𦣝(耳卣),'耳'的象形文。"

【同部字舉例】

聯　𦟝 lián　連也。从耳,耳連於頰也。从絲,絲連不絕也。力延切。○甲文𦣝、𦣝　金文𦣝、𦣝　來仙平　來元

聊　𦖨 liáo　耳鳴也。从耳,卯聲。洛蕭切。○來蕭平　來幽

聖　𦟉 shèng　通也。从耳,呈聲。式正切。○甲文𦣝、𦣝、𦣝、𦣝　金文𦣝、𦣝、𦣝　書勁去　書耕

聰　𦟝 cōng　察也。从耳,悤聲。倉紅切。○清東平　清東

聽　𦟝 tīng　聆也。从耳、悳,壬聲。他定切。○甲文𦣝、𦣝、𦣝　金文𦣝、𦣝、𦣝　透青平　透耕

聆　𦟝 líng　聽也。从耳,令聲。郎丁切。○來青平　來耕

職　𦟝 zhí　記微也。从耳,戠聲。之弋切。○金文𦣝、𦣝　章職入　章職

聒　𦟝 guō　讙語也。从耳,昏聲。古活切。○見末入　見月

聲　𦟝 shēng　音也。从耳,殸聲。殸,籀文磬。書盈切。○甲文𦣝、𦣝、𦣝　書清平　書耕

聞　𦟝 wén　知聞也。从耳,門聲。𦣝,古文从昏。無分切。○甲文𦣝、𦣝、𦣝　金文𦣝、𦣝、𦣝　明文平　明文

聘　𦟝 pìn　訪也。从耳,甹聲。匹正切。○滂勁去　滂耕

聾聾 lóng 無聞也。从耳,龍聲。虛(《段注》作"盧")紅切。○金文龍 來東平 來東

聝聝 guó 軍戰斷耳也。《春秋傳》曰:"以爲俘聝。"从耳,或聲。聝,聝或从首。古獲切。○甲骨文或、或 金文或、或、或、或 見麥人 見職

聶聶 niè 附耳私小語也。从三耳。尼輒切。○泥葉入 泥葉

臣 臣440 yí 金文臣、臣、臣 與之切 以之開三平 定之(250/251;593/599)

顄(hán)也[一]。象形[二]。凡臣之屬皆从臣。頤,篆文臣[三]。頤,籀文从首[四]。

【譯文】
下巴。象形。凡是和"臣"義有關的字都以"臣"爲構件。頤,是篆文"臣"字。頤,籀文"臣"字以"首"爲構件。

【段注】
[一]頁部曰:"顄,頤也。"二篆爲轉注①。臣者,古文"頤"也。鄭《易注》曰:"頤中,口、車、輔之名也。震動於下,艮止於上。口車動而上,因輔嚼物以養人,故謂之頤。頤,養也。"②按:鄭意謂口下爲車,口上爲輔,合口、車、輔三者爲頤。左氏云:"輔車相依。"③車部云:"輔,人頰車也。"《序卦》傳曰:"頤者,養也。"④古名"頤",字"真"。晉枚頤,字仲真。李頤,字景真。"枚頤"或作"梅賾(zé)",誤也⑤。
[二]此文當橫視之。橫視之,則口上、口下、口中之形俱見矣。與之切。一部(之、職)。 [三]此爲篆文,則知"臣"爲古文也。先古文後篆文者,此亦先"二"後"上"之例。不如是則"頤"(yí)篆無所附也。
[四]"臣"本象形,如籀文、篆文則从"首"、从"頁"而後象其形也。

【疏義】
①頤:下巴。二篆爲轉注:指"臣"與"顄"的詞義相同,可互訓。
②《易注》:鄭玄撰。後多亡佚,宋王應麟有輯本《周易鄭康成注》。引文見《周易鄭注·頤卦》。"頤中"原文作"頤者"。車:牙床。輔:頰骨。按:頤卦卦形爲䷚,震下艮上,震象徵雷,艮象徵山,故言"震動於

下,艮止於上"。　③《左傳·僖公五年》:"諺所謂'輔車相依、脣亡齒寒'者,其虞、虢之謂也。"杜預注:"輔,頰輔。車,牙車。"　④《周易·序卦》:"有無妄然後可畜,故受之以《大畜》。物畜然後可養,故受之以《頤》。頤者,養也。不養則不可動,故受之以《大過》。"《序卦》:《周易》篇名,内容是解釋《周易》的卦序和結構。　⑤古名"頤",字"真":古代起名叫"頤"的,其字一般叫"真"。李頤:不詳。枚頤:即梅賾,字仲真。東晉汝南(今湖北武昌)人,官豫章内史,曾向朝廷獻《古文尚書》及《尚書孔氏傳》。

【集解】

揚雄《方言》第十:"頷、頤,頜(hé)也。南楚謂之頷,秦晉謂之頜。頤,其通語也。"

徐灝《説文注箋》:"口上曰'頤',下曰'頷',合上下言之曰'頜',連頰旁曰'䪼'。自内而言則上爲'谷'(jué),下爲'圅'(hán),牙車謂之輔車。"

王筠《説文釋例》:"'臣'當作ƍ,左之圓者,顊也。右之突出者,頰旁之高起者也。中一筆則'臣'上之紋,狀如新月,俗呼爲'酒窩'。"

黄天樹《部首與甲骨文》(續二):"甲骨文偏旁作ᕮ(參看《合》34217'姬'字所从偏旁'臣'),于省吾《甲骨文釋林》(第66—67頁)認爲字形象梳理頭髮的'箆子'之形。《説文》訓'臣'爲頷部(腮幫子)是不對的。但是,《説文·竹部》有'笓'(jí)字,訓爲'取蟣(蝨卵)比(箆)也',保存古訓,十分可貴。'臣'、'笓',古今字。'臣'就是當'箆子'講的'笓'的古字。"

董蓮池《部首新證》:"字見西周金文,寫作ᕮ(夆叔匜'酏'所从),春秋戰國寫作ᕮ(異伯匜)、ᕮ(鑄子匜),爲腮頰下巴的象形文。"

【同部字舉例】

酏ᕮ yí　廣臣("臣"《段注》作"頤")也。从臣,已聲。ᕮ,古文酏,从户。與之切。○金文作ᕮ、ᕮ、ᕮ、ᕮ　以之平　定之

手 ᕻ　441 shǒu　金文ᕻ、ᕻ、ᕻ　書九切　書有開三上　書幽
(250/251;593/599)

拳也^[一]。象形^[二]。凡手之屬皆从手。￥，古文手。

【譯文】

人體能握成拳頭的部分。象形。凡是和"手"義有關的字都以"手"爲構件。￥，是古文"手"字。

【段注】

[一]今人舒之爲手，卷之爲拳，其實一也，故以"手"與"拳"二篆互訓。　[二]象指、掌及掔(wàn)也^①。書九切。三部(幽、覺)。

【疏義】

①掔："腕"的古字。

【集解】

徐灝《説文注箋》："箋曰：拳从𢍏(juàn)聲，當是握手之義。許渾言之耳。￥象指掌之形，小篆中畫微曲，書勢取茂美也。"

林義光《文源》："古作￥，象掌及五指之形。或作￥，與'毛'相混。或作￥，象覆手之形。"

黄天樹《部首與甲骨文》(續二)："金文作￥，象正面的手形，上有五指。'又'是象手的側面形。"

董蓮池《部首新證》："西周金文寫作￥(揚簋)、￥(柞鐘)、￥(舀壺)，'手'的象形文。"

【同部字舉例】

掌 𢃐 zhǎng　手中也。从手，尚聲。諸兩切。○章養上　章陽

拇 𢬜 mǔ　將指也。从手，母聲。莫厚切。○明厚上　明之

指 � zhǐ　手指也。从手，旨聲。職雉切。○章旨上　章脂

拳 𢍏 quán　手也。从手，𢍏聲。巨員切。○羣仙平　羣元

揖 𢱭 yī　攘也。从手，咠聲。一曰：手箸胷曰揖。伊入切。○影緝入　影緝

攘 𢶀 ráng　推也。从手，襄聲。汝羊切。○日陽平　日陽

拱 𢮪 gǒng　斂手也。从手，共聲。居竦切。○見腫上　見東

推 � tuī　排也。从手，隹聲。他回切。○透灰平　透微

排𢫦 pái　擠也。从手,非聲。步皆切。○並皆平　並微

抵� dǐ　擠也。从手,氐聲。丁礼切。○端薺上　端脂

拉𢪔 lā　摧也。从手,立聲。盧合切。○來合入　來緝

扶𢵧 fú　左也。从手,夫聲。𢨸,古文扶。防無切。○金文𢼊、

𢼊　　並虞平　並魚

持𢩥 chí　握也。从手,寺聲。直之切。○澄之平　定之

操𢱵 cāo　把持也。从手,喿聲。七刀切。○清豪平　清宵

據𢬵 jù　杖持也。从手,豦聲。居御切。○見御去　見魚

攝𢲷 shè　引持也。从手,聶聲。書涉切。○書葉入　書葉

把𢶬 bǎ　握也。从手,巴聲。搏下切。○幫馬上　幫魚

按𢱢 àn　下也。从手,安聲。烏旰切。○影翰去　影元

控𢶝 kòng　引也。从手,空聲。《詩》曰:"控于大邦。"匈奴名引弓(《段注》有"曰")控弦。苦貢切。○溪送去　溪東

措𢶜 cuò　置也。从手,昔聲。倉故切。○清暮去　清魚

插𢱽 chā　刺肉("肉"《段注》作"內")也。从手从臿("从臿"《段注》作"臿聲")。楚洽切。○初洽入　初葉

擇𢷎 zé　柬選也。从手,睪聲。丈伯切。○澄陌入　定鐸

乑　乑　442　guāi　古懷切　見皆合二平　見微(258/258;611/617)

背呂也[一]。象脅肋形"形"大徐本作"也"[二]。凡乑(同"乖")之屬皆从乑。讀若乖大徐本無此句[三]。

【譯文】

　　脊骨。字形象肋骨的樣子。凡是和"乑"義有關的字都以"乑"爲構件。讀音如"乖"。

【段注】

　　[一]"呂"下曰:"脊骨也。"脊兼骨肉言之,呂則其骨。析言之如是,渾言之,則統曰"背呂",猶俗云"背脊"也。　[二]脅者,网膀也。肋者,脅骨也。此四字當作"象形,𡘋象脅肋也"七字。象形謂"丨",象背脊居中而直,"一"象人要,"𡘋"則象背左右脅肋之形也。古懷切。

《玉篇》云：“俗作乖。”①按：“俗作乖”當在宀部“㠪”字注中。

[三]此三字大徐無。

【疏義】

①《玉篇》作“今作乖”。《玉篇》业部：“巫，公懷切。巫，背吕。今作乖。”宀部：“菲，古懷切。戾也，睽也，邪也，背也，差也，離也。今作乖。”

【集解】

王筠《説文釋例》：“‘冂’象脊骨，‘㯭’象脅肋，‘一’象腰，其形備矣。戴侗《六書故》引唐本《説文》作‘㠠’，岐其末者，殆象屍（同“臀”）邪？”

徐灝《説文注箋》：“箋曰：巫、脊，古今字，隸變作‘脊’。戴氏侗引唐本《説文》作‘㠠’，即隸楷所由變也。鼎臣音古懷切，殊誤。按：乖戾之‘乖’，篆本作‘㠪’，隸變從‘北’作‘菲’，而‘北’爲古‘背’字，致與脊背相涉。又從‘㯭’之字，‘蕚’隸變作‘華’，‘㘴’隸變作‘垂’，而‘巫’遂變爲‘乖’，此其致誤之由也……吕爲脊骨之專名，脊則兼背言之。故‘㯭’象脅肋，冂象背吕，中•引長成一畫也。”

董蓮池《部首新證》：“此部首純係截取本部所隸篆文‘脊’的上部而成。篆文‘脊’寫作㞷，從‘巫’，但‘巫’是由秦時‘脊’字所從的朿旁譌成，而朿旁即‘束’字之變，秦簡所見‘責’字寫作㞷，而‘責’字本從‘束’聲作‘㞷’（上‘束’下‘貝’）可證。‘束’與‘脊’古音相近，‘脊’字從由‘束’譌成的‘巫’，當是以之爲聲符，而以‘肉’爲意符。”

【同部字舉例】

脊 㞷 ㄐ 背吕也。從巫從肉。資昔切。○金文 ㍶ 、㞷 、㞷 精昔入　精錫

卷十二下

女 443 nǚ 甲文 𠨁、𡛉 金文 𡛥、𡚼、𡚮 尼呂切 泥語開三
上 泥魚（258/259；612/618）

婦人也[一]**。象形。王育説**[二]**。凡女之屬皆从女。**

【譯文】

女人。象形。這是王育的説法。凡是和"女"義有關的字都以"女"爲構件。

【段注】

[一]男，丈夫也；女，婦人也。立文相對。《喪服經》每以"丈夫、婦人"連文①。渾言之女亦婦人，析言之適人乃言婦人也②。《左傳》曰："君子謂宋共姬'女而不婦'，女待人，婦義事也。"③此可以知女道、婦道之有不同者矣。言"女子"者，對"男子"而言，"子"皆美偁也。曰"女子子"者，系父母而言也④。《集韻》曰"吳人謂女爲娪"，牛居切；"青州呼女曰娪"，五故切；"楚人謂女曰女"，奴解切⑤。皆方語也。
[二]不得其居六書何等，而惟王育説是象形也，蓋象其掔斂自守之狀。尼呂切。五部（魚、鐸）。小徐"王育説"三字在"从女"下⑥。

【疏義】

①丈夫、婦人：泛指成年男子和女子。《儀禮·士昏禮》："壻饗婦送者丈夫、婦人，如舅姑饗禮。"賈公彥疏："舅姑存，舅姑自饗送者，如上文。今舅姑没，故壻兼饗丈夫、婦人，如舅姑饗禮，並有贈錦之等。"
②適人：嫁人。　③事見《左傳·襄公三十年》。春秋時，宋共姬（宋共公夫人，魯國女）所居宮中一日起火，共姬因無人陪同不肯逃離而被燒死。共姬所以不肯單獨逃離，是因爲恪守"女待人"（女子外出必須要有人陪侍）的女道。當時共姬已是六十歲左右的老婦人，並非小女

子,故有人評論説宋共姬"女而不婦。女待人,婦義事也",認爲她守的是女道而不是婦道。待人:指等待侍女陪同。義事:度事之宜而行之,即便宜行事。　④女子子:女兒,閨女。《儀禮·喪服》:"女子子在室爲父。"鄭玄注:"女子子者,子女也,別於男子也。"賈公彦疏:"男子、女子各單稱'子',是對父母生稱,今於女子別加一字,故雙言二'子',以別於男一'子'者云。"在室:女子已訂婚而未嫁。　⑤《集韻》魚韻:"媍,吳人謂女爲媍。"莫韻:"媍,青州呼女曰媍。"蟹韻:"女,奴解切。楚人謂女曰女。"　⑥《説文繫傳》:"女,婦人也。象形。凡女之屬皆從女。王育説。"

【集解】

　　徐灝《説文注箋》:"古鐘鼎文作 ,象交手斂衽之狀,以別於男子也。"

　　王筠《説文釋例》:"'女'字下半似' ',或取'在人下,故詰屈'之意,而上半究不能知也。"

　　饒炯《説文部首訂》:"'女'亦婦之通稱,但對文則處子爲女,自生來言之;出嫁爲婦,自適人言之……女象柔媚婉弱,與'臣'象屈伏同意,謂女貴貞節,常兩手相掩,斂膝靜坐。"

　　林義光《文源》:"古作 ,象頭、身、脛及兩臂之形。身夭矯,兩手交,此女之態。"

　　胡小石《説文部首》:"從'女'諸字,多爲奴隸。古奴殉葬,兩手前縛。由此可證手交爲象縛形也。"

　　黄天樹《部首與甲骨文》(續二):"甲骨文作 ,象一位女子側面雙膝着地兩手交叉安放在膝部而着其臀於足的跪坐樣子,今日日本女子在榻榻米上的坐姿,猶存古禮。反映了古代婦女地位很低。"

　　董蓮池《部首新證》:"字見甲骨文,寫作 、 諸形(《甲骨文編》469頁),孔廣居認爲字是側立頻首斂手曲郤柔順事人之象。李孝定則認爲,男女之別於文字形體上殊難表示,故就男女工作上之差異以爲區別,女蓋象跪跽而兩手有所持作之形,女紅之事,多在室内也。男則以'田力'會意(二説見《甲骨文字詁林》444頁引)。而從一些從'女'之字均表女子低賤之地位(如'妾'爲'有罪女子給事得接於君者','婢'爲'女之卑者也','媒'爲'女隸也','奴'爲'古之罪人也')、拘謹和服順之品性(如‘娓’爲‘順也’,‘嫡’與‘婇’均爲‘謹也’,‘嬪’爲‘服也’,‘婚’爲‘倪伏也’)來看,孔説似覺可信。”

【同部字舉例】

姓 � xìng　人所生也。古之神聖母感天而生子,故稱天子。从女从生,生亦聲。《春秋傳》曰:“天子因生以賜姓。”息正切。○甲文㙟、㙟、㙟、㙟　金文㙟、㙟　心勁去　心耕

姬 㙟 jī　黃帝居姬水,(《段注》有“因水”)以爲姓。从女,臣聲。居之切。○甲文㙟、㙟、㙟、㙟　金文㙟、㙟、㙟、㙟、㙟　見之平　見之

嬴 㙟 yíng　少昊氏之姓(《段注》作“帝少皞之姓也”)。从女,嬴省聲。以成切。○金文㙟、㙟、㙟、㙟、㙟　以清平　定耕

媒 㙟 méi　謀也,謀合二姓(《段注》有“者也”)。从女,某聲。莫桮切。○明灰平　明之

嫁 㙟 jià　女適人也。从女,家聲。古訝切。○見禡去　見魚

娶 㙟 qǔ　取婦也。从女从取,取亦聲。七句切。○甲文㙟　清遇去　清侯

婚 㙟 hūn　婦家也。《禮》:娶婦以昏時,婦人陰也,故曰婚。从女从昏,昏亦聲。㙟,籀文婚。呼昆切。○金文㙟、㙟、㙟　曉魂平　曉文

姻 㙟 yīn　壻家也。女之所因,故曰姻。从女从因,因亦聲。㙟,籀文姻,从开。於真切。○影真平　影真

妻 㙟 qī　婦與夫齊者也。从女从屮从又。又,持事,妻職也。㙟,古文妻,从肖、女。肖,古文貴字。七稽切。○甲文㙟、㙟、㙟、㙟　金文㙟、㙟、㙟　清齊平　清脂

婦 㙟 fù　服也。从女持帚,灑掃也。房九切。○甲文㙟、㙟、㙟　金文㙟、㙟、㙟　並有上　並之

妊 㙟 rèn　孕也。从女从壬,壬亦聲。如甚切。○甲文㙟、㙟、㙟　金文㙟、㙟、㙟　日沁去　日侵

母 㙟 mǔ　牧也。从女,象裹子形。一曰:象乳子也。莫后切。

○甲文〔字形〕、〔字形〕、〔字形〕　金文〔字形〕、〔字形〕、〔字形〕　明厚上　明之

姑 〔字形〕 gū　夫母也。从女,古聲。古胡切。○甲文〔字形〕、〔字形〕　金文〔字形〕、〔字形〕、〔字形〕、〔字形〕　見模平　見魚

姊 〔字形〕 zǐ　女兄也。从女,宋聲。將几切。○金文〔字形〕　精旨上　精脂

妹 〔字形〕 mèi　女弟也。从女,未聲。莫佩切。○甲文〔字形〕、〔字形〕、〔字形〕、〔字形〕、〔字形〕　金文〔字形〕、〔字形〕　明隊去　明微

嫂(嫂) 〔字形〕 sǎo　兄妻也。从女,叜聲。穌老切。○心晧上　心幽

姨 〔字形〕 yí　妻之女弟同出爲姨。从女,夷聲。以脂切。○以脂平定脂

始 〔字形〕 shǐ　女之初也。从女,台聲。詩止切。○金文〔字形〕、〔字形〕、〔字形〕、〔字形〕　書止上　書之

媚 〔字形〕 mèi　說也。从女,眉聲。美祕切。○甲文〔字形〕、〔字形〕、〔字形〕、〔字形〕　金文〔字形〕、〔字形〕、〔字形〕、〔字形〕　明至去　明脂

好 〔字形〕 hǎo　美也。从女、子。呼皓切。○甲文〔字形〕、〔字形〕、〔字形〕、〔字形〕、〔字形〕　金文〔字形〕、〔字形〕、〔字形〕　曉晧上　曉幽

姣 〔字形〕 jiǎo　好也。从女,交聲。胡茅切。○見巧上　見宵

娛 〔字形〕 yú　樂也。从女,吳声。噳俱切。○疑虞平　疑魚

如 〔字形〕 rú　从隨也。从女从口。人諸切。○甲文〔字形〕、〔字形〕、〔字形〕、〔字形〕　日魚平　日魚

妝 〔字形〕 zhuāng　飾也。从女,牀省聲。側羊切。○甲文〔字形〕、〔字形〕　金文〔字形〕　莊陽平　莊陽

妒(《段注》作"妬",下同) 〔字形〕 dù　婦妒夫也。从女,戶(《段注》作"石")聲。當故切。○端暮去　端魚

姿 〔字形〕 zī　態也。从女,次聲。即夷切。○精脂平　精脂

妨 〔字形〕 fáng　害也。从女,方聲。敷方切。○滂陽平　滂陽

妄 〔字形〕 wàng　亂也。从女,亡聲。巫放切。○金文作〔字形〕　明漾去明陽

嫌 〔字形〕 xián　不平於心也。一曰:疑也。从女,兼聲。戶兼切。○匣添平　匣談

毌

444　wú　甲文 ✦、✦　金文 尹　武扶切　明虞合三平　明魚（265/265；626/632）

止之詞大徐本無"詞"字**也**[一]。**从女、一**[二]。**女有姦之者，一，禁止之，令勿姦也**"从女"等句大徐本作"从女，有奸之者"[三]。**凡毌之屬皆从毌**。

【譯文】

　　表示禁止義的虛詞。由"女、一"構成。女人有被強奸者（故从"女"），"一"表示禁止其行為，迫其勿為奸淫之事。凡是和"毌"義有關的字都以"毌"為構件。

【段注】

　　[一]"詞"依《禮記》釋文補①。詞者，意内而言外也。其意禁止，其言曰"毌"也。古通用"無"，《詩》《書》皆用"無"②。《士昏禮》"夙夜毌違命"，注曰："古文'毌'為'無'。"③是古文《禮》作"無"④，今文《禮》作"毌"也。漢人多用"毌"，故《小戴禮記》《今文尚書》皆用"毌"⑤，《史記》則竟用"毌"為"有無"字⑥。○又按：《詩》"毌教猱（náo）升木"⑦，字作"毌"，鄭箋："毌，禁辭。"　　[二]會意。武扶切。五部（魚、鐸）。　　[三]各本但有"从女有奸之者"六字，今補十字。"禁止之令勿姦"，此說从"一"之意。"毌"與"乇"同意。"乇"下云："止也。从亡、一。一，有所礙之也。"⑧然則"毌"下亦當从女、一，一有所礙，其義可互證。《曲禮》釋文、《大禹謨》正義皆引《說文》云："其字从女，内有一畫，象有姦之形，禁止之，勿令姦。古人云'毌'，猶今人言'莫'也。"⑨此以己意增改而失許意，蓋許以"禁止令勿姦"說从"一"，陸、孔以"有姦之者"說从"一"，不知"女有姦之者"五字為从"一"以禁止張本⑩。唐人之增改、今本之奪落，皆繆⑪，而唐本可摘以正今本。

【疏義】

　　①《禮記·曲禮上》："《曲禮》曰：'毌不敬。'"陸德明釋文："'毌'音'無'。《說文》云：'止之詞。'其字從女，内有一畫，象有姦之形，禁止之，勿令姦。古人云'毌'猶今人言'莫'也。"　　②《詩》《書》用例：《詩經·鄭風·大叔于田》："將叔無狃，戒其傷女。"《尚書·益稷》：

"無若丹朱傲,惟慢遊是好。"　③《儀禮·士昏禮》:"父送女,命之曰:'戒之敬之,夙夜毋違命。'"鄭玄注:"夙,早也,早起夜臥。命,舅姑之教命。古文'毋'爲'無'。"　④古文《禮》:指鄭玄所看到的以古文所寫的《儀禮》。　⑤《小戴禮記》:西漢戴聖整理的《禮記》,共49篇,宋時收入《十三經》。《小戴禮記》用"毋"的例子較多,如《曲禮上》:"臨財毋苟得,臨難毋苟免。很毋求勝,分毋求多。疑事毋質,直而勿有。"《今文尚書》:漢初秦博士伏生所傳的《尚書》,用漢隸書寫,對其後從孔壁中發現的《尚書》(用戰國時期的古文書寫)而言爲今文,共28篇。按:《今文尚書》未見用"毋"者,唯《古文尚書·大禹謨》有一例,詳見注⑨。　⑥《史記》用"毋"之例如《田叔列傳》:"上盡召見,與語,漢廷臣毋能出其右者。"《漢書·田叔傳》"毋"作"無"。　⑦見《詩經·小雅·角弓》。猱:獮猴,善攀援。　⑧《説文》止部:"乍,止也。一曰亡也。从亡从一。"《段注》改作:"乍,止亡詞也。从亡、一,有所礙也。"《段注》:"乍與毋同意。毋者,有人姦女而'一'止之,其言曰'毋';乍者,有人逃亡而'一'止之,其言曰'乍'。皆咄咄逼人之語也。"　⑨《曲禮》釋文:即《經典釋文·禮記音義》,見注①。《古文尚書·大禹謨》:"帝曰:'毋!惟汝諧!'"孔安國傳:"言'毋',所以禁其辭。禹有大功德,故能諧和元后之任。"孔穎達正義:"《説文》云:'毋,止之也。'其字從女,内有一畫,象有姦之者,禁止令勿姦也。古人言'毋',猶今人言'莫'。"　⑩陸、孔:指陸德明、孔穎達,參見注①⑨。張本:爲後面的話做鋪墊。　⑪奪落:文字脱落。繆:錯誤,乖誤。

【集解】

董蓮池《部首新證》:"'毋'一詞,商代甲骨文借'女'或'母'字表示,西周金文借'母'字表示。據裘錫圭研究,到戰國,人們把'母'字中的兩點改成一畫,寫作𠘧(詛楚文),秦漢遂普遍用其形以表'毋'一詞。故'毋'字是對'母'字局部筆畫作細微改變分化出的一個字。"

【同部字舉例】

毐　毐　ǎi　人無行也。从士从毋。賈侍中説:秦始皇母與嫪(lào)毐淫,坐誅,故世罵淫曰"嫪毐"。讀若娭(āi)。遏在切。○影海上影之

民 民 445 mín　甲文𪜊　金文𠄔、𠄞、𡉲、𡊅　彌鄰切　明真開三

平　明真(265/266;627/633)

衆萌也[一]。从古文之象[二]。凡民之屬皆从民。

𡊅大徐本作"𡊅"，古文民[三]。

【譯文】

　　蒙昧的百姓。像是由"民"的古文改造而成。凡是和"民"義有關的字都以"民"爲構件。𡊅，是古文"民"字。

【段注】

　　[一]萌，古本皆不誤，毛本作"氓"，非①。古謂民曰"萌"，漢人所用，不可枚數②。今《周禮》"以興耡(chú)利甿"③，許耒部引"以興耡利萌"④。愚謂鄭本亦作"萌"，故注云："變民言萌，異外内也。萌猶懵懵無知皃也。"⑤鄭本亦斷非"甿"字。大氐漢人"萌"字，淺人多改爲"氓"，如《周禮音義》此節摘"致氓"是也⑥。繼又改"氓"爲"甿"，則今之《周禮》是也，説詳《漢讀考》⑦。民、萌異者，析言之也；以"萌"釋"民"者，渾言之也。　　[二]仿佛古文之體少整齊之也⑧。凡許書有"从古文之形"者四，曰"革"、曰"弟"、曰"民"、曰"酉"，説見"革"下⑨。彌鄰切。十二部(真)。　　[三]蓋象萌生緐(fán)廡之形⑩。

【疏義】

　　①南宋戴侗《六書故·疑》："民，彌鄰切。民猶人也。《説文》曰：'𡊅，古文民。衆萌也，从古文之象。'"毛本：指明代毛晉汲古閣本《説文解字》。　　②古代以"萌"代"民"的用例如：《史記·三王世家》："侵犯寇盜，加以姦巧邊萌。"司馬貞索隱："邊甿。韋昭云：'甿，民也。'"《三倉》云：'邊人云甿。'"邊萌：即邊民。　　③《周禮·地官司徒·遂人》："以田里安甿，以樂昏擾甿，以土宜教甿稼穡，以興耡利甿。"耡：幫助。　　④引文見《説文》耒部"耡"字説解。　　⑤"萌"鄭注今本作"甿"。《周禮·地官司徒·遂人》："凡治野，以下劑致甿。"鄭玄注："變民言甿，異外内也。甿猶懵，懵，無知貌也。"下劑：最低要求的勞役法。致甿：徵召民夫。　　⑥《周禮·地官司徒·遂人》中的"致甿"(見注⑤)《經典釋文》亦引作"致甿"，注"甿，亡耕反"。他書或引作"致

氓”，如沈自南《藝林彙考·稱號篇》卷七即引作：“《周禮》：‘凡治野，以下劑致氓。’” ⑦《漢讀考》：全名《周禮漢讀考》，六卷，段玉裁著，内容是通過文字音韻等小學知識疏通證明漢代學者對《周禮》的注釋。《周禮漢讀考·地官·遂人》：“**遂人以興耡利甿**。‘甿’字作‘萌’，《説文》爲勝。許君民部曰：‘民，衆萌也。萌而無識也（《韻會》引有此五字）。’漢人謂民爲‘萌’，如《列女傳》‘斂小器投諸臺，言取郭外民，内之於城中也’（本書按：引文疑誤，原文作：斂小器投諸臺者，言取郭外萌，内之於城中也），《霍去病傳》‘及厥衆萌’，《劉向傳》‘民萌何以勸勉’，皆可證淺人改《説文》‘衆萌’爲‘衆氓’非也。今《周禮·遂人》‘甿’字凡七（本書按：應作二），《遂大夫》一，《旅師》一。鄭君注云：‘變民言甿，異外内也。甿猶懵懵，無知皃也。’以宋本《周禮音義》（致氓，亡耕反）、《詩·衛風》正義、《白帖》廿二、廿三所引《周禮》皆作‘氓’訂之，知開成石經《詩》《禮》字始作‘甿’，以‘氓’爲亡民而改之也。但以漢人訓詁之法求之，必當曰‘變民言萌’。萌猶懵，草木始生曰萌，故訓曰‘懵若氓’，則毛傳、《説文》訓曰‘民也’。鄉遂孰非民者？而乃云‘異外内’乎？然則唐初《周禮》本作‘氓’，後改爲‘甿’，實則漢時《周禮》本作‘萌’，後改爲‘氓’。” ⑧仿佛：仿照。少：稍微。⑨《説文》革部：“革，獸皮治去其毛革更之。象古文革之形。凡革之屬皆从革。，古文革从三十。三十年爲一世，而道更也，臼聲。”弟部：“弟，韋束之次弟也。从古字之象。凡弟之屬皆从弟。，古文弟，从古文韋省，丿聲。”酉部：“酉，就也。八月黍成，可爲酎酒。象古文酉之形。凡酉之屬皆从酉。，古文酉从卯。卯爲春門，萬物已出。酉爲秋門，萬物已入。一，閉門象也。”“革”字《段注》：“凡字有依倣古文製爲小篆，非許言之，猝不得其於六書居何等者。如‘革’曰‘象古文革之形’，‘弟’曰‘從古文之象’，‘民’曰‘從古文之象’，‘酉’曰‘象古文酉之形’是也。” ⑩緐廡：茂盛，繁盛。緐，同“繁”。

【集解】

徐鍇《説文繫傳·通論》：“民者，氓也。萌而無識也。《詩》曰‘氓之蚩蚩，抱布貿絲’，‘民’者象其蒙然衣服憧憧而行之皃也。天下有道，庶民不議，故‘民’字無口也。古文‘民’上爲髻形，下其足行，中象蒙然衣被之狀,衣食而已,今文'民'象之也。"

王筠《説文釋例》:"小徐《通論》作㲼,察其形,上下與'禹'相似,中央與'民'相似,小篆'民'又與'臣象屈服之形'者相似,'母、弟、臣'皆象人形,則'民'蓋亦象人形也。"

徐灝《説文注箋》:"古文㲼疑象艸木萌牙之形。"

朱駿聲《説文定聲》:"古文從'母',取蕃育也,上下衆多意,指事。"

饒炯《説文部首訂》:"炯案:古文'民'作㲼,即萌芽本字,從母,義取能生育,上下象萌以指事。後借其字爲黎民,而別製'萌'篆以專萌芽義。"

章太炎《文始》:"其本義恐直爲萌芽,象艸生形。"

林義光《文源》:"按:古作㲼(齊侯鎛),作㲼(洹子器),象草芽之形,當爲'萌'之古文。音轉如'蝱'(máng),故復制'萌'字。草芽蕃生,引申爲人民之'民',其轉音則別爲'氓'字。"

郭沫若《甲骨文字研究·釋臣宰》:"周代彝器,如康王時代之《盂鼎》已有民字,曰'逋相先王受民受疆土',其字作㲼,《克鼎》'惠于萬民'作㲼,《齊侯壺》'人民'字作㲼,均作一左目形而有刃物以刺之……周人初以敵囚爲民時,乃盲其左目以爲奴徵。"

【同部字舉例】

氓岷 méng　民也。从民,亡聲。讀若盲。武庚切。〇明耕平明陽

丿 ㇀ ⁴⁴⁶　piě　房密切　滂屑開四入　滂月(265/266;627/633)

又_{大徐本作"右"}**戾也。象ナ**_{大徐本作"左"}**引之形**[一]。**凡丿之屬皆从丿。**

【譯文】

從右向左彎曲。字形象朝左邊拉長的樣子。凡是和"丿"義有關的字都以"丿"爲構件。

【段注】

[一]"又、ナ"各本作"右、左",今正。戾者,曲也。右戾者,自右

而曲於左也,故其字象自左方引之。"丿"音義略同"撆"(piē),書家八法謂之"掠"①。房密切,又匹蔑切。十五部(脂、微、物、月)。

【疏義】

①書家八法:即永字八法。指漢字楷書運筆的八種基本法則,因以"永"字爲例,故名。一曰側,即點;二曰勒,即橫畫;三曰努,即直畫;四曰趯(tì),即鉤;五曰策,即斜畫向上者;六曰掠,即長撇;七曰啄,即右之短撇;八曰磔(zhé),即捺。

【集解】

徐灝《説文注箋》:"楷法掠謂之'撆',非篆書所有。疑此與下文'余制切'之'乀'實同一字。'系'从'丿'聲,即其明證,因作楷而讀如'撆'耳。右戾之'乁'與弋支切之'乀'疑亦一字,其讀若弗者,蓋蒙'弗'之字音爲之。"

饒炯《説文部首訂》:"炯案:乀即'撇'之古文。"

董蓮池《部首新證》:"今考此僅爲構字筆畫,並不具備意符性質。"

【同部字舉例】

乂 乂 yì　芟艸也。从丿从乀相交。𠬢,乂或从刀。魚廢切。○甲文 乂、乂、爻、爻　疑廢去　疑祭

弗 弗 fú　撟(《段注》作"矯")也。从丿从乀,从韋省。分勿切。○甲文 𢎛、弗、𢎚、弗、弗　金文 弗、弗、弗　幫物入　幫物

厂 乁 ⁴⁴⁷ yì　余制切　以祭開三去　定月(265/266;627/633)

拽(yè,牽引)也^[一]。朙(同"明")也^[二]。象拽引之形^[三]。凡厂之屬皆从厂。虒(sī,似虎而有角的獸)字从此^[四]。

【譯文】

牽引。明亮。字形象拖引的樣子。凡是和"厂"義有關的字都以"厂"爲構件。"虒"字以"厂"爲構件。

【段注】

[一]拽者,捈(tú)也。捈者,臥引也。臥引者,橫引之①。　[二]此

義未聞。　［三］依此則"明也"當爲衍文。余制切。十六部（支、錫）。
[四]按："虒"字从"虎"而以爲聲。又若"系"从糸，厂（yì）聲，寫者短之，乃與右戾之"丿"相溷（hùn）②。"曳"字从申，厂聲，寫者亦不察，皆當考正者也。

【疏義】

①抴：同"拽"。《説文》手部："捈，臥引也。"《段注》："臥引謂橫而引之也。"　②溷：今作"混"。

【集解】

徐鍇《説文繫傳》："曳物形，象丿狀而不舉首也。"

徐灝《説文注箋》："'抴'與'曳'同。抴引者，曳而申之也。物之曲者，申之使直，故'曳'从'申'，'厂'象抴引之形。物欲其直而字形曲者，不如是，無以見意也。此與右戾之'丿'實同一字。因'虒'从'虎'，故作'厂'以包於其左而引長之。'系'从'糸'則作乀，以置於其首而曲短之，各因文便耳。"

饒炯《説文部首訂》："'厂'爲'抴'之古文，'曳'亦'厂'之轉注。"

【同部字舉例】

弋 yì　橛（jué，同"橜"）也。象折木衺銳著形。从厂，象物挂之也。與職切。○甲文 金文 以職入　定職

乁 448　yí　弋支切　以支開三平　定支（265/266；627/633）

流也。从反厂。讀若移[一]。凡乁之屬皆从乁。

【譯文】

移動。以反寫的"厂"爲構件。讀音同"移"。凡是和"乁"義有關的字都以"乁"爲構件。

【段注】

［一］"移"从"多"聲，在十七部（歌），亦用於十六部（支、錫）①。"乁"與"厂"古音同在十六部也。弋支切。

【疏義】

①根據今人的研究，段氏上古第十七部的擬音或作 ai，第十六部

的擬音或作 e(陰聲)。

【集解】

徐鍇《説文繫傳》:"反'厂'音'曳'也。凡曳者,不順而曳之也。反曳也,故爲流,流,順也。"

桂馥《説文義證》:"流也者,《釋言》:'流,覃也。'疏云:'謂水之流,必相延及。'通作移。"

王筠《説文句讀》:"竊疑器之嘴謂之'流','乁'似象形字。"

饒炯《説文部首訂》:"'乁'即遷移本字,从左引右,爲勢最順,故遷移義象之。"

【同部字舉例】

也　yě　女陰也。象形("象形"句《段注》作"从乁,象形,乁亦聲")。秦刻石也字。羊者切。○甲文　　　金文

以馬上　定歌

氏　449 shì　甲文　金文　承旨切　禪紙開三上　禪支(265/266;628/634)

巴蜀名山("名山"大徐本作"山名")**岸脅之自**(duī,同"堆",小土山)大徐本無"自"字**旁箸**(zhuó)**欲落墮**(duò)**者曰氏**[一]。**氏嵋**大徐本作"崩",**聲**大徐本無"聲"字**聞數百里。象形**[二],**乁**(yí)**聲**[三]。**凡氏之屬皆从氏。楊雄賦:"響若氏隤**(tuí,崩頹)**。"**

【譯文】

巴蜀之地將懸於山崖似欲墜落的土石叫做"氏"。氏崩落時,巨響可傳至數百里之外。象形,其中"乁"爲聲符。凡是和"氏"義有關的字都以"氏"爲構件。楊雄的賦説:"響聲大如氏崩塌。"

【段注】

[一]十六字爲一句。此謂巴蜀方語也。"自"大徐無,小徐作"堆",俗字耳,今正。自,小𨸏(fǔ)也。箸,直略切。小𨸏之旁箸於山岸脅而狀欲落墮者曰"氏"[1],其字亦作"坻"(zhǐ)[2],亦作"泜"(shì)。𨸏部曰:"秦謂陵阪曰泜。"[3]"泜"與"氏"音義皆同。楊雄《解嘲》曰:"響

若坁隤。”④應劭曰：“天水有大坂，名曰‘隴坻’。其山堆傍箸，崩落作聲，聞數百里，故曰‘坻隤’。”韋昭曰：“‘坻’音若是理之‘是’。”以上見《文選注》。今本《漢書》作“阺隤”，師古曰：“‘阺’音‘氏’。巴蜀名山旁堆欲墮落曰‘氏’，應劭以爲天水隴氏，失之矣。‘氏’音丁禮反。”⑤玉裁按：顏説殊非古。“隴阺”亦作“隴坻”，與巴蜀之“氏”形小異而音義皆同。“阺、坻”字同“氏”聲，或从“氏”聲而丁禮切者，字之誤也。劉逵注《吳都賦》“坻頹”曰：“天水之大阪，名曰‘隴坻’，因爲隴坻之曲。”説與應仲遠同⑥。“坻”韋音“是”，“阺”顏音“氏”，皆不誤。考“氏”亦作“是”，見《夏書·禹貢》曰：“西頃因桓是來。”鄭注云：“桓是，隴阪名。其道般桓旋曲而上，故曰‘桓是’。今其下民謂阪爲‘是’（句絶），謂曲爲‘桓’也（各本誤，今校訂如此）。”⑦據此則“桓是”即“隴阺”，亦可作“隴氏”，昭昭然矣。古經傳“氏”與“是”多通用。《大戴禮》“昆吾者，衛氏也”，以下六“氏”字皆“是”之叚借⑧。而《漢書》、漢碑叚“氏”爲“是”不可枚數⑨，故知姓氏之字本當作“是”，叚借“氏”字爲之，人第習而不察耳。姓者統於上者也，氏者別於下者也。“是”者，分別之詞也。其字本作“是”，漢碑尚有云“姓某是”者，今乃專爲姓氏字，而“氏”之本義惟許言之，淺人以爲新奇之説矣。　［二］謂“𠃜”象傍於山脅也。氏之附於姓者類此⑩。　［三］“乀”讀若移。“氏”《篇》《韻》皆承紙切⑪。十六部（支、錫）。大徐承旨切，非也。

【疏義】

①箸：附著。岸脅：岸邊。隓：同“墮”。《説文繫傳》：“氏，巴蜀名山岸脅之堆旁著欲落峊者曰氏。”峊：同“阜”，大土堆。　②坁：應爲“坻”，下同。“坻”音 chí，涯岸。　③阺：突出欲墜的山崖。陵阪：山坡，斜坡。　④揚雄《解嘲》：“陳平出奇，功若泰山，響若坻隤。”隤：倒塌，崩潰。　⑤引文見《漢書·揚雄傳》及顏師古注。　⑥劉逵：字淵林，西晉濟南人，先後任黃門侍郎、侍中等職。左思《吳都賦》：“有殷坻頹於前。”劉逵注：“坻頹，崩聲也。天水之大坂，名曰‘隴坻’，因爲隴坻之曲。”應仲遠：即應劭，字仲遠。　⑦《尚書·禹貢》：“西傾因桓是來。”孔安國傳：“西傾，山名。桓水自西傾山南行，因桓水是來。”鄭注：指鄭玄的《古文尚書注》。宋林之奇《尚書全解》：“鄭氏

云：'……桓是，隴阪之名，其道盤桓旋曲而上，故名之曰桓，今其民猶謂阪曲爲桓也。'" ⑧《大戴禮記·帝系》："昆吾者，衞氏也。參胡者，韓氏也。彭祖者，彭氏也。云鄶(kuài)人者，鄭氏也。曹姓者，邾氏也。季連者，楚氏也。"王聘珍《大戴禮記解詁》："此言陸終六子皆有爵土……'氏'並讀曰'是'。鄭注《覲禮》云：'古文"是"爲"氏"也。'" ⑨此類用例如：《漢書·地理志》："至玄孫，氏爲莊公。"顏師古注："'氏'與'是'同，古通用字。"《隸釋·督郵斑碑》："握樞運棋，要道氏綜。"洪适注："'氏'當讀爲'是'也。"《隸釋》：宋洪适著，是現存年代最早的一部集錄和考釋漢魏晉石刻文字的專著，著錄漢魏隸書石刻文字一百八十三種。 ⑩山脅：山峽。"氏之"句：氏隸屬於姓和山頭依於山脈的情況相類。按：姓爲區別氏族的稱號，氏爲姓的分支。劉恕《通鑑外紀》："姓者，統其祖考之所自出；氏者，別其子孫之所自分。" ⑪《篇》《韻》：指《玉篇》《廣韻》。《玉篇》氏部："氏，承紙切。巴蜀謂山岸欲墮曰'氏'。崩聲也。又姓氏。"《廣韻》紙韻："氏(承紙切)，氏族。"

【集解】

徐灝《説文注箋》："明吳元滿《六書總要》曰：'姓氏字作⻊，姓統而氏分，古者諸侯之別子爲祖者，其孫以王父字爲氏，官族邑長亦如之，故从氐出。'其説爲優。蓋⻊本象艸木之形，側⻊爲⻊，故根氐字从之。手部：'扺，側擊也，从手，氏聲。'即其證。漢印之傳於今者，'氏'多作⻊，小篆變爲'氏'耳。"

林義光《文源》："古作�，作ㄌ，不象山岸脅之形。本義當爲根柢。'氏、柢'雙聲旁轉，ㄙ象根，●其種也。姓氏之氏，亦由根柢之義引申。"

章太炎《文始》："秦謂陵阪曰'阺阪'訓山脅，則'氏、阺'同文甚明……'柢'訓本根，而'氐'爲木本，字乃从'氏'，疑'氏'本即'氐'字，旁轉異音異形耳。"

董蓮池《部首新證》："字見甲骨文，寫作�(《甲骨文編》285頁'昏'所从)，亦見西周金文，寫作ㄌ(毛公厝鼎)、ㄟ(散盤)、�(克鼎)，春秋戰國寫作�(齊鞄氏鐘)、ㄥ(包山楚簡)，形體取象不明。

戴家祥云林義光‘丆象根’之釋可從。甲骨文寫作𠂤,金文寫作丆、
𠂤,卷曲的一筆象樹的老根,右旁分出的一筆爲支根,支根上的一點或
一横爲指事符號,表示支根之所在,爲象形兼指事字。支、氏一聲之
轉,‘氏’的初義正與支密切相關,其初義是支根(《古文字詁林》第九
册 930 頁),説可參。”

【同部字舉例】

　　𡿨𡿩 jué　木本。从氏,大於末。讀若厥。居月切。○甲文𠄌、
𠂆、𠄎　金文𠄎、𠃋、𠄎、𠂆　見月入　見月

氐 𣄁 450 dǐ　金文𠂤　丁禮切　端薺開四上　端脂(266/266;
　　　　　628/634)

至也[一]。**本也**大徐本無此二字 [二]。**从氏下箸
一**[三]。**一**[四],**地也**[五]。**凡氐之屬皆从氐**。

【譯文】

　　到達。根本。以“氏”爲構件,其下有“一”。一,表示大地。凡是
和“氏”義有關的字都以“氏”爲構件。

【段注】

　　[一]“氐”之言“抵”也。凡言“大氐”,猶“大都”也。　[二]小徐
本有此二字。“氐”爲本,故“柢”以會意①。《國語》曰:“天根見而水
涸。”韋曰:“天根,亢、氐之閒。”② 　[三]箸,直略切。會意也。許書無
“低”字。底,一曰“下也”。而“昏”解云:“从日,氐省。氐者,下也。”
是許説“氐”爲高低字也。《廣韻》都奚切③,《玉篇》丁兮切④。十五部
(脂、微、物、月)。大徐丁禮切。　[四]逗。　[五]“一”之用甚多,故
每分別解之。

【疏義】

　　①《説文》木部:“柢,木根也。从木,氐聲。”《説文繫傳》説解同大
徐本。以會意:段氏認爲“柢”同時是會意字,即“木之本”。　②引文
見《國語·周語中》及韋昭注。天根、亢、氐:均星宿名。“天根”爲二
十八宿中東方蒼龍七宿的第三宿,“亢”爲東方蒼龍七宿的第二宿,
“氐”即“天根”。《爾雅·釋天》:“壽星,角、亢也。天根,氐也。”郭璞
注:“角、亢下系於氐,若木之有根。”徐元誥《國語集解》:“王引之曰:

‘《爾雅》云“天根，氐也”，無以天根爲亢、氐之閒者。’項名達曰：‘夏初寒露前三日，日在房三度，亢末氐初均見，所謂天根也。’”　③《廣韻》齊韻：“氐（都奚切），氐羌。《説文》：‘至也。’”　④《玉篇》氐部：“氐，丁兮切。至也，本也。又丁禮切。”

【集解】

朱駿聲《説文定聲》：“此字實即‘柢’之古文。蔓根曰‘根’，直根曰‘氐’。《廣雅·釋言》：‘氐，柢也。’”

饒炯《説文部首訂》：“‘氐’即‘底’之古文。”

徐灝《説文注箋》：“‘氐’即根氐本字，相承增‘木’爲‘柢’。《爾雅·釋言》：‘柢，本也。’《小雅·節南山》篇‘維周之氐’，毛傳：‘氐，本也。’氐在下，故引申爲高低之偁。”

林義光《文源》：“‘氐’古作イ，當與‘氏’同字。‘氏、氐’音稍變，故加‘一’以別之，‘一’實非地。‘氐’象根，根在地下，非根之下復有地也。”

董蓮池《部首新證》：“字春秋寫作⺥（石鼓文）、⺥（虢金氏孫盤），篆與之同，取象不明。大概是以乁下斜伸的一筆至一而止，以會抵至之意。”

【同部字舉例】

映䀉 dié　觸也。从氐，失聲。徒結切。〇定屑入　定質

戈犬　451　gē　甲文十、十、戈、戈　金文十、十、十　古禾切　見　戈合一平　見歌（266/266；628/634）

平頭戟(同“戟”)**也**[一]**。从弋**[二]**，一衡**大徐本作“橫”**之。象形**[三]**。凡戈之屬皆从戈。**

【譯文】

平頭戟類兵器。以“弋”爲構件，“一”橫貫於弋之上。象形。凡是和“戈”義有關的字都以“戈”爲構件。

【段注】

[一]《考工記》冶氏爲戈：“廣二寸，內倍之，胡三之，援四之。倨句外博，重三鋝(lüè)。”鄭曰：“戈，今句孑戟也。或謂之‘雞鳴’，或謂

之‘擁頸’。‘内’謂胡以内接柲者也，長四寸。胡六寸，援八寸……戈，句兵也，主於胡也……俗謂之曼胡以此。”鄭司農云：“援，直刃也，胡，其子。”①按：依先鄭，戈有直刃，則非平頭也。宋黄氏伯思始疑鄭注②，近程氏瑶田考戈刃如劍横出而稍倨，所謂“援八寸”也。援之下近柲爲胡，連上爲刃，所謂“胡六寸”也。其横丗於柲而外出者凡四寸，所謂“内倍之”也。戈戟之金非冒於柲之首，皆爲之内，横丗外出，且於胡之近柲處爲三孔，纏縛於柲以固之。古戈戟時有存者，聂(hé)之可知也。説詳《通藝録》③。按：許説戈爲“平頭戟”，从“弋”，以“一”象之，然則戈刃之横出無疑也，横出故謂之“援”，援，引也。凡言“援”者皆謂横引之，直上者不曰“援”也。且戈戟皆句兵，矛刺兵，殳戟(jǐ)兵。殳，嫥(zhuān)於戟者也④。矛，嫥於刺者也。戟者，兼刺與句者也。戈者，兼句與戟者也。用其横刃則爲句兵，用横刃之喙以啄人則爲戟兵。戟與句相因爲用，故左氏多言“戈擊”。若晉中行獻子夢厲公以戈擊之⑤；齊王何以戈擊子之，解其左肩⑥；鄭子南逐子晳，擊之以戈⑦；衛齊氏用戈擊公孟，公魯以背蔽之，斷肱，以中公孟之肩⑧；魯昭公將以戈擊僚柤⑨；楚盜以戈擊昭王，王孫由余以背受之，中肩⑩；越靈姑浮以戈擊闔廬，傷將指⑪；齊簡公執戈將擊陳成子⑫；衛石乞、盂黶敵子路，以戈擊之，斷纓⑬。皆言“擊”不言“刺”。惟盧蒲癸以寢戈自後刺子之，言“刺”。蓋癸與王何同用戈，癸逼近子之，故言“刺”；王何去子之稍遠，故言“擊”。且二人一在後，一在前，相爲掎(jǐ)角也。若長狄僑如，魯富父終甥舂其喉以戈，殺之⑭。由長狄長三丈，既獲之不能殺之，故自下企上以舂其喉也。自下舂其喉，計長狄長不過二丈，容既獲之後，身横於地而殺之。“舂”亦擊也。《方言》曰：“戈，楚謂之釫。凡戟而無刃，秦晉之間謂之釫，或謂之鏝，吴楊之間謂之戈，東齊秦晉之間謂其大者曰鏝胡，其曲者謂之鉤釫鏝胡。”⑮《方言》“釫、鉤、鏝”字皆轉寫譌俗，古袛作“句、子、曼”。云“無刃”者，謂無直刃也；云“句子”者，謂其爲句兵，取義於“無右臂”之“子”也；云“曼胡”者，取義於曲處如顄(hán)領之肥大也⑯。詳繹鄭注本無不同，所引先鄭乃不可從。

［二］謂柲，長六尺六寸。　　［三］“衡”各本作“横”，依許全書例正⑰。戈之首“一”横之而已矣。先鄭云“援爲直刃，胡其子”，非也。古禾

切。十七部(歌)。

【疏義】

　　①引文見《周禮·冬官考工記·冶氏》及鄭玄注。《段注》有删節。《冶氏》原文(加黑)及鄭注如下:**戈廣二寸,内倍之,胡三之,援四之**。鄭注:"戈,今句孑戟也。或謂之雞鳴,或謂之擁頸。'内'謂胡以内接柲者也,長四寸。胡六寸。援八寸。鄭司農云:'援,直刃也。胡,其子。'"**已倨則不入,已句則不决。長内則折前,短内則不疾**,鄭注:"戈,句兵也,主於胡也。已倨,謂胡微直而邪多也。以啄人,則不入。已句謂胡曲多也。以啄人,則創不决。**是故倨句外博**。鄭注:"博,廣也。倨之外,胡之裏也。句之外,胡之表也。廣其本以除四病而便用也。俗謂之曼胡似此。"**重三鋝**。鄭注:"鄭司農云:'鋝,量名也。讀爲刷。'"廣:指寬度。内:戈的横刃後部,與直柄相連接,用以固定柲(戈柄)。胡:戈戟之刃曲而下垂的部分。援:戈的横刃。子:即戟。倨、句:皆曲義。外博:上翹。　②先鄭:即鄭衆,曾官大司農,世稱鄭司農。黄伯思《東觀餘論·銅戈辯》:"《周官·考工記·冶氏》戈之制有内、有胡、有援。鄭氏曰:'戈,今句孑戟也。或謂之雞鳴,或謂之擁頸。内,謂胡以内接柲者也。援,直刃也。'今詳此戈之制,兩旁有刃横置,而末鋭若劍鋒者,所謂援也。援之下如磬折,稍刓(wán)而漸直。若牛頸之垂胡者,所謂胡也。胡之旁有可接柲之迹者,所謂内也。援形正横,而鄭氏以爲直刃,《禮圖》從而繪之,若矛槊然,誤矣。蓋戈,擊兵也,可句可啄,而非用以刺也。"黄伯思(1079—1118):北宋晚期重要的文字學家、書法家、書學理論家,邵武(今屬福建)人,進士出身,著有《東觀文集》(一百卷)等書。刓:圓鈍無棱角。　③《通藝録》:一部論述經學、名物、制度、輿地等内容的著作,清人程瑶田著。　④嫥:專門,專一。　⑤中行獻子:即晉大夫荀偃。厲公:晉厲公。《左傳·襄公十八年》:"中行獻子將伐齊,夢與厲公訟,弗勝。公以戈擊之,首隊於前。"　⑥王何、子之:皆齊大夫。《左傳·襄公二十八年》:"盧蒲癸、王何執寢戈,慶氏以其甲環公宫……盧蒲癸自後刺子之,王何以戈擊之,解其左肩。"盧蒲癸、慶氏:皆齊大夫。寢戈:近身護衛用的武器。　⑦子南、子晳:皆鄭大夫。《左傳·昭公元年》:"子晳怒,既而橐(gāo)

甲以見子南,欲殺之而取其妻。子南知之,執戈逐之,及衝,擊之以戈。"纍甲:把鎧甲穿在外衣裏面。衝:交通要道。　⑧齊氏、公孟、公魯:皆衛大夫,齊氏即齊豹,"公魯"應爲"宗魯"。《左傳·昭公二十年》:"齊氏用戈擊公孟,宗魯以背蔽之,斷肱,以中公孟之肩,皆殺之。"　⑨僚柤:魯小臣。《左傳·昭公二十五年》:"公果、公賁使侍人僚柤告公。公寢,將以戈擊之,乃走。"公:魯昭公。公果、公賁:皆魯公子。　⑩昭王:楚昭王。王孫由余:楚大夫,"余"應爲"于"。《左傳·定公四年》:"王寢,盜攻之,以戈擊王。王孫由于以背受之,中肩。"⑪靈姑浮:越大夫。闔廬:吳王之名。將指:腳的大拇指。《左傳·定公十四年》:"靈姑浮以戈擊闔廬,闔廬傷將指,取其一屨。"　⑫陳成子:齊大夫,即陳恒。《左傳·哀公十四年》:"公與婦人飲酒于檀臺,成子遷諸寢。公執戈,將擊之。"　⑬石乞、盂黶:皆衛大夫。子路:時爲衛大夫。《左傳·哀公十五年》:"大子聞之,懼,下石乞、盂黶(yǎn)敵子路,以戈擊之,斷纓。"大子:衛太子蒯聵。　⑭長狄:北狄的一種。僑如:長狄國君。富父終甥:魯大夫。《左傳·文公十一年》:"冬十月甲午,敗狄于鹹,獲長狄僑如,富父終甥摏其喉以戈,殺之。"　⑮引文見揚雄《方言》第九。"戈,楚謂之釪"今本作"戟,楚謂之釪","吳楊"今本作"吳揚"。郭璞注:"即今雞鳴,句孑戟也。"　⑯頷:下巴。領:脖子。　⑰《說文》木部:"橫,闌木也。"《段注》:"闌,門遮也,引申爲凡遮之偁。凡以木闌之皆謂之橫也,古多以'衡'爲'橫'。"角部:"衡,牛觸,橫大木其角。从角从大,行聲。《詩》曰:'設其楅衡。'"《段注》:"此云'牛觸,橫大木',是闌閑之謂之衡……古多假'衡'爲'橫'。"

【集解】

朱駿聲《說文定聲》:"弋者,柲也。長六尺六寸,其刃橫出,可句可擊,與矛專刺、殳專擊者不同,亦與戟之兼刺與句者异。"

王筠《說文句讀》:"陳氏啟源曰:'戈、戟皆句兵,但小枝向上爲戟,平之爲戈,微有不同,故'戈'亦蒙'戟'名,而以'句孑'別之。句孑者,以其橫安刃不向上而鉤之。'"

王筠《說文釋例》:"'戈'下云:'從弋,一橫之。'弋者,橜也,非戈所當從。'一橫之'之語,又不可解,蓋後人所附益。又云'象形',乃正解也。《博古圖·商立戈鼎》'戈'字作朮,乃足象形,小篆變之,遂不甚肖。豈可云'從弋一'以爤(yuè)亂之乎?"

饒炯《説文部首訂》:"説解云'平頭戟'者,謂戟之無刺曰戈也。《小爾雅》云:'戈,勾子戟者。'謂戈似戟有偏枝而句也,象形,即王筠注引鐘鼎文有作朮者是也。蓋戈以中直象援及柲,右旁象胡與句,下垂象鐏,篆文變之,而云'从弋,一橫之',非也。"

黄天樹《部首與甲骨文》(續二):"甲骨文作𢦜,象商周時代一種裝有橫刃的兵器。"

董蓮池《部首新證》:"字見甲骨文,寫作𢦏、𢦗、𢦏諸形(《甲骨文編》488頁),即其象形。"

【同部字舉例】

戎 𢦒 róng　兵也。从戈从甲。如融切。○甲文𢦒、𢦒、𢦒、𢦒　金文𢦒、𢦒、𢦒、𢦒、戉　日東平　日冬

賊 𧴪 zéi　敗也。从戈,則聲。昨則切。○金文𧴪　從德入　從職

戍 𢦨 shù　守邊也。从人持戈。傷遇切。○甲文𢦨、𢦨、𢦨、𢦨　金文𢦨、𢦨、𢦨、𢦨、𢦨、𢦨、戍　書遇去　書侯

戰 𢧐 zhàn　鬥也。从戈,單聲。之扇切。○金文𢧐、𢧐、𢧐、𢧐　章線去　章元

或 𢆶 yù　邦也。从口从戈,以守一。一,地也。域,或又从土。于逼切。○甲文可、𢆶、𢆶、𢆶、𢆶　金文𢆶、𢆶、𢆶、𢆶、𢆶、𢆶　雲職入　匣職

戮 𢧵 lù　殺也。从戈,翏聲。力六切。○金文𢧵　來屋入　來覺

戩 𢧜 jiǎn　滅也。从戈,晉聲。《詩》曰:"實始戩商。"即淺切。○精獮上　精真

武 �昰 wǔ　楚莊王曰:"夫武,定功戩兵,故止戈爲武。"文甫切。○甲文�昰、�昰、�昰、�昰、�昰　金文�昰、�昰、�昰　明虞上　明魚

戢 𢧀 jí　藏兵也。从戈,咠聲。《詩》曰:"載戢干戈。"阻立切。○莊緝入　莊緝

戉 戉 452　yuè　甲文𢦖、𢦖、𢦖、𢦖、𢦖　金文𢦖、𢦖、𢦖、𢦖　王伐切　云月合三入　匣月(266/267;632/638)

大大徐本無"大"**斧也**[一]。**从戈，乚**(jué)**聲**[二]。**《司馬法》曰**："**夏執玄戉，殷執白戚。周ナ**大徐本作"左"**杖黄戉，又把**"又把"大徐本作"右秉"**白髦。**"[三]**凡戉之屬皆从戉。**

【譯文】

　　大斧。"戈"爲意符，"乚"爲聲符。《司馬法》説："夏代使用黑紅色的斧頭，殷代使用白色的斧頭。周代人左手拿着黄色的斧頭，右手拿着白色的髦牛尾。"凡是和"戉"義有關的字都以"戉"爲構件。

【段注】

　　[一]一本奪"大"字，非。斧，所以斫也。　　[二]王伐切。十五部（脂、微、物、月）。俗多"金"旁作"鉞"。　　[三]《周書·坶誓》作"秉白旄"[①]，此作"把白髦"者，蓋《司馬法》之文有不同也[②]。《毛詩》傳曰："秉，把也。"[③]手部曰："把，握也。""髦"者，"旄"之叚借字。

【疏義】

　　①坶：今本作"牧"。《尚書·周書·牧誓》："王左杖黄鉞，右秉白旄以麾。"又《牧誓》："虎賁三百人，與受戰于牧野。"陸德明釋文："'牧'如字……《説文》作'坶'，云地名，在朝歌南七十里。"　　②《司馬法》：古兵書，相傳爲戰國時齊國軍事家司馬穰苴所著，漢以後多已佚，今存五篇。　　③《詩經·小雅·大田》："彼有遺秉，此有滯穗。"毛傳："秉，把也。"

【集解】

　　徐灝《説文注箋》："戉、鉞古今字。"

　　吳大澂《説文古籀補》："𐥼，古'戉'，象形字，《立戉尊》作𐥻。許氏説：'戉，斧也。'今所傳古戉或作月形，或作半月形，此象半月形也。"

　　商承祚《殷虛文字》："'戉'字象形，非形聲，古金文或作𐥻（戉尊），與此同。"

　　黄天樹《部首與甲骨文》（續二）："甲骨文作𐥺，本象一種斧類兵器。後來加注意符'金'而成'鉞'。"

　　董蓮池《部首新證》："字見甲骨文，寫作𐥺（《甲骨文編》495頁），象長柄大斧，刃呈圓形，爲‘戉’的象形文。”

【同部字舉例】

戚 qī　戉也。从戉，未聲。倉歷切。〇金文　精錫入　清覺

我 453 wǒ　甲文、、、、　金文、、　五可切
　　　疑哿開一上　疑歌（267/267；632/638）

施身自謂也[一]。**或説：我**[二]，**頃頓也**[三]。**从戈**、大徐本有“从”**手**[四]。**手，古文垂也**[五]。**一曰：古文殺字**“古文”三句大徐本作“或説古垂字，一曰：古殺字”[六]。**凡我之屬皆从我。，古文我。**

【譯文】

自己對自己的稱呼。另一説：“我”的大意是傾側。由“戈、手”構成。手，是古文“垂”字。另一説：“我”是古文“殺”字。凡是和“我”義有關的字都以“我”爲構件。，古文“我”字。

【段注】

[一]不但云“自謂”而云“施身自謂”者①，取“施”與“我”古爲疊韻。“施”讀施捨之“施”，謂用己廁於衆中，而自稱則爲“我”也②。施者，旗貌也，引申爲施捨者，取義於旗流下垂也③。《釋詁》曰：“卬、吾、台、予、朕、身、甫、余、言，我也。”又曰：“朕、予、躬，身也。”又曰：“台（yí）、朕、賚（lài）、畀（bì）、卜、陽，予也。”④或以“賚、畀、卜、予”不同義。愚謂有“我”則必及人，故“賚、畀、卜”亦在施身自謂之内也。口部曰：“吾，我自稱也。”女部曰：“姎，女人自稱姎我也。”⑤《毛詩》傳曰：“言，我也。”“卬，我也。”⑥《論語》二句而“我、吾”互用，《毛詩》一句而“卬、我”雜稱⑦。蓋同一“我”義而語音輕重緩急不同，施之於文若自其口出。　[二]逗。　[三]謂順側也。頃，頭不正也；頓，下首也。故引申爲頃側之意。《賓筵》：“側弁之俄。”箋云：“俄，傾貌。”⑧人部曰：“俄，頃也。”然則古文以“我”爲“俄”也，古文叚借如此。　[四]合二成字不能定其會意形聲者，以“手”字不定爲何字也。五可切。十七部（歌）。　[五]“垂”當作“䍐”⑨。䍐、垂在十七部（歌），然則“我”以爲形聲也。　[六]“我”從“殺”，則非形聲，會意亦難説也。“殺”篆下

載古文三,有一略相似者⑩。

【疏義】

①施身自謂:自己對自己的稱呼。　②"謂用"二句:指因自己置身衆人之中,遂自稱自己爲"我"。用:因,介詞。　③旗流:即"旗斿",旗子上懸垂的飾物。　④引文見《爾雅·釋詁》。郭璞注:"卬猶姎也,語之轉耳。《書》曰:'非台小子。'古者貴賤皆自稱朕。""今人亦自呼爲身。""賚、卜、昪,皆賜與也。與猶予也,因通其名耳。魯詩云:'陽如之何?'今巴濮之人自呼阿陽。"　⑤《説文》女部:"姎,女人自偁我也。从女,央聲。"《段注》改作"女人自偁姎我也"。　⑥《詩經·周南·葛覃》:"言告師氏,言告言歸。"毛傳:"言,我也。"《邶風·匏有苦葉》:"招招舟子,人涉卬否。"毛傳:"卬,我也。"　⑦《論語·陽貨》:"(陽貨)曰:'不可。日月逝矣,歲不我與。'孔子曰:'諾。吾將仕矣。'"《論語·先進》:"子曰:'回也,非助我者也,於吾言無所不説。'"《詩經·邶風·匏有苦葉》:"卬須我友。"　⑧《賓筵》:即《賓之初筵》。《詩經·小雅·賓之初筵》:"是曰既醉,不知其郵。側弁之俄,屢舞傞傞。"鄭玄箋:"郵,過。側,傾也。俄,傾貌。"　⑨《説文》土部:"坖(垂),遠邊也。从土,烾聲。"烾部:"烾,艸木華葉烾。象形。"《段注》:"引申爲凡下烾之偁。今字坖(垂)行而烾廢矣。"　⑩《説文》殺部:"殺,戮也。从殳,杀聲。凡殺之屬皆从殺。𣏂,古文殺。𣏁,古文殺。𣏁,古文殺。"按:1975年扶風縣出土一器,形制爲𣏁,有刃有齒,背部兩孔似銎,銎上釘孔用以裝木柄,或説似我字的古文形體。

【集解】

徐灝《説文注箋》:"箋曰:元周伯琦曰:'𢦏,戈名,象形,借爲吾我字。'按:𢦏,即古文𢦒之變體也。"

商承祚《殷虛文字》:"古文作𢦒,《盂鼎》作𢦏,與此同。知許書古文作𢦒者,乃由𢦏傳寫之譌矣。"

黃天樹《部首與甲骨文》(續二):"甲骨文作𢦏,象一種刃部有鋸齒狀的斧鉞形武器。"

董蓮池《部首新證》:"字見甲骨文,寫作𢦏、𢦏諸形(《甲骨文編》495頁),象一種長柄帶有鋸齒形的兵器,爲獨體象形字,用爲'施身自謂'乃假借。"

【同部字舉例】

義 羛 yí　己之威儀也。从我、羊。羛,《墨翟書》"義"从"弗"。魏郡有羛陽鄉,讀若錡,今屬鄴,本内黄北二十里。宜寄切。○甲文羛、𦎫、𦎫、𦎫、𦎫、𦎫、𦎫　金文𦎫、義、𦎫、𦎫、𦎫、𦎫　疑支平　疑歌

亅 ∫ 454　jué　衢月切　羣月合三入　羣月(267/267;633/639)

鉤逆者謂之亅[一]。象形[二]。凡亅之屬皆从亅。讀若橜(jué)。

【譯文】

倒鉤叫作"亅"。象形。凡是和"亅"義有關的字都以"亅"爲構件。讀音同"橜"字。

【段注】

[一]鉤者,曲金也。《司馬相如列傳》:"猶時有銜橜之變。"集解引徐廣云:"鉤逆者謂之橜。"索隱引周遷《輿服志》云:"鉤逆者爲橜。"①皆謂"橜"爲"亅"之叚借字也。清道而行,中路而馳,斷無枯木朽株之難,故知必謂鉤也。　[二]象鉤自下逆上之形。《玉篇》引《説文》衢月切②,大徐同。十五部(脂、微、物、月)。

【疏義】

①《史記・司馬相如列傳》:"且夫清道而後行,中路而後馳,猶時有銜橜之變。"裴駰集解:"徐廣曰:'橜'音巨月反,鉤逆者謂之橜矣。"司馬貞索隱:"周遷《輿服志》云:'鉤逆上者爲橜,橜在銜中,以鐵爲之。'"銜橜之變:車馬傾覆的危險,喻意外事故。橜,同"橜"。《輿服志》:史書中關於車馬服制的記載,自《後漢書》以後始有此體例。　②《玉篇》亅部:"亅,居月切。鉤逆者謂之亅也。《説文》衢月切。"

【集解】

徐灝《説文注箋》:"∫象曲鉤之形,馬之銜橜,乃其一端耳。"

王筠《説文句讀》:"鉤則鉤耳,謂之'逆'者,蓋倒鬚鉤也。"

王筠《説文釋例》：“丨即㲇，乃實字也；乚訓鉤識，則虛字也。”

饒炯《説文部首訂》：“丨爲鉤逆之器，本象鉤形，因以‘蟨’爲音而義引爲止，與部屬‘乚’（jué）同字，但反正異形耳。”按：“蟨”同“絕”。

【同部字舉例】

乚〔乚〕jué　鉤識也。从反丨，讀若“捕鳥罬（zhuó）”。居月切。〇見月人　見月

琴 珡455　qín　巨今切　羣侵開三平　羣侵（267/267；633/639）

禁也[一]。神農所作[二]。洞越（huó，孔洞）[三]，練朱五弦[四]，周時大徐本無“時”字加二弦[五]。象形[六]。凡珡之屬皆从珡。鑋，古文珡，从金[七]。

【譯文】

禁止（邪念）。是神農發明的樂器。底部有通暢的出氣孔，上面繃有朱紅色的五根弦，周代增加了兩跟弦。象形。凡是和“琴”義有關的字都以“琴”爲構件。鑋，古文“琴”用“金”作構件。

【段注】

[一]禁者，吉凶之忌也，引申爲禁止。《白虎通》曰：“琴，禁也，以禁止淫邪，正人心也。”①此疊韻爲訓。　[二]《世本》文也。《宋書·樂志》曰：“琴，馬融《笛賦》云‘宓（fú）羲造’，《世本》云‘神農所造也’……瑟，馬融《笛賦》云‘神農造’，《世本》云‘宓羲所造也’。”②按：《風俗通》《廣雅》皆同《世本》，季長説誤③。《山海經》郭傳引《世本》：“伏羲作琴，神農作瑟。”④恐系轉寫舛錯。　[三]句。　[四]“洞”當作“迵”。迵者，通達也。“越”謂琴瑟底之孔。迵孔者，琴腹中空而爲二孔通達也。“越”音“浯（活）”，或作“趏”（huó）。練朱五弦者，《虞書傳》曰：“古者帝王升歌清廟之樂，大琴練弦。”⑤蓋練者其質，朱者其色。鄭注《樂記》“清廟之瑟朱弦”云：“練朱弦也，練則聲濁。”⑥五者，初制琴之弦數。　[五]文王、武王各加一弦。　[六]象其首、身、尾也。上圓下方，故象其圓。巨今切。七部（侵、緝）。　[七]以“金”，形聲字也。今人所用琴字乃上从小篆，下作“今”聲。

【疏義】

①《白虎通·禮樂》卷二:"琴者,禁也。所以禁止淫邪,正人心也。"　②《宋書·樂志》第九:"琴,馬融《笛賦》云'宓羲造琴',《世本》云'神農所造'。《爾雅》:'大琴曰離。'二十弦,今無其器……瑟,馬融《笛賦》云'神農造瑟',《世本》'宓羲所造'。《爾雅》云:'瑟二十七弦者曰灑。'今無其器。"《爾雅·釋樂》:"大瑟谓之灑,大琴谓之離。"郭璞注:"(灑)長八尺一寸,廣一尺八寸,二十七弦。(琴)或曰琴大者二十七弦,未詳長短。《廣雅》曰:'琴長三尺六寸六分,五弦。'"宓羲:即庖羲、伏羲,傳說中的三皇之一。　③《風俗通·聲音篇·琴》:"謹按:《世本》:'神農作琴。'《尚書》:'舜彈五弦之琴,歌《南風》之詩,而天下治。'"《廣雅·釋樂》:"神農氏琴長三尺六寸六分……伏羲氏瑟長七尺二寸。"季長:即馬融,字季長。　④《山海經·海內經》:"帝俊生晏龍,晏龍是爲琴瑟。"郭璞注:"《世本》云:'伏羲作琴,神農作瑟。'"　⑤《尚書大傳·夏書傳》:"古者帝王升歌清廟,大瑟練弦達越,大琴朱弦達越。"《尚書大傳》:解釋《尚書》的著作,舊題漢初濟南人伏勝撰,已佚,有輯本傳世,以皮錫瑞本最佳。升歌:謂祭祀、宴會登堂時演奏的樂曲。清廟:樂章名。練:熟絲。　⑥《禮記·樂記》:"清廟之瑟,朱弦而疏越。"鄭玄注:"朱弦,練朱弦,練則聲濁。越,瑟底孔也。"

【集解】

徐灝《說文注箋》:"此篆引而長之作𤩐,乃見其形隸變,从今聲。𤫉,古文異體,从古文瑟,金聲。"

饒炯《說文部首訂》:"琴本音禁,蓋取其禁淫邪、正人心也。古樂重之,供於廟堂。外象琴體,中象琴柱,上四橫象弦軸,下二橫象弦軫,左右直下象弦。"

王筠《說文釋例》:"𤩐之象形,思而未得,姑妄言之,此背面形也,𠙻以象首及仙人肩,'玨'之下二畫,蓋雁柱也。"(仙人肩:琴肩。雁柱:琴瑟、箏等樂器上排列整齊的弦柱)

黃天樹《部首與甲骨文》(續二):"《說文》篆文是象形字。後來把篆文改爲'琴',是把表意字字形的一部分改爲形近的聲符'今',使表意字轉化爲形聲字。"

【同部字舉例】

瑟 sè 庖犧所作弦樂也。从珡，必聲。，古文瑟。所櫛切。○山櫛入 山質

乚 456

yǐn 於謹切 影隱開三上 影文(267/268;634/640)

匿也[一]。**象迟**(qì)**曲隱蔽形**[二]。**凡乚之屬皆从乚**。**讀若隱**[三]。

【譯文】

藏匿。字形象曲折隱蔽的形狀。凡是和“乚”義有關的字都以“乚”爲構件。讀音同“隱”。

【段注】

[一]匿者，亡也。 [二]“迟曲”見辵部①，“隱蔽”見𨸏部②。象逃亡者自藏之狀也。 [三]於謹切。十三部(文)。

【疏義】

①《説文》辵部：“迟，曲行也。从辵，只聲。”《段注》：“**迟**、曲雙聲。” ②《説文》𨸏部：“隱，蔽也。从𨸏，㥯聲。”

【集解】

王筠《説文句讀》：“(讀若隱)此讀則謂‘乚、隱’爲古今字也。‘乚’指事，其體簡；‘隱’形聲，其體繁。”

王筠《説文釋例》：“以‘隱’説之，讀又如之，是一字也。𨸏部：‘隱，蔽也。’有所藏匿，必隱蔽之，隱蔽必在幽深之處，故曰‘迟曲’，謂字形屈曲也。”

饒炯《説文部首訂》：“匿爲逃藏之名，‘乚’正畫其行蹤曲蔽之迹，當爲‘隱’之古文。”

黄天樹《部首與甲骨文》(續二)：“甲骨文偏旁作乚(見《屯》300‘區’字)。‘乚’與第458部首‘匸’，以古文字的眼光來看，實乃一字之分化。”

【同部字舉例】

直 zhí 正見也。从乚从十从目。，古文直。除力切。○甲文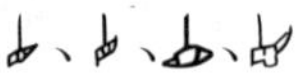 金文 澄職入 定職

亾(亡) 凵 457　wáng　甲文屴、屴、屴　金文屴、屴、屴、屴、屴　武
方切　明陽合三平　明陽(267/268；634/640)

逃也[一]。从入、大徐本有“从”乚(yǐn)[二]。凡亡之
屬皆从亡。

【譯文】

　　逃跑。以“入、乚”爲構件。凡是和“亡”義有關的字都以“亡”爲構件。

【段注】

　　[一]逃者,亡也,二篆爲轉注。“亡”之本義爲逃,今人但謂“亡”
爲死,非也。引申之則謂失爲“亡”,亦謂死爲“亡”。孝子不忍死其
親,但疑親之出亡耳,故“喪”篆从“哭、亡”①。亦叚爲有無之“無”,雙
聲相借也。　　[二]會意,謂入於迟(qì,曲)曲隱蔽之處也。武方切。
十部(陽)。

【疏義】

　　①《説文》叩部:“喪,亾也。从哭从亾。會意。亾亦聲。”

【集解】

　　饒炯《説文部首訂》:“‘亡’以逃爲本義,死亡與有无爲引借,蓋人
之逃而去者,滅蹤入乚,不有其人。”

　　梁東漢《漢字的結構及其流變》:“屴,這是‘鋒芒’本字。屴是
‘刀’的象形,一點是增加的符號。一點在刀口,表示‘鋒芒在這裏’。
後來字形又稍稍有變化,寫成屴、屴(甲骨文)。金文寫成屴、屴,都假借
爲‘有無’的‘無’。小篆寫作屴,《説文》云:‘逃也。从“入”从“乚”。’
‘逃也’是假借義。‘从“入”从“乚”’,不可信。”(100頁)

　　董蓮池《部首新證》:“字見甲骨文,寫作屴、屴、屴諸形(《甲骨文
編》497頁),用作有無之‘無’。構形不能分析爲从‘入’从‘乚’,應分
析爲从‘刀’,丨指刀鋒之所在,爲鋒芒之‘芒’的初文。‘無’、‘逃’均
是其假借義。西周金文寫作屴(天亡簋),漸譌作屴(毛公鼎),表示
刀鋒的筆畫和指事符號丨已譌作‘入’形,爲篆所本。”

【同部字舉例】

　　乍屴 zhà　止也。一曰:亡也。从亡从一。鉏駕切。○甲文屴、

ﾉ、ﾐ、ﾆ、ﾐ、ﾚ、ﾚ、ﾆ、ﾐ、ﾙ　金文ﾉﾆ、ﾚﾆ、ﾆﾐ、ﾐﾘ、ﾐﾘ、ﾐ鳼　崇禡去
崇魚

望[望] wàng　出亡在外,望其還也。从亡,望省聲。巫放切。○
甲文ﾐ、ﾐ、ﾐ、ﾐ、ﾐ、ﾐ、ﾐ、ﾐ、ﾐ、ﾚ、ﾐ　金文[望]、[望]　明漾去
明陽

無[無] wú　亡也。从亡,無聲。无,奇字无,通於元者。王育説:
天屈西北爲无。武扶切。○甲文[無]、[無]、[無]、[無]、[無]、[無]、[無]　金文[無]
明虞平　明魚

匄[匄] gài　气也。逯安説:亡人爲匄。古代切。○匄:同"丐"。
气:"乞"的古字。甲文[匄]、[匄]、[匄]、[匄]、[匄]、[匄]　金文[匄]、[匄]、[匄]、[匄]、[匄]　見
泰去　見祭

匸〔〕 ⁴⁵⁸ xì　胡禮切　匣薺開四上　匣支(267/268;635/641)

袤徯(xiéxī),有所夾(shǎn)臧"夾臧"大徐本作"俠藏"
也[一]。从乚,上有一覆之[二]。凡匸之屬皆从匸,讀
若徯同此句大徐本作"讀與傒同"[三]。

【譯文】
　　身體斜側,有所挾藏。以"乚"爲構件,上面有"一"來遮蓋。凡是
和"匸"義有關的字都以"匸"爲構件。讀音同"徯"字。

【段注】
　　[一]"夾"各本作"俠",今正。袤者,蘷(wéi)也。徯者,待也[①]。
夾者,盜竊袤物也[②]。迤袤相待有所竊臧[③],故其字从乚,而上復有
"一"覆之。　[二]會意。　[三]"徯"各本譌"傒",今正。胡禮切。
十六部(支、錫)。

【疏義】
　　①《説文》衣部:"袤,蘷也。"《段注》:"'蘷'今字作'回','袤'今
字作'邪'。"交部:"蘷,袤也。"《段注》:"經典叚'回'字爲之。"袤:斜。
徯:有所望。　②《説文》亦部:"夾,盜竊袤物也。从亦有所持。俗謂
蔽人俾夾是也。弘農陝字从此。"衣部:"袤,俠也。从衣,罕聲。"《段

注》：“‘俠’當作‘夾’，轉寫之誤。亦部曰：‘夾，盜竊裛物也。从亦有所持，俗謂蔽人俾夾是也。’腋有所持，裛藏之義也。在衣曰‘裛’，在手曰‘握’。今人用懷挾字，古作‘裛夾’。”　③臧：“藏”的古字。

【集解】

王筠《説文句讀》：“乚者，隱蔽之所也，再以‘一’覆之，則藏矣，‘一’蓋肱象也，挾之脅下而以肱掩之也。”

王筠《説文釋例》：“部首‘匚’與彳部‘傒’同……是一字也。”

饒炯《説文部首訂》：“‘邪傒’古語，本形容俠藏之詞，‘匚’即其合聲。从乚，以‘一’掩之，而俠藏之義甚明。”

徐灝《説文注箋》：“有所俠藏，言其中可以藏物也。邪猶曲也，蓋如曲垣之類以待藏物而上覆蔽之，故从乚从一。其曲筆下垂者，所以別於方體之‘匚’耳。”

黄天樹《部首與甲骨文》（續二）：“匚，音 xì。《説文》：‘乚，匿也。象迟曲隱蔽形。讀若隱。’又《説文》：‘匚，裛傒，有所俠藏也，从乚，上有一覆之，讀與傒同。’知‘乚’、‘匚’作爲形旁因爲意義相近可以換用。例如：商代甲骨文‘區’字作區（《屯》300），侯馬盟書作‘區’（《侯馬》329）。《説文》把上面一横出頭的‘匚’和不出頭的‘匚’分別列爲兩個部首。本部上面一横出頭的‘匚’，象上面有東西覆蓋着，表示有所隱藏。匿、區、医等字从匚。上面一横不出頭的‘匚’，音 fāng。象方形的盛物器。匡、匣、匠等字从匚。”

【同部字舉例】

區 匬 qū　踦區，藏匿也。从品在匚中。品，眾也。豈俱切。○甲文 呵、閉、吶、呁　金文 匼　溪虞平　溪侯

匿 匿 nì　亡也。从匚，若聲。讀如“羊騶箠”。女力切。○金文 匉、匿　泥職入　泥職

匽 匽 yǎn　匿也。从匚，晏聲。於寒切。○金文 匽、匝、匝、匽、匿、匽、匿　影阮上　影元

医 医 yì　盛弓弩矢器也。从匚从矢。《國語》曰：“兵不解医。”於計切。○甲文 匸、匸、匸、匥、匥、匩、匩　影霽去　影脂

匹匹 pǐ　四丈也。从八、匚，八撲一匹，八亦聲。普吉切。○金文
〸、〿、〿　滂質入　滂質

匚匚　459 fāng　甲文〕、〢、〖　金文〖、〗　府良切　幫陽合
三平　幫陽（268/268；635/641）

受物之器[一]。象形。凡匚之屬皆从匚。讀若
方[二]。𠥓，籀文匚。

【譯文】

盛物的器具。象形。凡是和“匚”義有關的字都以“匚”爲構件。
讀音同“方”。𠥓，籀文“匚”字。

【段注】

[一]此其器蓋方正，文如此作者，橫視之耳。直者其底，橫者其四
圍，右其口也。《廣韻》曰：“或曰，受一斗曰匚。”①。按：囗部云：“圓，
規也。”今人皆作“圜”，作“圓”。“方”本無正字，故自古叚“方”爲
之②。依字，“匚”有榘形，固可叚作“方”也。　[二]府良切。十部
（陽）。

【疏義】

①《廣韻》陽韻：“匚，受物之器。又，一斗曰匚也。”　②《説文》方
部：“方，併船也。象兩舟省總頭形。”《段注》：“又引申之爲方圓、爲方
正、爲方向。”

【集解】

朱駿聲《説文定聲》：“‘○、匚’二文即規榘也。‘匠’从此，當爲圓
方本字。缺右畔者，嫌於似口。籀文作重榘形，小畫象弦隅也。據許
所説，是即‘匡’之古文。”

饒炯《説文部首訂》：“炯案：‘匚’即‘匡’之古文，受物方器也。籀
文作匸，正象竹編之形。”

高鴻縉《中國字例》：“匚爲竹器，其形長方，周淺。”

章炳麟《文始》：“匚即今方圓字。”

董蓮池《部首新證》：“甲骨文寫作匚、𠥓諸形（《甲骨文編》500
頁），西周金文寫作𠥓（乃孫作且乙鼎）……象盛物之器。”

【同部字舉例】

匠 匠 jiàng　木工也。从匚从斤。斤,所以作器也。疾亮切。○從漾去　從陽

匧 匧 qiè　藏也。从匚,夾聲。箧,匧或从竹。苦叶切。○溪帖入　溪葉

匡 匡 kuāng　飲器,筥也。从匚,坓聲。筐,匡或从竹。去王切。○金文匡、匡、匡、匡、匡、匡　溪陽平　溪陽

匜 匜 yí　似羹魁(羹魁:湯匙),柄中有道,可以注水。从匚,也聲。移尔切。○金文匜、匜、匜、匜、匜　以支上　定歌

匪 匪 fěi　器似竹筐。从匚,非聲。《逸周書》曰:"實玄黄于匪。"非尾切。○幫尾上　幫微

匱 匱 guì　匣也。从匚,貴聲。求位切。○匱:同"櫃"。羣至去　羣微

匵 匵 dú　匱也。从匚,賣聲。徒谷切。○定屋入　定屋

匣 匣 xiá　匵也。从匚,甲聲。胡甲切。○匣狎入　匣葉

柩 柩 jiù　棺也。从匚从木,久聲。匶,籀文柩。曰(巨)救切。○羣宥去　羣之

曲 曲 **460** qū　甲文曲　金文曲、曲　丘玉切　溪燭合三入　溪屋(268/269;637/643)

象器曲受物之形也[一]。凡曲之屬皆从曲。或說:曲,蠶薄也"象器"數句大徐本作"象器曲受物之形。或説:曲,蠶薄也。凡曲之屬皆从曲"[二]。曲,古文曲[三]。

【譯文】

字形象中間凹曲可以盛物的形狀。凡是和"曲"義有關的字都以"曲"爲構件。另一説:"曲"是養蠶的器具。曲,是古文"曲"字。

【段注】

[一]"匚"象方器受物之形,側視之;曲象圈其中受物之形,正視之。引申之爲凡委曲之稱①。不直曰"曲"。《詩》曰:"予髮曲局。"②

又曰:"亂我心曲。"箋云:"心曲,心之委曲也。"③又樂章爲"曲",謂音宛曲而成章也。《周語》曰:"士獻詩,瞽獻曲。"韋云:"曲,樂曲也。"④《毛詩》傳曰:"曲合樂曰歌,徒歌曰謠。"⑤《韓詩》曰:"有章曲曰歌,無章曲曰謠。"⑥按:曲合樂者,合於樂器也。《行葦》傳曰:"歌者,比於琴瑟也。"⑦即曲合樂曰"歌"也。區玉切。三部(幽、覺)。　[二]"曲"見《月令》《方言》《漢書·周勃傳》⑧。詳艸部"薄"下。其物以萑葦爲之。《七月》傳曰:"豫畜萑葦,可以爲曲也。"⑨其字俗作"苗",又作"笛"。　[三]小徐無⑩。

【疏義】

①委曲:彎曲。　②《詩經·小雅·采綠》:"予髮曲局,薄言歸沐。"毛傳:"局,卷也。"鄭玄箋:"今曲卷其髮,憂思之甚也。"　③所引詩、注見《詩經·秦風·小戎》及鄭玄箋。　④引文見《國語·周語上》及韋昭注。　⑤引文見《詩經·魏風·園有桃》"心之憂矣,我歌且謠"一語毛傳。徒歌:無樂器伴奏的歌唱。　⑥《韓詩》:漢初燕人韓嬰所傳授的《詩經》,南宋以後《内傳》亡失,僅存《外傳》。今本《韓詩外傳》無此句。唐徐堅《初學記·樂部上·歌》:"《韓詩章句》曰:'有章曲曰歌,無章曲曰謠。'"　⑦《詩經·大雅·行葦》:"或歌或咢。"毛傳:"歌者,比於琴瑟也。徒擊鼓曰咢。"　⑧曲:蠶薄,以竹篾或葦子等材料編成的養蠶器具。《禮記·月令·季春之月》:"具曲、植、籧(qú)、筐。"鄭玄注:"時所以養蠶器也。曲,薄也。"植:木架。籧:竹席或草席。《方言》第五:"薄,宋魏陳楚江淮之間謂之苗(qū),或謂之麴,自關而西謂之薄。"《漢書·周勃傳》:"勃以織薄曲爲生。"顏師古注:"蘇林曰:'薄,一名曲。'……師古曰:許慎云'葦薄爲曲'也。"　⑨引文見《詩經·幽風·七月》"七月流火,八月萑葦"毛傳。⑩《説文繫傳》曲部:"曲,象器曲受物之形也。凡曲之屬皆从曲。或説:曲,蠶薄也。"其無"古文曲"四字。

【集解】

王筠《説文句讀》:"'匚'之籀文匸,仰之則㘙也。"

朱駿聲《説文定聲》:"(曲)字亦作'凹',今讀如窅(yǎo),音誤。"

饒炯《説文部首訂》:"'曲'爲受物圓器,與'匚'相對爲義,其質用竹,無竹用艸,篆正象其編形。”

董蓮池《部首新證》:“西周金文寫作🝑(曲父丁爵)……象一彎曲之盛器形。”

【同部字舉例】

豊🝑 qū 𣃈曲也。从曲,玉聲。丘玉切。○溪燭入　溪屋

甾 🝑 461 zī 甲文�、𠙍、𠙔、𠙌　金文𠙌、𠙍　側詞切　莊之開三平　莊之(268/269;637/643)

東楚名缶曰甾大徐本作“甾”,下同[一]。**象形也**大徐本無“也”[二]。**凡甾之屬皆从甾。**🝑,**古文甾**大徐本無“甾”。

【譯文】

東楚之地把盛酒的缶叫“甾”。象形。凡是和“甾”義有關的字都以“甾”爲構件。🝑,是古文“甾”字。

【段注】

[一]太史公曰:“自彭城以東,東海、吳、廣陵,此東楚也。”①“缶”下曰:“瓦器,所以盛酒漿。秦人鼓之以節歌。象形。”然則“缶”既象形矣,“甾”復象形,實一物而語言不同,且實一字而書法少異耳。《玉篇》作“甾”②,近之。若《廣韻》謂即艸部之菑字③,風馬牛不相及也。“甾”上从“一”雝川④,此象“缶”之頸少殺⑤,安得云同字? 今隸當作“甾”。　　[二]口大而頸少殺。側詞切。一部(之、職)。

【疏義】

①引文見《史記·貨殖列傳》。彭城:今江蘇徐州市。東海:指今山東兗州東南至江蘇邳縣以東地。吳:今蘇州市。廣陵:今揚州市。②《玉篇》甾部:“甾,側持切,缶也。此古文。今作甾,亦作甾。”　③《廣韻》之韻:“菑,《説文》曰:‘不耕田也。’《爾雅》曰:‘田一歲曰菑。’側持切,又音栽。甾,上同。又《説文》曰:‘東楚名缶曰甾。’”　④《説文》川部:“𡿧(zāi),害也。从一雝川。”《段注》:“𡿧害字本如此作。《玉篇》云:‘天反時爲𡿧。’今凡作灾、災、菑皆叚借字也。災行而𡿧廢矣。《周語》曰:陽塞而在陰,川原必塞,原塞,國必亡。以‘一’塞‘川’,是爲害川,故字从一雝川……雝、壅古今字。”　⑤“缶”之頸:指

"缶"()字的上部。少殺:稍差。

【集解】

徐灝《説文注箋》:"正象編竹之形。"

饒炯《説文部首訂》:"缶者,盛酒漿之器,與'缶'名異物同,而篆皆象形,惟缶上有蓋,缶中飾文加多爲異。"

董蓮池《部首新證》:"字見甲骨文,寫作、諸形(《甲骨文編》501頁),西周金文寫作(子陵鼎),象一種盛器形,'缶'的象形文。"

【同部字舉例】

畚畗 běn　　䒑(píng)屬,蒲器也。所以盛穜("穜"《段注》作"糧")。从畚,弁聲。布忖切。○幫混上　幫元

瓦 462　wǎ　五寡切　疑馬合二上　疑歌(268/269;638/644)

土器已燒之總名[一]**。象形也**大徐本無"也"[二]**。凡瓦之屬皆从瓦**。

【譯文】

用土燒製的器具的總稱。象形。凡是和"瓦"義有關的字都以"瓦"爲構件。

【段注】

[一]土部"坯"(pī)下曰:"一曰瓦未燒。""瓦"謂已燒者也,凡土器未燒之素皆謂之"坯"①,已燒皆謂之"瓦"。《毛詩·斯干》傳曰:"瓦,紡專也。"②此瓦中之一也。《古史考》曰:"夏時昆吾氏作瓦。"③按:有虞氏上陶④,瓦之不起於夏時,可知也。許書缶部曰:"古者昆吾作匋。""壺"系之"昆吾圜器"⑤。韋昭云:"昆吾,祝融之孫,陸終第二子,名黎,爲己姓,封於昆吾衛是也。"⑥然則"昆吾作匋"謂始封之昆吾,非夏桀之昆吾也。《廣韻》引《周書》:"神農作瓦器。"⑦當得其實。説詳缶部。凡燒瓦器之竈曰窯(yáo)⑧。　[二]象卷曲之狀。五寡切。古音在十七部(歌),讀如"阿"。

【疏義】

①坯:"坯"的古字,未燒製過的泥胎。　②紡專:今本作"紡塼",

即紡錘,古代以陶製成。《詩經·小雅·斯干》:"乃生女子,載寢之地,載衣之裼,載弄之瓦。"毛傳:"瓦,紡塼也。"此處的瓦是似紡錘的玩具。　③《古史考》:書名,三國譙周撰,已佚。昆吾氏:夏、商之際的部落名。《廣韻》馬韻:"瓦,《古史考》曰:'夏時昆吾氏作瓦也。'"④有虞氏:上古部落名,首領傳説爲舜。《周禮·冬官考工記》總敘:"有虞氏上陶,夏后氏上匠,殷人上梓,周人上輿。"上:通"尚"。夏后氏:指禹建立的夏王朝。　⑤《説文》壺部:"壺,昆吾圜(yuán)器也。象形。从大,象其蓋也。"　⑥祝融:楚國先祖,名重黎。《國語·鄭語》:"昆吾爲夏伯矣。"韋昭注:"昆吾,祝融之孫,陸終第一子,名樊,爲己姓,封於昆吾。昆吾,衛是也。"　⑦《廣韻》豪韻:"陶,陶甄。《尸子》曰:'夏桀臣昆吾作陶。'《周書》:'神農作瓦器。'"　⑧窯:同"窰"。

【集解】

徐灝《説文注箋》:"瓦象疊瓦形。《繫傳》曰'象乙乙交相任受'是也,古音讀若五可切,今江浙間尚如此。"

劉熙《釋名·釋宮室》:"瓦,踝也,踝确堅貌也。亦言腂也,在外腂見也。"

王筠《説文釋例》:"詳審瓦字之形,外則屈曲,中有界畫,蓋象其初爲圓笝(tóng)時也。"(笝:竹筒)

林義光《文源》:"𤬓,象鱗次之形,本義當爲屋瓦。"

董蓮池《部首新證》:"睡虎地秦簡寫作𤭯(《睡虎地秦簡文字編》875頁),爲'瓦'之象形文。"

【同部字舉例】

甄𤭖 zhēn　匋(táo)也。从瓦,垔聲。居延切。○金文𤮪　章真平　章文

甍𤮑 méng　屋棟也。从瓦,夢省聲。莫耕切。○明耕平　明蒸

甑𤮐 zèng　甗(yǎn)也。从瓦,曾聲。𤮉,籀文甑,从䰜。子孕切。○甑:蒸飯的一種瓦器。精證去　精蒸

甗𤮛 yǎn　甑也。一曰:穿也。从瓦,鬳聲。讀若言。魚蹇切。○甗:古代蒸煮用的炊具,上下兩層,陶製或青銅製。金文𤮔、𤮕　疑獮上　疑元

甌 𤬓 ōu　小盆也。从瓦，區聲。烏侯切。○影侯平　影侯

瓮 𤮎 wèng　罌也。从瓦，公聲。烏貢切。○影送去　影東

瓴 𤬣 líng　瓮似瓶也。从瓦，令聲。郎丁切。○來青平　來耕

弓 弓 463 gōng　甲文 𠃌、乁、ꝑ、𠃌、𠂆　金文 ꝑ、𠃌、𠃌　居戎切　見東合三平　見蒸（269/270；639/645）

窮（同"窮"）也大徐本無此二字[一]。以近窮遠者大徐本無"者"[二]。象形[三]。古者揮作弓[四]。《周禮》六弓：王弓、弧弓，以射甲革甚（通"椹"）質（箭靶）；夾弓、庾弓，以射干侯（干侯：用豻皮裝飾的箭靶。干，通"豻"）鳥獸；唐弓、大弓，以授學射者[五]。凡弓之屬皆从弓。

【譯文】

窮盡。由近及遠的器具。象形。古時一個叫揮的人發明了弓。《周禮》中有六種弓：王弓、弧弓，用來射鎧甲或木製的箭靶；夾弓、庾弓，用來射野狗皮或鳥獸皮製作的箭靶；唐弓、大弓，用來給習射的人做教具。凡是和"弓"義有關的字都以"弓"爲構件。

【段注】

[一]補此二字，以疊韻爲訓之例也。　[二]"者"字今補。[三]居戎切。古音在六部（蒸），讀如"肱"。　[四]郭景純引《世本》曰："牟夷作矢，揮作弓。"①此等皆當出《世本・作篇》。揮：黃帝臣。[五]《夏官・司弓矢》文也，説詳鄭注②。"甚質"今作"椹（zhēn）質"。按：故書作"報"（hén），大鄭云"報"當爲"椹"③。許書無"椹"字，蓋許從鄭，鄭本作"甚"也。"干"今作"豻"（àn）。

【疏義】

①郭景純：即郭璞。《山海經・海內經》："少暤生般，般是始爲弓矢。"郭璞注："《世本》云：'牟夷作矢，揮作弓。'"　②《周禮・夏官司馬・司弓矢》："王弓、弧弓以授射甲革椹質者。夾弓、庾弓以授射豻侯鳥獸者。唐弓、大弓以授學射者、使者、勞者。"鄭玄注："王、弧、夾、庾、唐、大六者，弓異體之名也。往體寡來體多，曰'王、弧'。往體多來體寡，曰'夾、庾'。往體、來體若一，曰'唐、大'。甲革，革甲也……

質,正也。樹椹以爲射正。射甲與椹,試弓習武也。豻侯五十步,及射鳥獸,皆近射也。近射用弱弓,則射大侯者用王、弧,射參侯者用唐、大矢。學射者弓用中,後習强弱則易也。使者、勞者弓亦用中,遠近可也。勞者,勤勞王事,若晉文侯、文公受王弓矢之賜者。故書‘椹’爲‘鞎’。鄭司農云‘椹’字或作‘鞎’,非是也。”椹:墊板。豻侯:兩邊用豻皮裝飾的箭靶。豻,北方胡地的野狗。往體:鬆弦時弓臂外向的姿勢。來體:張弦時弓臂内向的姿勢。質、正:箭靶。鞎:古代車廂前的革製遮蔽物。　　③大鄭:又稱先鄭、鄭司農,即東漢經學家鄭衆。

【集解】

孔廣居《説文疑疑》:“弓本作乀,象弛弓之形。乁,弓體也;丿,未張之弦也。”

黄天樹《部首與甲骨文》:“甲骨文作𝄐,象一把上了弦的弓。”

董蓮池《部首新證》:“字見甲骨文,寫作𝄐、𝄐、𝄐諸形(《甲骨文編》501頁),爲‘弓’的象形文。”

【同部字舉例】

弧𝄐 hú　木弓也。从弓,瓜聲。一曰:往體寡來體多曰“弧”。戸吳切。○匣模平　匣魚

張𝄐 zhāng　施弓弦也。从弓,長聲。陟良切。○金文𝄐　知陽平　端陽

彊𝄐 qiáng　弓有力也。从弓,畺聲。巨良切。○金文𝄐　羣陽平　羣陽

弘𝄐 hóng　弓聲也。从弓,厶聲。厶,古文肱字。胡肱切。○甲骨文𝄐、𝄐、𝄐、𝄐、𝄐、𝄐　金文𝄐、𝄐、𝄐　匣登平　匣蒸

弩𝄐 nǔ　弓有臂者。《周禮》四弩:夾弩、庾弩、唐弩、大弩。从弓,奴聲。奴古切。○泥姥上　泥魚

彈𝄐 dàn　行丸也。从弓,單聲。𝄐,彈或从弓持丸。徒案切。○定翰去　定元

發𝄐 fā　射發也。从弓,癹聲。方伐切。○幫月入　幫月

弨 **弨**

464 jiàng　甲文 ╲、╲、╲　金文 ╲、╲、╲　其兩切　羣養
開三上　羣陽（270/270；642/648）

彊也，重也大徐本無"重也"一語^[一]。**从二弓**^[二]。**凡
弨之屬皆从弨。闕**大徐本無此字^[三]。

【譯文】

强有力，相重。由二"弓"構成。凡是和"弨"義有關的字都以
"弨"爲構件。讀音闕如。

【段注】

[一]"重"當作"緟"（chóng），見糸部①。重弓者，彊之意也；緟，
疊之意也。《詩》："交韔（chàng）二弓。"傳曰："交二弓於韔中也。"②
[二]其网切。按：此音後人以意爲之也。　　[三]謂其"讀若"不聞也。

【疏義】

①《說文》糸部："緟，增益也。"《段注》："增益之曰'緟'，經傳統
叚'重'爲之，非字之本。"　②韔：弓袋。《詩經·秦風·小戎》："虎韔
鏤膺，交韔二弓。"毛傳："韔，弓室也。膺，馬帶也。交韔，交二弓於韔
中也。"朱熹集傳："交韔，交二弓於韔中，謂顛倒安置之。"

【集解】

桂馥《說文義證》："彊也者，弨、彊聲相近。"

王筠《說文句讀》："（弨，彊也）謂弨、彊一字。"

商承祚《殷虛文字》："疑'弨'乃'弼'之古文，許君云'弓彊'，殆
後起之誼矣。"

王國維《觀堂集林·釋弨》："'弨'者，'祕'之本字……弨之本義
爲弓檠（qíng），引申之則爲輔、爲重，又引申之則爲彊。"（檠：矯正弓弩
的器具）

【同部字舉例】

弼 弼 bì　輔也，重也。从弨，丙（tiàn）聲。弼，弼或如此。弼、
弼，並古文弼。房密切。○金文 弼、弼、弼　並質入　並質

弦 **弦**

465 xián　胡田切　匣先開四平　匣真（270/271；642/
648）

弓弦也[一]。从弓,象絲軫之形[二]。凡弦之屬皆从弦。

【譯文】

弓弦。以“弓”爲構件,象絲綫纏繞於系弦處。凡是和“弦”義有關的字都以“弦”爲構件。

【段注】

[一]弓弦以絲爲之,張於弓,因之張於琴瑟者亦曰“弦”,俗別作“絃”,非也。“弦”有急意,故董安于性緩,佩弦以自急[①]。心部曰:“愬(xián),急也。”　　[二]謂$\mathcal{S}$也,象古文絲而系於軫(zhěn)。軫者,系弦之處,後人謂琴系弦者曰“軫”。胡田切。十二部(真)。今字作“弦”。○按:“軫”當作“紾”(zhěn),從“車”者,譌也。紾者,轉也[②]。《方言》:“軫,戾也。”“軫”乃“紾”之叚借字。絲紾,言弦戾也[③]。

【疏義】

①董安于:春秋末晉國人,趙鞅家臣。《韓非子·觀行》:“西門豹之性急,故佩韋以緩己。董安于之心緩,故佩弦以自急。故以餘補不足,以長續短之謂明主。”韋:加工過的獸皮,性柔。　　②紾:纏絞,拗折。轉:纏結,纏繞。　　③弦戾:弦纏結在一起。

【集解】

王筠《説文釋例》:“案:‘糸’之古文$\mathcal{S}$,此$\mathcal{S}$當如之。然‘糸’,細絲也,不與‘弦’意合,故亦不言從‘糸’。”

林義光《文源》:“弦,从弓,玄聲。”

黃天樹《部首與甲骨文》(續二):“《説文》:‘弓弦也。从弓,象絲軫之形。’(軫,這裏指上緊弦)後來,象絲軫之形的‘$\mathcal{S}$’改成形近的‘玄’,就成了从‘弓’‘玄’聲的形聲字了。”

【同部字舉例】

玅 𢎻 yāo　急戾也。从弦省,少聲。於霄切。○影宵平　影宵

系 𠃉 [466] xì 甲文 𦃃、𦃖、𦀖、𦀈、　金文 𢎙　胡計切　匣霽

開四去　匣支(270/271;642/648)

縣 大徐本作“繫”也[一]。从糸(mì)[二],厂(yì)聲[三]。

凡系之屬皆从系。 𦃇**，系或从毄**（jì，同“繋”）**、處**[四]**。**
𢇍**，籒文系从爪、絲**[五]**。**

【譯文】

　　懸掛。“糸”爲意符，“厂”爲聲符。凡是和“系”義有關的字都以
“系”爲構件。𦃇，“系”或以“毄、處”爲構件。𢇍，籒文“系”以“爪、
絲”爲構件。

【段注】

　　[一]“縣”各本作“繋”，非其義，今正。悬（jiāo）部曰：“縣者，系
也。”引申爲凡總持之偁，故“系”與“縣”二篆爲轉注。系者，垂統於上
而承於下也。“系”與“係”可通用。然經傳“係”多謂束縛，故“係”下
曰：“絜（xiè）束也。”①其義不同。“系”之義引申爲世系。《周禮·瞽
矇》“世帝繋”②、《小史》“奠繋世”③，皆謂帝繋、世本之屬，其字借“繋”
爲之④，當作“系”。《大傳》“繋之以姓而弗別”⑤，亦“系”之叚借。
[二]糸，細絲也。縣物者不必麤也。　　[三]厂，余制切。抴（yè）
也⑥。“虒”（sī）字从之，“系”字亦从之⑦，形聲中有會意也。胡計切。
十六部（支、錫）。　　[四]从處而毄聲也。“毄”亦在十六部（支、錫）。
故古係縛字亦多叚“毄”爲之。　　[五]此會意也。覆手曰“爪”，絲縣
於掌中而下垂，是“系”之意也。

【疏義】

　　①絜：捆束。《説文》人部：“係，絜束也。”《段注》：“絜束者，圍而
束之……故凡相聯屬謂之‘係’……蓋古假‘毄’爲‘係’，後人盡改爲
‘繋’耳。”　　②世帝繋：今本作“世奠繋”，即世系和帝系。“世繋”指諸
侯卿大夫的族譜，或稱“世本”。“帝繋”指天子的族譜。據《周禮》記
載，小史掌管帝王和諸侯的族譜，由擔任樂師的瞽蒙來誦讀。《周
禮·春官宗伯·瞽矇》：“諷誦詩、世奠繋，鼓琴瑟。”鄭玄注：“故書
‘奠’或爲‘帝’。”　　③奠繋世：主持確定編寫帝系和世本。繋世，即世
繋。《周禮·春官宗伯·小史》：“小史掌邦國之志，奠繋世，辨昭穆。”
④《説文》系部：“繋，繋繉（lí）也。一曰：惡絮。”繋繉：劣等絮。　　⑤《大
傳》：《禮記》篇名。《禮記·大傳》：“繋之以姓而弗別，綴之以食而弗

殊,雖百世而昏姻不通者,周道然也。"鄭玄注:"繫之弗別,謂若今宗室
屬籍也。"　⑥抴:拉。　⑦二句意謂"虒、系"二字均以"厂"作爲構
件。虒:一種似虎而有角的動物。

【集解】

商承祚《殷虛文字》:"卜辭作手持絲形,與許書籒文合。"

董蓮池《部首新證》:"字見甲骨文,寫作 ⚊(《甲骨文編》503 頁),
西周金文寫作 ⚊(抴系爵),象以手聯繫絲綫之形,籒文寫作 ⚊,篆文
⚊ 顯然是其省體,所謂'丿'聲應作从𠂆分析,即'爪'旁,非聲旁。"

【同部字舉例】

孫 ⚊ sūn　子之子曰孫。从子从系。系,續也。思魂切。○甲文
⚊、⚊、⚊、⚊、⚊、⚊　金文 ⚊、⚊、⚊、⚊　心魂平　心文

縣 ⚊ mián　聯微也。从系从帛。武延切。○明仙平　明元

卷十三上

糸 𢆶　467　mì　甲文𢆶、𢆶、𢆶、𢆶、𢆶　金文𢆶、𢆶、𢆶　莫狄切
明錫開四入　明錫(271/272;643/650)

　　細絲也[一]。**象束絲之形**[二]。**凡糸之屬皆从糸。讀若覭**(mì,查看)[三]。**𢆶,古文糸。**

【譯文】

　　細絲。字象一束絲的形狀。凡是和"糸"義有關的字都以"糸"爲構件。讀音同"覭"。𢆶,是"糸"的古文。

【段注】

　　[一]絲者,蠶所吐也。細者,微也。細絲曰"糸","糸"之言"蔑"也,"蔑"之言"無"也。　[二]此謂古文也,古文見下。小篆作𢆶,則有增益。　[三]莫狄切。十六部(支、錫)。

【集解】

　　王筠《説文釋例》:"'絲'則象形,'糸'則省'絲'會意也。"

　　饒炯《説文部首訂》:"'糸'與'絲'同字。"

　　黄天樹《部首與甲骨文》(續二):"甲骨文作𢆶,象把兩股絲綫扭在一起的樣子,在較早的古文字裏,'糸'和'絲'是一個字,單複無別。"

　　董蓮池《部首新證》:"字見甲骨文,寫作𢆶、𢆶、𢆶、𢆶諸形(《甲骨文編》505頁),一束絲的象形文。"

【同部字舉例】

　　緒 **緒** xù　絲耑也。从糸,者聲。徐吕切。○邪語上　邪魚

　　純 **純** chún　絲也。从糸,屯聲。《論語》曰:"今也純儉。"常倫切。○金文𢆶、𢆶、𢆶　禪諄平　禪文

綃 xiāo　生絲也。从糸，肖聲。相幺切。〇心宵平　心宵

經 jīng　織也。从糸，巠聲。九丁切。〇金文　見青平　見耕

織 zhī　作布帛之總名也。从糸，戠聲。，樂浪挈令織，从糸，从式。之弋切。〇金文　章職入　章職

綜 zòng　機縷也。从糸，宗聲。子宋切。〇精宋去　精冬

緯 wěi　織横絲也。从糸，韋聲。云貴切。〇雲未去　匣微

紀 jì　絲别也。从糸，己聲。居擬切。〇見止上　見之

紡 fǎng　網絲也。从糸，方聲。妃兩初。〇滂養上　滂陽

絶 jué　斷絲也。从糸从刀从卩。，古文絶，象不連體，絶二絲。情雪切。〇甲文　金文　從薛入　從月

細 xì　微也。从糸，囟(xìn)聲。穌計切。〇心霽去　心脂

級 jí　絲次弟也。从糸，及聲。居立切。〇見緝入　見緝

約 yuē　纏束也。从糸，勺聲。於略切。〇影藥入　影藥

素

468　sù　金文　桑故切　心暮合一去　心魚(278/279;662/669)

白致繒也[一]。**从糸、𠂹**(垂)**，取其澤也**[二]。**凡素之屬皆从素**。

【譯文】

色白質細的絲織品。由"糸、𠂹"構成，取其光滑易下垂之意。凡是和"素"義有關的字都以"素"爲構件。

【段注】

[一]繒之白而細者也。"致"者，今之"緻"字，漢人作注不作"緻"，近人改爲"緻"，又於糸部增"緻"篆，皆非也①。鄭注《雜記》曰："素，生帛也。"②然則生帛曰"素"，對湅(liàn)繒曰練而言③。以其色白也，故爲凡白之偁。以白受采也④，故凡物之質曰"素"，如"㱿"(què)下"一曰素也"是也⑤。以質未有文也，故曰"素食"，曰"素王"⑥。《伐檀》毛傳曰："素，空也。"⑦　[二]澤者，光潤也。毛潤則易下𠂹⑧，故从"糸、𠂹"會意。桑故切。五部(魚、鐸)。

【疏義】

　　①《説文》糸部："緻,密也。"《段注》無"緻"字。　②《禮記·雜記下》："純以素,紃以五采。"鄭玄注："在下曰純。素,生帛也。"　③涷繒:煮過的絲織品。涷,煮治絲、帛,使之柔軟潔白。　④采:"彩"的古字。　⑤《説文》殳部："殻,从上擊下也。一曰:素也。"《段注》："素謂物之質,如土坏(pī)也,今人用'腔'字,《説文》多作'空','空'與'殻'義同,俗作'殻'。"坏:同"坯"。　⑥素王:指有帝王之德而未居王位的人。　⑦《詩經·魏風·伐檀》："彼君子兮,不素餐兮。"毛傳:"素,空也。"　⑧㒸:"垂"的古字。

【集解】

　　徐灝《説文注箋》："素者,帛之本色,故又引申爲始,爲故,爲常。从垂,疑當爲聲,古音'垂'在歌部,讀若陀,與'素'相近,'素'之聲转乃入魚部耳。"

　　王筠《説文句讀》："'垂'既非聲,不得不以爲會意,故委曲説之曰:'光澤者必細致,細致者必荏弱,荏弱則下垂也。'"

　　朱駿聲《説文定聲》："取其滑澤下垂,會意。"

　　董蓮池《部首新證》："西周金文寫作𦃃(師克盨'繺'所从)、𣞗(蔡姑簋'綽'所从),上部⿱、⌒二形象繒紋形,非'㒸'字。"

【同部字舉例】

　　緩 𦃇 huǎn　緐也。从素,爰聲。緩,緩或省。胡玩切。○匣緩上匣元

絲 𢇁

469　sī　甲文⿰、⿱　金文⿰、⿱、⿱　息兹切　心之開三平
心之(278/279;663/669)

蠶所吐也[一]。从二糸[二]。凡絲之屬皆从絲。

【譯文】

　　蠶吐的絲。由兩個"糸"字構成。凡是和"絲"義有關的字都以"絲"爲構件。

【段注】

　　[一]吐者,寫也①。　　[二]息兹切。一部(之、職)。

【疏義】

①《説文》宀部："寫,置物也。"《段注》："謂去此注彼也……凡傾吐曰寫,故作字作畫皆曰寫。俗作'瀉'者,'寫'之俗字。"

【集解】

饒炯《説文部首訂》："糸、絲一字。"

商承祚《殷虚文字》："象束絲形,兩端則束餘之緒也。"

黄天樹《部首與甲骨文》(續二)："甲骨文作🜔,象兩絞絲的樣子。"

董蓮池《部首新證》："字見甲骨文,寫作🜔(《甲骨文編》507頁),象兩束絲形。"

【同部字舉例】

轡轡 pèi　馬轡也。从絲从軎。與"連"同意。《詩》曰："六轡如絲。"兵媚切。○甲文🜔、🜔、🜔、🜔、🜔、🜔　金文🜔　幫至去　幫脂

率 率　470 shuài　甲文🜔、🜔、🜔、🜔、🜔、🜔　金文🜔、🜔　所律切
山至合三去　山微(278/279;663/669)

捕鳥畢也[一]。象絲网大徐本作"罔"[二],上下其竿柄也[三]。凡率之屬皆从率。

【譯文】

捕鳥的網具。字象用絲織成的網,上、下部各象網的竿和柄。凡是和"率"義有關的字都以"率"爲構件。

【段注】

[一]畢者,田网也,所以捕鳥,亦名"率"。按:此篆本義不行。凡"衛"(shuài)訓"將衛也"①,"達"(shuài)訓"先導也"②,皆不用本字而用"率",又或用"帥"。如《縣》傳云:"率,循也。"③《北山》傳云:"率,循也。"④其字皆當作"達"是也。又詳"帥"下⑤。《左傳》"藻率",服虔曰"禮有率巾",即許書之"帥"也⑥。　[二]謂🜔。　[三]上其竿之露者,下其柄也。畢网長柄。所律切,十五部(脂、微、物、月)。

【疏義】

①《説文》行部："衛,將衛也。"《段注》改爲"將衛也"。注曰："衛,導也,循也,今之'率'字。'率'行而'衛'廢矣。率者,捕鳥畢也,將帥字古

祇作‘將衛’。‘帥’行而‘衛’又廢矣。帥者,佩巾也。”　②《説文》辵部:
“達,先道也。”《段注》:“‘道’今之‘導’字。‘達’經典假‘率’字爲
之……又《釋詁》,毛傳皆云:‘率,循也。’此引申之義,有先導之者,乃有
循而行者,亦謂之‘達’也。”　③《詩經・大雅・縣》:“率西水滸,至于岐
下。”毛傳:“率,循也。”　④《詩經・小雅・北山》:“率土之濱,莫非王
臣。”毛傳:“率,循。濱,涯也。”　⑤《説文》巾部:“帥,佩巾也。从巾、
自。帨,帥或从兑。又音‘税’。”《段注》:“佩巾本字作‘帥’,叚借作
‘率’也……後世分文析字,‘帨’訓巾,‘帥’訓率導、訓將帥,而‘帥’
之本義廢矣。率導、將帥字在許書作‘達’、作‘衛’,而不作‘帥’與
‘率’。”　⑥《左傳・桓公二年》:“藻率鞞(bǐng)鞛(běng)。”杜預注:
“藻率,以韋爲之,所以藉玉也。”孔穎達正義:“服虔以‘藻’爲畫藻,
‘率’爲刷巾。杜以‘藻率’爲一物者,以拭物之巾無名‘率’者。服言
禮有‘刷巾’,事無所出。”藻:墊玉的彩板。率:或作“帨”,佩巾。

【集解】

　　王筠《説文句讀》:“畢,田网也,其小而僅可捕鳥者謂之‘率’。”

　　徐灝《説文注箋》:“戴氏侗曰:‘率,大索也,上下兩端象所用絞率
者,中象率,旁象麻枲之餘。又爲率帶之率,别作綊(shuài)、繂
(shuài)。’灝按:戴説是也……率、繂古今字。以麻枲爲之,故从索。以帛
爲之謂之繂,則从素。又省爲‘綊’也。‘率’有牽引義,故引申爲表率、爲
率循、爲率從、爲輕率。别作‘達’,先道也。又作‘衛’,將衛也,古通作
‘帥’。‘索’有約束義,故又爲約計之偁,凡言‘大率’,猶‘大約’也。”

虫

471 huǐ　甲文 ι、ʃ、ʃ、ʔ、ʃ　金文 ℓ、ℓ、ʒ　許偉切
曉尾合三上　曉微(278/279;663/669)

　　一名蝮(fù,毒蛇)[一],博三寸,首大如擘(bò)指[二]。
象其臥形[三]。物之散(同“微”)細,或行或飛[四],或毛
或蠃(luǒ)[五],或介或鱗“或行”三句大徐本作“或行或毛,或蠃
或介或鱗”,以虫爲象[六]。凡虫之屬皆从虫。

【譯文】

　　一種名叫“蝮”的蛇,身寬三寸,頭部大如拇指。字形象蝮臥時的樣

子。微小的動物,有走的有飛的,有長毛的有無毛的,有長甲的有長鱗的,造字時都用虫旁來體現。凡是和"虫"義有關的字都以"虫"爲構件。

【段注】

[一]《爾雅·釋魚》"蝮虫",今本"虫"作"虺"(huǐ)①。　[二]《釋魚》文。擘指,大指也。郭云:"此自一種蛇,人自名爲'蝮虺'。今蝮蛇細頸,大頭,焦尾,色如艾綬文,文間有毛似豬鬣(liè),鼻上有鍼(zhēn),大者長七八尺,一名'反鼻',非虺之類。此足以明此自一種蛇。"按:此注見《斯干》正義及小顏《田儋傳》注②。郭意《爾雅》之"蝮"今無此物,今之"蝮蛇"非《爾雅》之"蝮蛇"也。　[三]"虫"篆象臥而曲尾形。"它"篆下云:"虫也。象宛曲垂尾形。"許偉切。十五部(脂、微、物、月)。　[四]"或飛"二字依《爾雅》釋文補③。　[五]"蠃"見衣部:"但也。"④俗作"蠃",非。　[六]按:"以爲象",言"以爲象形"也。从"虫"之字多左形右聲,左皆用"虫"爲象形也。《月令》:"春,其蟲鱗。""夏,其蟲羽。""中央,其蟲倮。""虎豹之屬恒淺毛也。"⑤"秋,其蟲毛。""冬,其蟲介。"⑥許云"或飛"者,羽也。古虫、蟲不分,故以"蟲"諧聲之字多省作"虫",如"融、蚰"(tóng)是也⑦。鱗介以"虫"爲形,如"螭(chī)、虯(qiú)、蛤(gé)、蚌(bàng)是也。飛者以"虫"爲形,如"蝙、蝠"是也。毛、蠃以"虫"爲形,如"蝯(yuán)、蝟(wèi)是也⑧。

【疏義】

①《爾雅·釋魚》:"蝮虺。博三寸,首大如擘。"《經典釋文》作"蝮虫"。注:"蝮,字亦作'蝮',芳服反,又亡六反。此蛇色如綬,鼻上有針,大者百餘斤,又一名'反鼻',鼻一孔。虫,即虺字也,虛鬼反。《説文》云上'一名蝮,博三寸,首大如擘',《字林》同。舍人亦云:'蝮一名虺。'案:蝮,大蛇也,非虺之類,故郭云:'別自一種蛇,名蝮虺。'本今作'虺'。"　②《詩經·小雅·斯干》:"維熊維羆,維虺維蛇。"孔穎達正義:"《釋魚》云:'蝮虺,博三寸,首大如擘。'……郭璞曰:'此自一種蛇,人自名爲蝮虺。今蛇細頸大頭,色如文綬文,文間有毛似豬鬣,鼻上有針,大者長七八尺。一名反鼻,如虺類。足以明此自一種蛇。'如郭意,此蛇人自名蝮虺,非南北之異。蛇實是蟲,以有鱗,故在《釋魚》,且魚亦蟲之屬也。"小顏:指顏師古,對其叔父顏游秦而言。顏游秦著

有《漢書決疑》一書,世稱"大顏"。《漢書·田儋傳》:"蝮蠚(hē)手則斬手,蠚足則斬足。"顏師古注:"《爾雅》及《説文》皆以爲蝮即虺也,博三寸,首大如擘。而郭璞云各自一種蛇。其蝮蛇,細頸大頭焦尾,色如綬文,文間有毛,似豬鬣,鼻上有針,大者長七八尺,一名'反鼻',非虺之類也。以今俗名證之,郭説得矣。"蠚:毒蟲咬或刺。　③《經典釋文·爾雅音義·釋蟲》:"蟲,本亦作虫……《説文》云:'虫一名蝮,象其形。物之微細,或行或飛,或毛或羸,或介或鱗,以虫爲象。'"　④羸:無羽毛鱗甲蔽身的動物,特指人類。《説文》衣部:"羸,袒也。从衣,羸聲。裸,羸或从果。"《段注》改爲"但也"。注:"'但'各本作'袒',今正……按:人部曰:'但,裼也。'謂免上衣,露裼衣。"裼衣:也稱中衣。古人行禮時撩開前襟,露出中衣。　⑤《禮記·月令》:"孟春之月,日在營室,昏參中,旦尾中。其日甲乙,其帝大皞,其神句芒,其蟲鱗。""孟夏之月,日在畢,昏翼中,旦婺女中。其日丙丁,其帝炎帝,其神祝融,其蟲羽。""中央土,其日戊己,其帝黃帝,其神后土,其蟲倮。"孔穎達正義:"五行分配四時,布於三百六十日間,以木配春,以火配夏,以金配秋,以水配冬,以土則每時輒寄王十八日也。雖每分寄,而位本未,宜處於季夏之末,金火之間,故在此陳之也。"中央土:《月令》將"土"排於季夏、孟秋之間,故稱"中央土"。倮:同"裸"。虎豹句:屬上文"其蟲倮"一語的鄭玄注語,原文作:"象物露見不隱藏,虎豹之屬恒淺毛。"　⑥《禮記·月令》:"孟秋之月,日在翼,昏建星中,旦畢中。其日庚辛,其帝少皞,其神蓐收,其蟲毛。""孟冬之月,日在尾,昏危中,日七星中。其日壬癸,其帝顓頊,其神玄冥,其蟲介。"　⑦《説文》鬲部:"融,炊气上出也。从鬲,蟲省聲。𧖟,籀文融,不省。"赤部:"赨,赤色也。从赤,蟲省聲。"　⑧鱗介:帶鱗甲的動物。螭:古代傳説中一種没有角的龍。虬:古代傳説中有角的小龍。盒:同"蛤",蛤蜊。蝯:同"猿"。蜼:一種長尾猴。

【集解】

徐灝《説文注箋》:"箋曰:虫者,動物之通名。故或行或飛,或毛或羸,或介或鱗,皆以爲象。因其文詰屈似蛇,故誤以爲蝮虺之虺耳。然字形或二或重三,則非蛇類明矣。戴氏侗曰:'蟲或爲蚰、或爲虫者,從省以便書。’”

商承祚《殷虚文字》：“卜辭諸字皆象博首而宛身之狀。”

黃天樹《部首與甲骨文》（續二）：“甲骨文作、，象一種較小的毒蟲。”

董蓮池《部首新證》：“字見甲骨文，寫作、、、諸形（《甲骨文編》509 頁），正是蛇虫之象形。”

【同部字舉例】

蝮 fù　虫也。从虫，复聲。芳目切。○滂屋入　滂覺

雖 suī　似蜥蜴而大。从虫，唯聲。息遺切。○金文　心脂平　心微

強 qiáng　蚚（qí，米中小黑蟲）也。从虫，弘聲。，籀文强，从蚰从彊。巨良切。○羣陽平　羣陽

蜀 shǔ　葵中蠶也。从虫，上“目”象蜀頭形，中象其身蜎蜎。《詩》曰：“蜎蜎者蜀。”市玉切。○甲文　、、　金文　禪燭入　禪屋

蠖 huò　尺蠖，屈申蟲也。从虫，蒦聲。烏郭切。○影鐸入　影鐸

蟠 pán　鼠婦也。从虫，番聲。附袁切。○並桓平　並元

蝗 huáng　螽（zhōng，蝗蟲）也。从虫，皇聲。乎光切。○匣唐平　匣陽

蛟 jiāo　龍之屬也。池魚滿三千六百，蛟來爲之長，能率魚飛，置笱水中，即蛟去。从虫，交聲。古肴切。○見肴平　見宵

螭 chī　若龍而黃，北方謂之“地螻”。从虫，离聲。或云：無角曰螭。丑知切。○徹支平　透歌

虯 qiú　龍子有角者。从虫，丩聲。渠幽切。○羣幽平　羣幽

蜃 shèn　雉入海，化爲蜃。从虫，辰聲。時忍切。○禪軫上　禪文

蚌 bàng　蜃屬。从虫，丰聲。步項切。○並講上　並東

蝙 biān　蝙蝠也。从虫，扁聲。布玄切。○幫先平　幫真

虹 hóng　螮（dì）蝀（dōng）也。狀似蟲。从虫，工聲。《明堂月令》曰：“虹始見。”，籀文虹，从申，申，電也。戶工切。○甲文、、、匣東平　匣東

卷十三下

蚰 〔金文字形〕 472 kūn 甲文〔字形〕、〔字形〕、〔字形〕 金文〔字形〕 古魂切 見魂合一平
見文（283/285；674/681）

蟲之總名也[一]。从二虫[二]。凡蚰之屬皆从蚰。
讀若昆。

【譯文】

蟲類的總稱。由兩個"虫"字構成。凡是和"蚰"義有關的字都以
"蚰"爲構件。

【段注】

[一]"蟲"下曰："有足謂之蟲，無足謂之豸（zhì）。"析言之耳，渾
言之則無足亦"蟲"也。"虫"下曰："或行或飛，或毛或蠃（luǒ），或介
或鱗，皆以虫爲象。"故蟲皆从"虫"，而"虫"可讀爲"蟲"。蟲之總名偁
"蚰"，凡經傳言"昆蟲"，即"蚰蟲"也。日部曰："昆，同也。"《夏小
正》："昆小蟲。"傳曰："昆者，衆也，猶魂魂也。魂魂者，動也，小蟲動
也。"①《月令》："昆蟲未蟄。"鄭曰："昆，明也。"②許意與《小正》傳同。
[二]二"虫"爲"蚰"，三"虫"爲"蟲"。蚰之言昆也，蟲之言衆也。古
魂切。十三部（文）。

【疏義】

①《大戴禮記·夏小正》："昆小蟲，抵蚳（chí）。昆者，衆也，由魂
魂也。魂魂也者，動也，小蟲動也。"抵蚳：擇取蟻卵作醬，以供祭祀。
蚳，蟻卵。由：通"猶"。　②《禮記·王制》："昆蟲未蟄，不以火田。"
鄭玄注："昆，明也。明蟲者得陽而生，得陰而藏。""昆蟲"二句大意：
昆蟲尚未蟄居地下時，不能放火田獵。按：《段注》所引出自《禮
記·王制》，非《月令》。

【集解】

徐灝《説文注箋》：“古言‘昆蟲’者，謂衆蟲耳，後人以‘蚰’字當之，非也。”

桂馥《説文義證》：“‘讀若昆’者，經典通用‘昆’字。”

王筠《説文句讀》：“（讀若昆）所以關經典借‘昆’爲‘蚰’也，固是聲借，然‘昆’下曰‘同也’，小蟲之蚑（qí）行頓動，其類大同，故借之。”

饒炯《説文部首訂》：“虫、蚰、蟲一字重文，緣借‘虫’以名微細動物，後人遂以二‘虫’之‘蚰’爲蟲總名，三‘虫’之‘蟲’爲蠕物有足謂之蟲。”

黃天樹《部首與甲骨文》（續二）：“《説文》説‘蚰’是昆蟲之‘昆’的本字，意思是‘蟲類的總稱’。‘庚戌卜殻貞：蚰𡆥（害）我？’（《合》14707）卜辭‘蚰’字跟《説文》‘蚰’字是否同一個字，尚待研究。”

【同部字舉例】

蠶 cán　任絲（《段注》有“蟲”）也。从蚰，朁聲。昨含切。○甲文㣺、𧈪　從覃平　從侵

螽 zhōng　蝗也。从蚰，夂聲。夂，古文“終”字。𧑌，螽或从虫，衆聲。職戎切。○螽：同“螽”。章東平　章冬

蠹 dù　木中蟲。从蚰，橐聲。𧌑，蠹或从木，象蟲在木中形。譚長説。當故切。○端暮去　端魚

蠤 qiú　多足蟲也。从蚰，求聲。𧌆，蠤或从虫。巨鳩切。○蠤：同“蚯”。羣尤平　羣幽

蠢 chǔn　蟲動也。从蚰，春聲。𢍜，古文蠢，从㞢（zāi）。《周書》曰：“我有截于西。”尺尹切。○昌準上　昌文

蟲

473 chóng　甲文𧉧、𧎢、𧒖　直弓切　澄東合三平　定冬
（284/285；676/682）

有足謂之蟲，無足謂之豸（zhì）[一]。从三虫[二]。凡蟲之屬皆从蟲。

【譯文】

有足的動物叫做“蟲”，無腳的動物叫做“豸”。由三個“虫”字構成。凡是和“蟲”義有關的字都以“蟲”爲構件。

【段注】

[一]有舉渾言以包析言者,有舉析言以包渾言者。此"蟲、豸"析言以包渾言也。"蟲"者,蝡(rú)動之總名,前文既詳之矣。故祇引《爾雅·釋蟲》之文①。豸者,獸長脊,行豸豸然欲有所伺殺形也②,本謂有足之蟲,因凡蟲無足者其行但見長脊豸豸然,故得叚借"豸"名,今人俗語云"蟲豸"。《詩》:"溫隆蟲蟲。"毛傳曰:"蟲蟲而熱也。"按:"蟲蟲"蓋"融融"之叚借,《韓詩》作"烔"(tóng)③,許所不取。　　[二]"人"三爲"衆","虫"三爲"蟲","蟲"猶"衆"也。直弓切。九部(東、冬)。

【疏義】

①《爾雅·釋蟲》:"有足謂之蟲,無足謂之豸。"　②豸豸:獸背隆長的樣子。　③《詩經·大雅·雲漢》:"旱既大甚,蘊隆蟲蟲。"毛傳:"蘊蘊而暑,隆隆而雷,蟲蟲而熱。"陸德明釋文:"蘊,紆粉反。本又作'煴',紆文反。《韓詩》作'鬱',同。蟲,直忠反,徐徒冬反……《韓詩》作烔(tóng),音徒冬反。"融融:明亮熾盛貌。烔:熱氣。

【集解】

徐灝《説文注箋》:"凡從豸之字類皆有足之物,而無足者乃從虫、從蚰、從蟲,字形亦'豸'有足而'蟲'無足。"

饒炯《説文部首訂》:"(蟲)古蓋與'蚰'同字,緣爲蟲之總名,而義無分有足無足。"

王筠《説文釋例》:"虫、蚰、蟲同物即同字……小蟲多類聚,故三之以象其多;兩之者,省之也;一之者,以象其首尾之形也。至於字分三形,而又各有從之者,即分三音三義。"

黃天樹《部首與甲骨文》(續二):"(虫)《説文》把寫作一個'虫'的唸'huǐ';二個'虫'的唸'kūn';三個'虫'的唸'chóng'。早在秦漢時代已有人把'虫'當作'蟲'字用了(見秦簡和漢碑等)。所以現在把'虫'當作'蟲'的簡化字,是有很古的根據的。"

【同部字舉例】

蠱蠱 gǔ　腹中蟲也。《春秋傳》曰:"皿蟲爲蠱。"晦淫之所生也,梟桀死之鬼亦爲蠱。从蟲从皿。皿,物之用也。公户切。○甲文🐛、🐛、🐛、🐛 見姥上　見魚

風 ☲　474 fēng　甲文 ☲、☲、☲、☲、☲　方戎切　幫東合三
平　幫冬(284/286;677/683)

　　八風也。東方曰明庶風，東南曰清明風，南方曰
景風，西南曰涼風，西方曰閶闔風，西北曰不周風，北
方曰廣莫風，東北曰融風^[一]。从虫，凡聲^[二]。風動
蟲生，故蟲八日而七“从虫”四句大徐本作“風動蟲生，故蟲八日
而化。从虫，凡聲”^[三]。凡風之屬皆从風。☲，古文風。

【譯文】

　　八方的風。東風叫明庶風，東南風叫清明風，南風叫景風，西南風
叫涼風，西風叫閶闔風，西北風叫不周風，北風叫廣莫風，東北風叫融
風。“虫”爲意符，“凡”爲聲符。風來而蟲子產生，所以蟲子八天就化
出。凡是和“風”義有關的字都以“風”爲構件。☲，是古文“風”字。

【段注】

　　[一]《樂記》：“八風從律而不姦。”鄭曰：“八風從律，應節至
也。”^①《左氏傳》：“夫舞所以節八音而行八風。”服注：“八卦之風也。
乾音石，其風不周；坎音革，其風廣莫；艮音匏，其風融；震音竹，其風明
庶；巽音木，其風清明；離音絲，其風景；坤音土，其風涼；兌音金，其風
閶闔。”《易通卦驗》曰：“立春，調風至；春分，明庶風至；立夏，清明風
至；夏至，景風至；立秋，涼風至；秋分，閶闔風至；立冬，不周風至；冬
至，廣莫風至。”^②《白虎通》“調風”作“條風”：“條者，生也；明庶者，迎
衆也；清明者，芒也；景者，大也，言陽氣長養也；涼，寒也，陰氣行也；閶
闔者，咸收藏也；不周者，不交也，言陰陽未合化矣。廣莫者，大莫也，
開陽氣也。”^③按：調風、條風、融風，一也。八卦、八節、八方，一也。
《通卦驗》始於“調風”，許終於“融風”者，許依《易》八卦之次終於艮
也^④。艮者，萬物之所以成終而成始也。風之用大矣，故凡無形而致者
皆曰“風”。《詩序》曰：“風，風也，教也，風以動之，教以化之。”^⑤劉熙
曰：“風，氾也，放也。”^⑥　　[二]“凡”古音扶音切。“風”古音孚音切，
在七部(侵、緝)，今音方戎切。　　[三]依《韻會》，此十字在“从虫，凡
聲”之下，此説“从虫”之意也^⑦。《大戴禮》《淮南書》皆曰：“二九十

八,八主風,風主蟲,故蟲八日化也。"⑧謂風之大數盡於八,故蟲八日而化,故"風"之字从"虫"。

【疏義】

　　①引文見《禮記·樂記》及鄭玄注。姦:同"奸",干擾。從律:指合乎自然規律。　②引文見《左傳·隱公五年》。服:指服虔。服注見於孔穎達《春秋左傳正義》。八音:古代對金、石、土、革、匏、絲、木、竹八類樂器的統稱。八卦:《周易》中具有象徵意義的八種基本圖形,名稱是"乾、坤、震、巽、坎、離、艮、兌",古人將八風與八卦相對應。《易通卦驗》:即《易緯通卦驗》。《易緯》是解釋《易經》的系列叢書,以宣揚符籙瑞應占驗爲主要目的,出現於西漢末,盛行於東漢。《通卦驗》是《易緯》的一種。　③閶闔:或作"昌盍"。咸:或作"戒"。《白虎通·八風》卷七:"風者,何謂也?風之爲言萌也。養物成功,所以象八卦。陽立于五,極于九,五九四十五日變,變以爲風,陰合陽以生風。距冬至四十五日條風至。條者,生也。四十五日明庶風至。明庶者,迎衆也。四十五日清明風至。清明者,清芒也。四十五日景風至。景者,大也,言陽氣長養也。四十五日涼風至。涼,寒也。陰氣行也。四十五日昌盍風至。昌盍者,戒收藏也。四十五日不周風至。不周者,不交也,言陰陽未合化也。四十五日廣莫風至。廣莫者,大莫也,開陽氣也。"　④《易》八卦之次:即後天八卦(傳說爲周文王創制)的順序,分別爲震、巽、離、坤、兌、乾、坎、艮,艮卦(代表東北、融風)排在末位。《周易·說卦》:"帝出乎震,齊乎巽,相見乎離,致役乎坤,說言乎兌,戰乎乾,勞乎坎,成言乎艮。"　⑤引文見《詩經·周南·序》。陸德明釋文:"沈云:'上風是國風,即詩之六義也;下風即是風伯鼓動之風。君上風教,能鼓動萬物,如風之偃草也。'今從沈說。"　⑥劉熙《釋名·釋天》:"風,氾也。其氣博氾而動物也……風,放也,氣放散也。"氾:同"泛"。　⑦《韻會舉要》東韻:"風,方馮切……《說文》:'八風也……从虫,凡聲。風動蟲生,故蟲八日而化。'"　⑧《大戴禮記·易本命》:"二九十八,八主風,風主蟲,故蟲八月化也。"王聘珍《大戴禮記解詁》:"經言'八月',許言'八日',經或字誤也。"《淮南書》:即《淮南子》。《淮南子·墜形訓》:"二九十八,八主風,風主蟲,蟲故八月

而化。"

【集解】

徐灝《説文注箋》:"風無形可象,因其所生之物以製字,故从虫。"

林義光《文源》:"按:从虫於風義不切。虫象形,非虫字(犹臼象兒頭、田象木果之例),冂象穴('泉'小篆作泉,冂亦穴形),乚象風出穴形(宋玉《風賦》云'空穴來風')……凡聲。"

董蓮池《部首新證》:"'風',商代甲骨文中所見本借'鳳'字表示,寫作鳳(《甲骨文編》189 頁),後來又追加'凡'聲寫作鳳(《甲骨文編》188 頁)。"

【同部字舉例】

飆 飆 biāo　扶摇風也。从風,猋聲。颮,飆或从包。甫遥切。○幫宵平　幫宵

飄 飄 piāo　回風也。从風,票聲。撫招切。○滂宵平　滂宵

颯 颯 sà　翔風也。从風,立聲。蘇合切。○心合入　心緝

颺 颺 yáng　風所飛揚也。从風,昜聲。與章切。○以陽平　定陽

它 它

475 tuō/shé/tā　甲文它、它　金文它、它、它　託何切　透歌開一平　透歌(285/286;678/684)

虫("虺"的古字)**也。从虫而長,象冤曲𠂹尾形**[一]**。上古艸凥患它,故相問"無它乎"**[二]**。凡它之屬皆从它。蛇,它或从虫**[三]**。**

【譯文】

就是蛇。由"虫"字延長筆劃而成,字象形體彎曲尾巴下垂的樣子。上古時人們住在草野中,害怕蛇,所以見面的問候語是"没遇到蛇吧"。凡是和"它"義有關的字都以"它"爲構件。蛇,"它"或以"虫"爲構件。

【段注】

[一]"𠂹"各本作"垂",今正。𠂹者,艸木華葉𠂹也,引申爲凡物下𠂹之偁。垂者,遠邊,非其義。冤曲者其體,垂尾者其末。虫象其臥形,故詘(qū)尾而短。它象其上冤曲而下垂尾,故長。詘尾謂之

“虫”,垂尾謂之“它”,“它”與“𠀟”古音同也①。《詩》:“維虺維蛇,女子之祥。”②《吳語》:“爲虺弗摧,爲蛇將若何?”③“虺”皆“虫”之叚借,皆謂或臥或垂尾耳。臥者較易制,曳尾而行者難制,故曰“爲虺弗摧,爲蛇將若何”也。託何切。十七部(歌)。今人“蛇”與“它”異義異音,蛇,食遮切。　　[二]上古者,謂神農以前也。相問“無它”,猶後人之“不恙、無恙”也。語言轉移,則以無別故當之,而其字或叚“佗”爲之,又俗作“他”,經典多作“它”,猶言“彼”也。許言此以説叚借之例。《羔羊》傳曰:“委蛇,行可從迹也。”④亦引申之義也。　　[三]“它”篆本以“虫”篆引長之而已,乃又加“虫”左旁,是俗字也。

【疏義】

①𠀟:“垂”的古字。上古音禪母歌部。按:“它”字《集韻》又有時遮切一音,上古屬禪母(或歸船母)歌部。　　②《詩經・小雅・斯干》:“大人占之,維熊維羆(pí),男子之祥。維虺維蛇,女子之祥。”鄭玄箋:“大人占之,謂以聖人占夢之法占之也。熊、羆在山,陽之祥也,故爲生男。虺、蛇穴處,陰之祥也,故爲生女。”　　③引文見《國語・吳語》。韋昭注:“虺小蛇大也。”　　④《詩經・召南・羔羊》:“退食自公,委蛇委蛇。”鄭玄箋:“委蛇,委曲自得之貌。”

【集解】

徐灝《説文注箋》:“它、蛇古今字。”

王筠《説文釋例》:“《吳語》:‘爲虺弗摧,爲蛇將若何?’韋注:‘虺小蛇大也。’案:‘虺’即‘虫’,‘蛇’即‘它’也,此小時名‘虫’大時名‘它’之徵也。段氏説誤。”

王筠《説文句讀》:“虫長大則爲它,故曰‘從虫而長’。”

饒炯《説文部首訂》:“‘它’而訓‘虫’,殆以重文爲説解……但同爲象形,而一畫其曲,一象其舒,後則分爲二義,又後讀‘它’爲食遮切,與古音相轉。或篆從虫從它,又合二體爲一字。”

商承祚《殷虛文字》:“‘它’與‘虫’殆爲一字,後人誤析爲二,又並二字而爲‘蛇’,尤重複無理。許君於虫部外別立它部,不免沿其誤矣。”

黄天樹《部首與甲骨文》(續二):“古文字作𧉍、𧉚,象一條身上有花紋的蛇。'它'是'蛇'的初文。'它'字很早就被借來表示指示代詞（即其它的'它'），所以又造了'蛇'字來表示其本義。蛇頭變爲'宀'，蛇身變爲'匕'。"

董蓮池《部首新證》："今考字見甲骨文，寫作🐍、🐍諸形（《甲骨文編》876 頁 5023 號），爲'蛇'的象形文。構形和篆文'虫'無關，借爲指示代詞'它'。"

龜　🐢　476　guī　甲文🐍、🐍、🐍　金文🐢、🐢　居追切　見脂合三平　見之（285/286；678/685）

舊也[一]，外骨内肉者也[二]。从它，龜頭與它頭同[三]。天地之性，廣肩無雄，龜鼈之類，以它爲雄[四]。🐢大徐本無"🐢"字，象足、甲、尾之形[五]。凡龜之屬皆从龜。🐢，古文龜[六]。

【譯文】

年壽長久的動物，外表是骨甲裏面是肉的動物。以"它"字作爲構件，因爲龜頭與它頭相似。天地自然的特性，寬肩的動物没有雄性，魚鼈類動物，以蛇作爲雄性。🐢，象龜的足、甲、尾之形。凡是和"龜"義有關的字都以"龜"爲構件。🐢，是古文"龜"字。

【段注】

[一]此以疊韻爲訓，"門，聞""户，護"之例。"龜"古音"姬"，亦音"鳩"。"舊"古音"臼"，亦音"忌"。"舊"本鴟舊字[①]，叚借爲故舊，即"久"字也。劉向曰："蓍之言耆，龜之言久。龜千歳而靈，蓍百年而神。以其長久，故能辨吉凶。"[②]《白虎通》語略同[③]。龜之大者曰"鼇"（áo），"敖"與"久"音相近。　　[二]外骨，《考工記·梓人》文。鄭云："龜屬。"[④]　　[三]此如"黿"頭與"它"頭同[⑤]，"魚"尾與"燕"尾同，"兔"頭與"㲋"（chuò）頭同，"罷"足、"巍"足、"能"足與"鹿"足同，"虎"足與"人"足同，"兜"頭與"禽"頭、"离"頭同，皆其物形相似，故製字同之也。此説"从它"之意也。　　[四]《列子》曰："純雌其名大腰，純雄其名穉（zhì）蜂。"張注[⑥]："大腰，龜鼈之類也。穉，小也。"許注"蜾（guǒ）蠃"，亦偁《列子》[⑦]。按：以它爲雄，則其子皆它子也，故

字从它,此从它之又一説也。　[五]从它者,象它頭而已。左象足,右象背甲,曳者象尾。居追切。古音在一部(之、職),讀如“基”,音轉讀如“鳩”。　[六]象形而不从“它”。

【疏義】

①鴟舊:貓頭鷹一類的鳥。　②引文見於《禮記‧曲禮上》“卜筮不相襲”一語孔穎達正義。　③《白虎通‧蓍龜》:“龜之爲言久也,蓍之爲言耆也,久長意也。”　④《周禮‧冬官考工記‧梓人》:“外骨、内骨。”鄭玄注:“外骨,龜屬。内骨,鼈屬。”鼈:同“鱉”。　⑤頭同:指“黽”與“它”的篆文𢾭、𢾭上部相同。以下各組字的比較亦均指篆文。⑥引文見《列子‧天瑞篇》。張:指張湛,東晉學者,養生家,高平(郡治在山東金鄉西北)人,著有《養生要集》《列子注》《沖虛至德真經注》等書。　⑦螺蠃:同“蜾蠃”,寄生蜂的一種。《説文》虫部:“蠃,蜾蠃,蒲盧。細要土蠭也。天地之性,細要,純雄,無子。《詩》曰:‘螟蛉有子,蜾蠃負之。’”亦傽《列子》:指采用了《列子》的話。

【集解】

徐灝《説文注箋》:“箋曰:古文𢾭象正視形;𢾭象側視形。篆爲横體,龜與黽皆从𢾭,立文偶相似,非取‘它’爲义也。”

商承祚《殷虚文字》:“卜辭諸龜字皆象昂首被甲短尾之形,或僅見其前足者,後足隱甲中也。”

黃天樹《部首與甲骨文》(續二):“甲骨文作𢾭或𢾭,前者象龜的側面形,與《説文》篆文合。後者象龜的正面形,與《説文》古文合。”

董蓮池《部首新證》:“字見甲骨文,寫作𢾭、𢾭、𢾭諸形(《甲骨文編》513頁),爲‘龜’的通體象形文。”

【同部字舉例】

朧𢾭 rán　龜甲邊也。从龜,冄聲。天子巨朧,尺有二寸。諸侯尺,大夫八寸,士六寸。没閻切。○日鹽平　日談

黽 𢾭 477 měng　甲文𢾭、𢾭、𢾭　金文𢾭、𢾭　莫杏切　明耿開
二上　明陽(285/286;679/685)

黿(wā,田雞)黽也[一]。从它,象形[二]。黽頭與它

頭同^[三]。凡黽之屬皆从黽。🐸,籒文黽^[四]。

【譯文】

蛙類動物。以"它"作爲構件,象形。黽頭與蛇頭相同。凡是和"黽"義有關的字都以"黽"爲構件。🐸,是籒文"黽"字。

【段注】

[一]《周禮·蟈氏》:"掌去䵷黽。"①鄭司農云:"蟈,蝦蟇(má)也。《月令》曰:'螻蟈鳴。'䵷黽,蝦蟇屬。書或爲'掌去蝦蟇'。""玄謂蟈,今御所食蛙也。""齊魯之閒謂䵷爲蟈。黽,耿黽也。蟈與耿黽尤怒鳴,爲聒人耳,故去之。"②按:"蛙"即"䵷"字。依大鄭説則"䵷黽"二字爲一物;依後鄭説則"䵷"即"蟈",爲一物,"黽"乃"耿黽",爲一物。依許"黽"下曰"䵷黽也",似同大鄭説,然有當辯者。許果合二字爲一物,則"黽"篆下當云"䵷黽,蝦蟆也","䵷"下云"䵷黽也",乃合全書之例。而"蝦、蟆"篆居虫部,此則單舉"䵷"篆,釋曰"蝦蟆","黽"篆下則曰"䵷黽也",是許意"䵷黽"爲一物,"䵷"爲一物。凡兩字爲名,一字與他物同者,不可與他物牽混,知"䵷黽"非"䵷"也,許之"䵷黽"即鄭之"耿黽"。"䵷"古音"圭",與"耿"雙聲,故得爲一字,絫評曰"䵷黽、耿黽",單評曰"黽"。《爾雅》:"鼀(qù)䶂(qiū),蟾蜍。在水者黽。"③是則詹諸之類,而以在水中爲別也。許、鄭之單言"黽",即《本艸》所謂"黽",一名"長股",陶云俗名"土鴨",南人名"蛤子",善鳴者。寇宗奭曰:"其色青,腹細,後腳長,善躍。大其聲曰蛙,小其聲曰蛤。"④此"黽"與"䵷黽"之別。皆在水中而善鳴,故《周禮》設官去之。"黽"之段借爲黽勉。　[二]謂从它,象其頭,下象其大腹也。莫杏切。古音在十部(陽)。讀如芒。　[三]言頭而餘爲腹可知矣。黽本無尾,故《風俗通》辯"蝦蟇掉尾肅肅"乃"夏馬"之字誤⑤。　[四]古文衹象其頭、腹,籒文又象其長足善跳。

【疏義】

①《周禮·秋官司寇·蟈氏》:"掌去䵷黽。"鄭玄注:"齊魯之間謂䵷爲蟈。黽,耿黽也。蟈與耿黽尤怒鳴,爲聒人耳,去之。"耿黽:蛙的一種。尤:格外。　②蝦蟇:今作"蛤蟆"。蟇,同"蟆"。御:進用。聒:同"聒"。按:"玄謂"二句屬於鄭玄注《周禮·秋官司寇》(卷三十

四)的原文,詳下文;"齊魯"數句屬於鄭玄注《周禮·秋官司寇·蟈氏》(卷三十七)的原文。二者不在一處。《周禮·秋官司寇》:"蟈氏,下士一人,徒二人。"鄭玄注:"鄭司農云:'蟈讀爲蜮(yù),蜮,蝦蟇也。《月令》曰"螻蟈鳴",故曰"掌去鼃黽"。鼃黽,蝦蟇屬。書或爲"掌去蝦蟇"。'玄謂蟈,今御所食蛙也。字從虫,國聲也。蜮乃短狐與?"短狐:又名射工,傳說能含沙射影、使人得病的怪物。　③引文見《爾雅·釋魚》。郭璞注:"蟾諸,似蝦蟆,居陸地,淮南謂之'去蚊'(fù)。在水者黽,耿黽也,似青蛙,大腹,一名土鴨。"蟾蠩:今本《爾雅》寫作"蟾諸",即"蟾蜍"。　④《本草綱目·蟲之四·濕生類》:"黽:【釋名】長股(《別録》)、田雞(《綱目》)、青雞(同上)、坐魚(同上)、蛤魚。宗奭曰:'黽後腳長,故善躍,大其聲則曰黽,小其聲則曰蛤。'……弘景曰:'凡蜂、蟻、蛙、蟬,其類最多。大有青脊者,俗名土鴨,其鳴甚壯。'"陶:指陶弘景,齊梁時期醫藥學家。寇宗奭:宋代藥學家。　⑤《太平御覽·蟲豸部·蝦蟆》:"《風俗通》曰:'肅肅:蝦蟆掉尾。俗説蝦蟆一跳八尺,再跳丈六,從春至冬,祖裸相逐,無他所作,掉尾肅肅。謹按:蝦蟆既處水中,其尾又短,正使掉之,豈能肅肅乎?原其所以,當言夏馬,患蚋,掉尾振擊,常肅肅也。蝦蟆、夏馬音相似。'"

【集解】

徐灝《説文注箋》:"黽無尾,則非从它也,蓋立文偶相似耳。"

王筠《説文句讀》:"許既以'鼃黽'説'黽',則鼃、黽非兩物矣。"

朱駿聲《説文定聲》:"按:……黽,蘇俗所謂田雞也。"

商承祚《殷虛文字》:"祚案:(黽)……殆今之蛙也。"

黃天樹《部首與甲骨文》(續二):"古文字作𪓑,象青蛙之類的動物。"

【同部字舉例】

鼈鼈 biē　甲蟲也。从黽,敝聲。并列切。○幫薛入　幫月

黿黿 yuán　大鼈也。从黽,元聲。愚袁切。○疑元平　疑元

鼃鼃 wā　蝦蟇也。从黽,圭聲。烏媧切。○影佳平　影支

蠅𧕪 yíng　營營青蠅，蟲之大腹者。从黽从虫。余陵切。〇以蒸平　定蒸

鼄(蛛) 𪓷 zhū　𪓷鼄也。从黽，朱聲。𧎭，鼄或从虫。陟輸切。〇甲骨文 𧊒　金文 𧒂、𧒂、𪓸、𪓶、𪓷、𪓸、𪓹　知虞平　端侯

鼂𪓿 cháo　匽鼂也。讀若朝。楊雄説：匽鼂，蟲名。杜林以爲朝旦，非是。从黽从旦。𪓾，篆(《段注》作"古")文从皀。直遙切。〇澄宵平　定宵

卯 𮉻

478 luǎn　盧管切　來緩合一上　來元（285/287；680/686）

凡物無乳者卯生[一]。**象形**[二]。**凡卯之屬皆从卯。𮉻，古文卯**"𮉻古"二句大徐本無[三]。

【譯文】

凡是没有乳汁的動物都是卵生。象形。凡是和"卵"義有關的字都以"卵"爲構件。𮉻，是古文"卵"字。

【段注】

[一]乙(yà)部曰："人及鳥生子曰乳，獸曰產。"①此云"凡物無乳者卯生"。按：此"乳"字與乙部"乳"字義少異。此"乳"謂乳汁也，惟人及四足之獸有之，故其子胎生。羽蟲、鱗蟲、介蟲及一切昆蟲皆無乳汁，其子卵生，故曰"凡物無乳者卵生"。然則何以言"人及鳥生曰乳，獸曰產"也？此"乳"猶抱也，嫗也。《方言》："北燕、朝鮮、洌水之閒謂伏雞曰抱，爵子及雞雛皆謂之鷇(kòu)，其卵伏而未孚始化謂之涅。"②鄭注《樂記》曰："以體曰嫗。"③惟鳥於卵伏之抱之，既孚而或生哺之，有似人之抱哺其子。凡獸之恩勤遜於是，故以鳥之將子與人並言，乳實乳汁之義之引申。許泥乙爲鳥，故訓乳曰"人及鳥"也。子部曰："㝅(gòu)，乳也。"此乳汁之"乳"④。"字"及"孺"皆曰"乳子也"，此乳哺之"乳"⑤。此云"無乳者卵生"，亦指謂乳汁也。　[二]此篆上黽象形言之。卵未生則腹大。卵陰陽所合，天地之雜也，故象其分合之形。盧管切。十四部(元)。糸部"綰"下云："讀若雞卵。"蓋古"卵"讀如"管"也。　[三]各本無。今依《五經文字》《九經字樣》補。《五經文

字》曰:“丱(guàn),古患反。見《詩·風》。《字林》不見。又古猛反,見《周禮》。《説文》以爲古卵字。”⑥《九經字樣》曰,《説文》作“丱”,隷變作“卵”⑦,是唐本《説文》有此無疑,但張引《説文》古文“卵”,删去“文”字未安⑧。張之意當云“帅卵,上《説文》、下隷變”⑨,乃上字誤舉其重文之古文,非是。然正可以證唐時《説文》之有“丱”。《汗簡》以“丱”爲古文“卵”字,與“凨”爲古文“風”、“田”爲古文“龜”皆據本書,郭氏所見《説文》尚完好也⑩。卵之古音讀如“管”,引申之,《內則》“濡魚卵醬”,鄭曰:“卵讀爲鯤。鯤,魚子也,或作攔(guān)。”⑪韋注《國語》亦云:“鯤,魚子也。”⑫《內則》之“魚子”,言其未生者。《魯語》之“魚子”,言其已生者,其意一也。又引申之,爲《詩》“總角丱兮”之“丱”,毛傳曰:“丱,幼稚也。”⑬此謂出腹未久,故仍得此偁,如魚之未生已生皆得曰鯤也。又引申之,《周禮》有“丱人”,鄭曰:“丱之言礦也,金玉未成器曰丱。”⑭此謂金玉錫石之樸韞於地中,而精神見於外,如卵之在腹中也⑮。凡漢注云“之言”者,皆謂其轉注叚借之用。以“礦”釋“丱”,未嘗曰“丱,古文礦”,亦未嘗曰“丱讀爲礦”也,自其雙聲以得其義而已。“丱”固讀如“管”、讀如“關”也,自劉昌宗、徐仙民讀“侯猛、虢猛”反,謂即礦字,遂失注意⑯。而後有妄人敢於《説文》“礦”篆後益之曰“丱,古文礦。《周禮》有丱人”⑰,則不得不敢於“卵”篆後徑删“丱,古文卵”,是猶改蘭臺桼書以合其私⑱,其誣經誣許,率天下而昧於六書,不當膺析言破律、亂名改作之誅哉⑲?“絆”從“丱”聲,“關”從“絆”聲,許説形聲井井有條如是。

【疏義】

　　①引文見《説文》乙部:“乳,人及鳥生子曰乳,獸曰産。從孚從乙。乙者,玄鳥也。”《段注》:“孚者,卵即孚也。乙者,請子之候鳥也。”乙:燕子。　　②嫗:以體相温,養育。引文見《方言》第八。洌水:即今朝鮮大同江。伏雞:雞孵卵。爵子:即幼雀,“爵”通“雀”。鷇:初生的小鳥。未孚始化:正在孵化尚未出殼之時。孚,“孵”的古字。　　③《禮記·樂記》:“煦嫗覆育萬物。”鄭玄注:“氣曰煦,體曰嫗。”體:以體加温。　　④《説文》子部:“穀,乳也。”《段注》:“此乳者謂既生而乳哺之也。”　　⑤《説文》子部:“字,乳也。從子在宀下,子亦聲。”《段注》:“人

及鳥生子曰乳,獸曰𤕲。引申之爲撫字,亦引申之爲文字。"《説文》子部:"孺,乳子也。"《段注》:"以疊韻爲訓。凡幼者曰'孺子',此其義也。"　⑥引文見《五經文字》屮部。丱:或作"卯",小儿束髮成兩角貌。《詩經·齊風·甫田》:"總角丱兮。"陸德明釋文:"丱,古患反。"古猛反:今本《周禮音義》作"𦈉猛反"。《周禮·地官司徒·丱人》:"丱人,中士二人,下士四人。"陸德明釋文:"丱,徐音礦,𦈉猛反,劉侯猛反。"徐:徐仙民。劉:劉宗昌,詳注⑯。　⑦《九經字樣·雜辯部》:"丱卯:孿上。上《説文》,下隸變。"　⑧有此:指《説文》原本有"𡖉,古文卵"一語。删去"文"字未安:指张参《五經文字》《説文》以爲古卵字"一語中的"古卵字"應爲"古文卵",不應删去"文"字。　⑨𡖉:《九經字樣》作"丱"。按:"𡖉(丱)卵,上《説文》,下隸變"的説法實出自《九經字樣》,非張参《九經文字》,出處有誤。　⑩本書:指《九經字樣》。郭氏:指北宋郭忠恕,洛陽人,文字學家、畫家,著有《三體陰符經》《汗簡》《佩觽》等書。《汗簡》:總結歷代古文字體的著作。　⑪《禮記·內則》:"濡雞醢醬實蓼,濡魚卵醬實蓼。"鄭玄注:"卵讀爲鯤。鯤,魚子也。或作攔也。"攔:魚卵。　⑫《國語·魯語上》:"且夫山不槎蘖,澤不伐夭,魚禁鯤鮞(ér)。"韋昭注:"鯤,魚子也。鮞,未成魚也。"⑬《詩經·齊風·甫田》:"婉兮孌兮,總角丱兮。"毛傳:"總角,聚兩髦也。丱,幼稺也。"稺:同"稚"。　⑭丱人:古代掌管礦産的官吏。丱,音 kuàng,"礦"的古字。《周禮·地官司徒·敘官》:"丱人,中士二人,下士四人。"鄭玄注:"丱之言礦也。金玉未成器曰礦。"　⑮樸:未經加工的原材料。韞:隱藏。　⑯劉昌宗:東晉學者,生平籍貫不詳,撰有《三禮音》《毛詩音》《尚書音》《尚書大傳音》等書,已佚,其音切大多保留在《經典釋文》一書中。徐仙民:即徐邈,東晉東莞姑幕(今山東安丘)人,撰有《周禮音》《毛詩音》《古文尚書音》《春秋左傳音》《春秋穀梁傳音》《禮記音》《論語音》等書,均佚,其音切大多保留在《經典釋文》一書中,清馬國翰有輯本。劉、徐的注音詳見注⑥。　⑰《説文》石部:"礦,銅鐵樸石也。从石,黃聲,讀若穬。𡖉,古文礦。《周禮》有'丱人'。"礦:同"礦"。　⑱改蘭臺柒書:事見《後漢書》。《後漢書·宦者列傳·呂強傳》:"中平元年,黃巾賊起……時宦者濟陰丁蕭、下邳徐衍、南陽郭耽、汝陽李巡、北海趙祐等五人稱爲清忠,皆在里巷,不爭威權。巡以爲諸博士試甲乙科,爭弟高下,更相告言,至有行賂定蘭臺漆書經字,以合其私文者。乃白帝,與諸儒共刻五經文於石,於是詔蔡邕等正其文字。自後五經一定,爭者用息。”《後漢書·儒林列傳上》:“建初中,大會諸儒於白虎觀,考詳同異,連月乃罷……本初元年,梁太后詔曰:‘大將軍下至六百石,悉遣子就學,每歲輒於鄉射月一饗會之,以此爲常。’自是遊學增盛,至三萬餘生。然章句漸疏,而多以浮華相尚,儒者之風蓋衰矣。黨人既誅,其高名善士多坐流廢,後遂至忿爭,更相言告,亦有私行金貨,定蘭臺漆書經字,以合其私文。熹平四年,靈帝乃詔諸儒正定五經,刊於石碑,爲古文、篆、隸三體書法以相參檢,樹之學門,使天下咸取則焉。”　⑲膺:接受,承擔。

【集解】

　　王筠《説文釋例》:“卵即謂魚卵。魚本卵生,顧既生之卵如米,其自腹剖出者,則有膜裹之如袋,而兩袋相比,故作卵以象之。外象膜,内象子之圓也。”

　　徐灝《説文注箋》:“箋曰:卵之言欒欒然也,蓋本作〇〇,象形。卵殼外渾圓而内缺,故造字象其缺,中有點,卵黄也。二之者,卵生不一也。”

　　林義光《文源》:“按:㐀、卄皆不類卵形,古作〢〢(陳猷釜闕字偏旁),當爲‘冊’之或體,象貫形。孵子謂之卵,乃借爲丸字(‘卵、丸’紐音近,亦同音)。”

　　董蓮池《部首新證》:“字見戰國,寫作〕〔(望山楚簡),象卵裂開有所生之形。”

【同部字舉例】

　　𤳹 𧛛 duàn　卵不孚也。从卵,段聲。徒玩切。○定換去　定元

一　一479　èr　甲文＝　金文二、𠄞　而至切　日至開三去　日
一　一　　　脂(285/287;681/687)

地之數也[一]。**从耦**大徐本作“偶”**一**[二]。**凡二之屬皆从二。弍,古文二**大徐本無“二”。

【譯文】

代表地的數字。由兩個"一"相疊而成。凡是和"二"義有關的字都以"二"爲構件。ᄅ,是古文"二"字。

【段注】

[一]《易》曰:"天一,地二。"①"惟初大始,道立於一。"②有一而後有二。"元气初分,輕清易爲天,重濁会爲地。"③　[二]"耦"各本作"偶",誤。今正。偶者,桐人也④。凡云偶爾用之。耦者,二人並耕之偶,故凡奇耦字用之,古書或不拘,許必從其朔也⑤。大徐本無"一"字,非⑥。"耦一"者,网其"一"也。网畫當均長,今人上短下長,便是古文"上"字。三,篆亦三畫均長。而至切。十五部(脂、微、物、月)。

【疏義】

①《周易‧繫辭上》:"天一,地二;天三,地四;天五,地六;天七,地八;天九,地十。"　②《説文》一部:"一,惟初太始,道立於一,造分天地,化成萬物。"太始:原始。　③《説文》土部:"地,元气初分,輕清陽爲天,重濁陰爲地,萬物所陳列也。"元气:古人以爲天地未分前的混一之氣。　④《説文》人部:"偶,桐人也。"《段注》:"偶者,寓也,寓於木之人也。字亦作'寓',亦作'禺',同音假借耳。按:木偶之'偶'與二枱(sì)並耕之'耦'義迥別。凡言'人耦、射耦、嘉耦、怨耦'皆取耦耕之意,而無取桐人之意也,今皆作'偶'則失古意矣。"桐人:木偶。枱:同"耜",農具名。　⑤朔:初始。　⑥按:今本大徐本《説文》有"一"字。

【集解】

董蓮池《部首新證》:"實則'二'字見商代甲骨文,寫作ニ、二(《甲骨文編》515頁),其時並無天數地數之説,構形是積兩橫畫以表數目詞之'二'。"

【同部字舉例】

亟亟 jí　敏疾也。从人从口从又从二。二,天地也。紀力切,又去吏切。〇甲文ᄀ、ᄀ、ᄀ、ᄀ、ᄀ　金文亟、亟、亟、ᄀ　見職入　見職

恒亘 héng　常也。从心从舟,在二之閒上下。心以舟施,恒也。亙,古文恒,从月。《詩》曰:"如月之恒。"胡登切。〇甲文ᄀ、ᄀ、ᄀ、ᄀ　金文作ᄀ、ᄀ、ᄀ、ᄀ　匣登平　匣蒸

亘⊚ xuān　求⊚也。从二从⊚。⊚,古文回,象⊚回形,上下,所求物也。須緣切。○甲文⊒、⊒、⊵、⊡、⊲、⊴、⊡、⊐、⊐　金文作⊫　心仙平　心元

竺艸 dǔ　厚也。从二,竹聲。冬毒切。○端沃入　端覺

土 土 480 tǔ

甲文⋀、⋂、⋓、⊥、⋀、⋓、⋂　金文⊥、⊥、⊥、⊁

它魯切　透姥合一上　透魚(286/287;682/688)

地之吐生萬大徐本無"萬"**物者也**[一]。**二象地之上**大徐本作"下"、**地之中**[二]。**丨**大徐本無"丨",**物出形也**[三]。**凡土之屬皆从土。**

【譯文】

　　可以生出萬物的土地。字形中的"二"象地的上面和中間。丨,象徵萬物從土中長出之形。凡是和"土"義有關的字都以"土"爲構件。

【段注】

　　[一]吐、土疊韻。《釋名》曰:"土,吐也。吐萬物也。"①　　[二]"上"各本作"下",誤,今依《韻會》正②。地之上,謂平土面者也。"土"二橫當齊長,"士"字則上"十"下"一",上橫直之長相等,而下橫可隨意。今俗以下長爲"土"字,下短爲"士"字,絕無理。　　[三]此所謂引而上行讀若囟(xìn)也,合二字象形爲會意。它魯切。《廣韻》引《文字指歸》曰"無點"③。按:《文字指歸》蓋以無點者,它魯切;有點者,徒古切,田地主也④。釋氏書"國土"必讀如"杜"是也⑤。五部(魚、鐸)。

【疏義】

　　①《釋名·釋天》:"土,吐也,能吐生萬物也。"《釋地》:"土,吐也,吐生萬物也。"　　②《韻會舉要》姥韻:"土,統五切……《説文》:'土,地之吐生萬物者也。二象地之上、地之中。丨,物出形也。'"上:同"上"。　　③《廣韻》姥韻:"土,《釋名》曰:'土,吐也,吐萬物也。'《文字指歸》無點。他魯切。""土(徒古切),土田地主也,本音吐。"按:依《廣韻》,讀他魯切表土地之"土";讀徒古切表土神社神之"土"。二音

在中古有清、濁之分。《文字指歸》：字書，曹憲撰。曹憲：隋江都（今揚州）人，文學家、文字訓詁學家。　　④有點者：指"圡"字，同"土"。田地主：土地神。　　⑤釋氏書：指佛教的書籍。《廣韻》姥韻："杜，徒古切。"按："杜"字今讀去聲，中古讀上聲，與"土"的徒故切一音全同。

【集解】

徐灝《説文注箋》："'土'疑从十从一。一，地也，从十，從橫度之。"

桂馥《説文義證》："當云'二'象地之下、地之上，中物出形也。中謂直畫。"

饒炯《説文部首訂》："地之生物，从中而出，如人口之吐，由内而外也，故音从'吐'寄，義亦从'吐'生。"

林義光《文源》："古作土（禹鼎）、作土（揚敦徒字偏旁），'一'象地，'丨'象物吐生形。土，生物者也。"

黃天樹《部首與甲骨文》（續二）："甲骨文作Ω，象地面上有土堆或土塊之形。"

董蓮池《部首新證》："考商代甲骨文，字本寫作Ω，象地上立一土塊之形。先民信仰土地之神，立土以象之，祭祀以祈福，故字之本義當表土地之神，即'社'的初文。土神是土地的代表，故亦用Ω表示土地之'土'。後爲區別，於表示土地之神的Ω形上追加'示'旁，即成爲'社'，以Ω專表土地之'土'。"

【同部字舉例】

地 坤 dì　元气初分，輕清陽爲天，重濁陰爲地，萬物所陳列也。从土，也聲。墜，籀文地，从隊。徒内切。○金文垳、墜、墜　定至去定歌

坤 坤 kūn　地也。《易》之卦也。从土从申。土位在申。苦昆切。○溪魂平　溪文

坡 坡 pō　阪也。从土，皮聲。滂禾切。○金文斌　滂戈平　滂歌

坪 坪 píng　地平也。从土从平，平亦聲。皮命切。○金文垩、垩、垩　並庚平　並耕

均 均 jūn　平徧（同"遍"）也。从土从勻，勻亦聲。居勻切。○金

文 𐨐　　見諄平　　見真

壤 壤 rǎng　　柔土也。从土,襄聲。如兩切。○日養上　　日陽

基 𦫼 jī　　牆始也。从土,其聲。居之切。○金文𦫵　　見之平　　見之

垣 垣 yuán　　牆也。从土,亘聲。𦧝,籀文垣,从章。雨元切。○
金文𡎎　　雲元平　　匣元

堵 𡐦 dǔ　　垣也。五版爲一堵。从土,者聲。𡔯,籀文从章。當古
切。○金文𡌍　　端姥上　　端魚

壁 𡋹 bì　　垣也。从土,辟聲。比激切。○幫錫入　　幫錫

堂 𡉗 táng　　殿也。从土,尚聲。𡓼,古文堂。𡅾,籀文堂,从高
省。徒郎切。○金文𡉖、𡈾　　定唐平　　定陽

埽 埽 sǎo　　棄也。从土从帚。穌老切。○心晧上　　心幽

在 𡉈 zài　　存也。从土,才聲。昨代切。○金文�';、𡉈、𡉉、𡉊、𡉋、
𡉌　　從海上　　從之

封 𡴄 fēng　　爵諸侯之土也。从之从土从寸,守其制度也。公侯百
里,伯七十里,子、男五十里。𡴇,古文封省。𡴈,籀文,从丰。府容切。
○甲文𡴄、𡴄、𡴅、𡴅　　金文𡴄、𡴆、𡴇、𡴈　　幫鍾平　　幫東

坎 𡎳 kǎn　　陷也。从土,欠聲。苦感切。○溪感上　　溪談

培 培 péi　　培敦,土田山川也。从土,咅聲。薄回切。○並灰平
並之

垚 垚　　481 yáo　　吾聊切　　疑蕭開四平　　疑宵 (290/291; 694/700)

土高皃 "皃"大徐本作"也" [一]。**从三土** [二]。**凡垚之屬皆从垚。**

【譯文】
　　土堆高的樣子。由三個"土"字構成。凡是和"垚"義有關的字都以"垚"爲構件。

【段注】
　　[一]依《韻會》所據本,與《廣韻》合①。　　[二]會意。吾聊切。二部(宵、藥)。

【疏義】

①《韻會舉要》蕭韻："垚,《説文》:'土高貌。从三土。'"《廣韻》蕭韻:"垚,土高兒。"

【集解】

徐灝《説文注箋》:"垚、堯古今字,又作'嶢'。"

董蓮池《部首新證》:"古陶寫作垚(《古陶文字徵》57 頁),爲土之壘土形。土之壘土,其勢必高,因以會高意。"

【同部字舉例】

堯 堯 yáo　高也。从垚在兀上,高遠也。朮,古文堯。吾聊切。○甲文 ╳　金文 ╳　疑蕭平　疑宵

堇 堇 482 qín　甲文 ╳ 、╳ 、╳ 、╳　金文 ╳ 、╳ 、╳ 、╳ 、╳ 、╳ 、╳　巨斤切　羣諄開三平　羣文(290/291;694/700)

黏土也[一]。从黃省,从土"从黃"二句大徐本作"从土,从黃省"[二]。凡堇之屬皆从堇。蓳,古文堇[三]。堇,亦古文"蓳古"四句大徐本作"蓳、堇,皆古文堇"[四]。

【譯文】

黏性土。由"黃"的省體和"土"字構成。凡是和"堇"義有關的字都以"堇"爲構件。蓳,是古文"堇"字。堇,也是"堇"的古文。

【段注】

[一]《內則》:"塗之以謹塗。"鄭曰:"'謹'當爲'墐',聲之誤也。墐塗,塗有穰草也。"①按:鄭注"墐"當爲"堇",轉寫者誤加土耳。《玉篇》引《禮》"堇涂",是希馮時不誤也②。鄭謂土帶穰曰"堇",許説不尒。蓋土性黏者,與"埴"異字同義也③。　[二]从黃者,黃土多黏也。會意。巨斤切。十三部(文)。按:徐仙民、《篇》《韻》皆居隱切④。[三]古文从"黃"不省。　[四]此篆各本皆譌,今依"難"字古所用形聲更正⑤。

【疏義】

①引文見《禮記‧內則》及鄭玄注。謹塗:和有穰草的黏土。謹,通"墐"。塗,泥。穰:稻、麥等植物的秆。　②《玉篇》堇部:"堇,居隱

切。《禮》'堇塗',塗有穰草也。又草也。《説文》又巨巾切,黏土也。"希馮:《玉篇》撰者顧野王的字。　③尒:同"爾"。《説文》土部:"墐,黏土也。"　④《禮記·内則》:"塗之以謹塗。"陸德明釋文:"謹,依注作'墐',音斤,徐如字。"《篇》:指《玉篇》。《玉篇》堇部:"堇,居隱切。"《韻》:指《廣韻》。《廣韻》隱韻:"堇(居隱切),菜也。"　⑤此篆:指𡋺字。他本作 ,如《説文繫傳》:" ,亦古文。"《説文》鳥部:"鷬,鳥也。从鳥,堇聲。 ,鷬或从隹。 ,古文鷬。 ,古文鷬。 ,古文鷬。"

【集解】

王筠《説文釋例》:"且'堇'之第一古文作𡋺,而'難'字小篆、或體、古文凡五字,無一從之者,即'難'之古文不從'堇'之古文,足知'堇'之古文不得依'難'之古文所從者而改之也。"

董蓮池《部首新證》:"篆文之'堇'即'莫'('熯'的初文)之譌。'莫'甲骨文寫作 ,或从'火'作 (均見《甲骨文編》521—522頁)。西周金文寫作 (堇伯鼎)、 (召伯簋二),下从'火'或省去兩點而作 (善夫山鼎),'堇'這種形體當即由此譌成,即有人將'火'之省的 視同'土'旁,結果春秋戰國有了 (齊陳曼匿)、 (齊侯壺)、 (《説文》古文)這種譌體,爲篆所本。"

【同部字舉例】

艱 jiān　土難治也。从堇,艮聲。 ,籀文艱,从喜。古閑切。〇金文 、 、 、 　見山平　見文

里

483 lǐ　金文 、 、 　良止切　來止開三上　來之(290/292;694/701)

凥也[一]。**从田从土**[二]。**一曰:土聲也**大徐本無"一曰"二句[三]。**凡里之屬皆从里。**

【譯文】

居處。由"田、土"構成。另一説法是:"土"爲聲符。凡是和"里"義有關的字都以"里"爲構件。

【段注】

[一]《鄭風》:"無踰我里。"傳曰:"里,居也。二十五家爲里。"①

《周禮·載師》"廛（chán）里"，鄭云："廛里者，若今云邑居矣。里，居也。"②《縣師》"郊里"，鄭云："郊里，郊所居也。"③《遺人》"鄉里"，鄭云："鄉里，鄉所居也。"④《遂人》曰："五家爲鄰，五鄰爲里。"⑤《穀梁傳》曰："古者三百步爲里。"⑥《毛詩》亦借"里"爲"悝"。悝，病也⑦。

[二]有田有土而可居矣。良止切。一部（之、職）。　　[三]一説以"推十合一"之"士"爲形聲。

【疏義】

　　①引文見《詩經·鄭風·將仲子》毛傳。　　②《周禮·地官司徒·載師》："以廛里任國中之地。"鄭玄注："玄謂廛里者，若今云邑里居矣。廛，民居之區域也。里，居也。"　　③引文見《周禮·地官司徒·縣師》及鄭玄注。　　④引文見《周禮·地官司徒·遺人》及鄭玄注。⑤引文見《周禮·地官司徒·遂人》。　　⑥《春秋穀梁傳·宣公十五年》："古者三百步爲里，名曰井田。井田者，九百畝，公田居一。"⑦《詩經·大雅·雲漢》："瞻卬昊天，云如何里！"鄭玄箋："里，憂也。王愁悶於不雨，但仰天曰：當如我之憂何！"陸德明釋文："'里'如字，憂也，本亦作'瘣'，《爾雅》作'悝'，並同。"

【集解】

　　王筠《説文句讀》："方里而井，民居皆在公田之中，故其立字如此。"

　　饒炯《説文部首訂》："會意。炯案：里之訓居，謂古者方里而井，居在公田，出入共一里門。夫人之度居，非土即田，故'里'得從土、田會意。"

　　黃天樹《部首與甲骨文》（續二）："古文字作里，《説文》：'里，居也。從田從土。''田'和'土'合在一起表示是人所居住的地方。"

【同部字舉例】

　　釐釐 lí，又音 xī　家福也。從里，𠩺（xī）聲。里之切。○金文𠩺、𠩺、𠩺、釐、釐　曉之平　曉之

　　野壄 yě　郊外也。從里，予聲。壄，古文野，從里省，從林。羊者切。○甲文壄、壄、壄　金文壄、壄、壄　以馬上　定魚

田 田　484 tián　甲文田、田、畕、畾、畾、畺　金文田、田、田　待年切　定先開四平　定真(290/292;694/701)

畋大徐本作"陳"也[一]。樹穀大徐本作"穀"曰田[二]。象形[三]。囗十"象形"二句大徐本作"象四囗；十"[四]，千百大徐本作"阡陌"之制也[五]。凡田之屬皆从田。

【譯文】

陳列。種植穀物的土地叫田。象形。囗十，代表阡陌的形制。凡是和"田"義有關的字都以"田"爲構件。

【段注】

[一]各本作"陳"，今正。畋者，列也。"田"與"畋"古皆音"陳"，故以疊韻爲訓，取其畋列之整齊謂之田。凡言"田田"者①，即陳陳相因也，"陳陳"當作"畋畋"。陳敬仲之後爲田氏，"田"即"陳"字，叚"田"爲"陳"也②。　[二]種菜曰"圃"，樹果曰"園"。見囗部③。[三]各本作"象四"，今依《韻會》正④。今人謂爲从囗从十，非許意也。此象甫田之形。毛公曰："甫田謂天下田也。"⑤待年切，古音如"陳"。十二部(真)。　[四]逗。　[五]此説象形之恉。謂"囗"與"十"合之，所以象阡陌之一縱一橫也。各本作"阡陌"，𨸏部無此二字，今正⑥。《周禮·遂人》曰："凡治野，夫閒有遂，遂上有徑。十夫有溝，溝上有畛；百夫有洫，洫上有涂；千夫有澮(kuài)，澮上有道；萬夫有川，川上有路，以達于畿。"⑦百夫之涂謂之爲"百"，千夫之道謂之爲"千"，言"千百"以包徑、畛、路也。南畝則畖(quǎn)縱遂橫，溝縱洫橫，澮縱川橫，遂、徑、畛、涂、道、路縱橫同之。東畝則畖橫遂縱，溝橫洫縱，澮橫川縱，徑、畛、涂、道、路之橫縱同之⑧，故"十"與"囗"皆象其縱橫也，"阡陌"則俗字也。

【疏義】

①田田：相連貌。　②陳敬仲：即陳完，謚敬仲，本春秋陳國人，後逃難到齊國，改陳姓爲田。《史記·田敬仲完世家》："敬仲之如齊，以陳字爲田氏。"司馬貞索隱："以陳、田二字聲相近，遂以爲田氏。"　③《説文》囗部："圃，種菜曰圃。""園，所以樹果也。"穜：同"種"。　④《韻會

舉要》先韻:"田,亭年切。《説文》:'田,陳也。樹穀曰田。象形。從口從十,阡陌之制也。'"　⑤毛公:即毛亨。甫田:大田。《詩經・小雅・甫田》:"倬(zhuō)彼甫田,歲取十千。"毛傳:"倬,明貌。甫田謂天下田也。十千,言多也。"　⑥根據字形,"阡陌"二字應收在《説文》𠂤部,實際上𠂤部無此二字,今本𠂤部所列"仟"字屬於徐鉉所增新附字,"陌"則新附字也未收。段氏之意認爲許慎時代尚無"阡陌"二字。⑦鄭玄注:"十夫,二鄰之田。百夫,一鄼之田。千夫,二鄙之田。萬夫,四縣之田。遂、溝、洫、澮,皆所以通水於川也。遂,廣深各二尺,溝倍之,洫倍溝。澮,廣二尋,深二仞。徑、畛、涂、道、路,皆所以通車徒於國都也。徑容牛馬,畛容大車,涂容乘車一軌,道容二軌,路容三軌……以南畝圖之,則遂從溝橫,洫從澮橫,九澮而川,周其外焉。"⑧南畝:南坡向陽的農田。畖:同"畎",田間水溝,深、寬各一尺。東畝:東坡向陽的農田。

【集解】

王筠《説文釋例》:"古者田皆井授,經界必正,'囗'以象之。溝塗四通,'十'以象之。此通體象形字,不可謂之從十也。"

饒炯《説文部首訂》:"炯案:田爲樹穀之地,鱗次比列,阡陌相聯,封畛溝洫有條不紊,故曰'陳也'。篆象四界中有阡陌之形。"

黃天樹《部首與甲骨文》(續二):"甲骨文作𤰒、田,象有縱橫交錯小路的田地之形。"

董蓮池《部首新證》:"字見甲骨文,寫作𤰒、甶、𤰒諸形(《甲骨文編》522頁),中象阡陌,爲田地的象形文。"

【同部字舉例】

町 𤲷 tǐng　田踐處曰町。從田,丁聲。他頂切。○田踐處:即田界。透迥上　透耕

疇 𤴐 chóu　耕治之田也。從田,象耕屈之形。𠃕,疇或省。直由切。○甲文𠃑、𠃌、𢦏、𠃌　澄尤平　定幽

畝 𤰕 mǔ　六尺爲步,步百爲畝。從田,每聲。畮,畝或從田、十、久。莫厚切。○金文𤱬、𤱬、𤱬、𤱬、𤱬　明厚上　明之

甸 甸 diàn　天子五百里地(《段注》"地"作"内田")。從田,包

省。堂練切。○金文𭅤　定霰去　定真

　　畿 𠤦 jī　天子千里地。以遠近言之，則言畿也。从田，幾省聲。
巨衣切。○羣微平　羣微

　　畦 畦 qí　田五十畝曰“畦”。从田，圭聲。戶圭切。○匣齊平　匣支

　　畔 畔 pàn　田界也。从田，半聲。薄半切。○並換去　並元

　　畛 畛 zhěn　井田閒陌也。从田，㐱聲。之忍切。○章軫上　章文

　　略 略 lüè　經略土地也。从田，各聲。烏（《段注》作“离”）約切。
○來藥入　來鐸

　　當 𭆠 dāng　田相值也。从田，尚聲。都郎切。○金文𡬙、𭆟　端
唐平　端陽

　　畯 畯 jùn　農夫也。从田，夋聲。子峻切。○甲文𭃚、𭃙、𭃛、𭃜
金文𭃝、𭃞、𭃟、𭃠、𭃡　精稕去　精文

　　甿 𭃢 méng　田民也。从田，亡聲。武庚切。○明耕平　明陽

　　留 畱 liú　止也。从田，丣聲。力求切。○金文𭃣、𭃤　來尤平
來幽

　　畜 𤱰 chù　田畜也。《淮南子》曰：“玄田爲畜。”𤲩，《魯郊禮》
畜，从田从兹。兹，益也。丑六切。○甲文𭃥、𭃦、𭃧、𭃨　金文𭃩、
𭃪、𭃫　徹屋入　透覺

畕 畕　485 jiāng　甲文𭃬　金文�、𭃭、𭃮　居良切　見陽開三
　　　　　平　見陽（291/293；698/704）

比田也[一]。从二田[二]。凡畕之屬皆从畕。闕
大徐本無此字[三]。

【譯文】

　　相鄰的土地。由兩個“田”字構成。凡是和“畕”義有關的字都以
“畕”爲構件。讀音闕如。

【段注】

　　[一]比，密也。二人爲“从”，反“从”爲比。比田者，兩田密近也。
[二]會意。　[三]“闕”大徐本無，非也。此謂其音讀闕也。大徐居
良切，小徐、《玉篇》同①，以“畺”(jiāng)之音皮傅之而已②。竊謂田與

田相乘,所謂"陳陳相因"也③。讀如畖列之"畖"④。

【疏義】

①同:指二書所加切語的讀音同於大徐本。《説文繫傳》:"畕,比田也。從二田。凡畕之屬皆從畕。闕。九商反。"《玉篇》畕部:"畕,記良切。《説文》云:'比田也。'"按:大徐本居良切是徐鉉據《唐韻》所加,小徐《説文繫傳》九商反是南唐朱翱所製的切語。　②皮傅:附會。③田與田相乘:田塊之間依次排列。　④《説文》攴部:"畖,列也。"《段注》:"此本畖列字,後人假借'陳'爲之,'陳'行而'畖'廢矣。"

【集解】

徐灝《説文注箋》:"田相比則畺界生焉,故從二田,依孫音,'畕'即'畺'字。"

王筠《説文句讀》:"疑'畕'是古文,'畺、疆'皆其絫增字。"

朱駿聲《説文定聲》:"(畕)會意。今音讀如畺……畺之言介也。'畺'以三畫爲介得聲,'畺'即'介'之轉音。此字從二田,'田'亦聲也。"

章炳麟《文始》:"畕、畺同字。"

商承祚《殷虛文字》:"'畕'與'畺'爲一字矣。"

黄天樹《部首與甲骨文》(續二):"甲骨文作𤰒(《英》744),用兩塊田緊挨着來表示疆界的意思。'畕'是'疆'的古寫。"

董蓮池《部首新證》:"字見甲骨文,寫作𤰒(《甲骨文編》523頁),金文寫作𤰒(渠伯鼎),篆與之同。羅振玉認爲此與部内訓'界'之'畺'字是同一個字。'二田相比,界畫之義已明。'(《甲骨文字詁林》2134頁引)其説可從。"

【同部字舉例】

畺畺jiāng　界也。從畕,三其界("界"《段注》作"介")畫也。疆,畺或從彊、土(《段注》作"畺或從土,彊聲")。居良切。○金文畺、𤰒、𤰒、𤰒、𤰒　見陽平　見陽

黄(黄)黄　486 huáng　甲文𤰒、𤰒、𤰒、𤰒、𤰒、𤰒　金文𤰒、𤰒、𤰒、𤰒、𤰒　乎光切　匣唐合一平　匣陽(291/293;698/704)

地之色也[一]。从田[二],茨聲大徐本作"从茨,茨亦

聲”^[三]。𡗜,古文光^[四]。凡黄之屬皆从黄。�£,古文黄。

【譯文】

　　大地的顔色。“田”爲意符,“𡗜”爲聲符。𡗜,是古文“光”字。凡是和“黄”義有關的字都以“黄”爲構件。�£,是古文“黄”字。

【段注】

　　[一]玄者,幽遠也,則爲天之色可知。《易》曰:“夫玄黄者,天地之雜也。天玄而地黄。”①　　[二]土色黄,故从“田”。　　[三]乎光切。十部(陽)。　　[四]見火部②。

【疏義】

　　①引文見《周易》坤卦·上六“龍戰于野,其血玄黄”一語的《文言》注解。《文言》是《周易》經文的傳文,即解釋性的文字。　　②《説文》火部:“光,明也。从火在人上,光明意也。𤎺,古文。𤊾,古文。”

【集解】

　　饒炯《説文部首訂》:“地爲土之質,而其字从土;黄爲土之色,而其字从田者,蓋田亦土……夫黄爲中央正色,王者所貴,音本从皇名之。”

　　唐蘭《毛公鼎“朱韍、蔥衡、玉環、玉瑹”新解》:“‘黄’字古文象仰面向天,腹部膨大,是《禮記·檀弓下》‘吾欲暴尫而奚若’的‘尫’的本字。”

【同部字舉例】

　　黇 𪑤 tiān　白黄色也。从黄,占聲。他兼切。○透添平　透談

男 𤰋⁴⁸⁷　nán　甲文 𤰍、𤰎、𤰏、𤰐、𤰑、𤰒　金文 𤰓、𤰔、𤰕、𤰖、
　　　𤰗　那含切　泥覃開一平　泥侵(291/293;698/705)

丈夫也^[一]。从田、_{大徐本有“从”}力,言男子力於田也^[二]。凡男之屬皆从男。

【譯文】

　　男子。由“田、力”二字構成,是説男子力耕於田間。凡是和“男”義有關的字都以“男”爲構件。

【段注】

　　[一]“夫”下曰:“周制八寸爲尺,十尺爲丈。人長一丈,故曰‘丈

夫'。"《白虎通》曰:"男,任也。任功業也。"①古"男"與"任"同音,故公、侯、伯、子、男,王莽"男"作"任"②。　　[二]會意。農力於田,自王公以下無非力於田者。那含切。古音在七部(侵、緝)。

【疏義】

①《白虎通·嫁娶》:"男者,任也。任功業也。"　②任:古代女子的爵位名,地位同男爵。《漢書·王莽傳》:"封王氏齊縗(cuī)之屬爲侯,大功爲伯,小功爲子,緦(sī)麻爲男,其女皆爲任。"顏師古曰:"任,充也,男服之義,男亦任也。"齊縗:喪服名,用粗麻布製成,以其緝邊縫齊,故稱齊衰,服期多爲三年。大功:喪服名,用熟麻布做成,較齊衰稍細,較小功爲粗,故稱大功,服期九月。小功:喪服名,以熟麻布製成,較大功爲細,較緦麻爲粗,服期五月。緦麻:喪服名,用細麻布製成,服期三月。

【集解】

徐灝《説文注箋》:"《禹貢》'二百里男邦',《史記·夏本紀》作'二百里任',蓋其聲曰任,其義爲力田也。"

饒炯《説文部首訂》:"男爲成人之稱,古者三十而娶,受田,'男'從田、力會意,謂其力任田事。"

黃天樹《部首與甲骨文》(續二):"甲骨文作𤰞,周代金文或在'力'上加'手'而作𤰞,可知'男'字本象用'力'這種農具耕田,農耕是男子之事,故以爲男子之稱。"

董蓮池《部首新證》:"字見甲骨文,寫作𤰞(《甲骨文編》524頁),從'田',從丿,丿象發土農具,上古之世,以丿發土耕作田地爲男子之事,故'男'字從'田'、從丿會意。"

【同部字舉例】

舅 𦥑 jiù　母之兄弟爲舅,妻之父爲外舅。從男,臼聲。其久切。○舅有上　舅幽

甥 𤲬 shēng　謂我舅者,吾謂之甥也。從男,生聲。所更切。○山庚平　山耕

力 𠃌 488　lì　甲文丿、ㄥ、ㄟ、丿　金文作丿、丿　林直切　來職開三入　來職(291/293;699/705)

　　　　筋也[一]。**象人筋之形**[二]。**治功曰力**[三]，**能禦**大
徐本作"圉"**大災**[四]。**凡力之屬皆从力**。

【譯文】

　　筋絡。字象人身上筋絡的形狀。治國之功叫做"力"，力能夠抵禦大的災害。凡是和"力"義有關的字都以"力"爲構件。

【段注】

　　[一]"筋"下曰："肉之力也。"二篆爲轉注。筋者其體，力者其用也，非有二物。引申之，凡精神所勝任皆曰"力"。　　[二]象其條理也。人之理曰"力"，故木之理曰"朸"(lì)，地之理曰"阞"(lè)，水之理曰"泐"(lè)。林直切。一部(之、職)。　　[三]《周禮・司勳》文①。[四]《國語》《祭法》文②。引以釋"治功曰力也"。

【疏義】

　　①引文見《周禮・夏官司馬・司勳》。鄭玄注："制法成治，若咎(gāo)繇。"咎繇：又作"咎陶、皋繇"，即皋陶，舜的司法官。　　②引文分別見《國語・魯語上》《禮記・祭法》，二書所記內容基本相同。《魯語上》："夫聖王之制祀也，法施於民則祀之，以死勤事則祀之，以勞定國則祀之，能禦大災則祀之，能扞(hàn)大患則祀之。"其中"災"《禮記》作"菑"。

【集解】

　　徐灝《説文注箋》："箋曰：力之言理也，阮氏《鐘鼎款識》王伯彝有ㄅ字，即力之倒體，皆象筋之條理也。"

　　林義光《文源》"(力)古作ㄅ，象奮臂形。或作ㄎ，从爪。"

　　黃天樹《部首與甲骨文》(續二)："甲骨文作丿(《甲骨文編》524頁)，象一種掘土用的尖頭農具，下端一橫象踏腳的橫木。"

　　董蓮池《部首新證》："字見甲骨文，寫作丨、丿諸形(《甲骨文編》524頁)，象發土農具，其短畫爲腳踏之橫木，非'象人筋之形'，許説不確，以'筋'爲訓亦大謬。大概以丿發土須有力，遂引申表力氣之'力'。"

【同部字舉例】

　　勳勲 xūn　能成王功也。从力，熏聲。勛，古文勳，从員。許云

切。○金文𦔻　曉文平　曉文

　　功㓛 gōng　以勞定國也。从力从工,工亦聲。古紅切。○見東

平　見東

　　助䀤 zhù　左也。从力,且聲。牀倨切。○崇御去　崇魚

　　劲𦔻 jìng　彊也。从力,巠聲。吉正切。○見勁去　見耕

　　勉𠢧 miǎn　彊也。从力,免聲。亡辨切。○明獮上　明元

　　劭𠢧 shào　勉也。从力,召聲。讀若舜樂《韶》。寔(shí)照切。

○禪笑去　禪宵

　　勸𤻣 quàn　勉也。从力,雚聲。去願切。○溪願去　溪元

　　勝䏽 shēng,又音 shèng　任也。从力,朕聲。識蒸切。○書蒸

平　書蒸

　　動𨜒 dòng　作也。从力,重聲。𢔝,古文動,从辵。徒總切。○

金文𨜒　定董上　定東

　　勞𤕝 láo　劇也。从力,熒省。熒,火燒冂(jiōng),用力者勞。

𤏪,古文勞,从悉。魯刀切。○金文𤌍、𤏪　來豪平　來宵

　　勤𤻣 qín　勞也。从力,菫聲。巨巾切。○金文𦔻、𦔻　羣欣平

羣文

　　加𠖭 jiā　語相增加也。从力从口。古牙切。○金文𠮷、𠮷、𠮷

見麻平　見歌

　　勇𣓁 yǒng　气也。从力,甬聲。𢧵,勇或从戈、用。�,古文勇,

从心。余隴切。○金文𣓁、𣓁　以腫上　定東

　　勃𪤦 bó　排也。从力,孛聲。蒲沒切。○並沒入　並物

劦 𡉰　489 xié　甲文𠈃、𠈃、𠈃、𡉰、𡉰、𡉰　金文𡉰　胡頰切　匣

帖開四入　匣葉(293/294;701/708)

　　同力也[一]。**从三力**[二]。**《山海經》曰:"惟號之**

山,其風若劦。"[三]**凡劦之屬皆从劦。**

【譯文】

　　協同衆人的力量。由三個"力"字構成。《山海經》説:"雞號山

上,大風好像一併刮來。"凡是和"劦"義有關的字都以"劦"爲構件。

【段注】

[一]同力者,龢也。龢,調也。　　[二]會意。胡頰切。按:此字本音"戾",力制切。十五部(脂、微、物、月)。淺人妄謂與"恊、勰、協"同音,而不知三字皆以"劦"會意,非以形聲也。惟不以"劦"爲聲,故三字皆在八部(談)。而"劦"聲之"荔、珕"則皆力制切,在十五部(脂、微、物、月)。　　[三]《北山經》曰:"母逢之山,北望雞號之山,其風如飋。"郭傳:"飋,急風皃也,音戾,或云飄風也。"①按:郭本與許所據不同,郭《江賦》用"飋"字②,許意蓋謂其風如并力而起也。

【疏義】

①引文見《山海經·北山經》及郭璞注。飄風:暴風。　　②郭璞《江賦》:"長風飋以增扇,廣莫飋而氣整。"飋(wěi):大風貌。廣莫:北風。

【集解】

黄天樹《部首與甲骨文》(續二):"甲骨文作⿰⿰,象三力('力'本象發土工具)同耕,會同心協力之意……'劦'之本義爲協力發土耕田。"

董蓮池《部首新證》:"字見甲骨文,寫作⿰、⿰諸形(《甲骨文編》525頁),从三('三'表衆意)⺁,⺁是發土農具的象形,爲先民耕作之器,字从三⺁,表示同耕並作,以會'同力'意。"

【同部字舉例】

恊⿰ xié　同心之和。从劦从心。胡頰切。○匣帖入　匣葉

勰(勰) 勰 xié　同思之和。从劦从思。胡頰切。○匣帖入　匣葉

協 協 xié　衆之同和也。从劦从十。叶,古文協,从曰、十。叶,或从口。胡頰切。○匣帖入　匣葉

卷十四上

金 金 490 jīn 金文𨤾、𨤾、𨤾、𨤾、𨤾、𨤾、𨤾 居音切 見侵開三

平 見侵(293/295；702/709)

五色金也[一]。黃爲之長[二]，久薶(mái)不生衣，百鍊不輕[三]，從革不韋此句大徐本作"从革不違"[四]。西方之行[五]。生於土，从土，屮又大徐本作"左右"注，象金在土中形[六]；今聲[七]。凡金之屬皆从金。𨤾，古文金[八]。

【譯文】

　　五色金屬。黃金是金屬中價值最高的，長久埋在地下而不生銹，千錘百煉也不減輕，任憑加工成器而不違背人的意願。在五行中代表西方。金生於土，所以以"土"爲構件，左、右兩點象是金子埋在土中的樣子；"今"爲聲符。凡是和"金"義有關的字都以"金"爲構件。𨤾，是古文"金"字。

【段注】

　　[一]凡有五色，皆謂之金也。下文白金、青金、赤金、黑金，合黃金爲五色。　[二]故獨得金名。　[三]此二句言黃金之德。　[四]舊作"違"，今正。韋，背也。"從革"見《鴻範》①，謂順人之意以變更成器，雖屢改易而無傷也。五金皆然。　[五]以五行言之，爲西方之行②。　[六]謂"土"旁二筆也。　[七]下形上聲。居音切。七部(侵、緝)。　[八]象形而不諧聲。

【疏義】

　　①《說文》韋部："韋，相背也。"《尚書·洪範》："木曰曲直，金曰從

革。”孔安國傳：“木可以揉曲直，金可以改更。”　②古人以五金和五個方位相配，金配西方。《白虎通·五行》：“金在西方。西方者，陰始起，萬物禁止。金之爲言禁也。”

【集解】

徐灝《説文注箋》：“塊然之物，無可取象，因其生於土，故从土，左右點象金在土中，蓋指事也。”

饒炯《説文部首訂》：“五色之金，皆出於礦，礦生於地。地者，土也，文故从土，而以二注象礦，指事。”

林義光《文源》：“（金）古作金、作金、作金，象金在地中形，今省聲。”

董蓮池《部首新證》：“考‘金’字最早見西周初的利簋，寫作（利簋），其後的麥鼎所見寫作，左从，當表提煉金屬的礦物；右从、，乃一獨體，當是金屬器物的象形。推測其構形原理是取爲主要意符，取、輔助，二者相合以會‘五色金’意。”

【同部字舉例】

銀鋃 yín　白金也。从金，艮聲。語巾切。○疑真平　疑文

鉛鈆 qiān　青金也。从金，台聲。與專切。○以仙平　定元

錫鐊 xī　銀鉛之閒也。从金，易聲。先擊切。○金文　　心錫入　心錫

銅銅 tóng　赤金也。从金，同聲。徒紅切。○金文、　定東平　定東

鐵鐵 tiě　黑金也。从金，載（zhì）聲。鐵，鐵或省。銕，古文鐵，从夷。天結切。○透屑入　透質

釘釘 dīng　鍊鉼黃金。从金，丁聲。當經切。○端青平　端耕

鍛鍛 duàn　小冶也。从金，段聲。丁貫切。○端換去　端元

鍾鍾 zhōng　酒器也。从金，重聲。職容切。○章鍾平　章東

錯錯 cuò　金涂也。从金，昔聲。倉各切。○清鐸入　清鐸

鍼鍼 zhēn　所以縫也。从金，咸聲。職深切。○章侵平　章侵

錢錢 jiǎn，又音 qián　銚（tiáo，一種大鋤）也。古田器。从金，戔

聲。《詩》曰："庤(zhì)乃錢鎛(bó)。"即淺切，又昨先切。○精獮上　精元

　　銳鋭 ruì　芒也。从金，兌聲。𡲳，籒文銳，从厂、剡。以芮切。○
以祭去　定祭

　　鈞鈞 jūn　三十斤也。从金，勻聲。𨥭，古文鈞，从旬。居勻
切。○金文𠃌、𠃌、𠃌、𠃌、𠃌、𠃌　見諄平　見真

　　鐘鐘 zhōng　樂鐘也。秋分之音，物種成。从金，童聲。古者垂
作鐘。鎛，鐘或从甬。職茸切。○金文𨮯　章鍾平　章東

　　鑣鑣 biāo　馬銜(馬嚼子)也。从金，麃(biāo)聲。𨍏，鑣或从
角。補嬌切。○幫宵平　幫宵

　　釣釣 diào　鉤魚也。从金，勺聲。多嘯切。○端嘯去　端宵

开 开⁴⁹¹　jiān　古賢切　見先開四平　見元(299/300;715/722)

平也^[一]。象二干對菁_{大徐本作"構"}^[二]，上平
也^[三]。凡开之屬皆从开。

【譯文】
　　齊平。字形象兩個"干"字並立，上端齊平。凡是和"开"義有關
的字都以"开"爲構件。

【段注】
　　[一]凡岐頭兩平曰"开"。"开"字古書罕見。《禹貢》："道岍
(qiān)及岐。"①許書無岍字，蓋古祇名"开山"，後人加之山旁，必岐頭
平起之山也。用"开"爲聲之字音讀多岐。如"汧(qiān)、麉(jiān)、鵮
(qiān)、研、妍、雅(qiān)"在先韻，音之近是者也。如"并、刑、形、邢、
鈃"入清青韻，此轉移之遠者也。如"笄、枅(jī)"入齊韻，此轉移更遠
者也。"开"从二干，古音仍讀如"干"。何以證之？籒文"栞"(kān)讀
若刊，小篆作"栞"②，然則"干、开"同音可知。"荆罰"字本从"井"，
"刑到"字从"开"③，畫然異字異音，今則絶不知有从"井"之字。以
"刑"代"荆"，音義兩失。而凡刑聲、并聲之字盡失古音，得吾説存之，
而後大略可證。　　[二]原作"構"，今正④。　　[三]"干"即"竿"之省。
古賢切。古音在十四部(元)。

【疏義】

①《尚書·禹貢》:"導岍及岐,至于荊山。"孔安國傳:"更理説所治山川首尾所在,治山通水,故以山名之。三山皆在雍州。"岍、岐、荊山:皆古代山名。雍州:古九州之一,地在今陝西、甘肅大部及青海、寧夏部分地區。　②《説文》木部:"栞,槎識也。从木、栞。闕。《夏書》曰:'隨山栞木。'讀若刊。𣔙,篆文从开。"槎:用刀斧砍斫。《段注》:"衺斫以爲表志也。"　③《説文》井部:"荆,罰辠也。从井从刀。《易》曰:'井,法也。'井亦聲。"《段注》:"此刑罰正字也。今字改用刑,刑者,剄也。"刀部:"刑,剄也。"剄:用刀割頸。　④《説文》冓部:"冓,交積材也。象對交之形。凡冓之屬皆从冓。"木部:"構,蓋也。從木,冓聲。杜林以爲椽桷字。"

【集解】

徐鍇《説文繫傳》:"'开'但象物平也,無音義。"

王筠《説文釋例》:"疑'开'爲'并'之省。"

朱駿聲《説文定聲》:"从'二干'無理。愚謂即'岍'字,山名,吳嶽也。象上平下削枝起之形。或加'山'旁。"

章炳麟《文始》:"《地理志》右扶風汧縣吳山,古文以爲'汧(qiān)山'。右扶風美陽《禹貢》'岐山'在西北,蓋二山條脈相屬,'开、岐'本一名之小別。"

黃天樹《部首與甲骨文》(續二):"'开'簡體作'丁'。'丁'象'笄',應即'笄'字初文……甲骨文又有𠀠字(《甲骨文編》869頁),象女人頭上插二'笄',當即'妍'字初文……'丁'和'开'的關係,應與'中'和艸的關係一樣,是一字的繁簡兩體(參看裘錫圭《古文字論集》第383頁)。"

董蓮池《部首新證》:"字即'笄'字初文𠁁(《金文編》1167頁)的繁化形體。《説文》'笄,簪也',初文𠁁正象簪形(甲骨文中有𠀠字,頭上所插可證)。𠁁由𠁁演變爲'开',如同'中'由'中'演變爲'艸'。'中'和'艸'、'干'和'开'只是繁簡體的不同。"

勹 ⺈　492 zhuó　之若切　章藥開三入　章藥(299/300;715/722)

勺(zhǔ)也[一]，所以挹取也"勺也"二句大徐本作"挹取也"[二]。象形，中有實，與包同意[三]。凡勺之屬皆从勺。

【譯文】

勺子，用來舀取的器具。象形，字形中間象勺中有物，與"包"字的構意相同。凡是和"勺"義有關的字都以"勺"爲構件。

【段注】

[一]二字依玄應書卷四補①。木部"枓"下云："勺也。"此云"勺，枓也"，是爲轉注，"考、老"之例也。《考工記》："勺一升。"注曰："勺，尊斗也。"②"斗"同"枓"，謂挹以注於尊之枓也。《士冠禮》注亦云："尊斗，所以斛(jū)酒也。"③今皆譌"尊升"，不可通矣。《詩》："酌以大斗。"毛云："長三尺。"④謂其柄。　[二]"所以"二字依《息夫躬傳》顏注補⑤。顏之訓詁多取諸許也。挹者，抒也。勺是器名，挹取者，其用也。删"所以"，則體、用溷(hùn)矣⑥。　[三]外象其哆(duō)口、有柄之形，中"一"象有所盛也。與"包"同意，謂"包"象人裹(huái)子⑦，"勺"象器盛酒漿，其意一也。李陽冰曰"勺"从勹裹之勹，失之。"勺"象張口，豈同弇(yǎn)口哉⑧？此字當依《考工記》上灼反、《中庸》市若反、《篇》《韻》時灼、市若切⑨，大徐之若切，非也。今俗語猶時灼切。二部(宵、藥)。俗作"杓"。

【疏義】

①玄應《一切經音義》卷四"勺撓"注引《説文》："勺，枓也。"②《周禮・冬官考工記・梓人》："梓人爲飲器，勺一升。"鄭玄注："勺，尊升也。""尊升"《段注》引作"尊斗"疑誤，下同。　③挹：舀取。斛：舀取。《儀禮・士冠禮》："有篚實勺，觶(zhì)、角柶(sì)。"鄭玄注："勺，尊升，所以斛酒也。"觶：古代飲酒器。柶：古代舀取食物的禮器，像勺子，多用角做成。　④《詩經・大雅・行葦》："酌以大斗，以祈黄耈。"毛傳："大斗，長三尺也。"　⑤《漢書・息夫躬傳》："霍顯之謀將行於杯杓。"顏師古注："杓，所以抒挹也。字與'勺'同，音上灼反。"⑥溷：同"混"。　⑦哆口：張口。《説文》包部："包，象人裹妊。巳在

中,象子未成形也。”《段注》:“‘勹’(bāo)象裏其中,‘巳’字象未成之子也。勹亦聲。”　⑧弇口:小口。弇,狹,閉。　⑨《周禮·冬官考工記·梓人》:“梓人爲飲器,勺一升。”陸德明釋文:“勺,上灼反。”《禮記·中庸》:“今夫水,一勺之多,及其不測,黿(yuán)鼉(tuó)鮫龍魚鱉生焉,貨財殖焉。”陸德明釋文:“勺,徐市若反。”徐:徐邈。《玉篇》勺部:“勺,時灼切。飲器也,十勺爲升。亦作杓。”《廣韻》藥韻:“勺(市若切),《周禮》:‘梓人爲飲器,勺一升。’又漢複姓……又音酌。”

【集解】

王筠《説文釋例》:“‘勺’即‘杓’也。”

黃天樹《部首與甲骨文》(續二):“古文字偏旁作𠨕,象勺形,勺子中間的‘•’表示舀取之物。”

【同部字舉例】

与𠦝 yǔ　賜予也。一勺爲“与”,此与“與”同。余呂切。〇以語上　定魚

几𠘧 493 jī(古音上聲)　甲文𠘨　居履切　見旨開三上　見脂
（299/300;715/722）

尻大徐本作“踞”**几也**[一]。**象形**[二]。**《周禮》五几:玉几、彫几、彤几、鬃**(xiū)**几、素几**[三]。**凡几之屬皆从几**。

【譯文】

坐時憑依的几案。象形。《周禮》中有五類几:鑲玉的几、雕飾的几、丹飾物的几、鬃飾的几、不加雕飾的几。凡是和“几”義有關的字都以“几”爲構件。

【段注】

[一]“尻”各本作“踞”,今正。尻几者,謂人所尻之几也。尻,处也;处,止也。古之“尻”今悉改爲“居”,乃改云“居几”,既又改爲蹲踞俗字①。古人坐而凭几,蹲則未有倚几者也。“几”俗作“机”。《左傳》“設机而不倚”、《周易》“渙奔其机”,皆俗字②。　[二]象其高而上平可倚,下有足。居履切。十五部(脂、微、物、月)。　[三]《周禮·司几

筵》職文③。“鬃几”今《周禮》作“漆几”，蓋許所據不同。鬃者，桼也④。

【疏義】

①《説文》尸部：“居，蹲也。从尸、古者，居从古。踞，俗居从足。”《段注》：“《説文》有‘尻’，有‘居’。尻，處也，从尸得几而止。凡今人居處字古衹作‘尻處’。居，蹲也，凡今人蹲踞字古衹作‘居’。”　②《左傳·昭公五年》：“設机而不倚，爵盈而不飲。”陸德明釋文：“机，音几。”《周易·渙·九二》：“渙奔其机。”陸德明釋文：“机，音几。”王弼注：“机，承物者也。”　③司几筵：官職名，掌五几。《周禮·春官宗伯·司几筵》：“司几筵掌五几、五席之名物，辨其用與其位。凡大朝覲、大饗射，凡封國、命諸侯，王位設黼依，依前南鄉設莞筵紛純，加繅席畫純，加次席黼純，左右玉几。祀先王、昨席亦如之。諸侯祭祀席，蒲筵繢純，加莞席紛純，右彫几；昨席莞筵紛純，加繅席畫純，筵國賓于牖前亦如之，左彫几。甸役則設熊席，右漆几。凡喪事，設葦席，右素几。其柏席用萑黼純，諸侯則紛純，每敦一几。凡吉事變几，凶事仍几。”　④鬃：同“桼”，赤黑漆。桼：“漆”的古字。《説文》桼部：“鬃，桼也。”《段注》：“韋昭曰：‘叔桼曰鬃。’師古曰：‘以桼桼物謂之鬃。今關東俗謂之捎桼，捎即鬃聲之轉耳。鬃或作鬃。’按：以桼桼物皆謂之鬃，不限何色也。”

【集解】

王筠《説文釋例》：“‘几’下云‘踞几’也，似謂‘几’之體卑，如人之蹲踞者然。”

王筠《説文句讀》：“‘踞几’似是漢語，以今名説古名也。”

朱駿聲《説文定聲·补遗》：“古几卑如今之炕几，坐地便於倚，無今高几。”

饒炯《説文部首訂》：“几爲倚器……象‘几’正面兩側之形，又聲轉借以爲凵（且）。”

黃天樹《部首與甲骨文》（續二）：“象古人席地而坐時供倚靠的几案。”

【同部字舉例】

凭𢥋 píng　依几也。从几从任。《周書》：“凭玉几。”讀若馮。皮冰切。○並蒸平　並蒸

凥 jū　處也。从尸得几而止。《孝經》曰:“仲尼凥。”凥謂閒居如此。九魚切。○見魚平　見魚

処 chǔ　止也。得几而止。从几从夊。，処或从虍聲。昌與切。○昌語上　昌魚

且

494　jū/qiě　甲文、　金文、、、　子余切,又千也切　精魚開三平　精魚(299/301;716/723)

所以大徐本無此二字**薦也**[一]。**从几**[二]**,足有二横**[三]。**一**[四]**,其下地也**[五]。**凡且之屬皆从且。Ω,古文以爲且,又以爲几字**大徐本無“Ω古”三句[六]。

【譯文】

用來墊放東西的用具。以“几”爲構件,其中“二”象且的足部有兩個横杠。一,代表且下面的地面。凡是和“且”義有關的字都以“且”爲構件。Ω,古文中作“且”字用,又作“几”字用。

【段注】

[一]“所以”二字今補。“薦”當作“荐”,今不改者,存其舊以示人推究也。“薦”訓“獸所食艸”,“荐”訓“薦席”,“薦席”謂“艸席”也。艸席可爲藉(jiè)①,謂之“荐”。故凡言“藉”,當曰“荐”,而《經》《傳》“薦、荐”不分,凡“藉”義皆多用“薦”,實非許意。“且”古音“俎”②,所以承藉進物者。引申之,凡有藉之詞皆曰“且”。凡語助云“且”者,必其義有二:有藉而加之也;云嫴(gū)且、苟且者,謂僅有藉而無所加,粗略之詞也③。凡《經》注言“且字”者十有一④。《鄉飲酒禮》注:“同姓則以伯仲别之,又同,則以‘且字’别之。”言同姓之中有伯仲同者,則呼“某甫”也⑤。《少牢饋食禮》注:“伯某之某,且字也。”⑥《士喪禮》“父某甫”注云:“某甫,且字也,若言‘山甫、孔甫’。”⑦《士虞禮》“適爾皇祖某甫”注云:“某甫,且字也,若言‘尼甫’。”⑧又《曲禮》“有天王某甫”注云:“某甫,且字也。”《檀弓》“烏呼哀哉尼甫”注云:“因且字以爲之謚。”⑨《雜記》“陽童某甫”注云:“某甫,且字也。”⑩《坊記》:“魯《春秋》猶去夫人之姓曰‘吴’,其死曰‘孟子卒’。”注云:“‘孟子’之‘子’,蓋其且字。”⑪又《公羊傳·宣十五年》:“王札子殺召伯、毛伯。”注云:

"札者,冠且字也。"⑫《桓四年》:"天王使宰渠伯糾來聘。"注云:"宰渠伯糾,天子下大夫,繫官氏且字。"《定四年》:"劉卷卒。"注云:"劉卷,氏采,不名且字。"⑬古言表德之字,謂之"且字",往往可證者如是。蓋古二十而冠,祇云"某甫",五十而後以"伯仲某甫"者,所以藉(jí)伯仲也⑭。故鄭注《禮》之"某甫"如是。何注《春秋》之"札、卷、糾"皆爲"且字",與鄭無不合。作正義者多不能憭(liǎo)⑮,致轉寫多譌,而其不譌者,固可考而知也。《經》注之"且字"非許書則不憭矣。若《周頌》傳曰:"萋且,敬慎皃。""且,此也。"⑯則毛公傳於故訓者也。

[二]句。　[三]句。　[四]逗。　[五]"橫"音"光",即"桄"(guàng)字⑰。今俗語讀"光",去聲是也。合鄭《閟宮》箋、《明堂位》注言之,有虞氏斷木爲四足而已,夏后氏中足爲橫距之象,周人足閒有橫,橫下有跗(fū),似乎堂後有房,故云"大房"⑱。按:"跗"許作"柎"(fū),闌(lán)足也。闌足者,週(zhōu)圍之足空其底之下也。造字之時,象其直者四,橫者二,置於地,故以"一"象地。子余切,又千也切。古音塼(zhuān)在五部(魚、鐸)⑲。　[六]上"以爲"二字衍文也,古文"且"字無二橫者。鄭注《明堂位》曰:"有虞氏以梡(kuǎn),斷木爲四足而已。夏后氏始中足爲橫距。"是也。"又以爲几字"者,古文叚借之法。"几"亦箸於地,故"几、且"同字。古文字少,此字大徐本挩(tuō)去,從小徐本補入⑳。

【疏義】

　　①藉:墊在下面的東西,襯墊。《説文》艸部:"荐,薦席也。从艸。存聲。""藉(jiè),祭藉也。一曰:艸不編,狼藉。从艸,耤聲。"　②俎:古代祭祀時放置祭品的禮器,用來承接或進獻物品。　③有藉之詞:表示憑藉義的詞。藉,憑藉。有藉而加之:在憑藉義的基礎上引申出進層義(如"而且")。嫭且:今作"姑且",表示某種讓步,暫且如此。僅有藉而無所加:僅有憑藉而無進層義(如"姑且、苟且")。　④且字:古代男子成年後另起的名字叫"且字",即"字"。古人二十歲後、五十歲前的且字多稱"某甫",五十歲後依排行稱"某伯、某仲"等。例如《禮記·曲禮下》:"君天下曰'天子';朝諸侯,分職授政任功,曰'予一人';踐阼臨祭祀,内事曰'孝王某',外事曰'嗣王某';臨諸侯,畛於

鬼神,曰'有天王某甫'。"鄭玄注:"畛,致也。祝告致于鬼神辭也。曰'有天王某甫',某甫,且字也。不名者,不親往也。"　⑤《儀禮·鄉飲酒禮》:"司正升相旅,曰:'某子受酬,受酬者降席。'"鄭玄注:"某者,眾賓姓也。同姓則以伯仲別之。又同,則以其字別之。"賈公彥疏:"眾賓之內有同姓,司正命之,則呼伯仲別之也……同姓之中有伯仲同者,則以'某甫'且字別之也。"　⑥《儀禮·少牢饋食禮》:"孝孫某,來日丁亥,用薦歲事于皇祖伯某,以某妃配某氏,尚饗!"鄭玄注:"皇,君也。伯某,且字也。"　⑦《儀禮·士喪禮》:"命曰:'哀子某,爲其父某甫筮宅。"鄭玄注:"某甫,且字也。若言'山甫、孔甫'矣。"　⑧且字也:今本作"皇祖字也"。《儀禮·士虞禮》:"適爾皇祖某甫。"鄭玄注:"爾,女也。女,死者,告之以適皇祖,所以安之也。皇,君也。某甫,皇祖字也。若言'尼甫'。"女:代詞,義同"汝"。　⑨《禮記·檀弓上》:"魯哀公誄孔丘曰:'天不遺耆(qí)老,莫相予位焉。嗚呼哀哉!尼父!'"鄭玄注:"言孔子死,無佐助我處位者。尼父,因其字以爲之諡。"尼甫:即尼父,孔子的字。"父"同"甫"。　⑩《禮記·雜記上》:"有父母之喪,尚功衰,而附兄弟之殤,則練冠附于殤,稱'陽童某甫'。"鄭玄注:"兄十九而死,已明年因喪而冠。陽童,謂庶殤也。宗子則曰陰童。童,未成人之稱也。某甫,且字也。"陽童某甫:祭辭稱"陽童字某某"。附:通"祔",附祭,新死者附祭於先祖。　⑪《禮記·坊記》:"魯《春秋》猶去夫人之姓曰'吳',其死曰'孟子卒'。"鄭玄注:"'孟子'蓋其且字。"按:魯昭公不顧魯、吳同爲姬姓國而娶吳女爲夫人,《春秋》記載此事時有意省去了夫人的姓,唯記來自吳國。於其去世的記載,亦只記作"孟子卒",不稱姓。　⑫《春秋·宣公十五年》:"王札子殺召伯、毛伯。"杜預注:"王札子,王子札也。蓋《經》文倒'札'字。"《公羊傳》:"王札子者何?長庶之號也。"何休注:"天子之庶兄。札者,冠且字也。"召伯、毛伯:周王室大夫,生活在周襄王至定王時期。　⑬《春秋·桓公四年》:"夏,天王使宰渠伯糾來聘。"《公羊傳》:"宰渠伯糾者何?天子之大夫也。其稱宰渠伯糾何?下大夫也。"何休注:"據劉卷卒,氏采不名且字。天子下大夫,繫官氏名且字。"徐彥疏:"劉是其采,卷是名也。"《春秋·定公四年》:"秋七月,公至自會。劉卷卒。"宰:官名。

渠：采邑，以爲氏。糾：且字。　⑭藉：記録，登記。　⑮札、卷、糾：分別指王札子、劉卷、宰渠伯糾。憭：明白。　⑯《詩經·周頌·有客》："有客有客，亦白其馬。有萋有且，敦琢其旅。"毛傳："萋且，敬愼貌。"《詩經·周頌·載芟》："匪且有且，匪今斯今，振古如兹。"毛傳："且，此也。"　⑰桄：門、几、車、船、梯、床、織機等器物上的橫木。　⑱《詩經·魯頌·閟宮》："籩豆大房。"鄭玄箋："大房，玉飾俎也。其制足間有橫，下有柎，似乎堂後有房然。"《禮記·明堂位》："俎，有虞氏以梡，夏后氏以嶡（jué），殷以椇（jǔ），周以房俎。"鄭玄注："梡，斷木爲四足而已。嶡之言蹷（jué）也，謂中足爲橫距之象，周禮謂之距。椇之言枳（zhǐ）椇也，謂曲橈之也。房，謂足下跗也，上下兩間，有似於堂房。《魯頌》曰：'籩豆大房。'"有虞氏：指虞舜時代。夏后氏：指夏禹時代。跗：腳。梡、嶡、椇、房俎、籩：均爲古代祭祀時盛放祭品的器具。梡，木製，四足。嶡，木製，形似今之小方几，有四足，足間有橫檔。椇，似俎，足間橫木爲曲橈之形。房俎，即俎几，形似堂房。籩，竹製，形似木豆。

　　⑲婸："專"的本字，專一。此處義爲"只"。　⑳此字：指𦥑。挩：同"脱"。《説文繫傳》："且，薦也。從几，足有二橫，一其下地。凡且之屬皆從且。𦥑古文以爲且，又以爲几字。"

【集解】

徐灝《説文注箋》："'且'古音讀與'俎'同，假借爲語詞，久而昧其本義，又加'仌'爲'俎'，聲轉爲子余切。"

王筠《説文句讀》："'且'當是'俎'之古文。"

朱駿聲《説文定聲》："且者，疑即'俎'字之古文。"

林義光《文源》："（且）即'俎'之古文。"

郭沫若《甲骨文字研究·釋祖妣》："實牡器之象形。"

徐中舒主編《甲骨文字典》："象俎形。"

董蓮池《部首新證》："此實'祖'字初文。字見甲骨文，寫作𦥑、𦥑諸形（《甲骨文編》528頁），郭沫若認爲'實牡器之象形'（牡器即男性生殖器。詳見郭沫若《甲骨文字研究·釋祖妣》），其説已被考古發現所證實，是不易之論。"

【同部字舉例】

俎 俎 zǔ 禮俎也。从半肉在且上。側呂切。○甲文 𝄂、𝄂、𝄂、𝄂、𝄂、𝄂、𝄂 金文 俎 莊語上 莊魚

斤 斤 495 jīn 甲文 𝄂 金文 𝄂、𝄂 舉欣切 見欣開三平 見文（299/301；716/723）

斫木斧大徐本無"斧"字也[一]。象形[二]。凡斤之屬皆从斤[三]。

【譯文】

砍斫木頭用的斧子。象形。凡是和"斤"義有關的字都以"斤"爲構件。

【段注】

[一]此依小徐本①。凡用斫物者皆曰"斧"，斫木之斧，則謂之"斤"。　[二]橫者象斧頭，直者象柄，其下象所斫木。舉欣切。十三部（文）。　[三]按：此篆"象形"之下當有"一曰：十六兩也"六字，乃與金部"銖、鈞"、网部"兩"、禾部"䄷"合成五權②。十黍爲"絫"，附見於"絫"下③。斗二升曰𣪍(hú)，附見於"鬲"下④。《説文》之例正如此。班固説"五權"曰"斤，明也"⑤，即《爾雅》、毛傳之"斤斤，察也"⑥。

【疏義】

①《説文繫傳》："斤，斫木斧也。象形。"　②《説文》金部："銖，權十分黍之重也。""鈞，三十斤也。"网部："兩，二十四銖爲一兩。"禾部："䄷(shí)，百二十斤也。"五權：斤、銖、鈞、兩、䄷五種計量單位。③《説文》厽部："絫，增也。从厽从糸。絫，十黍之重也。"　④《説文》鬲部："鬲，鼎屬。實五觳。斗二升曰𣪍。象腹交文，三足。"　⑤《漢書·律曆志》："二十四銖而成兩者，二十四氣之象也。斤者，明也。"⑥《爾雅·釋訓》："明明、斤斤，察也。"郭璞注："皆聰明鑒察。"《詩經·周頌·執競》："斤斤其明。"毛傳："斤斤，明察也。"

【集解】

王筠《説文釋例》："斤之爲器，今無此名，或即鐯也，字又作'鐯'。"

王筠《説文句讀》："斤之刃横,斧之刃縱。其用與鋤钁相似,不与刀鋸相似,故云'斫'也。"

朱駿聲《説文定聲·補遺》："斧以劈木,斤則以削木皮、木節。"

饒炯《説文部首訂》："其實斧、斤異器,斧刃縱向,伐木者用之,其形與刀同。斤刃横向,斫木者用之,其形與鋤同。"

黄天樹《部首與甲骨文》(續二)："甲骨文作�(《甲骨文編》1620號),象一種有曲柄的、在頭上安裝着刃部的伐木工具,類似後代的木匠用的錛。"

董蓮池《部首新證》："字見甲骨文,寫作�、�諸形(並見《甲骨文編》529頁'新'所从)。象斧錛之形。"

【同部字舉例】

斧 𨪁 fǔ　斫也。从斤,父聲。方矩切。○甲文 𢴮　金文 𢽳、𢽳、𢽳、𢽳　帮虞上　帮魚

斨 𣂉 qiāng　方鎜斧也。从斤,爿聲。《詩》曰:"又缺我斨。"七羊切。○金文 𣂉、𣂉　清陽平　清陽

斫 𨮯 zhuó　擊也。从斤,石聲。之若切。○甲文 𨮯、𨮯　章藥入　章鐸

所 𨏉 suǒ　伐木聲也。从斤,戶聲。《詩》曰:"伐木所所。"疏舉切。○金文 𨏉、𨏉、𨏉、𨏉　山語上　山魚

斯 𣂖 sī　析也。从斤,其聲。《詩》曰:"斧以斯之。"息移切。○金文 𣂖、𣂖　心支平　心支

斷 𣃆 duàn　截也。从斤从𢇍。𢇍,古文絶。𢇍,古文斷,从𣲴。𣲴,古文更字。《周書》曰:"詔詔猗無他技。"𢇍,亦古文。徒玩切。○甲文 𣃆、𣃆、𣃆、𣃆　金文 𣃆　定緩上　定元

新 𣂴 xīn　取木也。从斤,新(《段注》作"亲")聲。息鄰切。○甲文 𣂴、𣂴　金文 𣂴、𣂴、𣂴、𣂴、𣂴、𣂴、𣂴　心真平　心真

斗 𣂁　496 dǒu　甲文 𣂁、𣂁　金文 𣂁、𣂁、𣂁　當口切　端厚開一上　端侯(300/301;717/724)

十升也[一]。象形,有柄[二]。凡斗之屬皆从斗。

【譯文】

容積爲十升的量器。象形,有手柄。凡是和"斗"義有關的字都以"斗"爲構件。

【段注】

[一]賈昌朝作"升十之也"①。此篆叚借爲斗陟之"斗",因斗形方直也。俗乃製"陡"字。　　[二]上象斗形,下象其柄也。斗有柄者,蓋象北斗。當口切。四部(侯、屋)。許説俗字人持十爲"斗"②,魏晉以後作"升",似"升"非"升",似"斤"非"斤",所謂"人持十"也。

【疏義】

①賈昌朝(997—1065):字子明,北宋真定獲鹿(今河北獲鹿)人,文學家、書法家,官至宰相,著有《羣經音辨》《通紀時令》《奏議文集》等書。《羣經音辨·辨字同音異》:"斗,升十之也。"　　②《説文解字·敘》:"乃猥曰:'馬頭人爲長,人持十爲斗。'"

【集解】

饒炯《説文部首訂》:"'斗'當爲'枓'之古文。"

黄天樹《部首與甲骨文》(續二):"古文字作予,象古代一種有長柄的舀東西的斗勺之形,器身比勺深,下面是它的柄。"

董蓮池《部首新證》:"字見甲骨文,寫作予、予諸形(《甲骨文合集》21344、21348,2742 頁),是挹酒器之'斗'的象形文。"

【同部字舉例】

斛 斛 hú　十斗也。从斗,角聲。胡谷切。○金文斛　匣屋入　匣屋

斝 斝 jiǎ　玉爵也。夏曰琖(zhǎn),殷曰斝,周曰爵。从叩从斗,冂象形。與爵同意。或説:斝受六升。古雅切。○甲文斝、斝、斝、斝、斝、斝、斝　金文斝　見馬上　見魚

料 料 liào　量也。从斗,米在其中,讀若遼。洛蕭切。○金文料來嘯去　來宵

魁 魁 kuí　羹斗也。从斗,鬼聲。苦回切。○溪灰平　溪微

斟 斟 zhēn　勺也。从斗,甚聲。職深切。○章侵平　章侵

升 升 shēng　十龠(yuè,量器名)也,从斗,亦象形(《段注》有"合龠爲合,龠容千二百黍"語)。識蒸切。○甲文升、升、升、升　金文

矛、弓、𦥑　書燕平　書燕

矛 𥎦　497 máo　甲文𥎦　金文𥎦　莫浮切　明尤開三平　明
　　　　　　　幽（300/302；719/726）

**酋矛也。建於兵車，長二丈^[一]。象形^[二]。凡矛
之屬皆从矛。𢦉，古文矛从戈。**

【譯文】

　　長矛。樹立在兵車上，二丈長。象形。凡是和"矛"義有關的字都
以"矛"爲構件。𢦉，古文"矛"以"戈"爲構件。

【段注】

　　[一]見《考工記》。《記》有"酋矛、夷矛"："酋矛常有四尺，夷矛三
尋。"鄭注："酋、夷，長短。酋之言遒也，酋近夷長矣。"①按：許不言"夷
矛"者，兵車所不建，不常用也。《魯頌》箋云："兵車之法，左人持弓，右
人持矛，中人御。"② 　[二]《考工記》謂之刺兵，其刃當直③，而字形曲其
首，未聞。直者象其柲，左右蓋象其英④。《鄭風》傳云："重英，矛有英飾
也。"⑤《魯頌》傳云："朱英，矛飾也。"⑥按：矛飾蓋縣毛羽。據鄭箋，則毛
傳云"重喬，累荷也"者，所以縣毛羽也⑦。莫浮切。三部（幽、覺）。

【疏義】

　　①常：長度單位名，一丈六尺。《周禮·冬官考工記·廬人》："戈
柲六尺有六寸，殳長尋有四尺，車戟常，酋矛常有四尺，夷矛三尋。"鄭
玄注："柲猶柄也。八尺曰尋，倍尋曰常。酋、夷，長短名。酋之言遒
也。酋近夷長矣。" 　②《詩經·魯頌·閟宮》："公車千乘，朱英綠縢，
二矛重弓。"鄭玄箋："二矛重弓，備折壞也。兵車之法，左人持弓，右人
持矛，中人御。" 　③《周禮·冬官考工記·廬人》："凡兵，句兵欲無
彈，刺兵欲無蚎。"鄭玄注："句兵，戈戟屬。刺兵，矛屬。"彈（tán）：搖
动，转动。蚎：彎曲。 　④英：用羽毛做的矛飾。 　⑤《詩經·鄭風·
清人》一章："清人在彭，駟介旁旁。二矛重英，河上乎翱翔。"毛傳：
"重英，矛有英飾也。"鄭玄箋："二矛，酋矛、夷矛也，各有畫飾。" 　⑥《詩
經·魯頌·閟宮》："朱英綠縢。"毛傳："朱英，矛飾也。縢，繩也。"
　⑦縣："懸"的古字。《詩經·鄭風·清人》二章："二矛重喬。"毛傳：

"重喬，累荷也。"鄭玄箋："喬，矛衿（qín）近上及室題，所以縣毛羽。"陸德明釋文："喬……雉名，《韓詩》作'鷮'……（累荷）謂刻矛頭爲荷葉相重累也。沈胡可反，謂兩矛之飾相負荷也。"衿：矛柄。室題：矛柄頂端和矛頭結合處。

【集解】

徐鍇《説文繫傳》："（矛）鉤兵也。ﾔ，矛也。ﾊ，其上所注旄屬。"

朱駿聲《説文定聲》："矛者，刺兵也，其飾縣毛羽。"

黄天樹《部首與甲骨文》（續二）："古文字作ﾄ，象矛頭之形，且右側有繫纓的環鈕。"

董蓮池《部首新證》："字見西周金文，寫作ﾄ（𢨋簋），爲'矛'的象形文。"

【同部字舉例】

矜𥎋 jīn，又音 qín　矛柄也。从矛，今聲。居陵切，又巨巾切。〇羣蒸/諄平　羣真

車 車　498　chē　甲文 𨍮、🚗、🚗、🚗、🚗、🚗、🚗、🚗、🚗、🚗　金文 🚗、🚗、🚗、🚗、🚗、🚗、🚗、🚗、🚗、🚗、🚗　尺遮切　昌麻開三平　昌魚（301/302；720/727）

輿輪之總名也大徐本無"也"字[一]。**夏后時奚仲所造**[二]。**象形**[三]。**凡車之屬皆从車。𨏉，籀文車**[四]。

【譯文】

車廂和輪子的合稱。夏禹時一個叫奚仲的人所創造的。象形。凡是和"車"義有關的字都以"車"爲構件。𨏉，籀文"車"字。

【段注】

［一］車之事多矣。獨言"輿輪"者，以轂、輻、牙（yà）皆統於輪，軾、較（jué）、軫（zhěn）、軹（zhǐ）、轛（zhuì）皆統於輿，輈（zhōu）與軸則所以行此輿輪者也①。故倉頡之制字，但象其一輿、网輪、一軸。許君之説字，謂之"輿輪之總名"，言輪而軸見矣。渾言之則輿輪之總名，析言之則惟輿偁"車"，以人所居也。故《考工記》曰："輿人爲車。"②

［二］《左傳》曰："薛之皇祖奚仲，居薛，以爲夏車正。"杜云："奚仲爲夏

禹掌車服大夫。"③然則非奚仲始造車也。《明堂位》曰："鉤車,夏后氏之路也。"④《毛詩》"元戎",傳曰："元,大也。夏后氏曰鉤車,先正也。殷曰寅車,先疾也。周曰元戎,先良也。"箋云："鉤者,鉤股曲直有正也。"俗本譌甚,今依《釋名》及音義改正⑤。蓋奚仲時車制始備,合乎句股曲直之法。《古史考》云："少昊時加牛,禹時奚仲加馬。"⑥强爲之説耳。　　[三]謂象网輪、一軸、一輿之形。此篆横視之乃得。古音"居"。在五部(魚、鐸)。今尺遮切。《釋名》曰："古者曰車,聲如居,言行所以居人也。今曰車。車,舍也,行者所處若屋舍也。"⑦韋昭辯《釋名》曰："古惟尺遮切,自漢以來始有'居'音。"⑧按:三國時尚有歌無麻,"遮"字祇在魚、歌韻内,非如今音也⑨。古音讀如"袪"(qū),以言車之運行。不讀如"居",但言人所居止。《老子》:"當其無,有車之用。"音義去於反,此"車"古音也⑩。然《考工記》"輿人爲車",是自古有"居"音⑪,韋説未愜也。　　[四]从戈者,車所建之兵,莫先於戈也。从重車者,象兵車聯綴也。重車則重戈矣。

【疏義】

①事:部件。輿:車廂。轂:車輪中心穿軸承輻的部分。牙:車輞,車輪的外周部分。軾:古代車廂前作扶手的横木。較:車廂兩旁板上的横木。軫:車後的横木,或説指車廂底部四面的横木。軹:車轂外端貫穿車軸的細孔,或指車軸頭。轛:車軾下部横直交結的欄木。輈:車轅。　　②《周禮·冬官考工記·輿人》:"輿人爲車。"鄭玄注:"車,輿也。"賈公彦疏:"此輿人專作車輿。"　　③引文見《左傳·定公元年》。薛:春秋國名。車正:掌車服諸事的官員。　　④《明堂位》:《禮記》篇名。鉤車:前欄曲形的車。鉤,彎曲。路:義同"輅",君王所乘之車。⑤鉤股:今作"勾股",直角三角形夾直角的兩邊,短邊爲勾,長邊爲股。引文見《詩經·小雅·六月》"元戎十乘,以先啟行"一語毛傳及鄭玄箋。其中鄭玄箋今本作:"鉤,軬行曲直有正也。"陸德明釋文:"鉤,古侯反。股,音'古'。今《經》注作'軬',無'股'字。"《釋名·釋車》:"鉤車,以行爲陣。鉤股曲直有正,夏所制也。"　　⑥《廣韻》麻韻:"車,《古史考》曰:'黄帝作車,引重致遠。少昊時加牛,禹時奚仲加馬。周公作指南車。'"⑦引文見《釋名·釋車》。今本"今曰車"之後有"聲近舍"一語。

⑧《詩經・召南・何彼襛矣・序》："美王姬也。雖則王姬,亦下嫁於諸侯。車服不繫,其夫,下王后一等,猶執婦道以成肅雝之德也。"陸德明釋文:"《釋名》云:'古者曰車,聲如居,所以居人也。今曰車。'音尺奢反,云舍也。韋昭曰:'古皆音尺奢反,從漢以來始有居音。'"　⑨"三國"三句大意:三國時只有歌部尚無麻部(尚未從歌部分出),"遮"字其時屬魚歌部(即歌部),讀音不同於今天。按:這幾句旨在說明三國以前"車"字只有尺遮切(音同尺奢反)一音,而無"居"音。"車"的上古音屬於昌母魚部,相當段氏的古音第十七部,該部由《廣韻》歌、戈、麻三部組成。三國以後,"車"產生了"居"一音,此音在《廣韻》中屬於麻韻,麻韻是由古歌部分化出來的。"遮"(與奢字同屬麻開三)屬"車"的切下字,其所屬韻部同"車"。　⑩《老子》:"三十輻共一轂,當其無,有車之用。"陸德明釋文:"車,音居。又去於反。"按:"於"在上古屬魚部,魚、歌二部上古音近。　⑪《周禮・冬官考工記・輿人》:"輿人爲車,輪崇、車廣、衡長,參如一,謂之參稱。"鄭玄注:"車,輿也。"按:"輿、居"上古音同屬魚部。段氏據工匠與所造器同名同音的特點推出"車"古音有"居"一讀:"車"音同"輿","輿"音同"居"。《説文》車部:"輿,車輿也。"《段注》:"車輿,謂車之輿也。《考工記》:'輿人爲車。'注曰:'車,輿也。'按:不言'爲輿'而言'爲車'者,輿爲人所居,可獨得車名也。"

【集解】

饒炯《説文部首訂》:"車合衆材爲名,制具難象,造字者但象旁輿中輪之形,舉偏端而見全體。"

商承祚《殷虚文字》:"卜辭諸'車'字皆象從前後視形,或有箱,或有轅,或僅見兩輪,亦得知爲車矣。"

徐灝《説文注箋》:"古鐘鼎文多作圜形,絕無方體,當作⊞,象形,橫視之也。"

黃天樹《部首與甲骨文》(續二):"甲骨文作𝌆(編按:參看《花》416'車'字寫法),象一輛單轅車的整個結構的俯視圖,車上有轅、衡、雙軛、輿和兩輪。"

董蓮池《部首新證》:"商代甲骨文寫作⋯、⋯、⋯諸形,'車'的象形文。"

【同部字舉例】

輕　輕　qīng　輕車也。从車,巠聲。去盈切。〇溪清平　溪耕

輿　𦥑　yú　車輿也。从車,舁(yú)聲。以諸切。〇以魚平　定魚

輯　輯　jí　車和輯(《段注》作"車輿")也。从車,咠聲。秦入切。〇從緝入　從緝

軾　軾　shì　車前也。从車,式聲。賞職切。〇書職入　書職

軸　軸　zhóu　持輪也。从車,由聲。直六切。〇澄屋入　定覺

輻　輻　fú　輪轑(lǎo:車輻)也。从車,畐聲。方六切。〇幫屋入　幫職

載　載　zài　乘也。从車,𢧜聲。作代切。〇金文𩏑、𦎫、𦎫　精代去　精之

軍　𤦡　jūn　圜圍也。四千人爲軍。从車,从包省(《段注》作"从包省,从車")。軍(《段注》作"車"),兵車也。舉云切。〇金文𨑒、𨏁、𨏁、𩏑　見文平　見文

輪　輪　lún　有輻曰輪,無輻曰輇。从車,侖聲。力屯切。〇來諄平　來文

轟　轟　hōng　羣車聲也。从三車。呼宏切。〇曉耕平　曉耕

自 𠂤 499　duī

甲文 𠂤、𠂤、𠂤、𠂤、𠂤、𠂤　金文 𠂤、𠂤、𠂤、𠂤　都回切　端灰合一平　端微(303/305;730/737)

小𨸏也[一]。象形[二]。凡𨸏之屬皆从𨸏。

【譯文】

小土山。象形。凡是和"𨸏"義有關的字都以"𨸏"爲構件。

【段注】

[一]小𨸏,𨸏之小者也。《廣雅》本之,曰:"𨸏,細𨸏也。"今譌舛不可讀矣①。小𨸏曰"𨸏",《國語》叚借"魁"字爲之。《周語》:"夫高山而蕩以爲魁陵糞土。"賈逵、韋昭皆曰:"小𨸏曰魁。"即許之"𨸏"也。賈逵注見《海賦》②,其字俗作"堆","堆"行而"𨸏"廢矣。"氏"下云:"山岸脅之堆旁箸欲落𡐤(duò)者曰氏。"小徐作"堆",大徐則删之③。《士冠禮》注:"追,猶堆也。"④是"追"即"𨸏"之叚借字。李善注《七發》曰:"追,古堆字。"⑤《詩》:"追琢其章。"⑥"追"亦同"𨸏",蓋古治金玉

突起者爲“自”，穿穴者爲“琢”。“自”語之轉爲“敦”，如《爾雅》之“敦丘”⑦，俗作“墩”。《詩》：“敦彼獨宿。”傳以“敦敦然”釋之⑧，皆是也。[二]象小於𨸏，故“𨸏”(fù)三成⑨，“自”二成。都回切，十五部（脂、微、物、月）。

【疏義】

①𨸏：同“阜”。《説文》𨸏部：“𨸏，大陸，山無石者。象形。”《廣雅・釋丘》：“𨸏(fù)，細也。”王念孫《廣雅疏證》：“《北堂書鈔》引此作‘𨸏，細土也’，其義未詳。”𨸏：同“阜”。《北堂書鈔》：類書名，唐人虞世南編，流傳至今。　②《國語・周語下》：“夫周，高山廣川大藪也，故能生是良材，而幽王蕩以爲魁陵糞土溝瀆，其有悛乎？”韋昭注：“蕩，壞也。小𨸏曰魁。悛，止也。”《文選・海賦》：“渀(qiào)㳽(tān)㴽(同傑)而爲魁。”李善注：“渀㳽：峻波也。毛萇《詩傳》曰：‘傑，特立也。’賈逵《國語注》曰：‘川𨸏曰魁。’”　③《説文》氏部：“氏，巴蜀山名岸脅之旁箸欲落墮者曰氏。”《説文繫傳》氏部：“氏，巴蜀名山岸脅之堆旁箸欲落墮者曰氏。”墮：同“墮”。　④《儀禮・士冠禮》：“委貌，周道也。章甫，殷道也。毋追，夏后氏之道也。”鄭玄注：“毋，發聲也。‘追’猶‘堆’也。夏后氏質，以其形名之。三冠皆所服以行道也，其制之異同未之聞。”毋追：冠名。　⑤《文選・七發》：“踰岸出追。”李善注：“追，亦堆字，今爲追，古字假借之也。”《七發》：西漢枚乘撰。⑥《詩經・大雅・棫樸》：“追琢其章，金玉其相。”毛傳：“追，彫也。金曰彫，玉曰琢。相，質也。”　⑦治金玉突起：使金玉出現突起的紋飾。《爾雅・釋丘》：“丘一成爲敦丘。”郭璞注：“成猶重也。”　⑧敦敦然：獨處孤單貌。《詩經・豳風・東山》：“敦彼獨宿，亦在車下。”鄭玄箋：“敦敦然獨宿於車下，此誠有勞苦之心。”　⑨象小於𨸏：字形顯得比“𨸏”小。成：重，層。“三成”指“𨸏”由三個“𠂤”構成。

【集解】

徐灝《説文注箋》：“𠂤本𨸏之側體，小篆變而方之，其上爲曲筆，皆取字形茂美耳。”

王筠《説文句讀》：“自小於𨸏，故字形減於𨸏，俗作‘堆’。”

朱駿聲《説文定聲》：“（自）字亦作‘堆’，作‘𨸏’，作‘塠’。”

饒炯《説文部首訂》：“‘自’爲土山之小者，‘阜’爲土山之大者。”

李孝定《甲骨文字集釋》：“自、𠂤字並當横看作ᗄ、ᨓ。”“自爲小阜，丘爲小山，以峰之多少別其大小也。”

黄天樹《部首與甲骨文》（續二）：“自（部四百九十九），甲骨文中有兩個‘自’字，一個訓爲‘小阜’的‘自’（古“堆”字），豎筆一般寫作呈筆直狀的𠂤、𠂤（見《甲骨文編》1638 號“阜”字條）。另一個爲古‘自’（師）字，豎筆一般寫作呈彎弧狀的𠂤（見《甲骨文編》1631 號‘自’字條），卜辭云：‘戊辰卜貞：翌己巳涉𠂤（自）？五月。’（《合》5812）自讀爲‘師’，訓爲‘師衆’，‘涉師’即‘使師衆涉水’。後來在字形演變過程中二者逐漸混淆，許慎也未能分清。《説文》訓‘小阜’的‘自’字，篆文與‘𠂤（阜）’字相似，均屬象形，所以段注云：‘象小於𠂤，故“𠂤”（阜）三成，“自”二成。’孫詒讓在《名原》中認爲，這兩個字是豎過來寫的‘山’、‘丘’二字（參看李孝定《甲骨文字集釋》第 14 卷第 4120—4121 頁；李學勤《論西周金文的六師、八師》，《華夏考古》1987 年 2 期），甚確。根據甲骨文中𠂤、𠂤爲一字的現象，裘錫圭先生傾向於把它們都釋爲訓爲‘小阜’的‘自’（裘錫圭：《古文字論集》193 頁）。在古代指稱人工堆築的堂基一類的建築。”

董蓮池《部首新證》：“字見甲骨文，寫作𠂤（《甲骨文合集》28086，3461 頁），‘堆’的古字，堆高出地面，似小山。”

【同部字舉例】

官 𡧭 guān　史（《段注》作“吏”）事君也。从宀从𠂤。𠂤猶衆也。此與“師”同意。古丸切。○甲文𡦲、𠂤、𡧭　金文𡧭、𡧭、𡪄　見桓平見元

卷十四下

自 阜 500 fù 甲文 ⻖、⻖、⻖、⻖、⻖、⻖、⻖　房九切　並有開三
上　並幽（304/306；731/738）

大陸也_{大徐本無“也”}[一]**，山無石者。象形**[二]**。凡自之屬皆从自。**阜**，古文**[三]。

【譯文】

　　大土山，没有石頭的山。象形。凡是和“自”義有關的字都以“自”爲構件。阜，是“自”的古文。

【段注】

　　[一]“也”字今補。《釋地》、毛傳皆曰：“大陸曰阜。”李巡曰：“高平曰陸，謂土地豐正名爲陸，陸土地獨高大名曰阜，阜最大名爲陵。”①引申之爲凡厚、凡大、凡多之稱。《秦風》傳曰：“阜，大也。”②《鄭風》傳曰：“阜，盛也。”③《國語》注曰：“阜，厚也。”④皆由土山高厚演之。
　　[二]“山”下曰：“有石而高，象形。”此言“無石”，以别於有石者也。《詩》曰：“如山如阜。”山與自同而異也。《釋名》曰：“土山曰阜。”⑤象形者，象土山高大而上平，可層絫而上，首象其高，下象其三成也。房九切。三部（幽、覺）。　　[三]上象絫高，下象可拾級而上。

【疏義】

　　①《爾雅·釋地》：“大陸曰阜。”《詩經·小雅·天保》：“如山如阜，如岡如陵。”毛傳：“言廣厚也。高平曰陸，大陸曰阜，大阜曰陵。”鄭玄箋：“此言其福禄委積高大也。”孔穎達正義：“《釋地》文。李巡曰：‘高平，謂土地豐正名爲陸，土地獨高大名曰阜，最大名爲陵。’”今本李巡語與段氏所引稍異。李巡：東漢末汝陽（今河南汝陽）人，有清

名。　②《詩經·秦風·駟驖》：“駟驖孔阜，六轡在手。”毛傳：“阜，大也。”驖：赤黑色的馬。　③《詩經·鄭風·叔于田》：“叔在藪，火烈具阜。”毛傳：“阜，盛也。”　④《國語·周語上》：“口之宣言也，善敗於是乎興，行善而備敗，其所以阜財用衣食者也。”《周語中》：“不義則利不阜。”《晉語四》：“故異德合姓，同德合義。義以導利，利以阜姓。”韋昭注皆云：“阜，厚也。”　⑤《釋名·釋山》：“土山曰阜。阜，厚也，言高厚也。”

【集解】

徐灝《説文注箋》：“段説象形，失之。戴氏侗曰：‘𨸏，山之岡隴坡陀下陁者也。山峰峻峙，岡阜側注，故𨸏从側山。引而申之，凡豐厚者皆曰阜。’……戴説最精。”

朱駿聲《説文定聲》：“(𨸏)从厂，象形，古文亦从厂，象形。今隸作‘阜’，亦作‘𨸏’。”

徐中舒等《甲骨文字典》：“(阜)古代穴居，於豎穴側壁挖有𠄌形之腳窩以便出入登降。甲骨文𨸏字作𨸏、𨸏等形，正象腳窩之形，作𨸏者乃其省體。”

黃天樹《部首與甲骨文》(續二)：“甲骨文作𨸏，一説象豎起來寫的土山；一説象上下或登降山阜時所用的石磴形。”

董蓮池《部首新證》：“字見甲骨文，寫作𨸏、𨸏、𨸏、𨸏諸形(《甲骨文編》534頁)，葉玉森云：从丨象土山高峭，𨸏、𨸏、𨸏並象阪級(《甲骨文字詁林》1253頁引)。王筠《説文釋例》云：‘阜之古文寫作𨸏、𨸏，蓋如畫坡陀者然，層層相重累也。’二説並是。‘山’作ᨓ，象峰巒，‘阜’作𨸏，象陂隴，二形區分顯然，或謂阜爲ᨓ(山)之豎書，不確。”

【同部字舉例】

陵 𨸏 líng　大阜也。从𨸏，夌聲。力膺切。○金文𨸏、𨸏、𨸏、𨸏、𨸏、𨸏　來蒸平　來蒸

陰 𨸏 yīn　闇也。水之南、山之北也。从𨸏，侌聲。於今切。○金文𨸏、𨸏、𨸏、𨸏　影真平　影真

陽 𨸏 yáng　高明也。从𨸏，昜聲。與章切。○金文𨸏、𨸏、𨸏、𨸏、

𨸐、𨸐、𨸐、𨸐　　以陽平　定陽

陸　陸 lù　　高平地。从𨸏从坴，坴亦聲。𨸐，籀文陸。力竹切。○甲文𨸐　金文𨸐、𨸐、𨸐、𨸐、𨸐、陸　來屋入　來覺

阿　阿 ē　　大陵也。一曰：曲𨸏也。从𨸏，可聲。烏何切。○金文阿、阿　影歌平　影歌

阪　阪 bǎn　　坡者曰阪。一曰：澤障。一曰：山脅也。从𨸏，反聲。府遠切。○並潸上　並元

險　險 xiǎn　　阻難也，从𨸏，僉聲。虛檢切。○曉琰上　曉談

陟　陟 zhì　　登也。从𨸏从步。𨸐，古文陟。竹力切。○甲文𨸐、𨸐、𨸐、𨸐、𨸐　金文陟、𨸐、𨸐、陟、𨸐　知職入　端職

陷　陷 xiàn　　高下也。一曰：陊也。从𨸏从臽，臽亦聲。戶猲切。○匣陷去　匣談

降　降 jiàng　　下也。从𨸏，夅聲。古巷切。○甲文𨸐、𨸐、�、�、�　金文�、�、�、降、�　見絳去　見冬

防　防 fáng　　隄也。从𨸏，方聲。坊，防或从土。符方切。○並陽平　並陽

隔　隔 gé　　障也。从𨸏，鬲聲。古覈切。○見麥入　見錫

障　障 zhàng　　隔也。从𨸏，章聲。之亮切。○章漾去　章陽

𨸏𨸏　501　fù　房九切　並宥開三去　並幽（307/308；737/744）

兩𨸏之閒也。从二𨸏[一]。凡𨸏之屬皆从𨸏。

【譯文】

　　兩阜之間稱作"𨸏"。由兩個"𨸏"字構成。凡是和"𨸏"義有關的字都以"𨸏"爲構件。

【段注】

　　[一]似醉切。按：此字不得其音。大徐依"𤽎"讀也。《廣韻》《玉篇》扶救切，又依"𨸏"音讀也①。

【疏義】

　　①𤽎：同"燧"。燧，《廣韻》徐醉切。《廣韻》宥韻："𨸏（扶富切），

兩皀閒也。”按:䏶字《廣韻》未見“扶救”一音。《玉篇》䏶部:“䏶,扶救切。《説文》云:‘兩皀之閒。’”

【集解】

饒炯《説文部首訂》:“‘䏶’即‘隧’之本字。”

徐灝《説文注箋》:“‘䏶’蓋古‘隧’字。”

董蓮池《部首新證》:“戰國寫作䖝(青川秦墓木牘‘䐗’所从),象兩昌(皀)對峙,中有間之形。”

【同部字舉例】

䰚闕 jué　皀突(jué,空缺處)也。从䏶,決省聲(《段注》作“夬聲”)。於決切。○見屑入　見月

厽厽 502
lěi　力軌切　來紙合三上　來微(307/308;737/744)

絫(“纍”的古字)坺(fá,耕地翻起的土塊)土爲牆壁[一]。象形[二]。凡厽之屬皆从厽。

【譯文】

用土快纍成牆壁。象形。凡是和“厽”義有關的字都以“厽”爲構件。

【段注】

[一]絫者,今之“累”字。土部曰:“一臿土謂之坺。”臿者,今之鍫(qiāo)。以鍫取田閒土塊,令方整不散,今里俗云“坺頭”是也,亦謂之“版光”①,累之爲牆壁,野外軍壁多如是,民家亦如是矣。軍壁則謂之“壘”。　　[二]像坺土積疊之形。其音力詭切,在古十六部(支、錫)。大徐力軌切,非也。凡古厽聲之字在十六部,晶聲之字在十五部(脂、微、物、月),此必當辨者也。《玉篇》云:“厽,《尚書》以爲‘參’字。”②按:此謂《西伯戡黎》“乃罪多參(cān)在上”,或作“厽”也③。

【疏義】

①鍫:同“鍬”。坺頭、版光:土坯。　　②《玉篇》厽部:“厽,力捶切。累墼(qiàn)爲牆壁也。《尚書》以爲‘參’字,七貪切。”墼:護城河,壕溝。　　③戡:今本《尚書》作“戡”。參:羅列。《尚書·西伯戡黎》:“王曰:‘嗚呼!我生不有命在天?’祖伊反曰:‘嗚呼!乃罪多參

在上,乃能責命于天?'"孔安國傳:"反,報紂也。言汝罪惡衆多,參列
於上天,天誅罰汝,汝能責命于天,拒天誅乎?"祖伊:商紂王臣,奚仲
之後。

【集解】

王筠《説文釋例》:"坴、坴二字,詳其説解,知是一字。殆古作
'坴',後人恐其不顯,加'土'以表之。"

饒炯《説文部首訂》:"'坴'爲積坴土爲牆壁,義本動字,後名所積
之坴亦曰坴,又爲靜字。"

董蓮池《部首新證》:"◔即表坴頭,字以坴頭疊壘之形表示
'壘'意。"

【同部字舉例】

　纍　𦆻 lěi　增也。从坴从糸。纍,十黍之重也。力軌切。○來紙
上　來微

　壘　𡎛 lěi　纍墼(jī,未燒的磚坯)也。从坴从土。力軌切。○來紙
上　來微

四（四） 503　sì　甲文亖、亖　金文亖、囝、⊕、⊖、⊠　息利切　心至
開三去　心脂(307/308;737/744)

亖數(古人把數字分爲陰陽兩類,"四"屬陰數)**也**[一]。**象
四分之形**[二]。**凡四之屬皆从四。ᕮ,古文四如此**大徐
本無"如此"二字[三]。**亖,籀文四**[四]。

【譯文】

代表陰數。字形象把一個四方形的"口"用"八"分開。凡是和
"四"義有關的字都以"四"爲構件。ᕮ,古文"四"字這樣寫。亖,是
籀文"四"字。

【段注】

[一]自一篇列一部、三部,十三篇列二部,二篇列八部,三篇列十
部①,數未備也,故於此類列之②。　　[二]謂"口"像四方,"八"像分
也。息利切。十五部(脂、微、物、月)。　　[三]小篆略改之。　　[四]此
算法之"二二如四"也。"二"字兩畫均長,則"亖"字亦四畫均長,今人

作篆多誤。《覲禮》"四享",鄭注曰:"'四'當爲'三'。書作三四,字或皆積畫,字相似,由此誤。"③《聘禮》注云:"《朝貢禮》:純四只。"《鄭志》"荅趙商問":"四當爲三。"④《周禮·內宰》職注:"《天子巡守禮》:制幣丈八尺,純四𢁛(zhǐ)。"《鄭志》"荅趙商問"亦云:"四當爲三。"⑤《左傳》:"是四國者,專足畏也。"劉炫謂"四"當爲"三",皆由古字積畫之故⑥。按《說文》之例,先籀文,次古文,此恐轉寫誤倒。

【疏義】

①以上數句的大意:"一、三"二字分列在第一篇的一、三二部,"二"字列在第十三篇的二部,"八"字列在第二篇的八部,"十"字列在第三篇的十部。　②"數未"二句大意:由於此前出現的這些數字序次不全,故姑且分列於以上各篇。按:"四、五、六、七"四字均列在第十四篇,段氏據此說提出以上說法,不足信。　③《儀禮·覲禮》:"四享,皆束帛加璧。"鄭玄注:"'四'當爲'三'。古書作三四,或皆積畫,此篇又多四字,字相似,由此誤也。"按:《覲禮》篇多處出現四字,如"路下四、四馬、四門"等。　④純:絲。又讀 zhǔn,布帛的寬度。只:通"𢁛",八寸。《儀禮·聘禮》:"釋幣,制玄纁(xūn)束,奠于几下,出。"鄭玄注:"祝釋之也。凡物十曰束。玄纁之率,玄居三,纁居二。《朝貢禮》云:'純,四只。制,丈八尺。'"纁:淺紅色。《鄭志》卷中:"趙商問:'𢁛長八寸,四八三十二,幅廣三尺二寸,太廣,非其度。'答云:'古積畫誤爲"四",當爲"三",三𢁛則二尺四寸矣。"《鄭志》:三國魏人鄭小同撰,內容爲鄭玄弟子追論師說及師徒應答之語。鄭小同:鄭玄孫,歷官郎中、侍中,封關內侯。曾爲高貴鄉公曹髦講授《尚書》。趙商:鄭玄弟子。　⑤《周禮·天官冢宰·內宰》:"祭之以陰禮。"鄭玄注:"玄謂純制,《天子巡守禮》所云'制幣丈八尺、純四𢁛(zhǐ)'與?陰禮,婦人之祭禮。"幣:帛。𢁛:同"𢁛",八寸。《鄭志》卷中:"趙商問云:'《天子巡守禮》制丈八尺,純四𢁛(zhǐ),何?'答云:'《巡守禮》:制丈八尺,𢁛(zhǐ)八寸,四𢁛三尺二寸。又太廣,四當爲三,三八二十四,二尺四寸,幅廣也。古三、四積畫,是以三誤爲四也。'"　⑥《左傳·昭公十二年》:"是四國者,專足畏也。"孔穎達正義:"炫謂古四字積畫,四當爲三。"炫:劉炫,隋代經學家。

【集解】

商承祚《殷虚文字》："'四'古文作𠃬,籀文作亖,金文中'四'字皆作亖,無作𠃬者,𠃬亦晚周文字。"

林義光《文源》:"(四)古作'𠃬',不象四方,即'喉'之古文,獸口也。象口鼻相連之形。"

董蓮池《部首新證》:"字見甲骨文,寫作亖(《甲骨文編》538頁),亦見西周金文,寫作亖(召伯簋),均是積四横畫以表示'四'數。構形屬於積畫成字。"

宁　𠚕　504　zhù　甲文𠀠、𠀤、𠀡　金文𠙊、𠙉、𠚕　直吕切　澄語開三上　定魚(307/309;737/744)

辨積物也[一]。象形[二]。凡宁之屬皆从宁。

【譯文】

分別儲藏物品的器具。象形。凡是和"宁"義有關的字都以"宁"爲構件。

【段注】

[一]"辨"今俗字作"辦",音蒲莧切,古無二字二音也。《周禮》"以辨民器"①,辨,具也,分別而具之,故其字从"刀"。積者,聚也。"宁"與"貯"蓋古今字,《周禮》注作"渚"(zhù)②,《史記》作"積著"③。《釋宫》:"門屏之閒曰宁。"郭云:"人君視朝所宁立處。"④《毛詩》傳云:"宁立,久立也。"⑤然則凡云"宁立"者,正"積物"之義之引申。俗字作"佇"、作"竚",皆非是。以其可宁立也,故謂之"宁"。《齊風》作"著"⑥。　[二]其旁有禦,其下有阯⑦,其上有顚,辨積之形也。直侶切。五部(魚、鐸)。

【疏義】

①《周禮·冬官考工記》總敘:"或坐而論道,或作而行之,或審曲面埶,以飭五材,以辨民器。"鄭玄注:"辨猶具也。"具:設置。　②渚:同"貯"。《周禮·地官司徒·賈師》:"凡天患,禁貴價(yù)者,使有恒賈。"鄭玄注:"謂若渚米穀棺木,而睹久雨疫病者貴賣之,因天災害阨民,使之重困。"價:賣。賈:"價"的古字。　③積著:即"積貯"。《史記·貨殖列傳》:"至卯,積著率歲倍。"　④引文見《爾雅·釋宫》及郭

璞注。　⑤《詩經·邶風·燕燕》:"之子于歸,遠于將之。瞻望弗及,佇立以泣。"毛傳:"佇立,久立也。"今本《詩經》作"佇"不作"宁"。⑥《詩經·齊風·著》:"俟我於著乎而,充耳以素乎而。"毛傳:"門屏之閒曰著。"　⑦禦:遮擋物。阯:下基。

【集解】

徐灝《説文注箋》:"竊疑宁象門屏之形,視朝所立處,因之有宁立之義,又有待義相承,增作'佇',又作'竚',引申爲辨積物之偁。"

王筠《説文句讀》:"宁,此積貯之正字也。積物必有器,所以辯其種族也,器與器相交,則所空之地皆有隙,故此字中央作六角形。"

饒炯《説文部首訂》:"'宁'爲'貯'之古文,'貯'即'宁'之轉注。蓋積物者必辨其族類,宁之乃有處所。篆畫六邊正象辨積其物不一之形。"

朱駿聲《説文定聲》:"'宁'與'貯'略同。"

黄天樹《部首與甲骨文》(續二):"甲骨文作宁,象古代貯藏物品的器具,是'貯'的初文,本義爲積貯、貯存。"

董蓮池《部首新證》:"字見甲骨文,寫作宁、宁諸形(《甲骨文編》539頁),象貯物之器形,爲'貯'的初文。"

【同部字舉例】

斸 斸 zhǔ　幢(zhūn,裝米的器具)也。所以載盛米。从宁从甾。甾,缶也。陟呂切。○知語上　端魚

叕 叕　505 zhuó　陟劣切　知薛合三入　端月(307/309;738/745)

綴聯也[一]。象形[二]。凡叕之屬皆从叕。

【譯文】

相連綴。象形。凡是和"叕"義有關的字都以"叕"爲構件。

【段注】

[一]以"綴"釋"叕",猶以"糸"釋"幺"也[1]。聯者,連也。

[二]陟劣切。十五部(脂、微、物、月)。

【疏義】

[1]"綴"釋"叕":指説解方法是用後起字釋本字。參見第五〇二部"幺"之説解。

【集解】

王筠《説文句讀》：“以‘綴’説‘叕’，則‘綴’者‘叕’之分別文也。”

朱駿聲《説文定聲》：“（叕）疑即‘綴’字之古文。”

黃天樹《部首與甲骨文》（續二）：“《説文》：‘綴聯也。象形。’以六條曲綫相綴聯示意。”

董蓮池《部首新證》：“秦簡寫作夵（睡虎地秦簡《日書》），从人形之‘大’，手足處均著丿，示四肢被綁縛，篆則四肢聯繫爲一體，本義爲綴聯。”

【同部字舉例】

綴緅 zhuì　合箸也。从叕从系。陟衛切。○合箸：縫合。知祭去端祭

亞 亞 506 yà　甲文🜨、🜨、🜨　金文🜨、🜨、🜨、🜨、🜨、🜨、🜨　衣駕切　影禡開二去　影魚（307/309；738/745）

醜也[一]。象人局背（局背：駝背）**之形[二]。賈侍中**（賈逵）**説：以爲次弟也[三]。凡亞之屬皆从亞。**

【譯文】

醜惡。字形象人駝背的樣子。賈侍中説：用來表示次第。凡是和“亞”義有關的字都以“亞”爲構件。

【段注】

[一]此“亞”之本義。“亞”與“惡”音義皆同，故《詛楚文》“亞駞”，《禮記》作“惡池”①。《史記》“盧綰（wǎn）孫他之封惡谷”，《漢書》作“亞谷”②。宋時玉印曰“周惡夫印”，劉原甫以爲即“條侯亞父”③。　[二]像醜惡之狀也。衣駕切。古音在五部（魚、鐸）。[三]別一義。《易·上繫》：“言天下之至賾而不可惡也。”荀爽“惡”作“亞”，云“次也”④。《尚書大傳》：“王升舟入水，鼓鐘惡，觀臺惡，將舟惡。”鄭注：“‘惡’讀爲‘亞’，亞，次也。”⑤皆與賈説合。

【疏義】

①《詛楚文》：戰國時秦國的石刻文字。戰國後期秦楚爭霸激烈，秦國寫成此文，旨在詛咒楚國。文刻於石塊，其中有“告于丕顯（顯）大神亞駞”一語。《禮記·禮器》：“晉人將有事於河，必先有事

於惡池。"亞駞:即"惡池",水神名。　②《史記·韓信盧綰列傳》:"孝景中六年,盧綰孫他之,以東胡王降,封爲亞谷侯。"裴駰集解:"徐廣曰:'亞,一作惡。'"《漢書·韓彭英盧吳傳》:"孝景帝時,綰孫它人以東胡王降,封爲惡谷侯。"他之:即它人。按:今本《史記》作"亞谷",《漢書》作"惡谷",疑段氏誤倒。　③周惡夫:即西漢名將周亞夫,周勃之子,封條侯。劉原甫:即劉敞,宋人,又號原父。清吳玉搢《別雅》卷四:"惡夫,亞夫也。《語林》:'宋人有獲玉印,文曰"周惡夫印"。'劉原父曰:'漢條侯印。古亞、惡二字通用。'按:《説文》:'亞,醜也。'則義與'惡'近。"吳玉搢(1698—1773):清代古文字和考古學家,江蘇山陽人(今江蘇淮安)人,著作有《説文引經考》《金石存》《別雅》等。《語林》:記載漢魏至兩晉知名人物應對的著作,東晉河東聞喜(今山西運城東)人裴啟撰,已佚,有輯本。　④別一義:又一義。《上繫》:即《繫辭上》。"亞"的又一義項是次一級。荀爽:東漢潁陰(今河南許昌市)人,著作有《易傳》《詩傳》《尚書正經》《春秋條例》等。《周易·繫辭上》:"言天下之至賾而不可惡也,言天下之至動而不可亂也。"陸德明釋文:"惡,於嫁反。荀作'亞',亞,次也。又烏路反。"惠棟《九經古義·周易古義》卷二:"荀爽本'惡'作'亞',云次也。棟案:古亞字皆作惡。"按:"至賾而不可惡"一語孔穎達正義:"謂聖人於天下至賾之理,必重慎明之,不可鄙賤輕惡也。"釋"惡"爲"鄙賤輕惡"。　⑤引文中"惡"字今本《尚書大傳》皆作"亞"。《尚書大傳·泰誓傳》:"王升舟入水,鼓鍾亞,觀臺亞,將舟亞,宗廟亞。"

【集解】

饒炯《説文部首訂》:"據'亞'形全篆觀之,本作'工'而變象其局背雞胸之形,例與'鼎'下説'象析木'意同。"

王筠《説文釋例》:"'亞'即醜惡之古字也。""醜是事而不可指,借局背之形以指之,非惟駝背,抑且雞匈,可云醜矣。"(匈:"胸"的古字)

朱駿聲《説文定聲·補遺》:"(亞)謂後若駝背,前如雞胸。"

林義光《文源》:"'亞'當爲'庌'之古文,廡也,象形。'亞、庌'古同音。"(庌 yǎ:廊屋)

　　商承祚《殷虛文字》："（亞）此作🀆，與古金文同，與許訓'象人背之形'不合。許因訓醜，乃爲局背之説。然'醜'古亦訓比、訓類，與賈侍中次第之説固無殊。《爾雅》'兩壻相謂曰亞'，正謂相類次也。"

　　于省吾《甲骨文字釋林·釋亞》："甲骨文'亞'字作🀆或🀆形……象隅角之形。"

　　董蓮池《部首新證》："字見甲骨文，寫作✚、✚諸形（《甲骨文編》539頁），西周金文寫作🀆（《金文編》947頁），不'象人局背之形'，無醜之象，許慎所釋形義不可信。其形體取象今難確知。古今諸家雖多有説，然均爲猜測之詞。"

【同部字舉例】

　　暜𧜳 yà　闕。衣駕切。○影禡去　影魚

五 Ⅹ

507 wǔ　甲文Ⅹ、Ⅹ、三　金文Ⅹ、Ⅹ、Ⅹ　疑古切　疑姥合
一上　疑魚（307/309；738/745）

五行也[一]**。从二**[二]**，侌昜在天地閒交午也**[三]**。凡五之屬皆从五。Ⅹ，古文五如此** "如此"二字大徐本作"省"[四]。

【譯文】

　　五行（金、木、水、火、土）。以"二"爲構件，中間的"Ⅹ"表示陰陽在天地間相交。凡是和"五"義有關的字都以"五"爲構件。Ⅹ，古文"五"字這樣寫。

【段注】

　　[一]古之聖人知有水、火、木、金、土五者，而後造此字也。[二]像天地。　[三]此謂Ⅹ也，即釋古文之意。水、火、木、金、土相尅相生，陰陽交午也。疑古切。五部（魚、鐸）。　[四]小篆益之以"二"耳，古文像陰陽午貫之形①。《毛詩》："七月鳴鳩。"王肅云當爲"五月"②。正爲古文"五"與"七"相近似。

【疏義】

　　①午貫：交錯。　②鳩：今本作"鵙"。《詩經·豳風·七月》："七

月鳴鵙(jú)，八月載績。”鵙：伯勞鳥。孔穎達正義：“王肅云：‘蟬及鵙皆以五月始鳴，今云七月，其義不通也。’古‘五’字如‘七’。”

【集解】

徐灝《説文注箋》：“‘乂、午’古字通。”

王筠《説文釋例》：“一縱一横，正之則‘十’字，衺之則‘乂’字，故知‘午’爲借字。”

朱駿聲《説文定聲》：“按：(乂)作交畫形，用以紀數，據悟字偏旁，古文(本書按：悟，古文作㤬)又作‘㐅’。”

林義光《文源》：“按：‘五’本義爲交午，假借爲數名，‘二’象横平，‘乂’象相交，以‘二’之平見‘乂’之交也。”

姚孝遂：“‘乂’乃‘五’之最初形體，《説文》古文同……一縱一横，相交以爲刻識，即謂之‘乂’，典籍則假‘午’爲之。”(《甲骨文字詁林》3575頁)

六 _{（省略甲骨字形）} 　508 liù　甲文 ∧、∧、∧　金文 ∧、∧、∩　力竹切　來屋合三入　來覺(307/309；738/745)

《易》之數，㑱變於六，正於八^[一]**。从入、**大徐本有“从”**八**^[二]**。凡六之屬皆从六。**

【譯文】

《周易》的數字，用“六”表示陰的變數，用“八”表示陰的正數。由“入、八”構成。凡是和“六”義有關的字都以“六”爲構件。

【段注】

[一]此謂六爲陰之變，八爲陰之正也，與下文言“七、九”一例。“八”篆已見二篇，故類言之。六爲陰之變，九爲陽之變，聖人以九、六繫爻，而不以七、八①。金氏榜曰：“《乾鑿度》謂七、八爲象(tuàn)，九、六爲變，故象占七、八，爻占九、六。一爻變者以變爻占，是爻占九、六也。六爻皆不變及變兩爻以上者，占之象辭，是象占七、八也。”②公子重耳筮得“貞《屯》、悔《豫》”，皆八③，董因筮得《泰》之八④，穆姜筮得《艮》之八⑤。凡陰不變者爲八也。　　[二]會意。力竹切。三部(幽、覺)。

【疏義】

①《周易》筮法:"九"代表陽爻,"六"代表陰爻。"七、八"屬於不變的陽爻(少陽)和陰爻(少陰),"六、九"屬於可變的陰爻(老陰)和陽爻(老陽)。占筮時用變爻"六、九",不用正爻"七、八"。《周易·乾》:"初九,潛龍勿用。"孔穎達正義:"先儒之説,理當然矣。然陽爻稱九,陰爻稱六,其説有二:一者《乾》體有三畫,《坤》體有六畫,陽得兼陰,故其數九,陰不得兼陽,故其數六。二者老陽數九,老陰數六,老陰老陽皆變。《周易》以變者爲占,故杜元凱注襄九年《傳》遇《艮》之八及鄭康成注《易》,皆稱《周易》以變者爲占,故稱九、稱六。所以老陽數九,老陰數六者,以揲(shé)著之數,九遇揲則得老陽,六遇揲則得老陰,其少陽稱七,少陰稱八,義亦準此。張氏以爲陽數有七有九,陰數有八有六,但七爲少陽,八爲少陰,質而不變,爲爻之本體。九爲老陽,六爲老陰,文而從變,故爲爻之別名。"杜元凱:即杜預。鄭康成:即鄭玄。揲著:數蓍草,問卜的方式。　②金榜:清代學者,徽派樸學代表人物之一。彖:《周易》中的斷卦之辭。《周易乾鑿度》卷上:"陽動而進,陰動而退,故陽以七、陰以八爲彖。《易》一陰一陽,合而爲十五之謂道。陽變七之九,陰變八之六,亦合於十五,則彖變之數若之一也。"③《國語·晉語四》:"公子親筮之,曰:'尚有晉國。'得貞《屯》、悔《豫》,皆八也。"韋昭注:"内曰貞,外曰悔。《震》下《坎》上,《屯》。《坤》下《震》上,《豫》。得此兩卦,《震》在《屯》爲貞,在《豫》爲悔。八,謂《震》兩陰爻,在貞在悔皆不動,故曰'皆八',謂爻無爲也。"貞:指《易》卦的内卦,即下三爻。《屯》:六十四卦中的第三卦,卦象爲䷂。悔:指《易》卦的外卦,即上三爻。《豫》:六十四卦中的第十六卦,卦象爲䷏。八:指陰爻。"皆八"指"皆陰"。"《震》在"數句大意:《震》(指八卦的《震》)在《屯》卦中屬於内卦,在《豫》卦中屬於外卦。按:《震》卦的兩個陰爻,無論處在内卦還是外卦都沒有發生變化,所以説"皆八"(即"皆陰")。關於"皆八"前人的解説紛紜多歧,韋注較爲合理。今人或説"八"義爲"半","半"義同"分","八、分"爲古今字。《屯》卦從初爻至上爻的爻次是:陽—陰—陰—陰—陽—陰,《豫》卦從初爻至上爻的爻次是:陰—陰—陰—陽—陰—陰。《屯》《豫》相較,不變的爻

爲二爻、三爻和上爻,宜變的爻爲初爻、四爻和五爻。不變的爻與宜變的爻各三,這就是所謂"皆半",即"皆八"。説詳俞志慧《〈國語·晉語四〉"貞屯悔豫皆八"爲宜變之爻與不變之爻皆半説》(《中國哲學史》2007 年 4 期)。 ④董因:春秋時晉國大夫。《國語·晉語四》:"董因逆公於河。公問焉,曰:'吾其濟乎?'對曰:'……臣筮之,得《泰》之八。'"韋昭注:"《乾》下《坤》上,《泰》。遇《泰》無動爻無爲侯。《泰》三至五,震爲侯。陰爻不動,其數皆八,故得《泰》之八。與'貞《屯》、悔《豫》皆八'義同。"《泰》:六十四卦中的第十一卦,卦象爲䷊。據韋注,《泰》卦的三爻到五爻配成八卦中的《震》卦(卦象爲☳)。無爲侯:不會成爲君侯。震爲侯:義即"動爲侯",行動會成爲君侯。《震》卦代表動。陰爻不動:指上爻(第六爻)還是陰爻(同《坤》卦)不變。其數皆八:指《泰》卦前三爻加前五爻,得數爲八。 ⑤穆姜:春秋時魯宣公夫人,成公母。《艮》:指六十四卦中的第五十二卦,卦象爲䷳。《左傳·襄公九年》:"穆姜薨於東宮。始往而筮之,遇《艮》之八。"杜預注:"艮下艮上,艮。"《周禮》:"大卜掌三《易》。然則雜用《連山》《歸藏》《周易》。二《易》皆以七、八爲占,故言遇艮之八。"孔穎達正義:"《周易》之爻,唯有九、六。此筮乃言遇《艮》之八,二《易》皆以七、八爲占,故此筮遇八,謂《艮》之第二爻不變者是八也。揲(shé)蓍求爻,《繫辭》有法,其揲所得,有七、八、九、六。説者謂七爲少陽,八爲少陰,其爻不變也。九爲老陽,六爲老陰,其爻皆變也。《周易》以變爲占,占九六之爻,傳之諸筮,皆是占變爻也。"七、八爲占:指《連山》《歸藏》二《易》占卦時分別以"七、八"指稱陽爻和陰爻。"七"代表不變化的陽爻,所謂"少陽";"八"代表不變化的陰爻,所謂"少陰"。唯有九、六:指《周易》占卦唯以"九、六"指稱陽爻和陰爻。"九"代表變化的陽爻,所謂"老陽";"六"代表變化的陰爻,所謂"老陰"。"故此"二句大意:所以此筮遇到陰爻,而將《艮》卦不變的第二個陰爻稱作"八"。按:六十四卦的《艮》卦由兩個八卦的《艮》卦相疊而成,按孔穎達的説法,其内、外卦的第二爻都是陰爻,未發生變化。

【集解】

朱駿聲《説文定聲》:"聖人易結繩爲書契造字記數,本無深意,取别異以爲表識而已。此字當从四丨者,指事也。"

董蓮池《部首新證》:"字見甲骨文,寫作∧、介諸形(《甲骨文編》540頁),原本'入'一詞的異體,因'六'與'入'二詞古音相近,'六'遂假'入'字表示,後采用異體字分工方式分化,以入形專表'入'一詞,而以∧、介專表'六'一詞。故'六'字形體來自假借,是純粹表音符號。"

七 ㄘ

509 qī　甲文十、↓　金文十　親吉切　清質開三入　清質(307/309;738/745)

昜之正也[一]。从一,微侌從中衺出也[二]。凡七之屬皆从七。

【譯文】

代表陽的正數。以"一"爲構件代表"陽",象有微弱的陰氣从"一"中斜透出來。凡是和"七"義有關的字都以"七"爲構件。

【段注】

[一]《易》用"九"不用"七",亦用變不用正也①。然則凡筮,陽不變者當爲七,但《左傳》《國語》未之見②。　[二]謂ㄘ。親吉切。十二部(真)。

【疏義】

①《周易》筮法:"九、六"分别代表可變的陽爻、陰爻,"七、八"分别代表不變的陽爻、陰爻。占筮時用"九、六"指稱陽、陰二爻,不用"七、八"。　②但:只是。

【集解】

王筠《説文句讀》:"一者,陽也。陽中有陰,故爲少陽。"

林義光《文源》:"(七)古作'⋲',實即'切'之古文。'⊂'象所切之物,'一'其切痕。"

商承祚《殷虚文字》:"卜辭中凡'十'字皆作'丨','七'字皆作'十',判然明白。漢人則'十'字作'十','七'字作'十',以横畫之長短别之。"

董蓮池《部首新證》:"今考'七'字見甲骨文,寫作十(《甲骨文編》541頁)。丁山認爲字是刌物爲二,自中切斷之象,本'切'之初文,借爲七數專名，又造‘切’字以表‘切’（《甲骨文字集釋》4184頁引）。其説可從。至戰國，因十數的‘十’字已由初形 丨 變爲 ╪ 再變爲 十 ，與‘七’字形近，便漸將‘七’字中豎下部旁拽，寫作 ㄣ 形（包山楚簡）以與‘十’字相別。”

九 九　510 jiǔ　甲文 𝕝、𝕝、𝕝、𝕝、𝕝　金文 𝕝、𝕝、𝕝、𝕝　舉有切
見有開三上　見幽（308/309；738/745）

易之變也[一]。象其屈曲究盡之形[二]。凡九之屬皆从九。

【譯文】

代表陽的變數。字形象彎彎曲曲至於窮盡的樣子。凡是和“九”義有關的字都以“九”爲構件。

【段注】

[一]《列子》《春秋緐露》《白虎通》《廣雅》皆云：“九，究也。”[①]
[二]許書多作“詰詘”。此云“屈曲”，恐後人改之。舉有切。三部（幽、覺）。

【疏義】

①《列子·天瑞篇》：“一變而爲七，七變而爲九。九變者，究也。”董仲舒《春秋繁露·煖燠孰多》：“故九月者，天之功大究於是月也。”《白虎通·禮樂》：“九之爲言究也。”《廣雅·釋詁》：“九，究也。”

【集解】

丁山《數名古誼》：“‘九’本‘肘’字，象臂節形。臂節可屈可伸，故有糾曲意。”

林義光《文源》：“（九）古作 𝕝、𝕝 形，本義當爲曲。借用爲數名，故屈曲之義別以它字爲之。”

董蓮池《部首新證》：“今考字見甲骨文，寫作 𝕝、𝕝 諸形（《甲骨文編》541頁），與‘肘’之象形文 𝕝（《甲骨文合集》13677正，1934頁）幾無區別，丁山認爲‘九本肘字，象臂節形’（見《甲骨文字詁林》3582頁姚孝遂按語引述）。説是。‘九’、‘肘’古音相近，數名無形可象，遂假初文‘肘’，故‘九’之形體取象本是肘，表示數目之‘九’是假借。”

【同部字舉例】

馗馗 kuí 九達道也。似龜背，故謂之馗。馗，高也。从九从首。逵，馗或从辵从坴。渠追切。〇羣脂平 羣幽

内禸 511

róu 人九切 日有開三上 日幽(308/309;739/746)

獸足蹂地也[一]。**象形**[二]**，九聲**[三]。**《尒疋》**(即《爾雅》)**曰**[四]**："狐、貍、貛、貉醜**(類)**，其足蹞**(同"蹯"，獸足)**，其迹厹。"**[五]**凡厹之屬皆从厹。蹂，篆文厹**大徐本無"厹"[六]**，从足，柔聲。**

【譯文】

獸足踩地。厶象獸足形，"九"爲聲符。《爾雅》說："狐、貍、貛、貉等類動物，其足叫做蹯，其足印叫做叫厹。"凡是和"厹"義有關的字都以"厹"爲構件。蹂，是篆文"厹"字，"足"爲意符，"柔"爲聲符。

【段注】

[一]足著地謂之"厹"。以"蹂"釋"厹"，以小篆釋古文也。先古文後小篆者，上部先"二"(shàng)之例也①。 [二]謂厶。 [三]人九切。三部(幽、覺)。 [四]小徐作"《爾雅》曰"②，是也。此蓋後人所改耳。 [五]《釋獸》文。"狐、貍、貛"，今作"貍、狐、貒(tuān)"。郭注："厹，指頭處也。"③蓋渾言之，凡迹皆曰"厹"，分析言之則各有名，如《爾雅》所說④。 [六]《爾雅音義》云："古文爲蹂。"由不知《說文》之例而改之⑤。

【疏義】

①"蹂"屬篆文，則"禸"即古文。先古文：指以古文作爲被解釋的字頭。《段注》改字頭"丄"爲"二"，認爲"二"爲"上"的古文，"丄"是"上"的篆文。 ②見《説文繫傳》内部。 ③《爾雅·釋獸》："貍、狐、貒、貈(hé)醜，其足蹯，其迹厹。"貒：豬貛。貈：古同"貉"，一種外形像狐的哺乳動物。頭處：足頭著地的印子。 ④《爾雅·釋獸》："麋……其迹躔(chán)；鹿……其迹速；麠(jūn)……其迹解。" ⑤《爾雅音義》：指陸德明《經典釋文·爾雅音義》。《說

文》之例：《説文》在多數情況下以篆文作爲字頭，也在少數情況下以古文作爲字頭。

【集解】

徐鍇《説文繫傳》：“厶，其指也。《爾雅》注曰：‘内，指頭處。’”

王筠《説文釋例》：“‘禸’之内以象其指迹，外以象其圻鄂，乃爪所攫畫也。”（圻鄂：紋路）

饒炯《説文部首訂》：“其文合‘九’篆以象之，緣借字形以爲物形，外象迹爪，中象迹蹏。”

黃天樹《部首與甲骨文》（續二）：“《説文》單列出‘内’，只是因爲《説文》已不明‘禽’、‘萬’、‘禹’等字的下部所從，於是才分離出‘内’形以統屬‘禽’、‘萬’、‘禹’等字。而實際上‘内’形不是一個獨立的字，它不過是由文字形體的一部分加飾筆變來的。如：‘禽’字演變如下所示：♈—♈—♈—♈—禽。又如‘萬’字演變如下所示：♈—♈—♈—萬。”

【同部字舉例】

禽　禽　qín　走獸總名。從禸，象形，今聲。禽、离、兕頭相似。巨今切。○甲文♈、♈、♈、♈　金文♈、♈、♈、♈、♈　羣侵平　羣侵

离　离　lí，又音 chī　山神，獸也（《段注》作“山神也，獸形”）。從禽頭從禸從屮。歐陽喬説：离，猛獸也。呂支切（《段注》作“丑知切”）。○徹支平　透歌

萬　萬　wàn　蟲也。從禸。象形。無販切。○甲文♈、♈、♈、♈、♈、♈　金文♈、♈、♈　明願去　明元

禹　禹　yǔ　蟲也。從禸，象形。禹，古文禹。王矩切。○甲文♈、♈　金文♈、♈、♈、♈　云麌上　匣魚

嘼　嘼　512　chù　金文♈、♈、♈、♈　許救切　徹宥開三去　透幽（308/309；739/746）

獸牲也此句大徐本作“㹜也”[一]。象耳、頭、足厹地之形[二]。古文嘼下從厹[三]。凡嘼之屬皆從嘼。

【譯文】

　　畜牲。字形象耳朵、頭部和足爪踩地的樣子。古文“嘼”的下部以“厹”爲構件。凡是和“嘼”義有關的字都以“嘼”爲構件。

【段注】

　　[一]《爾雅》釋文引《字林》：“嘼犓（chǎn）也。《説文》：‘嘼牲也。’”①今本《説文》作“犓也”②，乃後人以《字林》改《説文》耳。“嘼牲”二字連文，《禮記》《左傳》皆云“名子者不以畜牲”是也③。牛部“犓”字下亦曰：“嘼牲也。”④“圈”下曰：“養嘼之閑。”⑤“齅”（xiù）下曰⑥：“讀若嘼牲之‘嘼’。”今俗語多云“畜牲”。“嘼”今多用“畜”者，俗書叚借而然。《爾雅·釋獸、釋嘼》必異其名者，陸德明曰：“‘嘼’是嘼養之名，‘獸’是毛蟲總號，故《釋嘼》惟論馬、牛、羊、雞、犬，《釋獸》通説百獸之名。”按：《尚書》“武成歸嘼”，今作“歸獸”⑦，二字不分久矣。凡“畜養”古作“嘼養”。　　[二]象耳謂㘔，象頭謂田，象足厹地謂厹也。許救切。三部（幽、覺）。凡六畜當用此音，今專讀丑六切，非也。　　[三]謂古文作𤣥也。言此者，謂古文本从“厹”，象足踩地。小篆雖易其形，特取整齊易書耳，故以古文之形釋小篆。

【疏義】

　　①《經典釋文·爾雅音義·釋畜》：“（畜）許又反，本又作‘嘼’，音同。《字林》云：‘嘼産也。’《説文》云：‘嘼牲也。’經典並作‘畜’字……案：《釋獸》《釋畜》二篇俱釋獸而異其名者，‘畜’是畜養之名，‘獸’是毛蟲總號，故《釋畜》唯論馬、牛、羊、雞、犬，《釋獸》通説百獸之名。”毛蟲：百獸。　　②犓：家畜。　　③《禮記·内則》曰：“凡名子，不以日月，不以國，不以隱疾。”大意是：凡是給孩子取名，不用“日、月”等字命名，不用國家名稱命名，不用疾病名稱命名。《左傳·桓公六年》：“名有五：有信，有義，有象，有假，有類……不以國，不以官，不以山川，不以隱疾，不以畜牲，不以器幣。”“不以”等句大意：不用國名，不用官名，不用山川名，不用畜牲名，不用禮器玉帛名命名。嘼牲：今作“畜牲”。　　④《説文》牛部：“犓，畜牷也。”《段注》改爲“畜犓，畜牲也”。　　⑤閑：木欄之類的遮攔物。　　⑥齅：同“嗅”。　　⑦《尚書·武成》：“武王伐殷，往伐歸獸。”陸德明釋文：“獸，徐始售反。本或作

‘嘼’,許救反。”

【集解】

徐灝《説文注箋》：“畜養之義乃畜積之引申,故假‘畜’爲之,本無正字。若‘嘼’與‘獸’實則本一字相承增偏旁。”

王筠《説文句讀》：“‘嘼、畜’一字兩體。”

朱駿聲《説文定聲》：“(嘼)謂六牲,馬牛羊雞犬豕也,經傳皆以‘畜’爲之。”

吳大澂《説文古籀補》：“疑古文‘嘼’與‘守、狩’通。”

荊門市博物館《郭店楚墓竹簡》(文物出版社 169 頁)：“裘錫圭：‘嘼在古文中即單字的繁文。’”

黃天樹《部首與甲骨文》(續二)：“狩獵的‘狩’古作‘獸’,本從單從犬會意。‘嘼’是‘從單從犬’之‘單’形的繁化,獨立的‘嘼’字音義當與‘獸’無關。”

董蓮池《部首新證》：“今考字本由甲骨文所見 ❌(‘單’,《甲骨文編》521 頁)演變而來。❌本一種狩獵工具的象形……至西周,❌形下增加了一‘口’旁,寫作 ❌(小盂鼎),後又寫作 ❌(交鼎)、❌(師衰簋),至篆譌爲 ❌。”

【同部字舉例】

獸 ❌ shòu　守備者。从嘼从犬。舒救切。○金文 ❌、❌、❌、❌、❌　書宥去　書幽

甲 ❌　513 jiǎ　甲文 十、❌、❌、❌　金文 十、❌　古狎切　見狎開二入　見葉(308/310;740/747)

東方之孟,易气萌動[一]。**从木,戴孚甲之象**[二]。**《大一經》**“《大一經》”大徐本作“一”**曰**[三]：**“人頭空**大徐本作“宜”**爲甲。”**[四]大徐本有“甲象人頭”一語**凡甲之屬皆从甲。**

❌,**古文甲,始於一、見於十、歲成於木之象**“始於”三句大徐本作“始於十,見於千,成於木之象”[五]。

【譯文】

代表五方之首的東方,陽氣開始活動。以“木”爲構件,字形象草

木頂戴種子甲殼的樣子。《大一經》説:"人的顱腔是甲。"凡是和"甲"義有關的字都以"甲"爲構件。由,是古文"甲"字,表示開始於"一"、顯現於"十"、年成於"木"之意。

【段注】

[一]《史記·曆書》曰:"甲者,言萬物剖符甲而出也。"《漢書·律曆志》曰:"出甲於甲。"①《月令》注曰:"日之行,春東從青道發生,月爲之佐,時萬物皆解孚甲。"②《月令》曰:"孟春之月,天氣下降,地氣上騰,天地和同,艸木萌動。"③今本小篆作"由",古文作"由",今正。説詳戈部"戎"字下④。　　[二]孚者,卵孚也。"孚甲"猶今言"彀"(què)也⑤。凡艸木初生,或戴穜(zhòng)於顚,或先見其葉,故其字像之,下像木之有莖,上像孚甲下覆也⑥。古狎切。八部(談)。《衞風》毛傳曰:"甲,狎也。"⑦言"甲"爲"狎"之叚借字也。又《大雅》:"會朝清明。"毛傳曰:"會,甲也。""會"讀如"檜"(guì),物之蓋也,"會朝"猶言"第一朝",此於雙聲取義⑧。《貨殖傳》"蓋一州",《漢書》作"甲一州"⑨。　　[三]考《藝文志》,陰陽家有《大壹兵法》一篇,五行家有《泰一陰陽》二十三卷、《泰一》二十九卷⑩,然則許偁《大一經》者,蓋此類。[四]"空"各本作"宜",今依《集韻》作"空"爲善⑪。"空、腔"古今字,許言"頭空、履空、領(é)空、脛空",皆今之"腔"也⑫。"人頭空"謂髑(dú)髏也⑬。　　[五]宋本作"始於十,見於千"⑭。或疑當作"始於下,見於上"。

【疏義】

①符甲:猶孚甲。出甲:種子出芽。《漢書·律曆志》:"此陰陽合德,氣鍾於子,化生萬物者也。故孳萌於子,紐牙於丑,引達於寅,冒茆於卯,振美於辰,已盛於巳,咢布於午,昧薆於未,申堅於申,留孰於酉,畢入於戌,該閡於亥。出甲於甲,奮軋於乙,明炳於丙,大盛於丁,豐楙於戊,理紀於己,斂更於庚,悉新於辛,懷任於壬,陳揆於癸。故陰陽之施化,萬物之終始,既類旅於律呂,又經歷於日辰,而變化之情可見矣。"　②《禮記·月令·孟春之月》:"孟春之月,日在營室,昏參中,旦尾中。其日甲乙,其帝大皞,其神句芒。"鄭玄注:"乙之言軋也。日之行,春東從青道,發生萬物,月爲之佐,時萬物皆解孚甲,自抽軋而

出,因以爲日名焉。"青道:月行軌道。抽軋:抽出,擠出。因以爲日名:於是將"甲乙"作爲春日(即孟春)之名。　③引文見《禮記·月令·孟春之月》。鄭玄注:"此陽氣蒸達,可耕之候也。"　④大徐本字頭作 甲。《説文》戈部:"戎(戎),兵也。从戈从甲。"《段注》改爲:"戎,兵也。从戈、甲。甲,古文甲字。"注曰:"日部'早'篆下及此小徐皆有此五字(本書按:指'甲,古文甲字'五字),大徐皆删之。由古文甲、小篆甲所異甚微故也。漢隸書'早'字平頭,如小篆本平頭,古文乃出頭作甲。轉寫既久,惑不能别,於日部及此删去五字,於'甲'篆則用出頭者爲小篆,別取《汗簡》所載異體爲古文,皆非也。"《説文繫傳》戈部:"戎,兵也。從戈、甲。甲,古文甲字。"日部:"早,晨也。從日在甲上。甲,古文甲字。"大徐本"戎、早"字下均無"甲,古文甲字"五字。郭忠恕《汗簡》"甲"字有異體作命。　⑤殼:卵殼。　⑥種:同"種",種子。顛:頭頂。王筠《説文句讀》:"猶云象木戴孚甲之形耳。"幼苗出土時,胚胎先出,象頭上頂着種子。　⑦《詩經·衛風·芄蘭》:"雖則佩韘(shè),能不我甲。"毛傳:"甲,狎也。"韘:扣在拇指上用以鈎弓弦的扳指。狎:親近。　⑧《詩經·大雅·大明》:"肆伐大商,會朝清明。"毛傳:"肆,疾也。會,甲也。不崇朝而天下清明。"鄭玄箋:"會,合也。以天期已至,兵甲之强,師率之武,故今伐殷,合兵以清明。"孔穎達正義:"車馬鮮强,將帥勇武,以此而疾往伐彼大商,會值甲子之朝。不終此一朝,而伐殺虐紂,天下乃大清明,無復濁亂之政。"鄭玄釋"會"爲"合",孔疏欲兼顧毛、鄭之釋。　⑨《史記·貨殖列傳》:"田農,掘業,而秦揚以蓋一州。"司馬貞索隱:"《漢書》作'甲一州'。服虔云:'富爲州之中第一。'"《漢書·貨殖傳》:"故秦楊以田農而甲一州。"　⑩所引見《漢書·藝文志》,其中《大壹兵法》今本作《太壹兵法》。　⑪《集韻》狎韻:"甲,古狎切。《説文》:'東方之孟,陽气萌動。从木戴孚甲之象。一曰:人頭空爲甲,甲象人頭,古作命,始於十,見於千,成於木之象。'一曰:介鎧也。一曰:狎也。亦姓。"　⑫《説文》革部:"鞔(mán),履空也。从革,免聲。"《段注》:"空、腔古今字,履腔如今人言鞵(xié)幫也。"鞵:鞋。"領空、脛空"出處不詳。　⑬髑髏:頭骨。又指死人的頭。　　⑭《説文繫傳》作"始一,見於十,歲成於木之象"。

【集解】

　　徐灝《説文注箋》:"'甲'之本義謂木之孚甲,引申爲凡皮甲之偁,假借爲十干之首。"

　　朱駿聲《説文定聲》:"甲,鎧也,象戴甲于首之形。"

　　丁福保《説文詁林》:"'十'爲古文'甲'字,即'押'字,今田父野老猶習用此字。"

　　商承祚《殷虚文字》:"(十)小篆後改作甲者,初以十嫌于數名之十(古七字)而加口作田,既又嫌于田疇之'田'而稍變之。秦陽陵虎符甲兵之甲作甲變口爲冂,更譌口爲冖,譌十爲丁作甲,而初形全失。"

　　于省吾《甲骨文字釋林·釋甲》:"甲之作田,象首甲形。"

乙 ㄋ 514　yǐ 甲文 ﹀、乀、ㄋ　金文 乁、乚、丿、ㄥ　於筆切　影質　開三入　影質(308/310;740/747)

　　象春艸木冤曲(冤曲:彎曲)**而出,套气尚彊,其出乙乙也**[一]**。與丨同意**[二]**。乙承甲,象人頸**[三]**。凡乙之屬皆从乙。**

【譯文】

　　字形象春天草木彎曲長出的樣子,春天陰氣尚强盛,草木長出時很困難。字形與"丨"的構意相同(自下通上)。乙承接甲,象人的頸部。凡是和"乙"義有關的字都以"乙"爲構件。

【段注】

　　[一]"冤"之言"鬱"、"曲"之言"詘"也。乙乙,難出之皃。《史記》曰:"乙者,言萬物生軋(yà)軋也。"①《漢書》曰:"奮軋於乙。"②《文賦》曰:"思軋軋其若抽。"③"軋軋"皆"乙乙"之叚借。"軋"从"乙"聲,故同音相叚。《月令》鄭注云:"乙之言軋也……時萬物皆抽軋而出。"④物之出土艱屯,如車之輾地澀滯⑤。　　[二]謂與自下通上之"丨"同意也。乙自下出上礙於陰,其書之也宜倒行。於筆切。十二

部(真)。按:李善"乙"音"軋"。　　[三]以下皆冡"《大一經》曰"言之⑥。

【疏義】

①引文見《史記·律書》。軋軋:難出貌。軋,擠。　②引文見《漢書·律曆志》,詳"甲"部【疏義】①。奮軋:艸木萌生。　③軋軋:今本作"乙乙"。《文選·文賦》:"理翳翳而愈伏,思乙乙其若抽。"李善注:"乙,難出之貌。《説文》曰:'陰氣尚强,其出乙乙然。'乙音軋。"《文賦》:陸機撰。　④引文見《禮記·月令·孟春之月》"其日甲乙"一語鄭玄注。引文有脱誤,詳"甲"部【疏義】②。　⑤艱屯:艱難。⑥冡《大一經》:上承《大一經》的説法。冡:"蒙"的古字。

【集解】

饒炯《説文部首訂》:"'乙'即古文'芽'字,象勾萌之形,十干以此託名。"

【同部字舉例】

乾　𠄌　qián　上出也。从乙。乙,物之達也。倝聲。𠄊,籒文乾。渠焉切,又古寒切。○羣仙平　羣元

亂　𤔔　luàn　治也。从乙,乙,治之也;从𤔔。郎段切。○金文𤔲　來換去　來元

丙 丙

515　bǐng　甲文門、冈、冈、冈　金文冈、人、冈、冈、冈、陨　兵永切　幫梗開三上　幫陽(308/310;740/747)

位南方[一]。萬物成,炳然[二]。侌气初起,昜气將虧[三]。从一、入、冂(jiōng)[四]。一者,昜也[五]。丙承乙,象人肩[六]。凡丙之屬皆从丙。

【譯文】

代表南方的方位。萬物長成,皎然茂盛。這時陰氣開始出現,陽氣即將虧減。由"一、入、冂"構成。一,代表陽氣。丙承接乙,象人的肩膀一樣。凡是和"丙"義有關的字都以"丙"爲構件。

【段注】

[一]句。　[二]句。　[三]鄭注《月令》曰:"丙之言炳也……萬

物皆炳然箸見。"①《律書》曰:"丙者,言陽道箸明。"②《律曆志》曰:"明炳於丙。"③　[四]合三字會意,陽入門④,伏臧將虒之象也。兵永切。古音在十部(陽)。　[五]釋篆體之"一"。　[六]冢《大一經》。

【疏義】

①箸:今本作"著"。《禮記・月令・孟夏之月》:"孟夏之月,日在畢,昏翼中,旦婺女中,其日丙丁。"鄭玄注:"丙之言炳也。日之行,夏南從赤道,長育萬物,月爲之佐。時萬物皆炳然著見而強大,又因以爲日名焉。"　②箸明:明顯。箸,今本作"著"。《史記・律書》:"丙者,言陽道著明,故曰丙。"陽道:房宿南二星中間的運行路綫。　③明炳:赫然可見。引文見《漢書・律曆志》,詳"甲"部【疏義】①。　④"合三"二句:"丙"字是由三個字構成會意,代表陽氣的"一"入於"門"中。

【集解】

饒炯《説文部首訂》:"炯案:丙者,灭之或體,即'杲、炳'古文也。篆當云:'从一,內聲。'內即《季娘鼎》𠂹(即冈)之變體;一即●字,古文日也。"

董蓮池《部首新證》:"今考字見甲骨文,寫作𠂤(《甲骨文編》547頁),既不从'一',也不从'入'、'門',是個獨體象形字。"

丁　个　516　dīng　甲文 ▢、◓、◯、◠、◠、▢　金文 ●、▼、▬、◉、▢
　　　　　　　　♡　　當經切　端青開四平　　端耕(308/310;740/747)

夏時萬物皆丁實[一]。**象形**[二]。**丁承丙,象人心**[三]。**凡丁之屬皆从丁。**

【譯文】

夏季萬物皆壯實。象形。丁承接丙,象人的心臟。凡是和"丁"義有關的字都以"丁"爲構件。

【段注】

[一]"丁實"小徐本作"丁壯成實"①。《律書》曰:"丁者,言萬物之丁壯也。"②《律曆志》曰:"大盛於丁。"③鄭注《月令》曰:"時萬物皆強大。"④　[二]當經切。十一部(耕)。　[三]冢《大一經》。

【疏義】

①《説文繫傳》丁部:"丁,夏時萬物皆丁壯成實,象形也。丁承

丙,象人心也。" ②引文見《史記·律書》。丁壯:壯實。 ③大盛:旺盛。引文見《漢書·律曆志》,詳"甲"部【疏義】①。 ④引文見《禮記·月令·孟夏之月》鄭玄注,有省略,詳"丙"部【疏義】①。

【集解】

徐灝《説文注箋》:"疑'丁'即今之'釘'字,象鐵弋形。鐘鼎古文作●,象其鋪首,↑則下垂之形也。"

朱駿聲《説文定聲》:"丁,鑽也,象形。今俗以'釘'爲之。"

饒炯《説文部首訂》:"'丁'即'朾'之本文。"

董蓮池《部首新證》:"今考字見商代甲骨文,寫作●、口諸形(《甲骨文編》549 頁)……西周金文寫作●(善鼎),或以爲取象釘帽形,爲'釘'之初文,假爲天干字。"

戊 戉

517 wù　甲文 牛、戉、牛、朴、口、卜　金文 牜、弋、牛、弋、戈、弋

　戌　莫候切　明候開一去　明幽(308/310;741/748)

中宫(指中央)**也**[一]**。象六甲五龍相拘絞也**[二]**。戊承丁,象人脅**[三]**。凡戊之屬皆从戊。**

【譯文】

代表中央的方位。字形象六甲中的五龍(黄龍、白龍、黑龍、青龍、赤龍)纏繞在一起。戊承接丁,象人的胸脅。凡是和"戊"義有關的字都以"戊"爲構件。

【段注】

[一]鄭注《月令》曰:"戊之言茂也……萬物皆枝葉茂盛。"①《律曆志》曰:"豐楙(máo)於戊。"② [二]六甲者,《漢書》"日有六甲"是也③。五龍者,五行也。《水經注》引《遁甲開山圖》曰:"五龍見教,天皇被迹。榮氏注云:'五龍治在五方,爲五行神。'"④《鬼谷子》:"盛神法五龍。"陶注曰:"五龍,五行之龍也。"⑤許謂"戊"字之形像六甲五行相拘絞也。莫候切。三部(幽、覺)。俗多誤讀。 [三]𢌿《大一經》。

【疏義】

①《禮記·月令·中央土》:"中央土,其日戊己,其帝黄帝,其神后土。"鄭玄注:"戊之言茂也,己之言起也。從黄道,月爲之佐。至此萬物皆枝葉茂盛,其含秀者抑屈而起,故因以爲日名焉。" ②豐楙:茂

盛。引文見《漢書·律曆志》,詳“甲”部【疏義】①。　③《漢書·律曆志》:“傳曰‘天六地五’,數之常也。天有六氣,降生五味。夫五六者,天地之中合,而民所受以生也。故日有六甲。”六甲:古時用天干地支配成六十組干支,其中以“甲”起頭的有甲子、甲戌、甲申、甲午、甲辰、甲寅六組,稱爲六甲。　④《遁甲開山圖》:西漢緯書,榮氏作注,或説榮氏撰,已佚,清人黃奭有輯本。榮氏生卒不詳。引文見《水經注·河水》。　⑤《鬼谷子》:一部側重論述權謀論辯術的著作,鬼谷子著。鬼谷子:戰國時期衛國人,原名王詡,又名王禪,常入雲夢山采藥修道,隱居於清溪之鬼谷,故自稱鬼谷先生。盛神:旺盛精神。《鬼谷子·本經陰符》:“盛神法五龍,盛神中有五氣。神爲之長,心爲之舍,德爲之人。”梁陶弘景注:“五龍,五行之龍也。龍則變化無窮,神則陰陽不測,故盛神之道法五龍也。”

【集解】

朱駿聲《説文定聲》:“(戊)此字即古文𢧢(矛)省。”

徐灝《説文注箋》:“周伯琦曰:‘戊’古文作𢧢,即‘矛’字。小篆省作‘戊’,借爲戊己字……考鐘鼎文多作𢧢,蓋从‘戈’而‘丨’象矛形。‘戊’古音讀若茂,與‘矛’同聲也。周説近之。”

饒炯《説文部首訂》:“‘戊’即‘矛’之古文。”

高亨《文字形義學概論》:“古代五行説:戊己爲中央。故許云:‘戊,中宮也。’六甲五龍者,謂六甲之中有五辰,辰爲龍也。古代以甲乙丙丁戊己庚辛壬癸十干與子丑寅卯辰巳午未申酉戌亥十二支相配合以紀日(後亦用以紀年紀月,紀每日之十二時),六十日一循環。一個循環中,有六個甲日,即甲子、甲戌、甲申、甲午、甲辰、甲寅,所謂六甲者,此也。總稱周甲,又稱花甲,古稱六甲。六甲之中有五個辰日,即戊辰、庚辰、壬辰、甲辰、丙辰。古人又以十二支代表十二種動物,即子鼠、丑牛、寅虎、卯兔、辰龍、巳蛇、午馬、未羊、申猴、酉雞、戌狗、亥豬也。五辰代表五方之龍:戊辰爲中央之黃龍,庚辰爲西方之白龍,壬辰爲北方之黑龍,甲辰爲東方之青龍,丙辰爲南方之赤龍。所謂五龍者,此也。五龍皆屬於中央之帝。許氏據此釋戊字五畫相連,象五龍相鉤絞之形,此謬説也。”

黄天樹《部首與甲骨文》(續二)："甲骨文作 ，象一種刃呈凹弧形的斧鉞類兵器。戊字原由戊形分化而成。"

董蓮池《部首新證》："考字見商代甲骨文，寫作 、 、 諸形(《甲骨文編》549 頁)。商代金文寫作 (司母戊鼎)，本是斧類兵器的象形。"

【同部字舉例】

成 𢦏 chéng　就也。从戊，丁聲， ，古文成，从午。氏征切。○甲骨文 、 、 、 、 、 、 、 、 、 　金文 、 、 　禪清平　禪耕

已 已　518 jǐ　甲文 、 、 　金文 、 、 　居擬切　見止開三上　見之(309/310；741/748)

中宮也[一]。**象萬物辟**("避"的古字)**藏詘形也**[二]。**已承戊，象人腹**[三]。**凡已之屬皆从已。 𢀱，古文已**[四]。

【譯文】

代表中央的方位。字形象萬物避藏屈體的樣子。已承接戊，象人的腹部。凡是和"已"義有關的字都以"已"爲構件。𢀱是"已"的古文。

【段注】

[一]戊己皆中宮①，故《中央土》"其日戊己"注曰："己之言起也。"②《律曆志》曰："理紀於己。"③《釋名》曰："己，皆有定形可紀識也。"④引申之義爲人己，言"己"以別於人者，己在中，人在外，可紀識也。《論語》："克己復禮爲仁。"⑤"克己"言自勝也。　[二]辟藏者，盤辟收斂，字像其詰詘之形也⑥。此與"已止"字絶不同。宋以前分別，自明以來書籍閒大亂，如《論語》"莫己知也，斯己而已矣"，唐石經不謬，宋儒乃不能了⑦。居擬切。一部(之、職)。　[三]冡《大一經》。[四]"己亥"謬"三豕"者，"己"與"三"形似也⑧。

【疏義】

①中宮：中央。按五行説，戊己屬土，土在空間中位於中央，爲天所安排的中央地主。參見"戊"部的【集解】高亨説。　②引文見《禮記·月令·中央土》，詳"戊"部【疏義】①。　③理紀：定形。引文見

《漢書・律曆志》，詳“甲”部【疏義】①。　④《釋名・釋天》：“己，紀也，皆有定形可紀識也。”　⑤《論語・顏淵》：“顏淵問仁。子曰：‘克己復禮爲仁。’”何晏注：“馬曰：‘克己，約身。’孔曰：‘復，反也。身能反禮則爲仁矣。’”　⑥盤辟收斂：纏繞曲折，收束形體。詰詘：曲折。　⑦《論語・憲問》：“子擊磬於衛，有荷蕢而過孔氏之門者，曰：‘有心哉，擊磬乎！’既而曰：‘鄙哉，硜硜乎！莫己知也，斯己而已矣。’”何晏注：“此硜硜者，徒信己而已，言亦無益。”阮元《論語注疏校勘記・憲問》：“‘莫己知也，斯己而已矣’，各本上兩‘己’並誤作‘已’。”按：《養新錄》云：“今人讀‘斯已、而已’兩已字皆如‘以’，考《唐石經》‘莫己、斯己’皆作人己之‘己’，‘而已’作已止之‘已’。《釋文》‘莫己’音‘紀’，下‘斯己’同，與《石經》正合。《集解》：‘此硜硜者，徒信己而已。’皇氏疏申之云：‘言孔子硜硜不宜隨世變，唯自信己而已矣。’是唐以前《論語》‘斯己’字皆不作‘止’解，由於經文作‘己’不作‘已’也。‘已’與‘己’絶非一字。宋儒誤讀‘斯己’爲‘以’，未免改經文以就己說矣。”朱熹《論語集注》：“‘莫己’之‘己’音‘紀’，餘音‘以’。”“斯己而已矣”大意：這只是自己的想法罷了。　⑧《呂氏春秋・慎行論・察傳》：“子夏之晉，過衛，有讀史記者曰：‘晉師三豕涉河。’子夏曰：‘非也，是己亥也。夫己與三相近，豕與亥相似。’至於晉而問之，則曰‘晉師己亥涉河’也。”

【集解】

朱駿聲《説文定聲》：“‘己’即‘紀’之本字，古文象別絲之形。三横二縱，絲相別也。”

高亨《文字形義學概論》：“古代五行説：戊己爲中央，爲土。許氏據此，釋己爲中宮，又以爲己字象萬物曲體而避藏於土中，此皆曲説也。”

董蓮池《部首新證》：“考字見甲骨文，寫作 𝈋、己 諸形（《甲骨文編》551 頁），一直到小篆，均象繩索纏繞之形，本義當與約束、束縛有關。甲骨文用爲天干字是假借用法。”

【同部字舉例】

晉 𣥐 jǐn　謹身有所承也。从己、丞。讀若《詩》云“赤舄（xì）己己”（《段注》作“几几”，與今本《詩經》同）。居隱切。〇見隱上　見文

巴 ⁵¹⁹ bā　伯加切　幫麻開二平　幫魚（309/310；741/748）

蟲也^[一]。或曰：食象它_{大徐本作"蛇"}^[二]。象形^[三]。凡巴之屬皆从巴。

【譯文】

蟲名。有人説："巴"是食象的蛇。象形。凡是和"巴"義有關的字都以"巴"爲構件。

【段注】

[一]謂蟲名。　[二]《山海經》曰："巴蛇食象，三歲而出其骨。"① 　[三]伯加切。古音在五部（魚、鐸）。按：不言"从己"者，取其形似而軵（fù）之②，非从"己"也。

【疏義】

①引文見《山海經·海內南經》。郭璞注："今南方蚺（rán）蛇吞鹿，鹿已爛，自絞於樹，腹中骨皆穿鱗甲間出，此其類也。"蚺蛇：蟒蛇。②大意是説："巴"形似"己"而非由"己"構成，故不言从"己"，只是輔依於"己"字後。軵：輔。

【集解】

王筠《説文釋例》："'巴'亦盤曲形……與 ☉、𑁋 同一象形法。蟲類皆好盤曲，虫小則曲少，它、巴大則曲亦多耳。"

章炳麟《文始》："《説文》：'巴，蟲也。或曰：食象蛇也。象形。'《山海經》曰：'巴蛇食象，三歲而出其骨。'則巴蛇爲本義。"

【同部字舉例】

祀 bǎ　搤（pī：反手擊）擊也。从巴、帚。闕。博下切。○幫馬上　幫魚

庚 ⁵²⁰ gēng　甲文 𠙹、𠙹、𠙹、𠙹、𠙹、𠙹、𠙹　金文 𠙹、𠙹、𠙹、𠙹、𠙹　古行切　見庚開二平　見陽（309/310；741/748）

位西方^[一]。象秋時萬物庚庚有實也^[二]。庚承己，象人齎（同"臍"）^[三]。凡庚之屬皆从庚。

【譯文】

代表西方的方位。字形象秋天萬物累累有果實的樣子。庚承接己,象人的肚臍。凡是和"庚"義有關的字都以"庚"爲構件。

【段注】

[一]《律書》曰:"庚者,言陰气更萬物。"①《律曆志》:"斂更於庚。"②《月令》注曰:"庚之言更也……萬物皆肅然更改,秀實新成。"③[二]庚庚,成實兒。服虔《漢書注》曰:"庚庚,橫兒也。"④字象形,古行切,古音在十部(陽)。讀如"岡"。　[三]冡《大一經》。按:小徐駁李陽冰說"从干、𦥑,象人兩手把干立",不可從。今各本篆皆從陽冰,非也⑤。中囗者,象人齎。

【疏義】

①《史記·律書》:"庚者,言陰氣庚萬物,故曰庚。"　②斂更:收縮更變。或説"斂"爲"改"之誤。王念孫《讀書雜誌·漢書第四》:"'斂庚'二字,義不相屬,諸書亦無訓'庚'爲'斂'者。'斂'當爲'改',字之誤也。鄭注《月令》云:'庚之言更也,萬物皆肅然改更。'……《月令》正義引此正作'改更於庚'。"引文見《漢書·律曆志》,詳"甲"部【疏義】①。　③《禮記·月令·孟秋之月》:"孟秋之月,日在翼,昏建星中,旦畢中,其日庚辛。"鄭玄注:"庚之言更也。辛之言新也。日之行,秋西從白道,成熟萬物,月爲之佐。萬物皆肅然改更,秀實新成,又因以爲日名焉。"　④《漢書·文帝紀》:"占曰:'大橫庚庚,余爲天王,夏啟以光。'"顏師古注:"服虔曰:'庚庚,橫貌也。'李奇曰:'庚庚,其繇文也。占謂其繇也。'"繇(zhòu):通"籀",占卜的文辭。　⑤《説文繫傳·祛妄》:"庚,《説文》云:'秋時萬物庚庚有實也。'陽冰云:'從𦥑、𦥑,象人兩手把干立,庚庚然。《史記》"大橫庚庚"是也。'臣鍇按:《史記》漢文帝卜,得兆正橫,其繇曰'大橫庚庚',然則庚庚,橫貌也,木實亦橫著樹。陽冰云兩手把干立爲庚庚,立則豎矣,豈得庚庚乎? 又按:李斯篆庚字正如許慎,則知陽冰妄也。"

【集解】

徐灝《説文注箋》:"周伯琦曰:'㡭,鐘虡(jù)也,象形,借爲庚辛字。'"(虡:古代懸掛編鐘、編磬的架子)

朱駿聲《説文定聲》:"䇂,絡絲柎也,《易》謂之欜(nǐ)。从干,象柎形,ナ又手絡之,會意。"(ナ又:即"左右")

饒炯《説文部首訂》:"'庚'即'兵'之正文……从廾持干,會意。"

黄天樹《部首與甲骨文》(續二):"甲骨文作𩵋(《甲骨文編》1688號),象一件用繩索掛起來的鐘形樂器的樣子。由此可見,真正的鏞應該和石磬一樣,是懸掛演奏的,其口部應當朝下而不是朝上,商代已經有了這種樂器。宋末戴侗《六書故》根據金文認爲'庚'象'鐘類',並認爲'庸'是'鏞'的初文。這是很精辟的見解。"

董蓮池《部首新證》:"今考字見甲骨文,寫作𩵋、𩵋、𩵋、𩵋諸形(《甲骨文編》552頁),西周金文寫作𩵋(史獸鼎),即'大鐘謂之鏞'的'鏞'之象形文,假借作天干用字。"

辛 辛 521 xīn　甲文𩵋、𩵋、𩵋、𩵋、𩵋、𩵋、　金文𩵋、𩵋、𩵋、𩵋、𩵋、𩵋　息鄰切　心真開三平　心真(309/310;741/748)

秋時萬物成而孰[一]**,金剛,味辛**[二]**,辛痛即泣出**[三]**。从一、**大徐本有"从"**辛**(qiān)[四]**。辛,辠**(同"罪")**也**[五]**。辛承庚,象人股**[六]**。凡辛之屬皆从辛。**

【譯文】

(辛代表秋天、金、辛味)秋天萬物成熟,金屬剛硬,味道苦辣,辛辣痛苦就會流淚。由"一、辛"構成。辛,是懲處罪犯的意思。辛承接庚,象人的大腿。凡是和"辛"義有關的字都以"辛"爲構件。

【段注】

[一]《律書》曰:"辛者,言萬物之新生,故曰辛。"①《律曆志》曰:"悉新於辛。"②《釋名》曰:"辛,新也。物初新者,皆收成也。"③[二]謂成孰之味也④。　[三]故以爲艱辛字。　[四]一者,陽也,陽入於辛,謂之衍陽⑤。息鄰切。十三部(文)。　[五]辛痛泣出,辠人之象。凡辠、宰、辜、辤、辭皆从"辛"者⑥,由此。　[六]𢍠《大一經》。

【疏義】

①引文見《史記·律書》。"新生"今本作"辛生"。　②引文見《漢書·律曆志》,詳"甲"部【疏義】①。　③引文見《釋名·釋天》。

④孰："熟"的古字。　⑤衍：原譌作"㥦"；推衍，豐富。　⑥《説文》宀部："宰，辠人在屋下執事者。从宀从辛。辛，辠也。""辠、辜、辭、辤"等字的本義詳【同部字舉例】。

【集解】

徐灝《説文注箋》："（辛）蓋亦象器物之形，借爲庚辛字。"

朱駿聲《説文定聲》："辛，大辠也。从㐱(rěn)、上，會意。干上爲辛辠之小者。㐱，撤也，撤，刺也，㐱上爲辛辠之大者。"

郭沫若《甲骨文字研究·釋干支》："辛、辛實本一字，辛、辛同字而異音……字乃象形，由其形象以判之，當係古之剞(jī)剧(jué)。《説文》云：'剞剧，曲刀也。'……其所以轉爲㥦、辠之意者，亦有可説。蓋古人於異族俘虜或同族中之有罪而不至於死者，每黥其額而奴使之……余謂此即黥刑之會意也。有罪之意無法表示，故借黥刑以表示之，黥刑亦無法表現於簡單之字形中，故借施黥之刑具剞剧以表現之。"

高亨《文字形義學概論》："古代五行説：庚辛爲西方，爲秋，爲金，爲辛味。許氏以爲辛是代表秋時，此時萬物已成熟矣；辛又代表金，金則剛堅者也；辛又代表辛味，嘗辛味而痛，則泣出也。人有罪受金屬刑具之傷害，亦辛痛而泣出，故辛字从一从辛。此謬説也。"

董蓮池《部首新證》："字見甲骨文，寫作𠦪、𠨞諸形（《甲骨文編》553 頁），是獨體象形字。假借作天干用字。據詹鄞鑫研究，字本取象當時的一種鑿具（説詳詹鄞鑫《釋辛及與辛有關的幾個字》，載《中國語文》1983 年第 5 期，369—370 頁），其説可信。"

【同部字舉例】

辠 辠 zuì　犯法也。从辛从自。言辠人蹙(cù)鼻苦辛之憂。秦以辠似皇字，改爲"罪"。徂賄切。○金文𠨞 從賄上 從微

辜 辜 gū　辠也。从辛，古聲。㪽，古文辜，从死。古乎切。○金文𠨞 見模平 見魚

辥(薛) 辥 xuē　辠也。从辛，㞷(niè)聲。私列切。○金文辥、𠭰、𠨞、𠫑 心薛入 心月

辤 辤 cí　不受也。从辛从受。受辛宜辤之。𠨞，籀文辤，从台。

似兹切。〇金文𦥯、𦥯、𦥏　邪之平　邪之

辭辭 cí　訟（《段注》作“説”）也。从𤔔。𤔔猶理辜也。𤔔,理也（《段注》作“从𤔔、辛,𤔔辛,猶理辜也”）。𤔏,籀文辭,从司。似兹切。〇金文𦥔、𤔏、𤔓、𤔔、𤔔、𤔏、𤔕、𤔏、𤔏　邪之平　邪之

辡辡　522 biǎn　方免切　幫獮開三上　幫元（309/311；742/749）

辠人相與訟也。从二辛[一]**。凡辡之屬皆从辡。**

【譯文】

罪人相互打官司。由兩個“辛”字構成。凡是和“辡”義有關的字都以“辡”爲構件。

【段注】

[一]會意。方免切。十二部（真）。

【集解】

徐灝《説文注箋》：“訟必有兩造,故从二‘辛’……兩造則必有一是非,因之爲辡論之義,別作‘辯’。”

桂馥《説文義證》：“（辡）通作‘辯’。”

饒炯《説文部首訂》：“‘辡’即爭辯本字。謂辠人互訟,爭論屈直,各自疏解其事,故从二‘辛’見義。”

【同部字舉例】

辯辯 biàn　治也。从言,在辡之閒。符蹇切。〇並獮上　並元

壬壬　523 rén　甲文𡈼、𡈼、𡈼　金文𡈼、𡈼、𡈼、𡈼　如林切　日侵開三平　日侵（309/311；742/749）

位北方也。侌極昜生[一]**,故《易》曰：“龍戰于野。”**[二]**戰者,接也**[三]**。象人褢妊之形**[四]**。承亥壬以子,生之敍也**[五]**。壬與巫同意**[六]**。壬承辛,象人脛。脛,任體也**[七]**。凡壬之屬皆从壬。**

【譯文】

代表北方的方位。陰氣到了極點陽氣就會產生,所以《周易》説：“龍戰于野。”戰,就是交接。字形象人懷孕的樣子。用子承接亥壬,符

合萬物生長的序次。“壬”和“巫”字的構意相同。壬承接辛,象人的小腿。小腿,是承載整個身體的肢體。凡是和“壬”義有關的字都以“壬”爲構件。

【段注】

[一]《月令》鄭注:“壬之言任也……時萬物懷任於下。”①《律書》曰:“壬之爲言任也,言陽气任養萬物於下也。”②《律曆志》曰:“懷任於壬。”③《釋名》曰:“壬,妊也。陰陽交,物懷妊,至子而萌也。”④　[二]《坤·上六》爻辭⑤。　[三]釋《易》之“戰”字。引《易》者,證“陰極陽生”也。《乾鑿度》曰:“陽始於亥……《乾》位在亥。”⑥《文言》曰:“爲其兼於陽,故稱龍。”⑦許君以亥、壬合德,亥、壬包孕陽气,至子則滋生矣⑧。　[四]如林切。七部(侵、緝)。　[五]故舉《坤·上六》爻辭,《坤·上六》在亥⑨。　[六]“巫”像人兩袖舞⑩,“壬”像人腹大也。　[七]冡《大一經》。

【疏義】

①《禮記·月令·孟冬之月》“孟冬之月,日在尾,昏危中,旦七星中,其日壬癸”鄭玄注:“壬之言任也,癸之言揆也。日之行,東北從黑道,閉藏萬物,月爲之佐。時萬物懷任於下,揆然萌牙,又因以爲日名焉。”　②引文見《史記·律書》。任養:養育。　③懷任:孕育。引文見《漢書·律曆志》,詳“甲”部【疏義】①。　④至子而萌:到十一月萬物萌生。子,地支第一位,古人用以配農曆十一月,農曆十一月爲周曆一月。引文見《釋名·釋天》。　⑤《坤·上六》爻辭:《坤》卦第六爻的説解。《坤》,六十四卦之一,卦象爲☷。上六:第六位的陰爻(由下而上)。“六”代表陰爻。《周易·坤·上六》:“龍戰于野,其血玄黃。”玄黃:青黃色。　⑥陽始於亥:指陽氣始孕於十月。亥,地支第十二位,古人用以紀月,配農曆十月,農曆十月爲周曆一年最後一月。《乾》位在亥:指《乾》代表西北。陰陽五行家又以十二地支與方位相配,亥代表西北偏北方向。按後天八卦圖,《乾》位於西北,與地支亥代表同一方向,故曰“乾位在亥”。　⑦《文言》:《周易》中解釋卦辭的一種,十翼之一,專釋《乾》《坤》二卦。兼:今本作“嫌”,或作“謙、嗛、溓”。《周易·坤·文言》:“爲其嫌於無陽也,故稱龍焉。”唐李鼎祚《周易集

解》：“《九家易》曰：‘陰陽合居，故曰嫌陽。’謂上六《坤》行至亥，下有伏《乾》。陽者變化，以喻龍焉。”或説“無”屬衍文。《周易集解》於上六“龍戰于野”句下注：“荀爽曰：‘消息之位《坤》，在於亥下，有伏《乾》，爲其兼於陽，故稱龍也。’”　⑧亥、壬合德：指亥、壬都包孕陽氣。亥包孕陽氣詳注⑥。壬，天干第九位，陰陽五行家以壬配陽。子：指農曆十一月，陰陽五行家以十一月配陽，認爲十一月陽氣滋生。⑨舉《坤·上六》爻辭（龍戰于野，其血玄黃）在於説明陰極陽生的道理。“龍戰于野”，必有犧牲，比喻道窮，此處比喻陰極。《坤·上六》在亥：指《上六》爻辭處在《坤》卦爻辭之末。按：《坤·上六》之後實際還有“用六”一爻，爻辭爲“利永貞”，不過該爻是《坤》卦特有的，“用六”表示六爻皆六。　⑩壬、巫二字都是在“工”的基礎上添加符號構成。《説文》巫部：“巫，祝也。女能事無形，以舞降神者也。象人兩褎舞形。與工同意。古者巫咸初作巫。”

【集解】

徐灝《説文注箋》：“壬，負在也。假借爲壬癸字。久而爲借義所專，又增人旁作‘任’。”

朱駿聲《説文定聲》：“壬，儋何也，上下物也，中象人儋之，在六書爲象形兼指事。”

饒炯《説文部首訂》：“‘壬’即‘妊’之本字。”

高亨《文字形義學概論》：“古代五行説：壬、癸爲北方之名，又爲冬，故許云：‘壬位北方。’許又云：‘陰極陽生。’指冬時陰氣極盛而陽氣已生也。許氏以爲陰極陽生則陰陽交接，人之陰（女）陽（男）交接，則婦女懷妊，而壬字乃象婦女懷妊之形，中畫特長，即象其腹大也。又引《易·坤卦》爻辭‘龍戰於野’，釋戰爲交接之義，以説明陰陽交接。此皆謬説。”

董蓮池《部首新證》：“今考甲骨文所見，本作工（《甲骨文編》554頁），西周金文寫作工（宅簋）、工（競簋），無懷妊之象。姚孝遂先生云：‘疑即‘紝’之初形，‘紝’乃‘壬’之孳乳……工當即紝器之屬，形制較爲原始。’（《甲骨文字詁林》3590頁‘壬’字條下按語）其説甚是。用爲天干字是假借。”

癸　524 guǐ　甲文✕、✕、✕、✕　金文✕、✕、✕、✕、✕、✕、✕、✕
居誄切　見旨合三上　見脂（309/311；742/749）

冬時水土平，可揆度也[一]**。象水從四方流入地中之形**[二]**。**✕大徐本作"癸"，下同**承壬，象人足**[三]**。凡**✕**之屬皆从**✕**。**✕**，籀文从**癶大徐本作"✕"，**从矢**[四]**。**

【譯文】

（癸代表冬季）冬季水土平整，可以測量整修。字形象水從四方流入地中的樣子。癸承接壬，象人之足。凡是和"癸"義有關的字都以"癸"爲構件。✕，籀文"癸"字由"癶、矢"構成。

【段注】

[一]揆、癸疊韻。《律書》曰："癸之爲言揆也，言萬物可揆度。"①《律曆志》曰："陳揆於癸。"②　[二]居誄切。十五部（脂、微、物、月）。[三]冢《大一經》。　[四]癸像人足，故从癶，矢聲。✕本古文，小篆因之不改，故先篆後籀。而艸部"葵"作✕，手部作"揆"，知古形聲兼取二形也。

【疏義】

①揆度：測度，估量。引文見《史記·律書》。　②陳：施行，施展。引文見《漢書·律曆志》，詳"甲"部【疏義】①。

【集解】

朱駿聲《説文定聲》："按：（癸）即戣字，三鋒矛也。"（戣 kuí：古代戟一類的兵器）

饒炯《説文部首訂》："炯案：'✕'即'葵'之古文，象四葉對生之形。"

林義光《文源》："（癸）古作✕（鳥形父癸器），象三鋒矛立土上形。"

高亨《文字形義學概論》："古代五行説：壬癸爲冬，故許以冬時解癸，以爲冬時水枯，癸象水從四方流入地中，亦非也。"

子　525 zǐ　甲文✕、✕、✕、✕、✕、✕、✕、✕、✕　金文✕、✕、✕、✕、✕、✕　即里切　精止開三上　精之（309/311；742/749）

十一月易大徐本作"陽"**气動，萬物滋**[一]**，人以爲**

倗[二]。象形[三]。凡子之屬皆从子。⚇，古文子，从
巛，象髮也[四]。⚇，籀文子，囟有髮[五]，臂[六]、脛[七]在
几上也[八]。

【譯文】

（子代表十一月）十一月陽氣開始活動，萬物滋生，人們以“子”稱
呼十一月。象形。凡是和“子”義有關的字都以“子”爲構件。⚇，古
文“子”字以“巛”爲構件，象頭髮。⚇，籀文“子”字，字形象頭上有
髮，手臂、小腿在几坐上。

【段注】

　　[一]《律書》：“子者，滋也。言萬物滋於下也。”①《律曆志》曰：
“孳萌於子。”②　[二]“人”各本譌“入”，今正。此與以“朋”爲朋攩，
以“韋”爲皮韋，以“烏”爲烏呼，以“來”爲行來，以“西”爲東西一例③。
凡言“以爲”者，皆許君發明六書叚借之法。“子”本陽氣動、萬物滋之
偁，萬物莫靈於人，故因叚借以爲人之偁。　[三]象物滋生之形，亦象
人首與手足之形也。即里切。一部（之、職）。　[四]象髮，與“首”同
意④。　[五]巛也。　[六]�也。　[七]人也。　[八]木部曰：“牀
者，安身之几坐也。”

【疏義】

　　①引文見《史記·律書》。　②引文見《漢書·律曆志》，詳“甲”
部【疏義】①。　③一例：指借用同音字記錄詞，即假借。攩：同“黨”，
段氏以爲“攩”爲朋黨之“黨”的本字。　④《説文》首部：“𦣻，百同，古
文百也。巛象髮，謂之鬊（shùn）。鬊即巛也。”鬊：頭髮。

【集解】

　　朱駿聲《説文定聲》：“按：（子）象兒在襁褓中，足併也。”
　　饒炯《説文部首訂》：“炯案：‘子’即嬰孩本字，象小兒在襁褓之形。”
　　郭沫若《甲骨文字研究·釋支干》：“籀文⚇字與篆文⚇字在古實
判然二字。⚇限用爲十二辰之第一辰，此外尚未見有使用者。”
　　商承祚《殷虚文字》：“卜辭中子丑之字皆作⚇，或變作𡥂。”

　　高亨《文字形義學概論》："古代以十二支紀月,以夏曆言之,十一月爲子月,十二月爲丑月,正月爲寅月。二月爲卯月,三月爲辰月,四月爲巳月,五月爲午月,六月爲未月,七月爲申月,八月爲酉月,九月爲戌月,十月爲亥月。此皆以四時氣候爲標準,夏曆以寅月爲歲首(正月),故稱'建寅',殷曆以丑月爲歲首,故稱'建丑',周曆以子月爲歲首,故稱'建子',即所謂三統曆也。許氏以爲子是子月之子,十一月是陽氣初動、萬物始萌之月,因而人之嬰兒亦稱爲子,子字象嬰兒之形,此說不盡是。按:子之本義爲嬰兒,象形。"

　　黃天樹《部首與甲骨文》(續二):"甲骨文作𢀖、𢀖、𢀖,象嬰兒。"

　　董蓮池《部首新證》:"考字見甲骨文,寫作 𢀖、𢀖、𢀖、𢀖 諸形(《甲骨文編》556—557、563 頁),是嬰兒的象形,本義表示嬰兒。作地支用字,表示十一月(甲骨文所見只用以紀日,不紀月),是假借用法。"

【同部字舉例】

　　孕𢀖 yùn　　裹子也。从子从几。以證切。○甲文 𢀖、𢀖　　以證去　定蒸

　　字𢀖 zì　　乳也。从子在宀下,子亦聲。疾置切。○甲文𢀖　金文𢀖、𢀖、𢀖　從志去　從之

　　孿𢀖 luán　　一乳兩子也。从子,䜌聲。生(《段注》作"呂")患切。○來諫去　來元

　　季𢀖 jì　　少偁也。从子,从稚省,稚亦聲。居悸切。○甲文 𢀖、𢀖、𢀖　金文𢀖、𢀖、𢀖、𢀖　見至去　見脂

　　孟𢀖 mèng　　長也。从子,皿聲。𢀖,古文孟。莫更切。○金文𢀖、𢀖、𢀖、𢀖、𢀖　明映去　明陽

　　孽𢀖 niè　　庶子也。从子,辥聲。魚列切。○疑薛入　疑月

　　孤𢀖 gū　　無父也。从子,瓜聲。古乎切。○見模平　見魚

　　存𢀖 cún　　恤問也。从子,才聲。徂尊切。○從魂平　從文

　　疑𢀖 yí　　惑也。从子、止、匕,矢聲。語其切。○甲文𢀖、𢀖、𢀖、𢀖、𢀖、𢀖　金文𢀖、𢀖、𢀖　疑之平　疑之

了 〇[526]　liǎo　盧鳥切　來篠開四上　來宵（310/311；743/750）

㲃(liào)也[一]。从子無臂，象形[二]。凡了之屬皆从了。

【譯文】

行走時兩腿相交。以"子"字的省體（省去一橫，象無臂）構成，象形。凡是和"了"義有關的字都以"了"爲構件。

【段注】

[一]㲃，行脛相交也，牛行腳相交爲"㲃"，凡物二股或一股結糾紾（zhěn）縛（zhuàn）不直伸者曰"了戾"①。《方言》："軫，戾也。"郭注："相了戾也。"②《淮南·原道訓》注、楊倞《荀卿注》、王砅《素問注》、段成式《酉陽雜組》及諸書皆有"了戾"字③，而或妄改之。《方言》曰："佻，縣也。"郭注："了佻，縣物兒。丁小反。"④按：他書引皆作"了ㄥ"（diǎo）⑤，亦即許之"了㲃"也。叚借爲憭悟字⑥。　[二]象其足了戾之形。盧鳥切。二部（宵、藥）。

【疏義】

①《説文》㞢部："㲃，行脛相交也。从㞢（wāng，跛），勺聲。牛行腳相交爲㲃。"《段注》："行而脛相交，則行不便利。高注《淮南》、郭注《方言》、王注《素問》皆曰'了戾'，謂纏繞不適。《集韻·五爻》曰：'㲃，牛行足外出也。'是其意也。今俗語有此。"結糾紾縛：糾結絞纏。紾，纏絞。了戾：又作"繚戾"。　②引文見《方言》第三及郭璞注。③《淮南子·原道訓》："扶搖抮（zhěn）抱羊角而上。"高誘注："扶，攀也。搖，動也。抮抱，引戾也。"宋王十朋《東坡詩集注·風水洞二首和李節推》"團團羊角轉空岩"下注："《淮南子》言：'扶搖抮抱羊角而上。'許慎注云：'扶，攀也。搖，動也。抱，了戾也。'"《荀子·修身》："行而俯項，非擊戾也。"楊倞注："擊戾，謂項曲戾不能仰者也。'擊戾'猶言'了戾'也。"王砅：應爲王冰，唐人，官太僕令，好醫方，注有《素問問答》八十一篇。《黃帝內經·素問·五常政大論》："其動緛（ruǎn）戾拘緩。"王冰注："緛，縮短也。戾，了戾也。拘，拘急也。緩，不收也。"段成式（803—863）：晚唐臨淄鄒平（今山東鄒平縣）人，志怪小説家，力學苦讀，博學強記，官至太常少卿。《酉陽雜組》：應爲《西

陽雜俎》。《酉陽雜俎》續集八《支動》：“野牛高丈餘，其頭似鹿，其角了戾，長一丈。”　④引文見《方言》第七及郭璞注。　⑤乚：懸掛。⑥憭悟：曉悟，明白。

【集解】

朱駿聲《説文定聲》：“（了）猶交也。手之攣曰‘了’，脛之繫曰‘孑’，从子無臂。”

【同部字舉例】

孑　{ jié　無右臂也。从了，乚象形。居桀切。○見薛入　見月

孓　{ jué　無左臂也。从了，亅象形。居月切。○見月入　見月

孨 孨 527　zhuǎn　旨兗切　章獮合三上　章元（310/312；744/751）

謹也[一]。从三子[二]。凡孨之屬皆从孨。讀若翦[三]。

【譯文】

謹慎。由三個“子”構成。凡是和“孨”義有關的字都以“孨”爲構件。讀音近“翦”。

【段注】

[一]《大戴禮》曰：“博學而孱（chán）守之。”①正謂謹也。引申之義爲弱小。《史記》：“吾王孱王也。”韋昭曰：“仁謹兒。”與許合。孟康曰：“冀州人謂懦弱爲孱。”②此引申之義，其字則多叚“孱”爲“孨”。[二]會意。服虔音鉏閑反，孟康音如潺湲之“潺”。見十四部（元）。[三]旨沇切。十四部（元）。

【疏義】

①《大戴禮記·曾子立事》：“君子博學而孱守之，微言而篤行之。”清王聘珍《大戴禮記解詁》：“盧注曰：‘孱，小貌，不務大。’”盧：盧植，東漢涿郡（今河北涿州）人，經學家，官至北中郎將、尚書，性剛毅。師從馬融，爲鄭玄的同門師弟，著有《尚書章句》《三禮解詁》等書，皆佚。　②《史記·張耳陳餘列傳》：“乃怒曰：‘吾王孱王也！’”裴駰集解：“孟康曰：‘孱音如潺湲之潺，冀州人謂懦弱爲孱。’韋昭曰：‘仁謹貌。’”司馬貞索隱：“服虔音鉏閑反，弱小貌也。”孟康：三國魏廣宗（今河北邢臺東）人，官散騎常侍、弘農守、中書監等職，曾

注《漢書》。

【集解】

　　徐灝《説文注箋》：“此當以弱小爲本義，謹爲引申義。三者皆孺子，是弱小矣。‘弃、孱’蓋古今字。”

　　桂馥《説文義證》：“謹也者，或通作‘孱’。”

　　王筠《説文句讀》：“(弃)經典借‘孱’爲之。”

【同部字舉例】

　　孱 孱 chán　迮(zé：狹窄)也。一曰：呻吟也。从弃在尸下。七(《段注》作“士”)連切。○崇山平　崇元

厶 厽 528　tū　他骨切　透没合一入　透物(310/312；744/751)

不順忽出也[一]。**从到子**[二]。**《易》曰：“突如其來如。”不孝子突出，不容於内也**[三]。**𠫓即《易》突字也**[四]。**凡厶之屬皆从厶。𠫓，或从到古文子**“𠫓即”等句大徐本作“凡厶之屬皆从厶。𠫓，或从到古文子，即《易》突字”[五]。

【譯文】

　　違背常理忽然出現。由倒寫的“子”字構成。《周易》説：“突然來了。”逆子突然生出，不容於母體之内。“𠫓”就是《周易》中的“突”字，凡是和“厶”義有關的字都以“厶”爲構件。𠫓，“厶”的或體由倒寫的古文“子”構成。

【段注】

　　[一]謂凡物之反其常，凡事之屰其理，突出至前者，皆是也，不專謂人子。　　[二]到，今“倒”字。倒子，會意也。他骨切。十五部(脂、微、物、月)。　　[三]此引《易》而釋之，以明从倒“子”會意之恉也。《離·九四》曰：“突如其來如，焚如，死如，棄如。”鄭注曰：“震爲長子，爻失正……突如震之失正，不知其所如……不孝之罪，五刑莫大，故有焚如、死如、棄如之刑。”①如淳注《王莽傳》亦曰：“焚如、死如、棄如，謂不孝子也。”②皆與許合，許蓋出於孟氏矣③。子之不順者，謂之“突如”，造文者因有“𠫓”字，施諸凡不順者。　　[四]倉頡之“𠫓”即《易》

之"突"字,非謂倉頡時已見爻辭,正謂《周易》之"突"即倉頡之"士"也,此爻辭之用叚借也。"突"之本義謂犬從穴中暫出④,"士"之本義謂不順,故曰用叚借。按:小徐本有此六字,大徐本删之⑤,由其不知許意也。若近惠氏定宇校李鼎祚《周易集解》改作"㐬如其來如",則爲紕繆矣⑥。　　[五]"学"古文"子"也,故"㐬"爲倒古文"子"。大徐於此下安"即《易》突字"四字⑦,惠氏之誤本此。

【疏義】

①《周易》離卦·九四:"突如其來如,焚如,死如,棄如。"孔穎達正義:"'突如其來如'者,四處始變之際。三爲始昏,四爲始曉。三爲已没,四爲始出。突然而至,忽然而來,故曰'突如其來如'也。'焚如'者,逼近至尊,履非其位,欲進其盛,以焚炎其上,故云'焚如'也。'死如'者,既焚其上,命必不全,故云'死如'也。'棄如'者,違於離道,無應無承,衆所不容,故云'棄如'。是以《象》云:'無所容也。'"宋王應麟輯《周易鄭注》離卦:"九四:突如其来如。[注]震爲長子,爻失正……子居明法之家而無正,何以自繼其君父之志乎?突如震之失正,不知其所如……不孝之罪,五刑莫大焉。得用議貴之辟,刑之若如所犯之罪。焚如,殺其親之刑。死如,殺人之刑也。棄如,流宥之刑。"高亨《周易大傳今注》:"按突借爲㐬,㐬即流放之流,逐之遠方也。如猶之也。此言古人對於不孝之子、不忠之臣、不順之民,則流放之,如期歸來,則或焚之,或死之,或棄之。"　②《漢書·匈奴傳》:"莽作焚如之刑,燒殺陳良等。"顔師古注:"應劭曰:'《易》有焚如、死如、棄如之言,莽依此作刑名也。'如淳曰:'焚如、死如、棄如者,謂不孝子也。不畜於父母,不容於朋友,故燒殺棄之。莽依此作刑名也。'"如淳:三國魏馮翊(今陝西大荔)人,曾注《漢書》,生卒不詳。　③孟氏:孟喜,西漢東海蘭陵(今山東蒼山縣西南)人,經學家,創《易》孟氏學派。④士:即"士"。《説文》穴部:"突,犬从穴中暫出也。从犬在穴中。"《段注》:"引申爲凡猝乍之稱。"　⑤《説文繫傳》:"士,不順忽出也。从倒子。《易》曰:'突如其來如。'不孝子突出,不容於内也。士即《易》突字也。"按:大徐本將"即《易》突字"一語移至説解之末,未删

除。　　⑥段氏的意思是說,許慎認爲《周易》"突如其來"的"突"是通假字,本字應是"�"。紕繆:指沒有必要改"突"爲"㐬","突"用的通假字,改爲"㐬"則失其面目。惠氏定宇:即惠棟,字定宇,清代江蘇元和(今江蘇吳縣)人,經學家,尤精漢代《易》學,終身不仕,爲清代吳派經學奠基者,著作有《易漢學》《易例》《周易述》《易微言》《古文尚書考》《後漢書補注》《九經古義》《明堂大道錄》《松崖文鈔》《九龠齋筆記》等。李鼎祚:唐代資州磐石(今屬四川資中縣)人,歷玄宗、肅宗、代宗三代,官至殿中侍御史,著有《周易集解》一書。　　⑦安:置放。

【集解】

朱駿聲《説文定聲》:"子生首先出,惟到乃順,故'育'字、'流'字皆从之,會意……假借爲'突'。"

黃天樹《部首與甲骨文》(續二):"《説文》篆文作倒寫的嬰兒形。"

董蓮池《部首新證》:"此即甲骨文𠃬、𡥀諸形(《甲骨文編》557頁)所从的倒'子'𠫓,𠃬、𡥀即'毓'字,字以女生子會意,𠫓表女所生,其形雖倒,實爲順,因子生頭必向下而併其足。故許云'不順忽出',非是。"

【同部字舉例】

育𠻧 yù　養子使作善也。从𠫓,肉聲。《虞書》曰:"教育子。"毓,育或从每。余六切。○甲文𦥚、𣫕、𣫦、𣫧、�♂、𠸂　金文𣫖、𣫤、𣫥、𣫨　以屋入　定覺

疏𤲟 shū　通也。从㐬从疋,疋亦聲。所葅切。○山魚平　山魚

丑 丑　529 chǒu　甲文𠃬、𠬠、𡚽、𠬛、𠬢　金文𡚽、𠬱、𡚽、𡚽、𡚽、𡚽、𡚽、𠬢、𡚽　敕九切　徹有開三上　透幽(310/312;744/751)

紐也[一]。十二月萬物動,用事[二]。象手之形[三]。日大徐本作"時"加丑,亦舉手時也[四]。凡丑之屬皆从丑。

【譯文】

(丑代表十二月)陰氣漸解。十二月萬物開始活動,可做農事。字形象手的樣子。每日到了丑時(凌晨一至三時),也是人們著手勞作之

時。凡是和“丑”義有關的字都以“丑”爲構件。

【段注】

[一]《律曆志》曰:“紐牙於丑。”①《釋名》曰:“丑,紐也,寒氣自屈紐也。”②《淮南·天文訓》《廣雅·釋言》皆曰:“丑,紐也。”糸部曰:“紐,系也。一曰:結而可解。”十二月陰氣之固結已漸解,故曰“紐也”。　　[二]《後漢書·陳寵傳》曰:“十二月陽氣上通,雉雊(gòu)雞乳。地以爲正,殷以爲春。”③　　[三]人於是舉手有爲。又者,手也,从“又”而聯綴其三指,象欲爲而溧冽氣寒,未得爲也。敕九切。三部(幽、覺)。　　[四]上言“月”,此言“日”。每日太陽加丑,亦是人舉手思奮之時。各本譌作“時加丑”,今改正④。

【疏義】

①紐牙:發芽。紐,屈曲貌。引文見《漢書·律曆志》,詳“甲”部【疏義】①。　　②引文見《釋名·釋天》。　　③雉:野雞。雊:鳴叫。乳:指孵卵。殷以爲春:陰曆以夏曆十二月爲歲首,即春季的第一個月。　　④加丑:在丑時。

【集解】

郭沫若《甲骨文字研究·釋支干》:“即爪形。”

徐鍇《說文繫傳》:“丨,所執不出於手也。昧爽爲丑,人皆起有爲也。”

徐灝《說文注箋》:“‘丑’之本字象人手有所執持之形,假借以爲辰名耳。”

朱駿聲《說文定聲》:“(丑)从手而繫之,指事……即‘杽’字之古文。”(杽:手銬一類的刑具)

董蓮池《部首新證》:“考字見甲骨文,寫作𠦪(《甲骨文編》558頁),象手甲形,即‘叉’字古文。假借爲十二辰(地支)之‘丑’,又造‘叉’字以表其本義。”

【同部字舉例】

羞 𦍋 xiū　進獻也。从羊,羊,所進也;从丑,丑亦聲(《段注》作“从羊、丑。羊,所進也,丑亦聲”)。息流切。○甲文𦐇、𦍞、𦍞、𦥑、𦥑、𦥑、𦐀　金文𦐀、𦥑、𦥑、𦥑、𦍋、𦥑、𦍋　心尤平　心幽

寅 寅

530　yín　甲文 𡨄、𡨄、𡨄、𡨄、𡨄、𡨄　金文 𡨄、𡨄、𡨄、𡨄、𡨄
弋真切　以真合三平　定真(310/312;745/752)

髕也[一]。正月易气動[二]，去黄泉欲上出，侌尚强也"强也"大徐本作"彊"[三]。象宀不達，髕寅於下也[四]。凡寅之屬皆从寅。𡨄，古文寅[五]。

【譯文】

（寅代表正月）潛流的樣子。正月陽氣活動，離開地下向地面運行，其時陰氣尚强盛。字形象屋子蓋着不通，陽氣在下蠕動。凡是和"寅"義有關的字都以"寅"爲構件。𡨄，是古文"寅"字。

【段注】

[一]髕，字之誤也，當作"濥"(yǐn)①。《史記》《淮南王書》作"螾"。《律書》曰："寅言萬物始生螾然也。"②《天文訓》曰："斗指寅則萬物螾。"高注："螾，動生皃。"③《律曆志》曰："引達於寅。"④《釋名》曰："寅，演也，演生物也。"⑤《廣雅》曰："寅，演也。"⑥《晉書·樂志》曰："正月之辰謂之寅。寅，津也，謂物之津塗。"⑦按《漢志》《廣雅》"演"字皆"濥"之誤。水部曰："濥，水脈行地中濥濥也。"⑧"演，長流也。"俗人不知二字之別，"濥"多誤爲"演"。以"濥"釋"寅"者，正月陽氣欲上出，如水泉欲上行也。螾之爲物，詰詘(qū)於黄泉⑨，而能上出，故其字从寅。《律書》《天文訓》以"螾"釋"寅"。　　[二]句。
[三]杜注《左傳》曰："地中之泉，故曰黄泉。"⑩陰上强，陽不能徑遂，如宀之屋於上，故从宀。　　[四]髕寅，字之誤也，當作"濥濥"，或曰當作"螾螾"⑪。"宀"象陰尚强，"𡨄"象陽氣去黄泉欲上出。弋真切。十二部(真)。　　[五]下从土，上象其形。

【疏義】

①濥：水潛行貌。　　②《史記·律書》："寅言萬物始生螾然也，故曰寅。"螾然：萌動的樣子。　　③斗指寅：北斗星指向寅。寅，星次的序數之一，即"析木"，代表二十八宿中的尾箕斗，對應的時間是夏曆正月。《淮南子·天文訓》："帝張四維，運之以斗，月徙一辰，復反其所。正月指寅，十二月指丑，一歲而匝，終而復始。指寅，則萬物螾螾也，律

受太蔟。太蔟者,蔟而未出也。"高誘注:"螾,音'引',動生貌。"四維:指東南、西南、東北、西北四隅。　④引文見《漢書·律曆志》,詳"甲"部【疏義】①。　⑤引文見《釋名·釋天》。　⑥引文見《廣雅·釋言》。　⑦引文見《晉書·樂志上》。津塗:即津途,途徑。　⑧濱濱:水潛行貌。　⑨螾:同"蚓"。詰詘:屈曲,屈折。黃泉:地下的泉水。⑩引文見《左傳·隱公元年》"不及黃泉,無相見也"一語杜預注。⑪螾螾:蠕動貌。

【集解】

　郭沫若《甲骨文字研究·釋支干》:"'寅'字之最古者爲矢形。"

　徐灝《説文注箋》:"蓋'寅'即古'夤'(yǐn)字……借爲辰名。"(夤:夾脊肉)

　朱駿聲《説文定聲》:"(寅)即'夤'字之古文,因'寅'爲借義所專,又製'夤'字。"

　董蓮池《部首新證》:"今考甲骨文,字寫作 ⬆(《甲骨文編》560頁),本是'矢'字。其用'矢'字是因地支之'寅'無形可象,與'矢'音近而借用。後來便在 ⬆ 形基礎上造作專字,辦法是加一橫畫使 ⬆ 成爲 ⬆ 形。又加囗而寫作 ⬆……到了西周形變而作 ⬆(辰在寅鼎)、⬆(元年師旋簋)。"

卯 卯 531 mǎo　甲文 ⬈⬊、⬈⬊、⬈⬊、⬈⬊　金文 ⬈⬊　莫飽切　明巧開
　　　　　二上明幽　(311/312;745/752)

　冒也。二月萬物冒地而出[一]**,象開門之形**[二]**,故二月爲天門**[三]**。凡卯之屬皆从卯。** ⬈⬊**,古文卯**[四]**。**

【譯文】

　(卯代表二月)冒出。二月時萬物冒出地面,字象開門的形狀,所以二月又稱作"天門"。凡是和"卯"義有關的字都以"卯"爲構件。⬈⬊,是古文"卯"字。

【段注】

　[一]《律書》曰:"卯之爲言茂也,言萬物茂也。"①《律曆志》:"冒

茆於卯。"②《天文訓》曰:"卯則茂茂然。"③《釋名》曰:"卯,冒也。載冒土而出也。"④蓋陽氣至是始出地。　[二]字象開門也。莫飽切。古音在三部(幽、覺)。　[三]卯爲春門⑤,萬物已出。　[四]按:十干十二支之字皆古文也,非後人所能造者,而"非"爲春門,"卯"爲秋門⑥,尤焯明。然則非、酉皆古文而異者也。

【疏義】

①引文見《史記·律書》。　②冒茆:茂密叢生。茆,同"茅"。引文見《漢書·律曆志》,詳"甲"部【疏義】①。　③引文見《淮南子·天文訓》。　④載:用頭頂着。引文見《釋名·釋天》。　⑤春門:迎接春天的門户。"卯"配夏曆二月,是春來之時,字形又象門,故言"春門"。　⑥《説文》酉部:"酉,就也。八月黍成,可爲酎酒。象古文酉之形。凡酉之屬皆从酉。卯,古文酉,从卯。卯爲春門,萬物已出。酉爲秋門,萬物已入。一,閉門象也。"秋門:"酉"配夏曆八月,是秋臨之季,字形又象門,故曰"秋門"。

【集解】

朱駿聲《説文定聲》:"'門'从二户相向,'卯'从二户相背。古文象柴門桑户形。"

林義光《文源》:"按:(卯)古作))((取彝),不从二户,即兜鍪(móu)之'鍪'本字,首鎧也。"(鍪:頭盔)

胡光煒《説文古文考》:"'卯'爲'劉'之原字……))(象斷物之形,殺人殊死,故'劉'訓殺而))(爲初字。"

董蓮池《部首新證》:"考字見甲骨文,寫作 卯(《甲骨文編》561頁),除用作地支字外,還用作用牲之法名。王國維認爲作用牲之法名的'卯'應讀爲'劉',義爲殺(《甲骨文字集釋》4343頁),高鴻縉(《金文詁林》8272頁引)認爲'即剖字之初文,从八(分)一物爲二,物不知何物,合之爲〇,分之爲〇),乃物之通象也……自卯借爲地支第四位之名,久叚不歸,乃另造剖字。《説文》:'剖,判也。'……即卯字之初誼矣。'郭沫若以爲作爲用牲之法名的'卯'字是'因卯之字形取義,蓋言對剖也'(《卜辭通纂》第三九片考釋)。"

辰 质

532 chén　甲文 𣥏、辰、𣥵、𨑊、𨑉　金文 𨑋、辰、辰、辰　植鄰切　禪真開三平　禪文（311/312;745/752）

震也。三月昜气動，靁電振，民農時也，物皆生[一]。从乙、七(huà)[二]，七大徐本無**象芒達[三]，厂聲**大徐本有“也”[四]**。辰，房星，天時也[五]。从二；二，古文上字。凡辰之屬皆从辰。质，古文辰。**

【譯文】

（辰代表三月）震動。三月陽氣始動，雷電出現，是農人耕作的時間，萬物都在生長。字由“乙、七”構成，“七”象草木萌動貌，“厂”爲聲符。辰，又代表房星，標誌着天時。以“二”爲構件；二，是古文“上”字。凡是和“辰”義有關的字都以“辰”爲構件。质，是古文“辰”字。

【段注】

[一]震、振古通用。振，奮也。《律書》曰：“辰者，言萬物之蜄也。”①《律曆志》曰：“振美於辰。”②《釋名》曰：“辰，伸也，物皆伸舒而出也。”③《季春之月》：“生氣方盛，陽氣發泄，句者畢出，萌者盡達。”二月靁發聲，始電至，三月而大振動④。《豳風》曰：“四之日舉止。”故曰“民農時”⑤。　[二]七，呼跨切，變也⑥。此合二字會意。“乙”象春艸木冤曲而出，陰氣尚强，其出乙乙⑦。至是月陽氣大盛，乙乙難出者始變化矣。　[三]“七”字依《韻會》補。芒達，芒者盡達也⑧。[四]鉉等疑“厂”呼旱切，非聲。按：“厂”之古音不可考。文、魂與元、寒音轉亦最近也⑨。今植鄰切。古音在十三部（文）。　[五]此將言“从二”，先說其故也。晶部“晨”字下曰：“房星，爲民田時者。从晶，辰聲。”或省作“晨”，此房星之字也。而此云“辰，房星”，“辱”下云：“房星爲辰，田候也。”則字亦作“辰”⑩，《爾雅》“房、心、尾爲大辰”是也⑪。韋注《周語》曰：“農祥，房星也。”⑫房星晨正，爲農事所瞻仰，故曰“天時”。引申之，凡時皆曰“辰”。《釋訓》云：“不辰，不時也。”⑬房星高高在上，故从“上”。

【疏義】

①引文見《史記·律書》。司馬貞索隱：“蜄，音‘振’，或作‘娠’，

同音。《律曆志》云：'振羨於辰。'"　　②引文見《漢書·律曆志》，詳"甲"部【疏義】①。王念孫《讀書雜誌·漢書第四·律曆志》："'振美於辰'，念孫案：'美'當爲'羨'字之誤也，羨之言延也。三月陽氣方盛，句萌奮發，萬物莫不振起而延長，故曰'振羨於辰'。"　　③引文見《釋名·釋天》。　　④引文見《禮記·月令·季春之月》。鄭玄注："句，屈生者。芒而直曰萌。"生氣：萬物生長的氣象。句者畢出：彎曲的萌芽完全露出地面。萌者盡達：幼苗完全破土而出。電：雷電。⑤《詩經·豳風·七月》："三之日于耜，四之日舉趾。"止："趾"的古字。民農時：農民開始耕作的時間。　　⑥《説文》人部："匕，變也。從到人。"《段注》："凡變匕當作'匕'，教化當作'化'，許氏之字指也。今變匕字盡作'化'，'化'行而'匕'廢矣。"　　⑦乙乙：草木難出的樣子。⑧芒達：萌發。《韻會舉要》真韻："辰，丞真切。《説文》：'辰，震也。三月陽氣動，雷電振，民農時也。物皆生，從乙，化也。從止，象芒達，厂聲也。從二，古文上也。'"　　⑨"鉉等"等句大意：徐鉉等人懷疑"厂"應讀呼旱切（厂，徐鉉据《唐韻》標作呼旱切），不是聲符。"厂"的上古讀音已不可考。如果讀呼旱切，屬於上古元寒部（段氏第十四部），由元寒部轉讀文魂部（段氏第十三部）也是最近的。大徐本《説文》"辰"下徐鉉注："臣鉉等曰：三月陽气成，艸木生，上徹於土，故從匕。厂非聲，疑亦象物之出。"按：中古文、魂韻段氏歸入上古第十三部（文），元、寒韻歸入上古第十四部（元）。　　⑩此數句是説，房星的本字是"晨"（本作"晨"），也寫作"辰"。"辰"用以紀時，爲七至九時。房：二十八宿之一。爲民田時者：農民下田耕種的時間依據。田時、田候：種田的時間。　　⑪《爾雅·釋天》："大辰，房、心、尾也。"房、心、尾三宿統稱"大辰"，皆屬二十八宿中的東方蒼龍七宿。　　⑫《國語·周語上》："土氣震發，農祥晨正。"韋昭注："農祥，房星也。晨正，謂立春之日，晨中於午也。農事之候，故曰'農祥也'。"候：節候。　　⑬引文見《爾雅·釋訓》。郭璞注："辰亦時也。"

【集解】

　　朱駿聲《説文定聲》："辰（辰），有身也，從厂，從丙省。厂，象人之形。"

　　郭沫若《甲骨文研究·釋支干》:"'辰'實古之耕器,其作貝殼形者,蓋蜃器也,其更加以手形、若足形者,則示操作之意。"

　　黃天樹《部首與甲骨文》(續二):"甲骨文作𠂂(《甲骨文編》1703號),象刃的部分跟甲骨文𠂆字即'石'字的初文同形。很可能是'辰'這種農具本爲石器的反映。辰是農業上用於清除艸木的一種工具。"

　　董蓮池《部首新證》:"今考'辰'字見甲骨文,寫作𠂇、𠂢、𠂊諸形(《甲骨文編》561—562 頁),是象形字。不從'乙'、'匕',也不從'二',更非'厂'聲。從甲骨文'農'字寫作𦰩、𦰩(同前書,107 頁)觀之,'辰'本農作時用於清除艸木的一種農具。用作地支是假借。"

【同部字舉例】

　　辱𢅶 rǔ　恥也。从寸在辰下。失耕時,於封畺上戮之也。辰者,農之時也,故房星爲辰,田候也。而蜀切。○甲文 𦰩 、𦰩 、𦰩 、𦰩 、

𦰩　日燭入　日屋

巳 𢀖　533 sì　甲文 𠃟、𠀀、𠀀、𠀀、𠀀、𠀀、𠀀、𠀀、𠀀　金文 𠀀、𠀀、𠀀、𠀀

　　　　　詳里切　邪止開三上　邪之(311/312;745/752)

　　巳(同"已",下同)也[一]。四月昜气巳出,侌气巳臧[二]。萬物見[三],成彣彰"彣彰"大徐本作"文章"[四],故巳爲它("蛇"的古字)大徐本作"蛇"。象形[五]。凡巳之屬皆从巳。

【譯文】

　　(巳代表四月)就是已然的意思。四月陽氣已經出現,陰氣已經隱藏。萬物出現,形成各種文彩,所以用"巳"代表蛇。象形。凡是和"巳"義有關的字都以"巳"爲構件。

【段注】

　　[一]《律書》曰:"巳者,言萬物之巳盡也。"①《律曆志》曰:"巳盛於巳。"②《淮南·天文訓》曰:"巳則生巳定也。"③《釋名》曰:"巳,畢布巳也。"④"辰巳"之"巳"既久用爲巳然、巳止之"巳",故即以巳然之"巳"釋之。《序卦》傳:"蒙者,蒙也。""比者,比也。""剝者,剝也。"⑤《毛詩》傳曰:"虛,虛也。"⑥自古訓故有此例,即用本字,不叚異字也。

《小雅・斯干》箋云：“‘似’讀爲巳午之‘巳’。‘巳續妣祖’者，謂巳成其宫廟也。”⑦此可見漢人巳午與巳然無二音，其義則異而同也。《廣雅・釋言》：“巳，以也。”乃淺人所改。近大興朱氏重刻汲古閣《説文》改爲“已也”⑧，殊誤。　　[二]今“藏”字。　　[三]句。　　[四]故曰“巳也”。　　[五]巳不可像也，故以蛇象之⑨。蛇長而宛曲垂尾，其字像蛇，則象陽巳出、陰巳藏矣。此六字一句讀。♂者，蛇象也；♂者，古文豕也。此近十二屬之説，而與《論衡・物勢篇》義各不同⑩。祥里切。一部（之、職）。

【疏義】

①萬物：應作“陽氣”。巳盡：《史記・律書》作“已盡”。按：“巳”有“已”義。《釋名・釋天》：“巳，已也。”“辰巳”之“巳”與“已經”之“巳”本來都寫作“巳”，後分化爲“巳、已”二字。《説文》以“巳”（已）釋“巳”用的是聲訓。　　②引文見《漢書・律曆志》。巳盛：後作“已盛”。詳“甲”部【疏義】①。　　③巳定：後作“已定”。詳“寅”部【疏義】③。　　④《釋名・釋天》：“巳，已也，陽氣畢布已也。”　　⑤《序卦》傳：即《序卦》，《周易》篇名，十翼之一，内容是解釋《周易》六十四卦的順序。蒙、比、剥：均六十四卦卦名。蒙，萌芽，萌動。比，比輔，輔助。剥，剥落。　　⑥虚：舒緩。《詩經・邶風・北風》：“北風其涼，雨雪其雱。惠而好我，攜手同行。其虚其邪，既亟只且。”毛傳：“虚，虚也。亟，急也。”邪：通“徐”，慢。　　⑦引文見《詩經・小雅・斯干》“似續妣祖，築室百堵，西南其户。爰居爰處，爰笑爰語”一章鄭玄箋。巳成：即“已成”。　　⑧大興朱氏：指朱筠，清代學者，北京大興人，曾校《説文》。　　⑨蓋蛇入冬隱藏進入冬眠狀態，四月出現。四月陰氣盡而陽氣出現，類似蛇，故以蛇的形象表示代表四月的“巳”字。　　⑩《論衡・物勢篇》：“亥，水也，其禽豕也。巳，火也，其禽蛇也。”

【集解】

朱駿聲《説文定聲》：“巳，似也。象子在包中形，‘包’字从之。孺子爲‘兒’，襁褓爲‘子’，方生順出爲‘充’，未生在腹爲‘巳’。”

郭沫若《甲骨文研究・釋支干》：“♀象人形，即‘子’。”

董蓮池《部首新證》：“今考字見甲骨文，寫作♂、♀、♀諸形（《甲骨文編》563 頁），象子未成之形，當本‘子’之異構，‘子’、‘巳’二詞古音相近，‘巳’一詞無形可象，便用子未成之形表之。”

【同部字舉例】

　　㠯（以）🄐 yǐ　用也。从反“巳”。賈侍中説：巳，意巳實也。象形。羊止切。○甲文 ♂、乁、♂　金文 ♂、♂、♂、♂　以止上　定之

午 仐 534 wǔ　甲文 ♂、↓、十、♂、♂、♂、♂　金文 ↓、♂、十、十、

十、♂　疑古切　疑姥合一上　疑魚(311/312;746/753)

牾也[一]。五月侌气牾屰“牾屰”大徐本作“午逆”易，冒地而出也[二]。象形[三]。此與矢同意“冒地”三句大徐本作“冒地而出，此予矢同意”[四]。凡午之屬皆从午。

【譯文】

　　（午代表五月）違逆。五月陰氣衝犯陽氣，從地下冒出。象形。此字與“矢”字的構意相同（均體現貫穿義）。凡是和“午”義有關的字都以“午”爲構件。

【段注】

　　[一]牾者，屰（nì）也①。　　[二]“牾屰”各本作“午逆”，今正。《律書》曰：“午者，陰陽交，故曰午。”②《律曆志》曰：“咢布於午。”③《天文訓》曰：“午，仵也。陰氣從下上，與陽相仵逆也。”④《廣雅·釋言》：“午，仵也。”按：“仵”即“牾”字。四月純陽⑤，五月一陰屰陽，冒地而出，故製字以象其形。古者橫直交互謂之“午”，義之引申也。《儀禮》“度而午”，注云：“一縱一橫曰午。”⑥　　[三]各本無此二字，今補。[四]“矢”之首與“午”相似，皆象貫之而出也⑦。疑古切。五部（魚、鐸）。

【疏義】

　　①屰：同“逆”。　　②引文見《史記·律書》。　　③咢布：陰陽之氣相交。引文見《漢書·律曆志》，詳“甲”部【疏義】①。　　④引文實出自《釋名·釋天》而非《天文訓》。《淮南子·天文訓》原文作：“（斗星）指午，午者，忤也。”　　⑤純陽：純一的陽氣。四月陽氣已出，陰氣已藏，故曰純陽。詳巳部説解。　　⑥五月一陰屰陽：指五月已包孕陰氣，

"一陰"在説明"午"字中一豎,代表陰氣。《儀禮・大射》:"工人、士與梓人升自北階,兩楹之間,疏數容弓,若丹若墨,度尺而午,射正莅之。"鄭玄注:"一從一橫曰午,謂畫物也。"度尺而午:用尺子量長短以畫物的橫畫和縱畫。　　⑦《説文》矢部:"矢,弓弩矢也。从入,象鏑栝羽之形。"鏑:箭頭。栝:箭杆。羽:箭羽。

【集解】

饒炯《説文部首訂》:"'午'即'杵'之古文。"

朱駿聲《説文定聲》:"午,丱也。从丁,丱'一'。一,其物也。指事……古亦以爲'杵'字。"

黄天樹《部首與甲骨文》(續二):"甲骨文作 ↑,象杵形。有人説是'杵'的古字。"

董蓮池《部首新證》:"今考字見商代甲骨文,寫作 ↓、↓、↓諸形(《甲骨文編》565頁),亦見商代金文,寫作 ↑(邶其卣三),爲'杵'的象形文,用爲地支'午'和牾逆之'牾'都是假借用法。"

【同部字舉例】

牾牾 wǔ　逆也。从午,吾聲。五故切。○疑暮去　疑魚

未 未　535 wèi　甲文 ↓、↓、↓、↓、↓　金文 ↓、↓　無沸切　明

未合三去　明微(311/312;746/753)

味也[一]。六月滋味也[二]。五行木老於未[三]。象木重枝葉也[四]。凡未之屬皆从未。

【譯文】

(未代表六月)就是味道的意思。六月萬物長成有了滋味。按照五行説木老於六月。字形象樹木枝葉繁複的樣子。凡是和"未"義有關的字都以"未"爲構件。

【段注】

[一]口部曰:"味者,滋味也。"　[二]《韻會》引作"六月之辰也"①。《律書》曰:"未者,言萬物皆成,有滋味也。"②《淮南・天文訓》曰:"未者,昧也。"③《律曆志》曰:"昧薆於未。"④《釋名》曰:"未,昧也。

日中則昃,向幽昧也。"⑤《廣雅・釋言》曰:"未,味也。"許説與《史記》同。　[三]《天文訓》曰:"木生於亥,壯於卯,死於未。"⑥此即"昧薆"之説也。　[四]老則枝葉重疊,故其字象之。無沸切。十五部(脂、微、物、月)。

【疏義】

①辰:時。《韻會舉要》未韻:"未,無沸切。《説文》:'未,味也。六月之辰也,五行木老於未,象木重枝葉也。'"　②引文見《史記・律書》。　③引文見《淮南子・天文訓》。　④昧薆:幽暗不明。引文見《漢書・律曆志》,詳"甲"部【疏義】①。　⑤引文見《釋名・釋天》。⑥亥:代表夏曆十月。卯:代表夏曆二月。死:指停止生長。

【集解】

李孝定《甲骨文字集釋》:"契文亦象木重枝葉之形。"

朱駿聲《説文定聲》:"木老枝葉重也,从木重'屮',象形。或説即'沫'之古文,从手从巾,會意。因爲借義所專,復製沫頮(huì)字。存參。"(頮:洗臉)

董蓮池《部首新證》:"考'未'字見甲骨文,寫作 ⿰、⿰ 諸形(《甲骨文編》566頁),構形與'木'有關,後一形確象重枝葉,本義已不可知。用爲地支字是假借。"

申　㧑　536 shēn　甲文 ⿰、⿰、⿰、⿰、⿰、⿰　金文 ⿰、⿰、⿰、⿰、⿰、⿰　失人切　書真開三平　書真(311/313;746/753)

神也[一]。七月㑳气成,體自申束[二]。从臼,自持也[三]。吏以大徐本作"臣"餔時聽事,申旦政也[四]。凡申之屬皆从申。⿰,古文申[五]。⿰,籀文申[六]。

【譯文】

(申代表七月)即"神"的意思。七月陰氣形成,其形態或伸或縮。以"臼"爲構件,表示自控的意思。官吏於餔時(同申時,下午三至五時)繼續理事,復查上午公務的完成情況。凡是和"申"義有關的字都以"申"爲構件。⿰,是古文"申"字。⿰,是籀文"申"字。

【段注】

[一]"神"不可通,當是本作"申"。如"巳,巳也"之例①。謂此申酉之篆即今引申之義也。淺人不得其例,妄改爲"神",考諸古説無有合者。《律書》曰:"申者,言陰用事,申則萬物,故曰申。"②《律曆志》曰:"申堅於申。"③《天文訓》曰:"申者,申之也。"皆以"申"釋"申",爲許所本。而今本《淮南》改"申之"作"呻之",其可欤(xī)一而已④。或曰"神"當作"身"⑤。下云"陰氣成體",《釋名》《晉書·樂志》《玉篇》《廣韻》皆云:"申,身也。"⑥許説"身"字從"申"省聲⑦,皆其證。此説近是,然恐尚非許意。　　[二]《韻會》無"體"字⑧。"陰气成"謂三陰成,爲《否》卦也⑨。古屈伸字作"詘申",亦叚"信",其作"伸"者俗字,或以羼(chàn)入許書人部耳⑩。《韓子·外儲説》曰:"申之束之。"今本"申"譌"紳"⑪。申者引長,束者約結。《廣韻》曰:"申,伸也,重也。"　　[三]臼,叉手也。"申"與"晨、要"同意⑫。當是從"丨"以象其申,從"臼"以象其束,疑有奪文。"丨"即余制切之厂(yì)字也。失人切。十二部(真)。　　[四]餔者,日加申時食也⑬。申旦政者,子產所謂"朝以聽政,夕以修令"⑭。公父文伯之母所謂"卿大夫朝考其職,夕序其業。士朝而受業,夕而習復"也⑮。　　[五]"虹、陳"篆下如此⑯。[六]小篆改此作"申",禂、晨字從此⑰。

【疏義】

①當是本作"申":意思是"神"字當作"申",即應作"申,申也"。後者意思是伸展。這類訓詁叫做同字爲訓,即用詞的基本義對詞作解釋,又如"巳,巳也",意思爲"巳,就是巳"。　　②申則:今本作"申賊",不斷危害。賊,傷害。引文見《史記·律書》。裴駰集解:"徐廣曰:一作'則'。"　　③申堅:進一步增強。申,代表七月。引文見《漢書·律曆志》,詳"甲"部【疏義】①。　　④呻之:吟誦。《淮南子·天文訓》:"(斗)指申,申者,呻之也。"欤:嗤笑。　　⑤《説文定聲》:"申,束身也。從臼,自持也。從丨,身也。指事,與'寅'同意……籀文𦦙從'臼'從'身'省。或曰:'申'即'胂'(shèn)之古文。"胂:夾脊肉。　　⑥成體:成形。《釋名·釋天》:"申,身也。物皆成其身體,各申束之,使備成也。"《晉書·樂志上》:"七月之辰謂爲申。申者,身也,言時萬物身體

皆成就也。"《玉篇》申部："申,式神切。身也,伸也,重也。申申,容舒也。"《廣韻》真韻："申,身也,伸也,重也,容也。"　⑦《說文》身部："身,躳也。象人之身。从人,厂聲。"《段注》改爲："身,躳也。从人,申省聲。"注曰："大徐作'象人之身。从人,厂聲'。按:此語先後失倫,'厂'古音在十六部(支、錫),非聲也。今依《韻會》所據小徐本正。《韻會》'从人'之上有'象人身'三字,亦非也。"《韻會舉要》真韻："身,《說文》:'身,躬也。象人身。从人,申省聲。'"　⑧《韻會舉要》真韻："申,升人切。《說文》:'申,神也。七月陰氣成,自申束,从臼,自持也。吏以餔時聽事,申旦政也。'"　⑨《否》卦:六十四卦之一。卦象爲☷,含有三個陰爻,故曰"三陰成"。　⑩屟:攙雜。《說文》人部："伸,屈伸。从人,申聲。"《段注》:"疑此字不古,古但作'詘信',或用'申'爲之。本無'伸'字,以'屈伸'訓'伸'篆,亦非說解之體。"　⑪《韓非子・外儲說左上》:"《書》曰:'紳之束之。'"　⑫同意:指"申"字的構件"臼"和"晨、要"中的"臼"取意相同。《說文》晨部："𪊶,早昧爽也。从臼从辰。辰,時也。辰亦聲。丮、夕爲夙,臼、辰爲晨,皆同意。"《說文》臼部："𦥑,身中也。象人要自臼之形。"要:"腰"的古字。⑬餔:晚飯。日加申時:日在申時。《後漢書・郎顗傳》:"今月十七日戊午,征日也,日加申,風從寅來,丑時而止。"李賢等注:"日在申時也。"　⑭申旦政:復查早上所處理的政事。《左傳・昭公元年》:"僑聞之:'君子有四時,朝以所政,晝以訪問,夕以脩令,夜以安身。'"僑:子產的名。　⑮公父文伯:即公甫文伯,春秋時魯大夫,季友的後代。其母敬嬴,有賢名。序其業:繼續操勞其事業。序,次。《國語・魯語下》:"公父文伯退朝,朝其母。其母方績,文伯曰:'以歜(chù)之家而主猶績,懼忓(gān)季孫之怒也,其以歜爲不能事主乎?'其母歎曰:'魯其亡乎!使僮子備官而未之聞耶……卿大夫朝考其職,晝講其庶政,夕序其業,夜庀其家事,而後即安。士朝而受業,晝而講貫,夕而習復,夜而討過無憾,而後即安。'"歜:文伯之名。季孫:季康子,季孫氏家族的族長,執政魯國。庀:治。貫:習。　⑯《說文》虫部："虹,螮蝀也。狀似蟲。从虫,工聲……𧍠,籀文虹,从申,申,電也。"阜部:"陳,

宛丘。舜後嬀滿之所封。从𨸏从木，申聲。𨷻，古文陳。”　⑰禑：同
“神”。晨：同“申”。《説文》示部：“神，天神，引出萬物者也。从示、
申。”又部：“晨，引也。从又，𣇓聲。𣇓，古文申。”

【集解】

　　朱駿聲《説文定聲》：“申，束身也。从臼，自持也。从丨，身也。指
事……或曰：申，即‘䏴’（shēn）之古文。”（䏴：夾脊肉）

　　王筠《説文句讀》：“申、晨、伸、㑥一體相嬗。”

　　饒炯《説文部首訂》：“申即屈申本字。”

　　徐灝《説文注箋》：“申，電也，古音‘電’與‘申’近。”

　　林義光《文源》：“古作𐩒，不象人體，實即‘伸’之古文，象詰詘將
伸之形。”

　　黃天樹《部首與甲骨文》（續二）：“甲骨文作𐩒，象閃電之形，是
‘電’之初文（“電”的下部由“申”變來）。”

　　董蓮池《部首新證》：“今考字見甲骨文，寫作𐩒、𐩒諸形（《甲骨文
編》567頁），象閃電曲折激耀之形，爲‘電’之初文。”

【同部字舉例】

　　曳　𦥔　yú　束縛捽抴爲曳。从申从乙。羊朱切。○金文𦥔　以虞
平　定侯

　　曳　𦥔　yè　曳曳也。从申，丿聲。余制切。○金文曳　以祭去　定祭

酉 西 537 yǒu

甲文𦥔、𦥔、𦥔、𦥔、𦥔、𦥔、𦥔　金文𦥔、𦥔、𦥔、𦥔、
𦥔、𦥔、𦥔　與久切　以有開三上　定幽（311/313;747/754）

就也[一]。八月黍成，可爲酎（zhòu）酒[二]。象古
文酉之形也大徐本無“也”[三]。凡酉之屬皆从酉。𦥔，古
文酉，从丣大徐本作“卯”，下同[四]。丣爲春門，萬物已
（已，下同）出。丣“酉”的古字，大徐本作“酉”爲秋門，萬物已
入。一，閇大徐本作閉門象也[五]。

【譯文】

　　（酉代表八月）即成就的意思。八月黍穀成熟，可以釀造醇酒。字
象古文酉的形體。凡是和“酉”義有關的字都以“酉”爲構件。𦥔，古

文“西”字以“丣”爲構件。“丣”象徵春季的門(卯代表夏曆二月),萬物已从門中出來。“丣”象徵秋季的門(酉代表夏曆八月),萬物已進入門中。一横,是閉門的象徵。

【段注】

［一］就,高也。《律書》曰:“酉者,萬物之老也。”①《律曆志》曰:“留孰於酉。”②《天文訓》曰:“酉者,飽也。”③《釋名》曰:“酉,秀也。秀者,物皆成也。”④　［二］此舉一物以言“就”。黍以大暑而穜(zhòng)⑤,至八月而成,猶禾之八月而孰也。不言禾者,爲酒多用黍也。酎者,三重酒也⑥。必言酒者,古“酒”可用“酉”爲之,故其義同曰“就也”⑦。凡从“酒”之字當别酒部,解曰“从酒省”,許合之,疏矣⑧。［三］古文“酉”謂“丣”也,仿佛“丣”字之形而製“酉”篆⑨。此與“弟”从古文“弟”之形、“民”从古文“民”之形、“革”从古文“革”之形爲一例⑩。周伯琦乃謂不可解矣⑪。與久切。三部(幽、覺)。　［四］从丣,一以閉之。　［五］《管子·幼官篇》“春三卯同事,秋三卯同事”⑫。惠氏士奇云“春當作三丣,秋當作三丣”⑬,取許書爲説也。《虞翻别傳》曰:“翻奏鄭玄解《尚書》違失云:‘古大篆“丣”字,讀當爲“桺”,古“桺、丣”同字,而以爲“昧”,甚違不知蓋闕之義。’”⑭玉裁按:壁中《古文尚書》作“昧谷”⑮,鄭注《尚書》依之。今文《尚書》作“桺穀”,鄭注《周禮·縫人》取之⑯。今文、古文本有斷難合一者也。鄭本不誤,而仲翔謂其改“丣”爲“昧”,其他三事亦皆仲翔誤會⑰。説詳《古文尚書撰異》⑱。凡“畱、桺、聊、劉”字从“丣”⑲。

【疏義】

①引文見《史記·律書》。　②引文見《漢書·律曆志》,詳“甲”部【疏義】①。　③引文見《淮南子·天文訓》。　④引文見《釋名·釋天》。　⑤穜:同“種”。　⑥酎:反復多次釀成的醇酒,所謂“三重酒”。　⑦“古‘酒’”句:古時“酒”可用“酉”表示。按:“酉”實際是“酒”的古字。就也:造成、釀成的意思。　⑧“凡从”四句:凡是从“酒”的字應當另立“酒”部統之,解釋成“从酒省”(不説“从酉”),許慎把二者(指“酉、酒”)合爲一體,是粗疏的作法。　⑨仿佛:仿照。⑩《説文》弟部:“弟,韋束之次弟也。从古字之象……,古文弟,从

古文𦍒省，丿聲。”民部：“民，衆萌也。从古文之象……，古文民。”革部：“革，獸皮治去其毛革更之。象古文革之形……，古文革。” ⑪周伯琦：字伯温，元饒州（今江西上饒地區）人，官至翰林修撰。書法家，書長篆、隸、真、草，著有《六書正譌》《説文字原》二書。《説文字原》第七：“丣，闔户也。从二户相合，象形。以久切。因聲借爲申丣字，爲日入物收之義。古以爲‘牖’字，隸用‘酉’，乃古‘酒’字，非是‘酉’古文。” ⑫春三卯同事：指春季有三個卯日間隔的時間相同，都是十二天。《管子・幼官第八》：“春行冬政肅……十二始卯，合男女；十二中卯；十二下卯。三卯同事……秋行夏政葉……十二始卯，合男女；十二中卯；十二下卯。三卯同事。” ⑬惠士奇（1671—1741）：字天牧、仲孺，晚號半農，人稱紅豆先生，清江蘇吴縣（今屬苏州市）人，經學家，康熙四十八年進士，官編修、侍讀學士等，撰有《易説》《禮説》《春秋説》等書。《禮説・地官二》：“《管子》春三丣，十二始丣，十二中丣，十二小丣，而始丣合男女……丣爲春門，三丣爲八舉。丣爲秋門，三丣爲九和。古文丣、丣同形，書無善本，故正之。《説文》‘丣’象開門，‘丣’象閉門。” ⑭虞翻（164—233）：字仲翔，三國吴國會稽餘姚（今浙江餘姚）人，博學多通，尤精《易》學。不知蓋闕：對於不懂的東西，恐怕應采取暫且空缺不加解釋的態度。《論語・子路》：“君子於其所不知，蓋闕如也。”何晏集解：“包曰：‘君子於其所不知，當闕而勿據。’”《三國志・吴書・虞翻傳》：“（虞翻）雖處罪放，而講學不倦，門徒常數百人。又爲《老子》《論語》《國語》訓注，皆傳於世。”裴松之注：“《翻別傳》曰……又奏鄭玄解《尚書》違失事目：‘……伏見故徵士北海鄭玄所注《尚書》，以《顧命》康王執瑁古“冃”似“同”，從誤作“同”，既不覺定，復訓爲“杯”，謂之“酒杯”。成王疾困憑几，洮頮爲“濯”，以爲澣衣成事，“洮”字虚更作“濯”，以從其非。又古大篆“丣”字，讀當爲“桺”，古“桺、丣”同字，而以爲“昧”……若此之類，誠可怪也。’”
⑮《古文尚書》：指漢武帝時期魯恭王在孔子舊宅壁中發現的《尚書》，用戰國時期的古文寫成，對當時用漢今文隸書寫的傳世《尚書》而言稱《古文尚書》。《古文尚書・堯典》：“分命和仲，宅西曰昧谷。”孔安國傳：“昧，冥也。日入於谷而天下冥，故曰‘昧谷’。”分命：分別命令。

和仲:人名,堯之臣。孔穎達正義:"又分命和氏而字仲者,居治西方日所入處,名曰昧冥之谷。於此處所主之職,使和仲主治之。既主西方之事,而日入於西方,令此和仲恭敬從送既入之日,平均次序西方成物之事,使彼下民務勤收斂。"⑯《周禮·天官冢宰·縫人》:"喪。縫棺飾焉,衣翣(shà)柳之材。"鄭玄注:"《書》曰:'分命和仲,度西曰柳穀。'"翣柳:棺飾。翣,棺飾。柳,棺飾之上的部分。《書》:指《今文尚書》。⑰仲翔:即虞翻。仲翔說詳【疏義】⑭。⑱段玉裁《古文尚書撰異·堯典》"分命和仲宅西曰昧谷"條注:"偽孔本作'昧',用鄭說也。偽孔意謂壁中'丣'字,孔安國已易爲'昧',在鄭之前,非鄭刱見也。《今文尚書》本作'桺'……虞仲翔謂壁中'丣'字即伏生'桺'字,其云當讀爲'桺'者,據伏生書而云。然玉裁竊謂仲翔之說爲疏,考究之未精也。伏書作'桺'者,蓋其壁藏本作'桺',或壁藏本作'丣',而伏讀爲'桺',皆未可定。'丣'者古文'酉'字,'桺'從'丣'聲,古字多同聲假借。虞見鄭注'丣'讀當爲'昧'之云,疑其何不讀爲'桺'有依據。以愚審之,'丣、卯'二字易溷,壁中必是'丣'字,鄭以雙聲求之,讀當爲'昧'……若壁中是'丣'字,則鄭豈不能比合今文'桺穀'爲說?伏生作'桺',孔壁作'丣',形與聲皆略相似,'丣、丣'古音同在第三部尤幽内。虞不細考,謂壁中與伏生合而妄譏鄭君。"⑲酉、桺、聊、劉:分別爲"留、柳、聊、劉"的古字。

【集解】

朱駿聲《說文定聲》:"'酉'即'酒'字。象釀器形,中有實。"

章炳麟《文始》:"'酉'自爲'酒'之初文,形象酒**尊**。"

黃天樹《部首與甲骨文》(續二):"甲骨文作**酉**,象酒尊。"

董蓮池《部首新證》:"今考字見甲骨文,寫作、諸形(《甲骨文編》568頁),爲酒尊的象形。用以表示酒。'酒'和地支'酉'古音相近,遂借以表示地支'酉'。"

【同部字舉例】

酒**酒** jiǔ　就也,所以就人性之善惡。从水从酉,酉亦聲。一曰:造也,吉凶所造也。古者儀狄作酒醪(láo,濁酒),禹嘗之而美,遂疏儀狄。杜康作秫(shú,高粱)酒。子酉切。○金文**酉**、**酉**、**酉**、**酉**、**酉**

精有上　精幽

　　醴醴 lǐ　酒一宿孰也。从酉,豐聲。盧啟切。○來薺上　來脂

　　酤酤 gū　一宿酒也。一曰:買酒也。从酉,古聲。古乎切。○見模平　見魚

　　酷醋 kù　酒厚味也。从酉,告聲。苦沃切。○溪沃入　溪覺

　　配酌 pèi　酒色也。从酉,己聲。滂佩切。○甲文𨤍、𨢗、𨤏、𨥍、𨥏、酌　金文𨢊、𨣀、𨤏、酛　滂隊去　滂微

　　酌酌 zhuó　盛酒行觴也。从酉,勺聲。之若切。○金文𨣃　章藥入　章藥

　　醉醉 zuì　卒也。卒其度量,不至於亂也。一曰:潰也。从酉从卒。將遂切。○精至去　精微

　　酸醶 suān　酢(cù)也。从酉,夋(qūn)聲。關東謂酢曰"酸"。𨢖,籀文酸,从畯。素官切。○心桓平　心元

酋 酋 538
　qiú　字秋切　從尤開三平　從幽(313/315;752/759)

繹酒也[一]。从酉,水半見於上[二]。《禮》有大酋,掌酒官也[三]。凡酋之屬皆从酋。

【譯文】

　　久釀的酒。以"酉"作爲構件,其上部是"水"字的一半。《禮記》中有"大酋",是掌管造酒的官員。凡是和"酋"義有關的字都以"酋"爲構件。

【段注】

　　[一]繹之言昔也。昔,久也。"多"下曰:"从重夕。夕者,相繹也。故重夕爲多。"①然則"繹酒"謂日久之酒。"對窬"(fàn)爲疾孰酒,"醴酤"爲一宿酒②。言之"繹",俗作"醳"(yì)。《周禮·酒人》"三酒"注曰:"事酒,酌有事者之酒,其酒則今之醳酒也。昔酒,今之酋久白酒,所謂舊醳者也。清酒,今中山冬釀,接夏而成。"③《效特牲》"舊澤之酒"注曰:"'澤'讀爲'醳',舊醳之酒,謂昔酒也。"④玉裁按:許云"繹酒",蓋兼"事酒、昔酒"言之。事酒謂"繹酒",昔酒謂"舊繹之

酒"也。酋之義引申之,凡久皆曰"酋"。久則有終,《大雅》:"似先公
酋矣。"傳曰:"酋,終也。"⑤　　[二]謂"八"也。"酋"上與"谷"上正同,
皆曰"水半見"。繹酒糟滓下湛(chén)⑥,水半見於上,故像之。字秋
切。三部(幽、覺)。　　[三]《禮》謂《明堂月令》:"仲冬……乃命大
酋。"注曰:"酒孰曰酋。大酋者,酒官之長也。"⑦

【疏義】

①引文見《説文》多部。《段注》:"相繹者,相引於無窮也。抽絲
曰繹。夕、繹疊韻。"　②對畬:一夜釀成的酒。對,沖調。《説文》酉
部:"畬,酒疾孰也。"《段注》:"謂一宿而孰也。"醴酤:短期釀造成的
酒。醴,甜酒。酤,一夜釀成的酒。　③引文見《周禮·天官冢宰·酒
正》"辨三酒之物,一曰事酒,二曰昔酒,三曰清酒"數語鄭玄注。醳:
醇酒。酋久:久釀的陳酒。清酒:冬釀夏成的醇酒。　④舊澤:久釀。
《禮記·效特牲》:"縮酌用茅,明酌也。醆(zhǎn)酒涗(shuì)于清,汁
獻涗于醆酒,猶明、清與醆酒于舊澤之酒也。"鄭玄注:"猶,若也。澤,
讀爲'醳',舊醳之酒,謂昔酒也。涗(jǐ)醴齊以明酌,涗醆酒以清酒,
涗汁獻以醆酒,天子諸侯之禮也。天子諸侯禮廢,時人或聞此而不知。
云若今明酌、清酒與醆酒,以舊醳之酒涗之矣,就其所知以曉之也。涗
清酒以舊醳之酒者,爲其味厚腊毒也。"明酌:祭祀用的清酒。醆酒:濁
而微清的酒,即白水酒。醆,白色濁酒。涗:過濾。汁獻:祭祀求神的
香酒,用黑黍和鬱金草釀成,即秬鬯。涗:過濾。醴齊:甜酒。　⑤《詩
經·大雅·卷阿》:"俾爾彌爾性,似先公酋矣。"毛傳:"彌,終也。似,
嗣也。酋,終也。"　⑥湛:沉没。　⑦引文見《禮記·月令》及鄭玄注。

【集解】

林義光《文源》:"酋、酉音近,古尊、奠諸字或从酉或从酋,當與
'酉'同字,'八'象酒上溢之形。"

董蓮池《部首新證》:"其實此即'酉'的異體分化字。"

【同部字舉例】

算(尊)𣍘 zūn　酒器也。从酋,廾以奉之。《周禮》六尊:犧尊、象
尊、著尊、壺尊、太尊、山尊。以待祭祀賓客之禮。𡩁,算或从寸。祖昆
切。○甲文𤭖、𣪊、𤮰　金文𣍘、𤮰、𤭖、𤭖　精魂平　精文

戌 戌

539 xū 甲文作 卟、屮、生、屉、卦　金文作 咉、戌、卦、戌　辛
聿切　心術合三入　心物(314/315;752/759)

　　威大徐本作"滅"也。九月易气微，萬物畢成，易下
入地也[一]。五行土生於戊，盛於戌[二]。从戊、大徐本
有"含"一[三]，一亦聲大徐本無此句[四]。凡戌之屬皆
从戌。

【譯文】

　　（戌代表九月）即滅的意思。九月陽氣衰微，萬物完全成熟，陽氣
開始運行到地下。按照五行説土氣在戊位（五月）生成，旺盛持續到戌
位（九月）。字由"戊、一"構成，"一"也是聲符。凡是和"戌"義有關的
字都以"戌"爲構件。

【段注】

　　[一]威，大徐作"滅"，非。火部曰："威，滅也。"①本《毛詩》傳②。
火死於戌，陽氣至戌而盡，故"威"从"火、戌"。此以"威"釋"戌"之恉
也。《律書》曰："戌者，萬物盡滅。"③《淮南·天文訓》："戌者，滅也。"
《律曆志》："畢入於戌。"④《釋名》："戌，恤也。物當收斂矜恤之也。"⑤
九月於卦爲《剥》，五陰方盛，一陽將盡。陽下入地，故其字从土，中含
"一"⑥。　　[二]戌、午合德⑦。《天文訓》曰："土生於午，壯於戌，死於
寅。"⑧　　[三]戌者，中宫，亦土也⑨。一者，一陽也。"戌"中含"一"，
會意也。　　[四]辛聿切。十二部。

【疏義】

　　①《説文》火部："威，滅也。从火、戌。火死於戌，陽氣至戌而盡。
《詩》曰：'赫赫宗周，襃似威之。'"　　②《詩經·小雅·正月》："赫赫宗
周，襃姒威之。"毛傳："威，滅也。"　　③《史記·律書》："戌者，言萬物
盡滅，故曰戌。"　　④引文見《漢書·律曆志》，詳"甲"部【疏義】①。
⑤引文見《釋名·釋天》。　　⑥《剥》：《周易》卦名，卦象爲▤，五陰爻，
一陽爻，故曰"五陰方盛，一陽將盡"。土：指"戊"，"戊"配土，代表土，
故曰"从土"。　　⑦五行説以天干"戊"配陽，亦以地支"午"配陽，故曰
"戊午合德"。　　⑧生、壯、死：分別代表土的生長力在不同月份所處的

狀態。午、戌、寅:分別代表夏曆五、九、一月。引文見《淮南子·天文訓》。　⑨中宮:北極星所處的天域,代表中央。五行説以天干配五方和金木水火土,"戊"配中,同時配土,所謂"中央土"。

【集解】

徐灝《説文注箋》:"考鐘鼎文戌多作𢧀,疑即斧戉之'戉',借爲辰名。"

朱駿聲《説文定聲》:"戌,恤也,人被殺傷可矜恤也。从戉,古文矛字;一,指事,識其殺傷處。與刃同意。"

林義光《文源》:"戌、殺古同音,當即'殺'之古文。"

商承祚《殷虚文字》:"卜辭中戌字象戉形,與'戉'殆是一字。古金文戌字亦多作𢧀,仍未失戉形。"

高亨《文字形義學概論》:"古代五行説,戊己爲中央爲土位。故許云:'土生於戊。'而戌月是土氣旺盛之最後一月,之後,則土凍而不生草木,故許云:'土盛於戌。'許云'从戊含一'者,戊土也,一陽氣也,戊含一即陽氣下入地之意也。此皆曲説。"

黃天樹《部首與甲骨文》(續二):"甲骨文作𢧀(《甲骨文編》1719號),象刃形平直的斧鉞之類武器,和曲刃的'戉'、齒刃的'我'不同。"

董蓮池《部首新證》:"戌字見甲骨文,寫作𢧀、𢧀諸形(《甲骨文編》572頁),本是一種兵器的象形,不能分析爲'从戊含一'。用爲地支字是假借用法。"

亥 𠀥　540 hài　甲文�、乀、�、�、�　金文𠀥、𠀥　胡改切　匣　海開一上　匣之(314/315;752/759)

荄(gāi)也。十月微昜起,接盛会[一]。从二;二,古文上字也大徐本無"也"[二]。一人男,一人女也[三]。从乚大徐本作"乙",象褱子咳咳(咳咳:胎兒拳曲貌)之形也大徐本無"也"[四]。《春秋傳》曰:"亥有二首六身。"[五]凡亥之屬皆从亥。𠀥,古文亥[六],亥大徐本無"亥"爲豕[七],與豕同[八]。亥而生子,復從一起[九]。

【譯文】

（亥代表十月）即根的意思。十月微弱的陽氣開始產生，連接着強盛的陰氣。以"二"爲構件；二，是古文"上"字。字的下方是一個男人，一個女人。以"乙"作爲構件，象懷着拳曲的孩子之形。《春秋左傳》説："亥字上面的二畫代表首，下面的六畫代表身。"凡是和"亥"義有關的字都以"亥"爲構件。ɔ̃，是古文"亥"字，"亥"代表"豕"，與"豕"的形體相同。十二支盡於"亥"而生出"子"，復從"一"開始。

【段注】

　　[一]《律曆志》曰："該閡（hé）於亥。"①《天文訓》曰："亥者，閡也。"②《釋名》曰："亥，核也。收藏萬物，核取其好惡真僞也。"③許云"荄也"者，荄，根也，陽氣根於下也。十月於卦爲《坤》，微陽從地中起接盛陰，即"壬"下所云："陰極陽生，故《易》曰：'龍戰於野。'戰者，接也。"　　[二]謂陰在上也。　　[三]其下从二人，一人男，一人女。像乾道成男，坤道成女④。　　[四]"咳"與"亥"音同。胡改切。一部（之、職）。　　[五]《左傳·襄三十年》文。孔氏《左傳正義》曰："二畫爲首，六畫爲身。"⑤按：今篆法身祇有五畫，蓋周時首二畫，下作六畫，與今篆法不同也。　　[六]各本篆體譌繆，今依宋本舊本更正。"豙（yì）、豚"（tún）字皆與"豕"形略相似⑥。　　[七]猶"巳"下云"巳爲蛇也"⑦。[八]謂二篆之古文實一字也。"豕"之古文見九篇豕部，與"亥"古文無二字⑧。故《呂氏春秋》曰："子夏之晉，過衛。有讀史記者曰：'晉師三豕涉河。'子夏曰：'非也，是己亥也。夫己與三相近，豕與亥相似。'至於晉而問之，則曰'晉師己亥渡河'也。"⑨　　[九]此言始"一"終"亥"，亥終則復始一也。"一"下以韻語起，此以韻語終。

【疏義】

　　①該：全部。閡：阻塞不通。引文見《漢書·律曆志》，詳"甲"部【疏義】①。　　②引文見《淮南子·天文訓》。　　③引文見《釋名·釋天》，"萬"疑爲"百"之誤。今本作"百"。　　④乾道：陽剛的特性。坤道：陰柔的特性。　　⑤《左傳·襄公三十年》："史趙曰：'亥有二首六身。'"杜預注："史趙，晉大史。亥字二畫在上，併三六爲身，如算之

六。"孔穎達正義:"二畫爲首,六畫爲身……案:字書古之亥字體殊不然,蓋春秋之時亥字有二六之體,異於古制,其《說文》是小篆之書,又異於此。"六畫爲身:古人籌算,一橫爲五,一豎爲一,五加一爲六,圖形象上或丅,篆文"亥"字的下部大致像三個連起來的"六",所謂六身。說參楊伯峻《春秋左傳注》。　⑥帚:長毛獸,又豬的別名,篆文作帚。蒙:同"豚",小豬。　⑦巳爲蛇:意即巳代表蛇,"巳"的字形因此取蛇的形象。"亥爲豕"意即"亥代表豕","亥"的字形因此取豕的形象。地支"巳"配夏曆四月,四月是蛇冬眠結束開始活動的時期,故以"巳"代表蛇。"亥"配夏曆十月,十月是歲末,陰氣盛,豕於是月多命盡(人們殺豬以備過年和祭祀),故以亥代表豕。　⑧《說文》豕部:"豕,彘也。竭其尾,故謂之豕。象毛足而後有尾……豕,古文。"　⑨引文見《呂氏春秋·慎行論·察傳》:"子夏之晉,過衛,有讀史記者曰:'晉師三豕涉河。'子夏曰:'非也。是己亥也。夫己與三相近,豕與亥相似。'至於晉而問之,則曰'晉師己亥涉河'也。"

【集解】

饒炯《說文部首訂》:"'亥'即'荄'之本字,下象草木根荄。"

徐灝《說文注箋》:"古文不即'豕'字,假借爲辰名之亥。"

朱駿聲《說文定聲》:"(亥)古文當作豕,即豕之古文豕字加尾。亥、豕一字。"

高亨《文字形義學概論》:"古稱十月爲亥月。許氏以爲亥即亥月之亥,亥得音於荄,十月草木根荄育於地下也。許氏又以爲十月微陽與盛陰相接,正如人之陰(女)陽(男)相交,人之陰陽相交則生子,故亥字從二象陰陽也。又從二人,後者爲男,前者爲女,加一曲畫,象女懷中抱子咳咳之形,咳咳,小兒貌也……又許云'亥爲豕'者,古說以亥代表豬也。按許說多誤。亥即荄之古文,《說文》:'荄,艸根也,從艸,亥聲。'古亥字一象地,下象艸根。"

董蓮池《部首新證》:"今考字見甲骨文,本作勾、勾、卜諸形(《甲骨文編》574頁),即'豕'之作勾者的一種綫條化寫法,用作地支之'亥'的專字。"

主要參考文獻

漢　班固　《漢書》,中華書局 1962 年。

漢　許慎　《説文解字》,宋徐鉉校定,中華書局 1963、2013 年。

漢　史游　《急就篇》,唐顏師古注,宋王應麟補注,天壤閣叢書,清光緒
　　王懿榮校刊本。

漢　司馬遷　《史記》,中華書局 1982 年。

魏　張揖　《廣雅》,隋曹憲音,小學匯函清同治鍾謙鈞校刊本。

梁　顧野王　《大廣益會玉篇》,中華書局 1987 年。

唐　李善　《文選注》,中華書局 1977 年。

唐　陸德明　《經典釋文》,中華書局 1983 年。

唐　唐玄度　《九經字樣》,日本覆刻本。

唐　張參　《五經文字》,日本覆刻本。

南唐　徐鍇　《説文解字繫傳》,中華書局 1998 年。簡稱“《説文繫
　　傳》”。

宋　戴侗　《六書故》,上海社會科學院出版社 2006 年。

元　黃公紹、熊忠　《古今韻會舉要》,中華書局 2000 年。簡稱“《韻會
　　舉要》”。

清　畢沅　《釋名疏證》,《叢書集成初編》,商務印書館 1936 年。

清　段玉裁　《説文解字注》,上海古籍出版社 1988 年,中華書局 2013
　　年。簡稱“《説文段注》”或“《段注》”。

清　方濬益　《綴遺齋彝器款識考釋》,商務印書館 1935 年。

清　馮桂芬　《説文解字段注考證》,民國十七年(1928)影印清稿本。

清　桂馥　《説文解字義證》,中華書局 1998 年。簡稱“《説文義證》”。

清　惠棟　《惠氏讀説文記》,中華書局 1985 年。

清　孔廣居　《説文疑疑》,商務印書館 1936 年。

清　鈕樹玉　《説文解字校録》,引自丁福保《説文解字詁林》。

清　錢坫　《説文解字斠詮》,臺聯國風出版社 1957 年。

清　饒炯　《説文解字部首訂》,引自《説文解字詁林》。簡稱"《説文部首訂》"。

清　邵瑛　《説文解字羣經正字》,桂隱書屋刻本,清嘉慶二十一年(1816)。簡稱"《羣經正字》"。

清　沈濤　《説文古本考》,吳縣潘氏滂喜齋,清光緒十年(1884)。

清　王筠　《説文解字句讀》,中華書局 1998 年。簡稱"《説文句讀》"。

清　王紹蘭　《説文段注訂補》,文物出版社 1982 年。

清　王先謙　《釋名疏證補》,祝敏徹、孫玉文點校,中華書局 2008 年。

清　吳大澂、丁佛言、强運開　《説文古籀補三種》,中華書局 2011 年。

清　吳大澂　《説文古籀補》,光緒七年(1881)精刊本。

清　徐承慶　《説文解字注匡謬》,上海古籍出版社 1995 年。

清　徐灝　《説文解字注箋》,清光緒二十年(1894)徐氏刻,民國三年補刻。簡稱"《説文注箋》"。

清　嚴章福　《説文校議議》,上海書店 1994 年。

清　姚文田、嚴可均　《説文校議》,歸安姚氏刻本,清同治十三年(1874)。

清　張文虎　《舒藝室隨筆》,遼寧教育出版社 2003 年。

清　朱駿聲　《説文通訓定聲》,中華書局 1998 年。簡稱"《説文定聲》"。

班吉慶、王劍、王華寶　《説文解字校訂本》,鳳凰出版社 2004 年。

丁福保　《説文解字詁林》,中華書局 1988 年。

丁聲樹、李榮　《古今字音對照手册》,中華書局 1981 年。

董蓮池　《説文部首形義新證》,作家出版社 2007 年。簡稱"《部首新證》"。

高　亨　《文字形義學概論》,齊魯書社 1981 年。

高鴻縉　《中國字例》,臺灣三民書局 1992 年。

郭沫若　《卜辭通纂》,科學出版社 1983 年。

郭沫若　《甲骨文字研究》,《郭沫若全集·考古編》(第一卷),科學出版社 1982 年。

郭沫若主編,胡厚宣總編輯,中國社會科學院歷史研究所編　《甲骨文合集》,中華書局 1978—1983 年。

郭錫良　《漢字古音手冊》(增訂本),商務印書館 2010 年。

胡小石　《胡小石論文集三編》,上海古籍出版社 1995 年。

黃天樹　《説文解字部首與甲骨文》(首篇、續一、續二),《黃天樹古文字論集》,學苑出版社 2006 年。簡稱"《部首與甲骨文》"。

李孝定　《讀契識小録》,《史語所集刊》(第 35 本),1964 年。

李孝定　《甲骨文字集釋》,臺灣史語所 1970 年。

梁東漢　《漢字的結構及其流變》,上海教育出版社 1959 年。

林義光　《文源》,1920 年寫印本。

劉　釗　《古文字構形學》,福建人民出版社 2006 年。

羅振玉　《殷虚書契考釋三種》(上下),中華書局 2006 年。

馬敍倫　《説文解字六書疏證》,上海書店 1985 年。

裘錫圭　《古文字論集》,中華書局 1992 年。

裘錫圭　《文字學概要》,商務印書館 1988 年。

屈萬里　《殷虚文字甲編考釋》,聯經出版事業公司 1984 年。

容　庚　《金文編》,張振林、馬國權摹補,中華書局 1985 年。

商承祚　《説文中之古文考》,上海古籍出版社 1983 年。

商承祚　《殷虚文字類編》,臺北文史哲出版社 1979 年。簡稱"《殷虚文字》"。

宋育仁　《説文解字部首箋正》,《説文解字研究文獻集成》(第 9 冊),作家出版社 2006 年。

唐　蘭　《毛公鼎"朱韍、蔥衡、玉環、玉瑹"新解》,《光明日報》1961.5.9。

王國維　《觀堂集林》,中華書局 1959 年。

徐復、宋文民　《説文五百四十部首正解》,江蘇古籍出版社 2003 年。

徐中舒等　《甲骨文字典》,四川辭書出版社 1998 年。

楊樹達　《積微居小學述林全編》,上海古籍出版社 2007 年。

姚孝遂　《許慎與説文解字》,中華書局 1983 年。

葉玉森　《殷虚書契前編集釋》，大東書局 1934 年。

于省吾　《甲骨文字釋林》，中華書局 1979 年。

于省吾　《釋盾》，《古文字研究》第 3 輯，中華書局 1980 年。

于省吾等　《甲骨文字詁林》，中華書局 1996 年。

章炳麟　《文始》，《章太炎全集》(七)，上海人民出版社 1999 年。

張舜徽　《説文解字約注》，華中師範大學出版社 2009 年。

趙　誠　《甲骨文字的二重性及其構形關係》，《古文字研究》第 6 輯，
　　中華書局 1981 年。

中國社會科學院考古研究所　《甲骨文編》，中華書局 1965 年。

周法高等　《金文詁林》，香港中文大學出版社 1974 年。

周祖謨　《方言校箋》，中華書局 2004 年。